绿水青山向金山银山转换之路

——信阳两湖区域发展战略规划研究

贾若祥　张　燕　等著

中国财经出版传媒集团
经济科学出版社
Economic Science Press

图书在版编目（CIP）数据

绿水青山向金山银山转换之路：信阳两湖区域发展战略规划研究/贾若祥等著．—北京：经济科学出版社，2020.11
 ISBN 978-7-5218-2056-0

Ⅰ.①绿… Ⅱ.①贾… Ⅲ.①区域发展-发展战略-研究-信阳 Ⅳ.①F127.613

中国版本图书馆 CIP 数据核字（2020）第 219822 号

责任编辑：宋　涛
责任校对：杨　海
责任印制：范　艳　张佳裕

绿水青山向金山银山转换之路
—— 信阳两湖区域发展战略规划研究
贾若祥　张　燕　等著
经济科学出版社出版、发行　新华书店经销
社址：北京市海淀区阜成路甲28号　邮编：100142
总编部电话：010-88191217　发行部电话：010-88191522
网址：www.esp.com.cn
电子邮箱：esp@esp.com.cn
天猫网店：经济科学出版社旗舰店
网址：http://jjkxcbs.tmall.com
北京季蜂印刷有限公司印装
787×1092　16开　23印张　400000字
2021年3月第1版　2021年3月第1次印刷
ISBN 978-7-5218-2056-0　定价：88.00元
(图书出现印装问题，本社负责调换。电话：010-88191510)
(版权所有　侵权必究　打击盗版　举报热线：010-88191661
QQ：2242791300　营销中心电话：010-88191537
电子邮箱：dbts@esp.com.cn)

课题指导组

乔新江　河南省人大常委会副主任、信阳市委书记
尚朝阳　信阳市人民政府市长
王新会　信阳市委副书记、市委统战部部长
蔡松涛　信阳市委常委、市政府常务副市长
张宗福　信阳市发展改革委党组书记、主任
王凤银　信阳市发展改革委党组成员、总工程师
杨　华　信阳市发展改革委城市发展科科长

课题咨询专家组

李文华　中国工程院院士
周成虎　中国科学院院士
范恒山　国家发改委原副秘书长　中国区域科学学会名誉会长
刘　毅　中科院地理所原所长　研究员
吴晓华　中国宏观经济研究院副院长　研究员
郭建斌　中国国际工程咨询公司区域发展与规划业务部主任　研究员
石培华　南开大学教授　中国旅游智库秘书长
史育龙　国家发改委城市和小城镇改革发展中心主任　研究员
高国力　国家发改委国土开发与地区经济研究所所长　研究员
申　兵　国家地理空间信息中心主任　研究员

课题评审专家组

刘　毅　中科院地理所原所长　研究员
范恒山　国家发改委原副秘书长　中国区域科学学会名誉会长
李国平　北京大学首都发展研究院院长　教授

王昌林　中国宏观经济研究院院长　研究员
史育龙　国家发改委城市和小城镇改革发展中心主任　研究员
郭建斌　中国国际工程咨询公司区域发展与规划业务部主任　研究员

课题编写组

贾若祥　国家发改委国土开发与地区经济研究所综合研究室主任　研究员　课题组组长
张　燕　国家发改委国土开发与地区经济研究所区域战略一室负责人　副研究员　课题组副组长
欧阳慧　国家发改委国土开发与地区经济研究所城镇研究室主任　研究员
黄征学　国家发改委国土开发与地区经济研究所国土研究室主任　研究员
刘保奎　国家发改委国土开发与地区经济研究所区域战略二室负责人　副研究员
汪阳红　国家发改委国土开发与地区经济研究所研究员
宋建军　国家发改委国土开发与地区经济研究所研究员
王继源　国家发改委国土开发与地区经济研究所副研究员
滕　飞　国家发改委国土开发与地区经济研究所副研究员
窦红涛　国家发改委国土开发与地区经济研究所研究实习员
许　超　北京林业大学、中国科学院生态环境研究中心联合培养博士研究生
朱玉宝　北京国发智源规划设计研究院首席研究员　高级城市规划师
余良芳　北京国发智源规划设计研究院　高级城市规划师
朱文娟　泛华建设集团有限公司　城市规划师
戴迎春　北京国发智源规划设计研究院　旅游规划师
刘志欣　北京国发智源规划设计研究院　城市规划师

前言

　　随着出山店水库封坝蓄水，信阳成为全国唯一一个毗邻两个大Ⅰ型水库的地级城市，信阳两湖（南湾水库、出山店水库）区域"茶山绿水·豫风楚韵"特色鲜明，是淮河上游难得的生态宝地和展示信阳城市形象的金名片，是淮河源重要的生态旅游体验地。

　　信阳市两湖区域以南湾水库、出山店水库为核心，主要包括与两湖联系紧密的浉河区、平桥区的14个乡镇、办事处、管理区（吴家店镇、游河乡、十三里桥乡、甘岸办事处、南湾办事处、贤山街道、双井办事处、金牛山街道、国际家居产业小镇办事处、北湖管理区全域，平昌关、董家河、浉河港部分区域），面积1118平方千米。

　　2017年，受信阳市发展改革委委托，国家发展和改革委员会国土开发与地区经济研究所承担了《信阳两湖区域发展战略规划研究》课题。国家发展和改革委员会国土开发与地区经济研究所高度重视该项研究任务，随即成立了由所内外十多位专家组成的专项课题组。研究工作正式启动以来，课题组先后多次赴实地调研，通过地理基础信息勘探、干部群众座谈访谈、文献查阅等方式，收集到了大量的一手材料。通过2年多的研究，课题组最终形成了1份总报告，即《信阳两湖区域发展战略规划研究》；8份专题研究报告，分别为《信阳两湖区域发展特征与发展环境分析》《信阳两湖区域战略定位与发展思路研究》《信阳两湖区域空间布局和重大基础设施研究》《信阳两湖区域健康服务业发展规划研究》《信阳两湖区域大旅游、体育、文化和生态农业发展研究》《信阳两湖区域生态保护和环境治理研究》《信阳两湖区域开发模式及营商环境研究》《信阳两湖区域开发特色风貌研究》和1份图集。本书就是在此基础上形成的。

课题组的研究认为，把握新时代发展机遇，先谋而后动，围绕两湖区域战略发展目标，深入研究两湖区域的战略定位，科学谋划两湖区域的发展路径，打通"茶山绿水"向"金山银山"的转换通道，既能提升两湖区域优质生态产品的供给能力，又能促进两湖区域生态经济高质量发展和乡村振兴，更好满足人民对美好生活的需求，同时对保障淮河生态安全、提升信阳形象具有重大战略意义。

当前和今后一个时期，应全面贯彻党的十九大和十九届二中、三中、四中、五中全会精神，以习近平新时代中国特色社会主义思想为指导，坚持以人民为中心的发展思想，坚持稳中有进的总基调，坚持新发展理念，聚焦高质量发展，坚持稳中求进的总基调，以推进供给侧结构性改革为主线，不断提高两湖区域优质生态产品供给能力，加快构建现代化生态经济体系，探索产业生态化和生态产业化新模式，通过城镇点状高质量发展带动两湖区域面上的高水平保护，实现保护生态环境与发展生态经济相得益彰，走人与自然和谐发展之路，高起点开启现代化建设之路，打造茶山绿水相映、豫风楚韵浓郁、康养休闲宜居、富饶美丽幸福的两湖区域，积极融入以国内大循环为主体、国内国际双循环相互促进的新发展格局。

本书稿研究成果旨在深入贯彻落实中央有关决策部署，积极对接国家、河南省、信阳市相关发展战略、规划和政策，提出信阳两湖区域发展战略思路、重点任务与保障措施等，突出战略性、全局性与宏观性特点，力图为两湖区域中长期发展科学绘制一张发展蓝图，是新时代指导两湖区域高质量发展的纲领性依据和编制相关规划的重要基础。规划研究近期至2023年，远期展望到2035年。

2018年10月，国务院发布《关于淮河生态经济带发展规划的批复》，11月国家发展改革委正式印发《淮河生态经济带发展规划》。《淮河生态经济带发展规划》明确提出，加强南湾水库、出山店水库水源涵养和保护，打造绿色生态发展示范区；支持信阳市两湖区域规划建设淮河源生态旅游体验地；支持信阳建设康养产业示范区等。这为信阳两湖区域未来发展进一步指明了方向、明确了重点。

在课题研究期间，我们多次组织专家咨询研讨会，在课题成果中充分吸纳了各位专家的意见和建议。成果验收阶段，评审专家组也给予了诸多宝贵建议，课题组均认真研究充分吸纳。在课题提纲要点起草、中期成果交流、评审验收等不同阶段，信阳市委市政府领导多次给予指导，课题组也认真听取、积极吸收。此外，信阳市发展改革委、市直有关部门单位和两湖区域有关方面在课题组调研、材料收集等研究工作中也给予了大量支持。在此一并表示由衷感谢。

本书各章执笔人如下：

第一章　贾若祥、张燕、许超；第二章　王继源；第三章　欧阳慧；第四章　刘保奎；第五章　汪阳红；第六章　滕飞；第七章　宋建军；第八章　黄征学；第九章　朱玉宝、余良芳、朱文娟、戴迎春、刘志欣。窦红涛负责制图工作。全书由贾若祥、张燕进行结构设计和修改定稿。

应该说，本书是集体智慧和各个方面共同努力工作的成果，在研究立题、实地调研、研究撰稿、专家咨询、评审验收等阶段环节，都倾注了大家的心血和汗水。但受时间、研究水平等限制，还存在诸多不足，目前成果也仅是阶段性的，欢迎广大读者批评指正。研究过程中参考的文献和资料我们已尽可能列出，但难免存在疏漏，在此表示歉意，并向所有参考文献的作者和资料提供者表示衷心感谢。

贾若祥　张燕
2020年12月18日

目 录

第一章 信阳两湖区域发展战略规划思路、任务与政策举措 … 1

- 第一节 发展背景 … 2
- 第二节 战略导向与总体要求 … 15
- 第三节 强化空间规划引导 … 24
- 第四节 构建以幸福产业为主导的现代化生态经济体系 … 34
- 第五节 提高优质生态产品供给能力 … 53
- 第六节 塑造豫风楚韵与生态元素有机共融的特色风貌 … 63
- 第七节 优化完善区域发展环境 … 70
- 第八节 实施八大重点工程 … 91

第二章 信阳两湖区域发展现状与所处的外部环境 … 97

- 第一节 区域基本概况 … 97
- 第二节 规划基础 … 104
- 第三节 所处的周边环境 … 114
- 第四节 面临的主要制约 … 118
- 第五节 主要结论 … 121

第三章 信阳两湖区域战略定位与发展思路 … 124

- 第一节 两湖区域的典型特征 … 124
- 第二节 宏观背景及对接国家战略 … 128
- 第三节 典型地区案例借鉴 … 131
- 第四节 两湖地区战略定位 … 137
- 第五节 两湖地区发展的战略思路 … 142
- 第六节 对策建议 … 146

第四章　信阳两湖区域空间布局和重大基础设施建设 …… 148

第一节　两湖区域空间发展基础 …… 148
第二节　国内外滨水滨湖地区开发的主要案例及经验 …… 154
第三节　两湖区域空间发展的总体考虑 …… 162
第四节　两湖区域空间发展的空间结构 …… 169
第五节　提升基础设施支撑引导能力 …… 177

第五章　信阳两湖区域健康服务业发展思路与任务 …… 186

第一节　国内外健康服务业发展概况及趋势 …… 186
第二节　两湖区域健康服务业发展条件 …… 199
第三节　两湖区域健康服务业发展思路 …… 203
第四节　两湖区域健康服务业发展重点 …… 209
第五节　合理规划布局休闲康养基地 …… 223
第六节　保障措施 …… 227

第六章　信阳两湖区域大旅游、体育、文化和生态农业发展的路径与重点 …… 231

第一节　旅游和生态农业的发展环境与趋势 …… 231
第二节　基础条件及发展思路 …… 233
第三节　打造有品质的大旅游产业 …… 237
第四节　推动体育产业多元化发展 …… 245
第五节　促进文化产业融合发展 …… 247
第六节　打造有品牌的生态农业 …… 248

第七章　信阳两湖区域生态保护和环境治理 …… 252

第一节　生态环境现状评价 …… 252
第二节　国内生态环境保护案例 …… 259
第三节　营造良好生态环境的思路和目标 …… 270
第四节　严格保护三湖清水 …… 271
第五节　加强生态保育修复 …… 278
第六节　加强环境污染治理 …… 281

第七节 实施生态环境质量提升行动计划 …………………… 283
第八节 创新体制机制 …………………………………………… 287

第八章 信阳两湖区域开发模式及营商环境优化提升 …………… 290
第一节 国内湖区开发模式 ……………………………………… 290
第二节 幸福产业发展模式 ……………………………………… 297
第三节 全面推进两湖区域开发模式改革创新 ………………… 308
第四节 推进两湖区域开发建设的建议 ………………………… 316

第九章 信阳两湖区域开发特色风貌策划 ……………………… 320
第一节 信阳及两湖区域风貌现状 ……………………………… 320
第二节 两湖区域风貌营造的总体思路 ………………………… 332
第三节 分区营造特色风貌 ……………………………………… 336
第四节 分类营造特色风貌 ……………………………………… 338
第五节 重大项目特色风貌营造意向 …………………………… 347
第六节 对策建议 ………………………………………………… 351

参考文献 ………………………………………………………… 353
附录 ……………………………………………………………… 357

第一章　信阳两湖区域发展战略规划思路、任务与政策举措

信阳，地处华中豫南，大别北麓，长淮之源，历史上饱受淮河洪涝灾害之苦。新中国成立以后，为治理淮河、发展水利，国家在信阳城区西南5千米处修建了首批大型治淮骨干工程——南湾水库。经过多年的经济社会发展，水库已在原有防洪、灌溉、水产养殖功能基础上发展成为集城市工业与生活供水、水利旅游等综合利用的大型水利工程。南湾水库，似一粒璀璨的明珠，点缀在大山之中，青山绿水，风光无限，被誉为"中原第一湖"，是驰名中外的信阳毛尖茶和屡获殊荣、肉质鲜美无比的南湾鱼的原产地，也是著名的国家4A景区和国家森林公园，正逐渐成为城区的核心组团。

与南湾水库同期设计的出山店水库，位于信阳市区西北15千米，是淮河上游干流大型控制性水利枢纽工程，曾于1959年、1970年两度开工建设，但先后因三年自然灾害和资金等问题而停建。2015年，中央在全面建设小康社会的关键时期挂念信阳老区人民，批准开工兴建出山店水库，库容12.7亿立方米，于2019年全面建成。出山店水库建成后，信阳市区西部15千米内有总库容近30亿立方米的两个大湖，这在我国679个建制市中是唯一和绝无仅有的，信阳迎来一城两大湖发展新时代。

信阳市两湖区域以南湾水库、出山店水库为核心，主要包括与两湖联系紧密的浉河区、平桥区的14个乡镇、办事处、管理区（包括吴家店镇、游河乡、十三里桥乡、甘岸办事处、南湾办事处、贤山街道、双井办事处、金牛山街道、国际家居产业小镇办事处、北湖管理区全域，以及平昌关、董家河、浉河港部分区域），规划面积达1118平方千米，2016年户籍总人口38.60万人，分别占全市的6.4%和6.0%。按照14个乡镇全域的2016年数据统计，两湖区域常住人口40.88万人，实现地区生产总值124亿元；规模企业85家，规模工业增加值32.8亿元，规模工业增加值占全市的5.4%；茶园面积43.1万亩，茶叶产量

1.27万吨，茶叶产值59.3亿元，分别占全市的20.4%、21.4%、58.9%；森林覆盖率41.5%，高于全市5.4个百分点；道路长度1661千米，人均道路长度4.06米，略高于全市的3.42米；拥有水面13.38万亩。

两湖区域依托南湾水库、出山店水库两个国家大Ⅰ型水库，山水林田湖草生态本底优良，生态功能及价值突出，豫风楚韵文化特色鲜明，人文底蕴深厚，毗邻信阳主城区，与城市发展有机融为一体，是淮河流域上游地区独具魅力和发展潜力的区域。科学推进两湖区域发展是新时代信阳市谋划新旧动能转换推动高质量发展的重大战略举措。按照生态文明建设总体部署要求，突出生态特色、绿色本底和高质量发展，深化研究两湖区域的战略定位、发展思路、路径任务与政策举措，可为今后研究推动该区域规划发展提供基础支撑。

第一节 发展背景

深入贯彻新发展理念、聚焦高质量发展、加快推进现代化建设和服务支撑信阳市中长期发展，是新时代两湖区域发展的基本遵循。深刻认识两湖区域发展的重要意义、基础条件和发展环境，是科学谋划两湖区域战略发展思路、路径和任务的重要基础和必要前提。

一、重要意义

促进两湖区域高质量发展有利于保障淮河生态安全、提升信阳形象和推进乡村振兴，同时对同类地区探索生态优势向经济优势转变具有重要先行示范作用。

（一）对于满足新时代人民对美好生活的向往具有重要意义

党的十九大报告指出，新时代我国社会主要矛盾已经转化为人民日益增长的美好生活需要和不平衡不充分的发展之间的矛盾。人民日益增长的美好生活需要既包括物质财富和精神财富，还包括优美的生态环境，促进两湖区域高质量发展，构建现代化经济体系，除了可以提供更多的物质财富和精神财富之外，还可以加快补齐在生态保护和环境治理方面的短板，提供更多优质的生态产品，更好满足新时代人民对美好生活的需求，使当地人民群众有更多获得感和幸福感。

（二）对保障淮河生态安全具有重要意义

两湖区域位于淮河源头，是淮河上游重要的"水塔"和生态安全屏障，肩负着保障下游生态安全、调蓄防洪的重要任务。促进两湖区域高质量发展，探索人与自然和谐发展之路，可以实现两湖区域提供优质生态产品、精神财富和物质财富的多赢，同时也可以更好保护淮河"水塔"，为淮河生态安全提供重要保障。

（三）对提升信阳形象和促进乡村振兴具有重要意义

两湖区域既有"茶山绿水"的优美景观，又有"豫风楚韵"的文化沉淀，贤隐寺、祝佛寺、淮河古渡口等历史古迹较多，区内豫南传统民居和南北交汇的田园风光共存，可将两湖区域打造成为展示信阳形象的重要窗口。两湖区域内"茶山绿水"和南北交融的文化元素，为探索"茶山绿水"向"金山银山"转换的高质量发展之路提供了很好支撑，为繁荣乡村产业和促进居民增收提供了难得的契机。

（四）对同类地区探索生态优势向发展优势转变具有重要意义

两湖区域通过树立保护生态环境就是保护生产力、改善生态环境就是发展生产力的理念，通过合理划定生态空间、农业空间和集约发展空间，在守住生态保护红线、环境质量底线和资源利用上线的前提下，积极探索"茶山绿水"向"金山银山"转换的科学途径及人与自然和谐发展之路，必将为同类型地区探索生态优势向发展优势转变提供有益借鉴和参考。

二、基础条件

两湖区域地处我国南北气候过渡带，境内拥有南湾水库、出山店水库两个国家大Ⅰ型水库，山水林田湖分布错落有致，生态环境优美，豫风楚韵特色明显，毗邻信阳主城区，发展潜力巨大。

（一）地处南北气候过渡带，茶山绿水相映

两湖区域地处暖温带半湿润区和北亚热带湿润区过渡带，年平均气温约15.1℃，冬天日平均气温低于0℃的日数年平均30天左右。降水丰沛，年均降水量在1100毫米左右，年平均相对湿度77%。山水林田湖分布错落有致，西部和

西南部以浅山丘陵为主,其中茶园面积为103.48平方千米,南湾水库周边的董家河镇、浉河港乡、十三里桥乡是驰名全国的信阳毛尖主产区,其他地区大部分都是平原或低缓丘陵岗地。森林覆盖率高达41.5%,茶山绿水相映,稻田果园相连,是我国典型的"北国江南"和"江南北国",非常适合人居。南湾水库总库容达13.55亿立方米,生态优美,水质良好,为信阳市重要的饮用水水源保护区,出产的南湾鱼享誉盛名,是我国著名的北国水乡,如表1-1所示。

表1-1　　　　　　　　　　两湖区域内主要水库情况

水库名称	等级	防洪标准	防洪库容（亿立方米）	主要功能	次要功能
南湾水库	大Ⅰ	万年	3.05	防洪、灌溉、城市供水	水产养殖、发电、旅游、航运
出山店水库	大Ⅰ	万年	6.91	防洪	灌溉、供水、发电
顾岗水库	中型	千年	0.018	防洪、灌溉	水产养殖、旅游

资料来源:信阳市水利局。

(二) 地处南北文化交融处,豫风楚韵特色明显

两湖区域是我国南北文化过渡带,历史上楚文化、吴越文化和中原文化在此交融发展,青铜时代战国古文化、宗亲文化、西周佛教文化等在此汇集,既有北国的热情与豪爽,也有江南的细腻与婉约,"国风文园、山水乐土"特色鲜明。南北文化在此交融荟萃,形成了信阳兼收并蓄的文化特征,呈现出豫风楚韵的特色。北方建筑特色和南方建筑特色在两湖区域交汇,黛瓦白墙,狗头门楼,形成兼具徽派特色和中原特色的豫南民居。两湖区域所在的信阳拥有厚重灿烂的历史文化,历史名人众多,毗邻的城阳城遗址曾为楚国的都城,是"亡羊补牢"等历史典故的发生地,我国第一颗人造地球卫星翱翔太空时播放的《东方红》乐曲就是用此地出土的编钟演奏。两湖区域独特的人文资源与优美的自然环境相互交融,构成了"城镇在田园中、村庄在风景中、文化在自然中、人居住在山水中"的优美画卷。

(三) 位于我国京广发展主轴,区位条件比较优越

两湖区域位于我国京广发展主轴上,南靠长江经济带,北邻陆桥通道,周边毗邻中原城市群、长江中游城市群、关中城市群、成渝城市群、山东半岛城市

群、长三角城市群等巨大的消费市场，在我国"两横三纵"发展格局中具备良好的区位。从微观区位来看，两湖区域毗邻信阳主城区，其中金牛山街道办、北湖管理区、家具小镇、南湾乡、贤山街道办、十三里桥乡等辖区跨主城区和两湖区域，南湾水库大坝距离信阳市中心仅有7千米，出山店水库大坝距离信阳市中心约15千米，微观区位条件优越。信阳主城区有近百万人，消费市场较大，两湖区域在开发初期可以充分挖掘信阳主城区的消费市场，后续利用信阳便捷的高铁、航空等交通优势，逐步开拓外部市场。

（四）康养旅游科教等产业萌发，高质量发展潜力大

两湖区域不仅拥有茶山绿水的生态优势和豫风楚韵的人文优势，且发展空间广阔，吸引了众多康养旅游和科教培训等领域的投资者前来洽谈，康养旅游科教培训等产业萌发势头明显，为两湖区域实现高质量发展奠定了较好基础。目前两湖区域基本处于未开发状态，两湖之间多为低缓农地和林地，尤其是平桥区作为省级主体功能区中的重点开发区域，发展潜力较大。两湖区域2015年建设用地112.29平方千米，其中城镇用地仅10.98平方千米，而农村居民点面积占建设用地比重达到76.45%，土地开发利用强度较低。通过土地利用调整，可新建86.04平方千米，形成面积共计129平方千米的集约发展区，满足新产业发展的用地需求。至2035年，建设用地规模控制在172.61平方千米以内，开发强度控制在15.4%以下，低于河南省主体功能区设定的2020年的15.9%的控制目标。

三、与已有相关规划关系

目前信阳市多个规划涉及两湖区域，关联较为密切的有信阳市城市总体规划、信阳黄缘闭壳龟省级自然保护区规划、信阳城乡一体化示范区规划、南湾风景名胜区规划、出山店风景名胜区规划、羊山新区规划等，在本书中充分依托既有规划基础，将所涉区域纳入到两湖区域进行统筹考虑。

（一）与信阳市城市总体规划的空间关系

信阳市城市总体规划（2015~2030年）划定了信阳中心城区的城市开发边界，向西控制在南湾湖管理区山体边缘，向东控制在信阳市区和罗山县交界，向北到国际家居小镇，向南控制到东双河镇。其中，两湖区域内信阳市城市规划控制区面积为188.11平方千米，占两湖区域面积的16.81%。范围涉及7个乡镇

32个村，如表1-2所示。

表1-2　　　　　两湖区域与信阳市城市规划控制区重叠的区域

涉及乡镇	涉及村
贤山街道办	肖家河村、贤山村
双井街道办	黄湾村、冯湾村、双井村、五纪村、顾洼村及何寨村部分区域
彭家湾乡	金河村、高庙村、张岗村、李岗寺村、彭湾村及朱岗村大部分区域
南湾乡	松树坦村、二号桥村、郑家冲村、石山咀村及南湾村、谭庙村、地区林场部分区域
金牛山街道办	十里河总场、十八里村、和孝营、飨堂村
家居小镇	前楼村、董岗村、苏庙村
北湖管理区	顾岗村、仓房村、石子岗村、周湾村

1. 有关功能定位

信阳市城市总体规划（2015~2030年）将中心城区分为生活服务、创意研发、产业集聚、休闲宜居四类片区。涉及两湖区域的主要是南湾休闲宜居片区和产业集聚片区。

南湾休闲宜居片区：以休闲娱乐、科研创新、高品质居住职能为主。严格保护南湾风景名胜区及自然山体，控制组团内部多条山水廊道，控制城市开发强度，减少建成区对自然环境影响。完善片区内以休闲娱乐、科研创新为主的城市公共服务设施配套建设。

产业集聚片区：以工业生产和配套居住为主要职能。其中金牛物流片区和金牛物流北片区承担全市物流配送和商贸批发的功能，集中布局仓储物流和商业用地，适当配置工业、居住用地，实现以物流、批发为主的综合发展。家居小镇片区则以工业生产为主要职能，兼有商务服务、物流仓储、生活配套等职能。

2. 有关城镇职能类型

信阳市城市总体规划（2015~2030年）在小城镇发展指引中划分了综合镇、农工型、农贸型、旅游型四类城镇，并对信阳市15个小城镇进行了职能划分。涉及两湖区域的共有董家河、双井、吴家店、平昌关、甘岸街道办、十三里桥、浉河港7个乡镇（见表1-3）。

表 1-3　信阳市城市总体规划（2015~2030 年）对两湖区域内部分乡镇的功能定位

城镇名称	职能类型	城镇主要职能
董家河镇	综合镇	积极引导发展和强化城镇的区域综合服务功能，完善各项基础设施及公共服务设施配套，使城镇成为与其等级相适应的一定区域的政治、经济和文化中心，在此基础上形成城镇的特色，限制发展与城镇特色有冲突的职能
双井办事处	农工型城镇	利用良好的区位条件，加快特色产业集聚发展，发展工业、商贸业和相关服务业，完善城镇功能
吴家店镇	农贸型城镇	依托农业资源，发展农副产品加工和集市贸易，完善一般农村基础服务，城镇发展应注重可持续发展并维护生态平衡
平昌关 甘岸办事处 十三里桥 浉河港	旅游型城镇	依托周边旅游资源优势，积极培育和发展旅游职能，完善旅游服务设施，适度控制人口规模，引导人口从生态敏感地区外迁

（二）与信阳黄缘闭壳龟省级自然保护区的空间关系

信阳黄缘闭壳龟省级自然保护区是一个以保护河南省重点水生野生动物黄缘闭壳龟以及其生境、森林生态系统为主的自然保护区，于 2004 年经河南省人民政府批准建立。2009 年，河南省人民政府《关于调整河南信阳黄缘闭壳龟省级自然保护区的批复》进行范围调整。2015 年河南省农业厅《关于河南信阳黄缘闭壳龟省级自然保护区功能区调整的复函》进行功能区调整。2018 年，河南省自然保护评审委员会通过了信阳市报送的《信阳黄缘闭壳龟省级自然保护区范围与功能区调整方案》，后续待河南省政府审批。最新调整后的保护区总面积 833.19 平方千米，保护区跨信阳市浉河、罗山、新县、商城、固始五县区，其中核心区面积为 226.67 平方千米，缓冲区面积为 189.95 平方千米，实验区面积为 416.57 平方千米。从两湖区域看，信阳黄缘闭壳龟省级自然保护区 105.83 平方千米，占两湖区域面积的 9.47%。其中核心区面积 40.82 平方千米、实验区面积 53.25 平方千米、缓冲区面积 11.76 平方千米（见表 1-4）。

表1-4　　　　　两湖区域内黄缘闭壳龟省级自然保护区

功能分区	涉及乡镇	涉及村
核心区	浉河港乡	夏家冲村、陡坡村、西湾村、龙潭村、桃园村、黄庙村、郝家冲村、易庙村、白云村
	董家河	清塘村、白马山村、石畈村
实验区	浉河港乡	桃园村、陡坡村
	董家河	石畈村、清塘村、余庙村、刘湾村、耙过塘村、高岭村、睡仙桥村、谢畈村和楼畈村、陈湾村
	南湾乡	南湾水库少部分区域
缓冲区	浉河港乡	马家畈村、龙潭村
	南湾乡	南湾水库少部分区域

根据《中华人民共和国自然保护区条例》，自然保护区内划分为核心区、实验区和缓冲区三类功能空间，其划分和功能管控如下：

核心区：自然保护区内保存完好的天然状态的生态系统以及珍稀、濒危动植物的集中分布地为核心区，禁止任何单位和个人进入，进行绝对保护。在核心区内禁止群众通行和开展旅游活动，一般也不允许进行科学研究。

缓冲区：核心区外围划出一定面积的缓冲区，只允许进入从事科学研究观测活动。

实验区：缓冲区的外围为实验区，可以进入从事科学实验、教学实习、参观考察、旅游以及驯化、繁殖珍稀、濒危野生动植物等活动。

（三）与信阳市城乡一体化示范区的空间关系

信阳市城乡一体化示范区空间范围北起淮河南岸，南至羊山新区南边界，西至出山店水库大坝，东至京广高铁、羊山新区东边界，规划面积约187平方千米，主要涉及羊山新区全部、双井办事处和游河乡、彭家湾乡部分行政村，共29个行政村（居委会）。其中两湖区域内城乡一体化区面积共计135.61平方千米，占两湖区域面积的12.12%，涉及6个乡镇24个村（见表1-5）。

表1-5　　　　两湖区域与信阳城乡一体化示范区重叠的区域

涉及乡镇	涉及村
游河乡	三官村、出山店村、孔畈村
双井街道办	双井街道办、冯湾村、五纪村、顾洼村、何寨村全部以及黄湾村和双井村部分
彭家湾乡	金河村、高庙村、李岗寺村、朱岗村、彭湾村和浉河飞地
金牛山街道办	十河里总场和十八里村少部区域
家居小镇	前楼村、董岗村全部及苏庙村少部区域
北湖管理区	顾岗村、仓房村、石子岗村全部及周湾村部分区域

按照《信阳市城乡一体化示范区总体规划纲要》，信阳市城乡一体化示范区建设成为产业链条环环相扣、城乡空间协调一致、功能部署高度融合、宜居宜业宜游宜养的复合新城；山水休闲度假一体、养老养生乐活互融、乡愁浓厚文化深远、修身养性陶冶情操的休闲胜地；小桥流水深林幽谷、青砖黛瓦豫南民居、鸟语花香稻香四溢、环境优美如诗如画的田园水乡。

（四）与南湾、出山店风景名胜区规划的空间关系

两湖区域内风景名胜区包括南湾湖风景区和出山店风景区，占两湖区域面积的31.71%。其中，南湾湖风景区面积119.46平方千米，范围包括整个南湾湖乡以及贤山街道办；出山店风景区面积235.30平方千米，范围涉及游河乡、吴家店镇、平昌关镇、甘岸街道办、金牛山街道办5个乡镇49个村（见表1-6）。

表1-6　　　　两湖区域与南湾、出山店风景名胜区重叠的区域

涉及乡镇	涉及村
游河乡	山淮村、张家大湾、老庙村、姜堰村、西新集村全部及三官村、大塘村、游河村、出山店村、孔畈村、卧虎村、高湾村、高台村、李畈村部分区域
吴家店镇	十里村、太阳坡村、杨岗村、王畈村、邓楼村、昌湾村、邱湾村全部及毛寨村、羊山村、吴店村、聂寨村、石板村、湖塘村部分区域
平昌关镇	高庙村、金河村大部分区域
甘岸街道办	朱庄村、平昌村、刘家湾村、翟寨村、母子河村、清淮村、石桥村、刘集村、灌塘村、蒿林村、李营村、胡寨村、王畈村全部及莲花村、徐湾村、陈店村、杨寨村部分区域
金牛山街道办	孔庄村全部及杨庄村、王庄村、徐堂村部分区域

在发展方向，南湾风景名胜区以"国际健康大湖区"为总体发展目标，坚持"生态与人文"两大方向，突出"山、水、茶、鱼"四大主题，按照全域景区的理念，增加城区生态要素，形成山中有城、城中有水、城景一体的生态格局。出山店风景名胜区将结合北湖景区、羊山新区与南湾湖风景区，发挥区域联动作用，传承淮河源文化、弘扬茶文化，建设旅游之都，共筑山水生态之城。出山店风景区和南湾湖风景区共同形成信阳市的新旅游中心，促使周边城镇由第一产业向第三产业及农业加工业转型，实现城镇产业结构的升级。

（五）与羊山新区的空间关系

羊山新区位于信阳市老城区东北部，西起京广铁路，东至京广高铁，南自宁西铁路，北到京广高铁，是市党政军机关办公所在地，是信阳市新的政治、经济、文化和教育中心，成立于2003年6月，下辖羊山、前进、南京路、龙飞山四个办事处和北湖管理区、家居产业小镇社管办，规划总面积108平方千米，现有人口约24万人。其中，两湖区域内羊山新区面积33.17平方千米，占两湖区域面积的2.96%，范围涉及5个乡镇15个村（见表1-7）。

表1-7　　　　　　两湖区域与羊山新区重叠的区域

涉及乡镇	涉及村
北湖管理区	仓房村、周湾村全部及顾岗村、石子岗村大部分区域
双井街道办	冯湾村、五纪村、顾洼村、何寨村全部以及黄湾村和双井村部分区域
彭家湾乡	高庙村、金河村大部分区域
家居小镇	董岗村极小部分区域
金牛山街道办	十里河总场、十八里村小部分区域

四、战略机遇

习近平新时代中国特色社会主义思想为两湖区域高质量发展指明了方向，《中共中央　国务院关于实施乡村振兴战略的意见》《淮河生态经济带规划》《大别山革命老区振兴发展规划》等相关战略和规划为两湖区域实现高质量发展提供了政策空间，内外交通条件不断改善为两湖区域开拓更广阔的市场空间提供了必要支撑保障。

（一）新时代社会主要矛盾的转化为谋划两湖区域高质量发展指明了方向

新时代我国社会主要矛盾已经转化为人民日益增长的美好生活需要和不平衡不充分的发展之间的矛盾，人民美好生活需要日益广泛，不仅对物质文化生活提出了更高要求，而且对生态环境等方面的需求日益增长，"环境就是民生，青山就是美丽，蓝天也是幸福"，优美的生态环境是全面建成小康社会的重要内容，是新时代人民对美好生活向往的有机组成部分，也是实现高质量发展的内在要求。两湖区域生态环境优美，通过绿色发展，不仅可以提供更多高质量的优质生态产品，而且可以通过"茶山绿水+"的发展模式，促进两湖区域乡村加快振兴，更好满足人民对美好生活的向往。

（二）生态文明制度"四梁八柱"的构建为两湖区域科学开发提供了政策支撑

生态环境是人类的生存之本、发展之基，党的十八大将生态文明建设纳入"五位一体"中国特色社会主义总体布局，并要求"把生态文明建设放在突出地位，融入经济建设、政治建设、文化建设、社会建设各方面和全过程"，随后，中央不断深化生态文明体制改革，初步建立起生态文明制度的"四梁八柱"，生态文明建设进入制度化、法治化轨道。党的十九大报告提出要坚持人与自然和谐共生，提出了"像对待生命一样对待生态环境""实行最严格的生态环境保护制度""要创造更多物质财富和精神财富以满足人民日益增长的美好生活需要，也要提供更多优质生态产品以满足人民日益增长的优美生态环境需要"等重要论断。2018年国务院机构改革中组建自然资源部和生态环境部，为建设美丽中国提供了组织保障。上述生态文明制度为两湖区域按照山水林田湖草生命共同体的理念进行高质量发展提供了政策支撑。两湖区域要深入贯彻新发展理念，促进主体功能定位精准落地，将新发展理念融入到两湖区域开发的各方面和全过程，使应该进行生态保护的地方得到更为规范严格的保护，使适宜开发的地方得到更加集约高效的开发，有利于积极探索人与自然和谐发展之路。

（三）乡村振兴战略实施为两湖区域发展提供了重要契机

2018年1月2日，《中共中央　国务院关于实施乡村振兴战略的意见》颁布，2018年9月26日中共中央、国务院印发了《乡村振兴战略规划（2018—

2022年)》，这为两湖区域乡村振兴指明了方向、提供了政策和组织保障。两湖区域大部分地区都是乡村，属于守着茶山绿水但经济发展相对滞后的区域。国家提出要按照产业兴旺、生态宜居、乡风文明、治理有效、生活富裕的总要求，建立健全城乡融合发展体制机制和政策体系，统筹推进农村经济建设、政治建设、文化建设、社会建设、生态文明建设和党的建设，加快推进乡村治理体系和治理能力现代化，加快推进农业农村现代化，走中国特色社会主义乡村振兴道路，让农业成为有奔头的产业，让农民成为有吸引力的职业，让农村成为安居乐业的美丽家园。这为促进两湖区域与信阳主城区融合互动，促进现代农业、康养休闲、观光旅游、科教培训等产业兴旺发展提供了新的战略契机。

（四）国家和河南省战略叠加有助于两湖区域借势发展

国家和河南省多个战略在两湖区域叠加，为两湖区域借势发展提供了难得的机遇。国务院出台的《大别山革命老区振兴发展规划》将信阳定位为国际山地度假旅游目的地，为两湖区域发展户外登山、体育休闲、旅游度假，开发赛事经济，打造山地体育品牌，做大做强旅游产业提供了重要契机。2018年10月，国务院批复的《淮河生态经济带发展规划》将信阳定位为全国重要文化旅游目的地和健康产业示范区，将两湖区域定位为淮河上游重要生态经济区和淮河源生态旅游体验地，为两湖区域贯彻绿色发展理念，加强生态文明建设和环境治理，走产业生态化和生态产业化之路指明了方向。《河南省主体功能区规划》将平桥区列为省级重点开发区，为两湖区域内平桥区的相关乡镇实现集约化和高质量发展提供了规划支撑。

（五）交通条件不断改善有利于两湖区域开拓更广阔的市场空间

随着高铁、航空等交通设施的不断完善和快速发展，大大缩短了两湖区域与周边大城市的交通时间，为两湖区域开拓市场提供了难得的契机。航空方面，信阳明港机场已经通航，为4C级国内支线机场，近期开辟信阳至北京、上海、广州、深圳、成都、重庆、合肥、西安、桂林等航线，远期将在航线中增加沈阳、杭州、福州、昆明、大连、青岛、香港、澳门、台北等城市。高铁方面，宁西高铁已列入河南省"十三五"规划和《中原城市群规划》，宁西高铁与现有的京广高铁在信阳形成十字枢纽，为两湖区域发展提供了便捷的交通支撑。从内部交通看，两湖区域地处信阳市中心城区西北部，毗邻主城区，G107、G312在境内形成交叉，并且规划了与主城区相连的快速通道，连接谭庙村与主城区的新七大道延长工程也已经开工,环南湾水库、环出山店水库大道均已建成通车,初步建立起内联外通的交通体系,为两湖区域高质量发展提供了较好的支撑。

五、制约挑战

两湖区域也面临着发展不平衡、不充分的问题,部分地区生态保护和环境治理任务较重,地方财力支撑能力较弱,同时面临与周边毗邻地区竞相发展的严峻挑战。

(一) 生态保护与经济发展不平衡以及乡村发展不充分问题明显

两湖区域人口居住相对分散,配套基础设施比较滞后,生态保护、环境治理与经济发展存在一定程度的不平衡不协调问题,农村生活垃圾收集处理设施尚不完备,农村普遍还是旱厕,农户炊事普遍以薪柴为主,农田测土配方施肥还不普遍,农业面源污染治理任重道远,尤其是在南湾湖的部分湖汊库湾以及小河汇水处,还存在不同程度的污染问题。此外,还存在不同程度的输入性大气污染。两湖区域乡村建设发展和生态环境治理的短板均较为明显。

(二) 两湖区域高质量发展的资金支撑能力较弱

促进两湖区域高质量发展将需要雄厚的资金支持,从现有渠道看,信阳市本级财政的支持能力较弱。这主要是由于信阳市、区、镇三级财力均较弱,很大程度上需要依靠上级财政的转移支付,属于比较典型"吃饭财政",在支持重大项目发展方面往往力不从心。此外,2017年全国金融工作会议后,国家为防范系统性和区域性金融风险,出台了规范地方融资平台、严控地方政府债务增量、规范PPP项目库等一系列举措,对地方政府融资呈现收紧态势,地方政府举债搞开发的行为将受到明显抑制,这在一定程度上也会影响两湖区域的融资能力。

(三) 面临与周边地市较强的同质竞争压力

两湖区域与丹江口库区、武当山、大别山等周边地区生态功能相似,都具有优美的山水资源和宜人的气候环境,在生态优势转化为发展优势的实现路径上存在一定的相似性,产业选择上存在同质竞争关系。目前,信阳周边提出大健康、大旅游概念的城市较多,谋划路径主要有两类:一是以当地中医药文化的全国知名度为核心优势,寻求国家和省级政策支持,打造以中医药为主题的康养、旅游产业项目。

例如，亳州获批国家中医药健康旅游示范区，依托神医华佗的知名度积极发展康体养生、观光游览；南阳获批国家中医药综合改革试验区，依托医圣张仲景的知名度发展中医养生、健康旅游。二是以当地生态资源为核心优势，引入外部西医或中医资源，打造以山水为主题的康养、旅游产业项目。例如，黄冈依托白潭湖，引入质子刀特色专科诊疗中心项目，打造复合型医养特色小镇；十堰依托太极湖、丹江口水库、武当山，引入世界抗衰老中心，打造华中地区最大、中国知名的健康旅游产业基地；六安依托万佛湖、佛子岭、响洪甸和大别山，引入中医院，打造国际医疗旅游先行区和大别山湖群国家旅游休闲区。显然，两湖区域在吸引资金、人才、品牌和消费群体上与周边城市存在较强的同质竞争关系（见表1-8）。

表1-8　　　　　　　　周边地区发展康养产业概括

城市	亳州	南阳	六安	黄冈	十堰
名称	—	仲景健康城	国际医疗旅游先行区、大别山湖群国家旅游休闲区	白潭湖生态城	华彬健康旅游产业园
政策支持	国家中医药健康旅游示范区	国家中医药综合改革试验区	安徽省中医药健康旅游基地	—	—
核心资源	中医药	中医药	中医药；万佛湖、佛子岭、响洪甸	白潭湖	武当山、太极湖、丹江口水库
主题	观光游览、康体养生、科普教育、娱乐体验	中医养生、中医医疗、中医康复和养老、中医药文化品牌、中医药健康旅游、中药材及其支撑产业、体育健身服务和健康管理	康复理疗、中药养生、康养旅游	大健康、大金融、大文旅	打造华中地区最大、中国知名的健康旅游产业基地
项目	亳药花海休闲观光大世界、康美（华佗）国际中药城、郑店子温泉旅游度假区、华佗小镇、中华药博园、古井中华酒谷	西峡县伏牛山财富庄园养生项目、西峡县老君洞生态养生旅游度假区	霍山县中医院中医药健康旅游医疗服务项目、九仙尊霍山石斛文化谷项目、霍山中升石斛健康旅游示范项目、霍山石斛太平养生谷中医药健康旅游示范项目、大别山国际旅游度假区温泉小镇项目	质子刀特色专科诊疗中心项目、复合型医养特色小镇、澳大利亚宝贝文化主题公园	世界抗衰老中心及医疗会展，配套建设中医药膳、诊疗服务、有机农业、健康养老社区、山地运动公园、旅游酒店等内容组成的大健康园
投资	—	200亿元	—	120亿元	120亿元

第二节 战略导向与总体要求

以习近平新时代中国特色社会主义思想为指导,充分发挥"茶山绿水·豫风楚韵"的特色优势,打通"茶山绿水"向"金山银山"的转换通道,提供更多的优质生态产品、精神财富和物质财富。

一、指导思想

全面贯彻党的十九大和十九届二中、三中、四中、五中全会精神,以习近平新时代中国特色社会主义思想为指导,落实党中央、国务院决策部署,坚持稳中求进工作总基调,坚持以人民为中心的发展思想,坚持新发展理念,按照高质量发展的要求,统筹推进"五位一体"总体布局和协调推进"四个全面"战略布局,以供给侧结构性改革为主线,以高质量发展为主题,充分发挥两湖区域"茶山绿水·豫风楚韵"的特色优势,积极探索"茶山绿水+"的产业生态化和生态产业化发展新模式,加快培育以健康养生、旅游休闲、文化体育、科教培训等为主要内容的幸福产业,促进生态农业提质增效,构建现代化生态经济体系,着力打通"茶山绿水"向"金山银山"的转换通道,着力加强国土开发空间管控力度,着力加快完善基础设施,着力创新有利于两湖区域提升提供优质生态产品和实现高质量发展的体制机制,激发内在发展活力,实现经济发展量的合理增长和质的稳步提升,建设绿色、富饶、美丽、幸福的两湖区域。

二、战略定位

两湖区域的战略定位要将自身"茶山绿水·豫风楚韵"的比较优势与新时代高质量发展的要求结合起来,通过建设淮河源生态旅游体验地,积极打造国家幸福产业发展示范区、淮河源绿色发展示范区、淮河流域乡村振兴示范区、美丽信阳集中展示区,实现两湖区域人民富裕、环境优美、经济繁荣。

(一)国家幸福产业发展示范区

着力践行以人民为中心的发展思想,坚持发展为了人民,发展依靠人民,发展成果由人民共享。以习近平新时代中国特色社会主义思想为指导，根据国务院办公厅印发《关于进一步扩大旅游文化体育健康养老教育培训等领域消费的意见》，抢抓国家支持幸福产业发展的机遇，充分发挥"茶山绿水"的生态优势和"豫风楚韵"的人文优势，坚持高质量发展的战略取向，积极引进战略投资者，大力培育旅游、康养、文化、体育、养老等幸福产业，建设淮河源生态旅游体验地，促进科技、教育、培训、生态农业等相关产业高质量发展，加快推进"茶山绿水"向"金山银山"转化，在发展产业的同时提高优质生态产品供给能力，不断满足人民对美好生活的需求，提升人民的获得感和幸福感。

（二）淮河源绿色生态发展示范区

牢固树立"绿水青山就是金山银山"的发展理念，通过"茶山绿水+"的产业融合发展模式，打通"茶山绿水"向"金山银山"转换的通道，构建淮河上游绿色发展示范区。探索研究建立淮河源国家公园的可行性，以生态茶园、生态公益林、生态农业建设为重要抓手，积极谋划生态保护新模式，不断提高优质生态产品供给能力，构建淮河上游的重要生态屏障。以推进"厕所革命"为契机，加快推进乡村环境整治和农业面源污染治理，打造美丽宜居乡村。通过在保护生态中高质量发展，在高质量发展中提高优质生态产品供给能力，走出一条生产发展、生活富裕、生态良好的绿色发展道路，构建人与自然和谐发展的新局面。

（三）淮河流域乡村振兴示范区

以贯彻落实《国家乡村振兴战略规划（2018—2022年）》为契机，按照产业兴旺、生态宜居、乡风文明、治理有效、生活富裕的总要求，统筹推进两湖区域的经济建设、政治建设、文化建设、社会建设、生态文明建设和党的建设，加快推进乡村治理体系和治理能力现代化，加快推进农业农村现代化，创建农村产业融合发展先导区，让两湖区域的生态农业成为有奔头的产业，让两湖区域的农民成为有吸引力的职业，让两湖区域的农村成为安居乐业的美丽家园，推动乡村自然资本加快增值，实现百姓富裕、生态优美和产业兴旺。

（四）"茶山绿水·豫风楚韵"美丽信阳集中展示区

以"山水林田湖草"生命共同体为依托，以"豫风楚韵"为灵魂，以"茶山绿水"为基底，促进生产空间集约高效、生活空间宜居适度、生态空间山清水秀，构建茶山绿水相映、稻田果园相连、豫风楚韵浓郁、美丽幸福宜居信阳的集中展示区。通过加强生态保护和环境治理，进一步强化"茶山绿水"的生态优势，并通过"茶山绿水＋"的产业融合发展模式，将两湖区域优美的"茶山绿水"自然风光融入到产业发展之中。保护好、传承好、利用好两湖区域"豫风楚韵"的人文资源，推动两湖区域优秀传统文化创造性转化、创新性发展。

三、战略思路

守好生态保护红线、环境质量底线、资源利用上线，完善基础设施，创新体制机制，打通"茶山绿水"向"金山银山"的转换通道，实现高质量发展。

（一）坚持生态优先，走"茶山绿水就是金山银山"的绿色发展之路

"环境就是民生，青山就是美丽，蓝天也是幸福"，绿色发展已经成为普遍形态。绿色发展是新时代人民对美好生活的迫切需要，也是经济社会可持续发展的内在要求和高质量发展的重要标志。按照全国主体功能区划和河南省主体功能区划，两湖区域内的浉河区属国家级重点生态功能区、平桥区属于省级重点开发区。两湖区域还是国家主体功能区试点示范区，有南湾湖饮用水源保护地和黄缘闭壳龟省级自然保护区，因此，要实行最严格的产业准入和环境保护制度，将生态文明理念贯穿到发展各领域和全过程，坚持开发与保护并重，不断优化生态环境，大力发展生态产业，加快建设生态文化，着力完善生态机制，按照山水林田湖草生命共同体的理念保护好两湖区域的"茶山绿水"，按照绿色发展的理念促进"茶山绿水"向"金山银山"转变，打好生态经济牌，不断提高优质生态产品的供给能力。

（二）彰显优势特色，打通"茶山绿水"向"金山银山"转换通道

特色优势是促进两湖区域高质量发展的最大生命力，两湖区域有别于其他地区最大的特色优势就是"茶山绿水·豫风楚韵"与毗邻信阳中心城区的有机组合，要进一步彰显两湖区域特色，依托信阳主城区的城市功能和市场，不断开拓市场空间，打通"茶山绿水"向"金山银山"转换通道。一要放大"茶山绿水·豫风楚韵"优势，促进"茶山绿水·豫风楚韵"特色向产业优势转变。如两湖区域的董家河镇、浉河港乡的茶山是信阳毛尖的主产区，良好的生态环境孕育了高品质的信阳毛尖，市场信誉度高，要不断丰富两湖区域的茶产品，并与南湾水库和出山店水库的鱼水优势结合起来，开展集特色节事、营销推介于一体的

冬捕活动，通过"茶山绿水+"，配合浓郁的"豫风楚韵"，促进产业融合发展，打通"茶山绿水"向"金山银山"转化通道。二要充分利用毗邻信阳主城区的区位优势，不断拓展两湖区域的消费市场。两湖区域有优质的生态产品，也有优质的农产品和旅游产品，这些都是新时代人民对美好生活向往的重要内容。在开拓信阳城区市场的同时，依托信阳便捷的交通优势，积极开拓郑州、武汉、西安、南京等周边大城市市场。

（三）集约紧凑点状组团开发，提高国土空间利用效率

两湖区域虽然有着比较富裕的开发空间，但是作为信阳和淮河上游地区优质生态产品提供地，要坚持尊重自然、顺应自然、保护自然的开发规律，走集约紧凑的点状组团开发之路，不断提高国土空间利用效率。明确功能分区，优化空间布局，推进工业向市区园区集中、人口向城镇集中、土地向适度规模化经营集中，形成分工合理、特色鲜明、优势彰显的城镇体系和产业格局。完善促进要素集聚、空间集约的体制机制，推进产业集聚、企业集群和资源集约利用。在开发建设过程中，防止大拆大建，慎砍树、禁挖山、不填湖、少拆房，尽可能依山就水点状开发，面上保护，组团发展，引导高质量发展。

（四）基础设施先行，更好支撑高质量发展

两湖区域基础设施比较落后，这是当前限制两湖区域高质量发展的最大短板，根据构建现代化生态经济体系的需要，加快完善两湖区域的基础设施，为实现高质量发展提供重要支撑。两湖区域属于开发程度较低地区，产业发展强度和交通路网密度明显低于中心城区及周边县区，是两湖区域开发建设的"短板"。要按照城乡统筹发展的要求，促进城乡基本公共服务均等化，力促公共资源在城乡之间均衡配置，生产要素在城乡之间有序流动，尤其重视推进新型小城镇建设和深化农村村庄整治，改善人居环境，补齐两湖区域发展"短板"。一是抓紧完善两湖区域的环境基础设施，率先在两湖区域开展"厕所革命"，加快完善两湖区域的污水处理设施和污水收集管网建设，推进南湾湖和出山店水库的环湖截污基础设施建设，构建户收集、村集中、乡转运、区处理的农村垃圾收集处理体系，因地制宜推进农村面源污染治理，守好环境质量底线。二是抓紧完善两湖区域的交通基础设施，构建内通外联的便捷交通网络。结合旅游业发展，以南湾湖环湖路和出山店水库环湖路为骨架，加快构建联通两湖和信阳主城区的便捷旅游交通网络。三是不断完善两湖区域的能源基础设施，以贯彻落实乡村振兴战略为

契机，积极推进天然气管道进村入户，改变两湖区域农村炊事用能结构，减少对薪炭依赖。四是推进两湖区域集中供水覆盖率，尽快实现集中供水全覆盖。

（五）创新体制机制，激发高质量发展活力

两湖区域既要不断提升提供优质生态产品的能力，也要构建现代化生态经济体系，促进高质量发展，这都需要创新体制机制，激发发展活力。要协同创新生态保护、环境治理和高质量发展的体制机制，按照生态保护区、农业发展区、集约发展区进行分类空间管控。一是针对饮用水源保护区、黄缘闭壳龟省级自然保护区、国家级和省级生态公益林等生态保护区，探索推行市场化多元化的生态补偿机制，拓宽生态保护资金来源渠道。二是针对农业发展区，探索宅基地所有权、资格权、使用权"三权分置"，落实宅基地集体所有权，保障宅基地农户资格权，适度放活宅基地和农民房屋使用权。加快培育家庭农场、农民合作社、农业产业化龙头企业等各类新型经营主体，既要立足差异化功能定位，引导各类新型经营主体多元发展，充分发挥其在各个生产经营环节的组织优势，鼓励扩大经营规模、提高规模效益，又要坚持融合发展，积极培育和发展家庭农场联盟、合作社联合社、产业化联合体等，提升主体市场竞争能力，倍增发展优势和效率。三是对集约发展区，要围绕幸福产业，促进经济高质量发展。

四、发展模式

在推进"茶山绿水"向"金山银山"转变的进程中，在发展模式上注重科学合理的规划引导和空间管控相结合，推进"茶山绿水+"的产业融合模式，推进流域综合治理，鼓励多元主体参与两湖区域发展，加快构建现代化区域治理体系。

（一）"三生"空间均衡发展模式

按照"生产空间集约高效、生活空间宜居适度、生态空间山清水秀"的要求，结合不同区域的主体功能定位，科学划分生态保护空间、农业农村发展空间和集约开发空间，加强空间管控，守住生态保护红线、环境质量底线、资源利用上线，制定环境准入负面清单，确定发展、农业和生态三类空间，促进两湖区域空间均衡发展。结合《河南省信阳南湾水库饮用水水源保护条例》、信阳黄缘闭壳龟省级自然保护区建设、国家级和省级生态公益林建设，积极推进生态保护空

间管理的规范化和法制化，保护好两湖区域的"茶山绿水"。以贯彻落实《中共中央　国务院关于实施乡村振兴战略的意见》为契机，促进农业农村发展空间、提升农业发展质量、推进乡村绿色发展、繁荣兴盛农村文化、构建乡村治理新体系、提高农村民生保障水平、强化乡村振兴制度性供给。按照构建现代化产业体系的要求，以建设国家级幸福产业基地为引领，促进集约发展空间高质量发展，探索"茶山绿水"向"金山银山"转化机制，构建人与自然和谐发展新格局（见图1-1）。

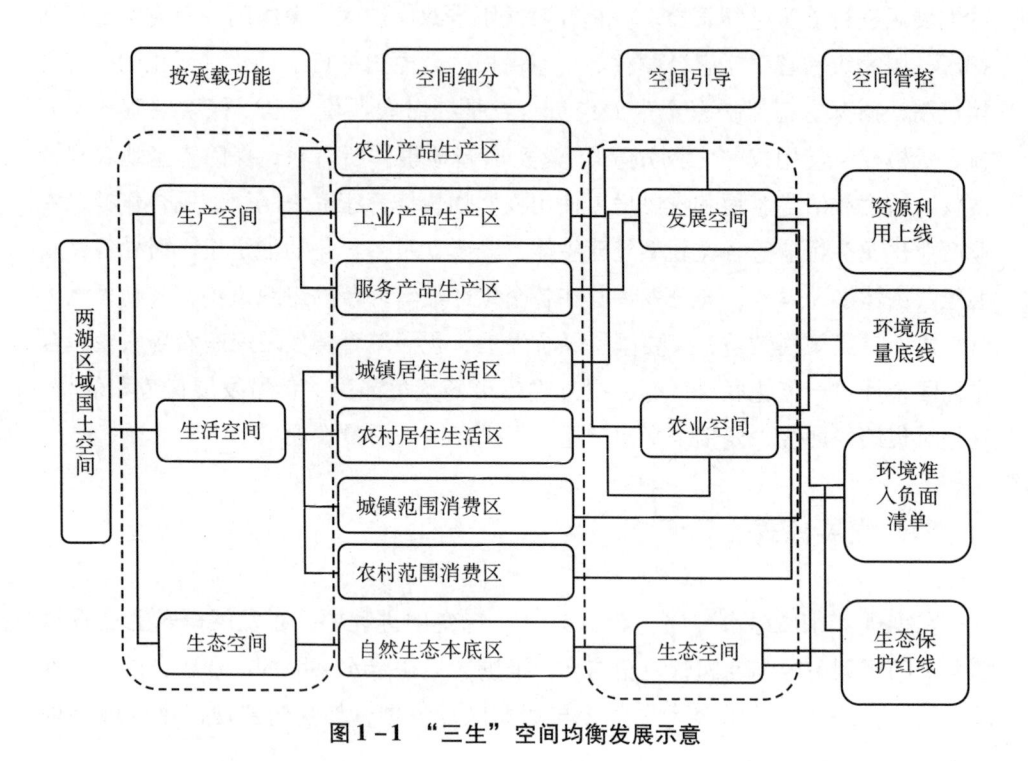

图1-1 "三生"空间均衡发展示意

（二）产业融合发展模式

以推进供给侧结构性改革为主线，坚持质量第一、效益优先，促进两湖区域一、二、三产业融合发展，打破业态及产业发展边界，以健康养生养老、旅游休闲和生态高效农业为基础主导产业，积极培育山水低空体育运动和文化创意产业，加快孵化教育培训以及创新创意服务、"科技+""互联网+"等新业态新模式新产业，整合和搭建电商物流、休闲旅游、养老养生、茶产业发展平台，强化政府政策引导和市场主体引领的叠加作用，全面构建幸福产业融合发展生态系统，满足人民对美好新生活的新期待。充分发挥两湖区域的生态优势，挖掘"茶山绿水+"潜力,促进生态优势向产业优势转变。增强"互联网+"动力,通过"物联网+现代农业",促进农超对接和农社对接,加快发展农村电子商务、农商直供、产地直销、食物短链、社区支农、会员配送、个性化定制等新业态新模式,为两湖区域以信阳毛尖为代表的优质农产品开拓更为广阔的市场。激活"健康+""旅游+"活力,积极推进全域健康、全域旅游发展,提供更加优质和丰富的健康产品、旅游产品,建立利益共享机制,推动产业竞争从产品竞争向产业链条竞争转变。不断打造和重构产业价值链,加快建设产业多元、形式灵活、市场竞争力强、品牌溢价空间大、带动区域经济发展效果好的产业融合发展模式(见图1-2)。

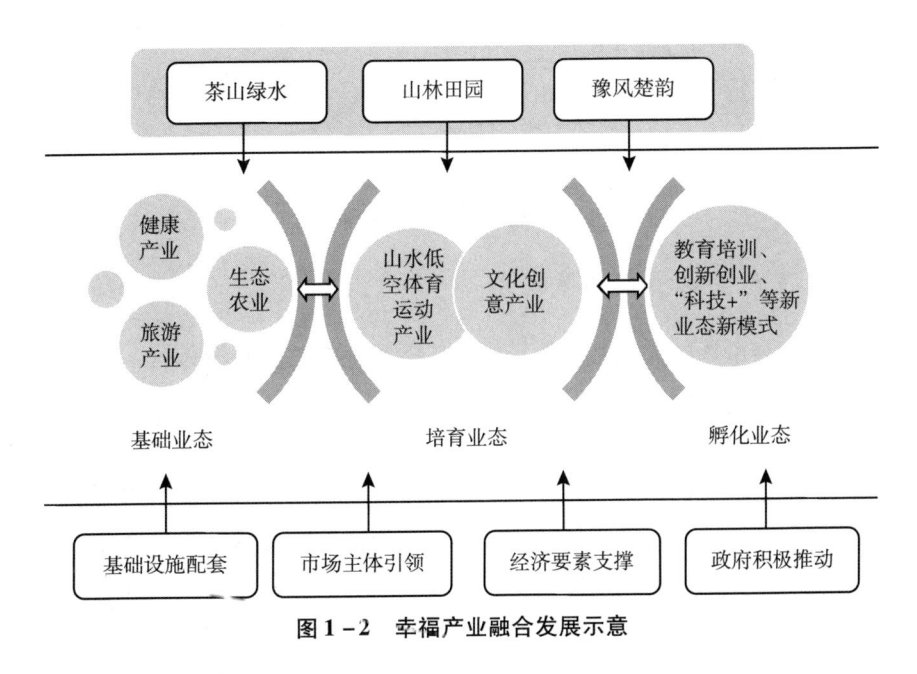

图1-2 幸福产业融合发展示意

(三) 生态环境综合治理模式

坚持保护优先、自然恢复为主,积极推进山水林田湖草生态保护修复,全域推动国土绿化行动,构建生态廊道和生物多样性保护网络,全面提升两湖区域自然生态系统稳定性和生态服务功能。采取工程与生物措施相结合、人工治理与自然修复相结合的方式推进生态环境综合治理,把两湖区域生态环境综合治理与产业兴旺、生态宜居结合起来,坚持保护性开发与创造性保护相结合的思路,分门别类推进田园风光型、湖光山色型、文化特色型、茶山水乡型等特色片区发展。按照先清后整、先洁后美、先急后缓的顺序,结合实际情况逐项细化整治重点和建设内容，做到科学有序、分期分批分类推进。积极拓展两湖区域生态环境综合治理资金来源渠道，建立乡镇村干部分片包干的长效管护机制，把集中整治和日常管理有机结合起来，有效巩固环境综合整治成果，永葆高质量生态环境系统（见图1-3）。

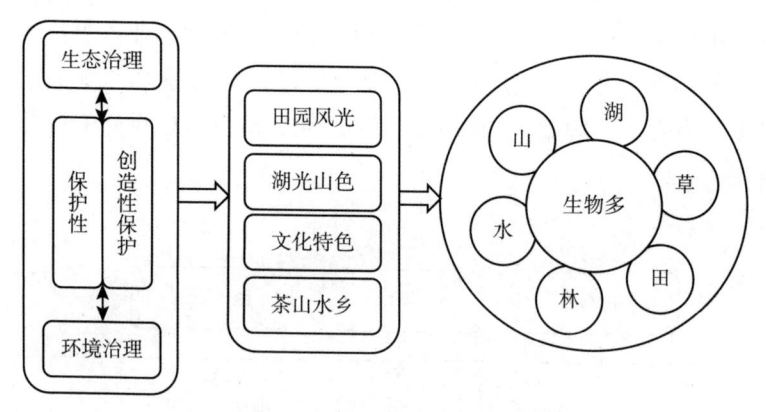

图1-3 生态环境综合治理示意

（四）多元主体参与共赢模式

厘清政府与市场的关系，发挥市场在资源配置中的决定性作用，更好发挥政府规划引导作用，构建多元参与的共赢发展模式。逐步推动"大政府、小社会"向"小政府、大社会"、"社会管理型"向"社会治理型"转变。适应全面深化改革需要，建立政府、企业、社会组织、公众等多元主体共同参与两湖区域发展的互利共赢模式，明确不同主体的责任和权利边界。针对两湖区域良好的生态优势，结合两湖区域生态保护红线、环境质量底线、资源利用上线和环境准入负面清单（"三线一单"）建设，探索建立生态信息公开制度，调动群众参与对生态环境监督的积极性。鼓励民营资本参与两湖区域发展，促进政府和社会资本合作（PPP）规范理性发展。提高多元主体参与的规范化程度，用具体制度来规范多元参与的内容、程序、方式等（见图1-4）。

五、战略目标

围绕两湖区域的战略定位，以习近平新时代中国特色社会主义思想为指导，积极开展重点区域的控制性详细规划编制工作，按照先谋而后动的态度科学推进"茶山绿水"向"金山银山"转换的通道建设，构建以幸福产业为主要支撑的富饶、美丽、幸福的两湖区域。

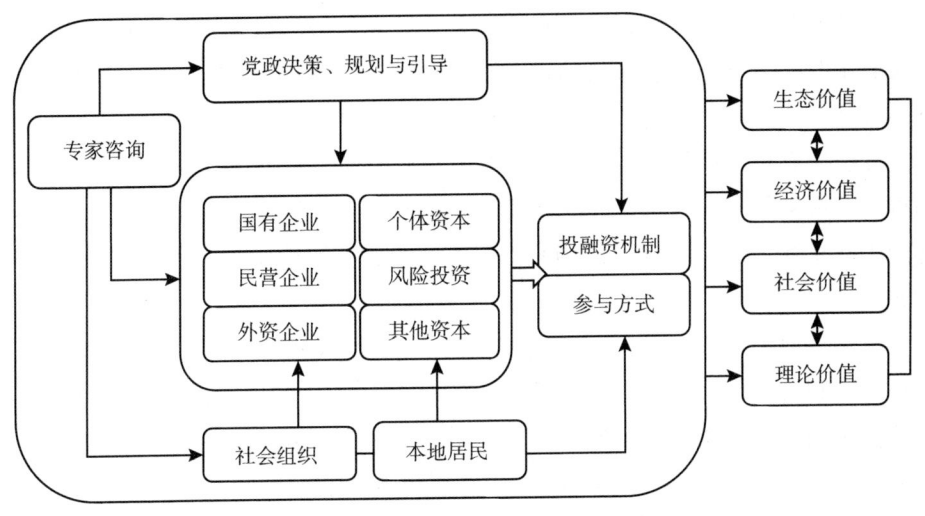

图 1-4 多元主体参与价值共享示意

（一）近期（2018~2023 年）

到 2023 年，两湖区域初步形成科学合理的生态保护空间、农业发展空间和集约发展空间，"茶山绿水""豫风楚韵"特色进一步彰显，以生态旅游、健康养生、文化体育、教育培训等为特色的幸福产业初具规模，生态农业提质增效，提供优质生态产品的能力进一步增强，初步形成完善的基础设施支撑体系，发展活力进一步增强，在河南省的知名度得到显著提升，在全国形成一定影响力。

初步形成"三生"协调的空间格局。初步建立起科学合理的空间管控模式，基本实现生产空间集约高效、生活空间宜居适度、生态空间山清水秀。以南湾湖饮用水源保护区、出山店水库饮用水源保护区、黄缘闭壳龟省级自然保护区、国家级和省级生态公益林为主体的生态空间得到规范化保护，提供优质生态产品的能力进一步提升。以基本农田、一般农田、茶园、园地等为主体的农业发展空间的产业更加兴旺，乡村环境更加生态宜居。以游河乡、南湾乡、金牛山街道、北湖管理区、家具小镇等为主体的集约发展空间的幸福产业初具规模。

初步形成绿色发展模式。牢固树立和践行茶山绿水就是金山银山理念，通过"茶山绿水+"的产业融合发展模式，初步构建起资源节约、环境友好的绿色产业体系、绿色发展体系和绿色创新体系，实现绿色循环低碳发展、人与自然和谐共生，使绿色发展成为两湖区域高质量发展的主色调。

初步构建起以幸福产业为主导的现代化生态经济体系。深入推进供给侧结构性改革，促进高质量发展，以生态旅游、健康养生、文化体育、科教培训为特色的幸福产业初具规模，生态农业初具规模，形成"茶山绿水＋""旅游＋""生态农业＋"等产业融合发展新模式，初步构建起与两湖区域相适应的现代化经济体系。

优质生态产品供给能力得到进一步提升。通过合理划分生态空间、农业空间和集约发展空间，守好生态保护红线、环境质量底线和资源利用上线，形成规范化的生态保护和环境治理新机制，两湖区域提供优质生态产品的能力进一步提升。

发展活力进一步增强。推动主体功能区在两湖区域精准落地，初步形成科学合理的空间管控体系，建立健全规划统筹衔接机制、空间结构动态调整机制、高效管控机制、精准化配套政策体系、差异化绩效考核评价机制。以贯彻落实党的十九大精神和《中共中央　国务院关于实施乡村振兴战略的意见》为契机，构建起有利于两湖区域兴旺发达的体制机制。

（二）中远期（2024～2035年）

到2035年，形成点状集约组团式发展和面上绿色生态保护大格局，构建起"茶山绿水"向"金山银山"转换的良好机制，建设成为"茶山绿水"特色彰显、幸福产业繁荣发展、生态环境优美宜居、豫风楚韵底蕴深厚、居民生活美满幸福的现代化两湖区域，成为在全国具有重要示范作用的幸福产业基地、淮河上游绿色发展示范区、"茶山绿水、豫风楚韵"美丽信阳的集中展示区、淮河流域实施乡村振兴战略的示范区和信阳乡村振兴的引领区。

第三节　强化空间规划引导

促进主体功能精准落地，按照"蓄蓝、增绿、保黄、控红、留白"的空间管控思路，科学确定生态空间、农业空间和发展空间，既满足生态保护和农田保护的需要，又根据土地利用规划合理满足开发需要，还为将来发展预留空间，形成主体功能定位明确、空间布局科学合理、比较优势充分发挥的发展格局。

一、科学确定三类空间

促进主体功能区战略在两湖区域精准落地，结合两湖区域发展战略导向，科学确定生态空间、农业空间和发展空间，推动两湖区域空间要素与发展资源深度契合，形成与生态环境保护相适应、绿色农业发展相协调、集约高效开发相配套的空间管控格局。

（一）严格保护的生态空间

根据不同区域生态功能重要性，识别出需要严格保护的生态空间，主要包括两湖区域的饮用水源保护区、大型湖泊、重要湿地、国家级和省级生态公益林、黄缘闭壳龟省级自然保护区及部分生态敏感区域，以此为主体积极推进生态保护红线划定工作，严格控制生态空间内与生态保护功能无关的开发建设活动。保护好两湖区域生态基底，构筑由桐柏山余脉、南湾水库、出山店水库、顾岗水库、国家级生态公益林、省级生态公益林、黄缘闭壳龟省级自然保护区及相关重点生态功能区为主体的生态屏障体系。统筹山水林田湖草保护，规划建设两湖分水岭生态廊道、沿淮生态廊道、环湖生态廊道等重点生态廊道，大力推进生态公益林、生态景观林带、茶林间作、乡村绿化美化等重点林业生态工程建设，维护区域生态系统的多样性、完整性和稳定性。

（二）绿色生态的农业空间

依据信阳市土地利用总体规划，以农田、茶山、果园、菜园等为重点，切实加强农业空间保护，同时结合新一轮土地利用总体规划修编，科学优化耕地和基本农田空间格局，划定永久基本农田。以董家河镇、浉河港乡、十三里桥乡等为重点，加强信阳毛尖原产地核心产区保护，推广茶林间作，促进绿色生态发展。以吴家店镇、平昌关镇、彭家湾乡、甘岸街道办、双井街道办等基本农田集中连片地区为主体，促进稻田、水塘、果园、民居等要素相互融合、相得益彰，形成茶山与绿水相映、稻田与果园交错的豫南水乡风韵。突出比较优势，提升农业特色发展水平，其中：彭家湾、甘岸、双井重点发挥沿淮灌溉优势和毗邻城区优势，着力发展休闲城郊农业，打造沿淮休闲城郊农业片区；平昌关、吴家店重点发挥大田农业优势，着力发展现代生态农业；董家河、浉河港、十三里桥重点发挥毛尖原产地核心产区优势，着力发展毛尖种植、加工和旅游业，打造休闲生态茶园种植区。

（三）集约高效的发展空间

科学谋划两湖区域开发规模、形态、边界和强度，在守好生态保护红线、环境质量底线、资源利用上线和环境准入负面清单的前提下，构建"面上强化保护、点上集约开发"格局。南湾街道办、金牛街道办、贤山街道办等中心城区规划范围内的地区，严格遵守城市开发边界，依据城市规划促进集约高效发展。游河乡、南湾街道办、董家河镇、十三里桥乡等毗邻水库地区，科学划定一定规模的集约发展空间，合理确定功能、项目和开发模式。吴家店镇、平昌关镇、甘岸街道办等其他相关地区，近期重点围绕乡村振兴战略实施，加强乡村建设管理，发展休闲生态农业，促进农（茶、渔、果等）旅融合发展，推进乡村空间整理和整治，合理规划乡村建筑，彰显豫风楚韵风貌。

专栏1-1 信阳两湖区域集约发展组团/片区

根据生态敏感性评价，充分考虑用地规划要求，在区域内选择交通区位优越、山水景观良好、发展空间较大的地区，按"串珠式"布局模式，精心打造若干具有一定规模的集约建设组团/片区。经测算，两湖区域范围内具备开发建设条件、面积在2平方千米以上用地相对集中的建设区块17个，总面积94.55平方千米，具有发展基础好、用地条件优、功能相对明确等优势，尤其两湖组团、北湖组团等可先期重点推进开发。

两湖组团。包括南湾片区、三官片区、李畈片区、姚湾片区和乔庙片区，共5大片区，面积达27.7平方千米。南湾片区位于南湾管委会二号桥村一带，面积约16平方千米，该区域毗邻城区，道路、给排水等基础设施延伸配套相对完善，周边生态环境质量好，适合发展教育、科研等产业，可建设依托科研院所或企业研发部门的孵化器项目。三官片区位于游河乡三官村、孔畈村、高湾村一带，面积4.95平方千米，该区域紧邻312国道，交通便捷，毗邻出山店水库，生态环境和景观较好，适合布局旅游休闲、现代服务等功能，近期可围绕引进代表性旅游项目进行集约开发，重点建设服务周边人口的商业综合体、主题公园等服务业项目。李畈片区位于游河乡李畈村一带，面积2.18平方千米，该区域地势平坦、人口较少，拆迁成本低，交通便捷，靠近出山店水库水体，景观视觉效果好，部分基础设施可依托游河乡驻地，适合发展度假型旅游项目、配套建设国际社区、创业社区、精品酒店等高品质混合功能开发项目。姚湾片区位于游河乡姚湾村一带，面积2.12平方千米，该区域地处两湖之间的浅山区，自然景观秀美，人口较少，比较适合要求生态好、环境静、节奏慢的健康养老等服务业发展，可按健康产业的链条、功能，统筹引进若干养老、康养、疗养等项目。乔庙片区可作为发展储备用地。

北湖组团。包括金牛山片区、北湖片区、家居小镇片区和彭家湾片区，面积共计28.82平方千米。金牛山片区面积约10平方千米，依托现有产业集聚区，重点发展现代仓储物流和高新技术产业。北湖片区，位于北湖管理区高庙村、仓房村一带，面积7.08平方千米，该区域属于羊山新区的组成部分，已经被纳入信阳市城市总体规划，大部分面积已经开发建设，依托便利的交通优势，商贸物流业形成一定规模，促进了商贸物流业规范有序发展。家居小镇片区，位于家具小镇的苏庙村，前楼村，面积8平方千米，用地条件好，可以结合城市发展需要，促进家具建材等产业规范有序发展。彭家湾片区，位于彭家湾朱岗村一带，面积3.74平方千米，可促进休闲农业、景观苗木、林果采摘等相关产业发展。

平昌关组团。包括平昌关片区、灌塘片区和刘家湾片区，面积共13.83平方千米。平昌关片区位于平昌关镇区，可先行开发，发展民宿、观光码头等休闲旅游产业。灌塘片区可作为生态农业发展区的一部分，打造田园综合体示范点等。刘家湾片区基础设施尚不完善，可作为发展储备用地。

甘岸组团。包括甘岸片区和沿淮片区，面积共8平方千米，位于出山店水库下游，具有沿淮近库的优势。甘岸片区重点打造中心商贸集镇，沿淮片区打造沿淮景观大道，连接移民安置区与甘岸新城，在移民安置区北部可适当发展医疗、养老产业。

浉河港组团。包括浉河港片区、桃园片区、龙潭片区和马家畈片区，面积共2平方千米。依托茶产业和青山绿水优势，发展茶旅结合、休闲养生的现代高端旅游度假产业。

吴家店片区。位于吴家店镇区，面积约6平方千米，该区块交通便利，集聚了5万多人口，农产品丰富，加工具有一定规模，今后可依托农业资源优势，大力发展农产品深加工、交易以及田园综合体项目。

董家河片区。位于董家河镇区一带，面积3平方千米，该区域用地条件好，毗邻的董家河镇区有一定人口规模，集聚了大量信阳毛尖生产加工销售企业。可依托信阳毛尖主产地核心产区的优势，打造集毛尖种植、生产、加工、会展、销售、体验、休闲等于一体的毛尖特色小镇。

十三里桥片区。位于十三里桥乡，面积约7平方千米，该区域临近信阳市主城，可以结合城区发展需求，发展文旅养老、居住产业，建设若干办公、酒店、综合体、住宅社区等项目，未来逐步打造成为高品质的城市外围组团。

通过三类空间约束，总体上形成北部农业、中部集约发展和南部生态保护的空间格局。农业空间面积占到两湖区域总面积的34.7%，主要集中在平昌关、吴家店、甘岸、彭家湾、双井等乡镇。集约发展空间集中在中部，占两湖区域面积的15.24%，集中分布在南湾、游河、贤山、金牛山、北湖、家居小镇及吴家店、十三里桥几个镇的镇区。生态空间主体位于两湖区域南部，占两湖区域总面积的50.06%，其中，水域面积占9.55%，是两湖区域茶山绿水生态优势的核心和灵魂，必须保护好、利用好，为实现区域绿色发展和打造现代化生态经济体系提供生态环境基础和绿色保障。

二、构建"三湖三廊三区三带两组团"总体格局

依托两湖区域丘陵地形特点和城乡居民点分布基础，充分利用现有的山水格局及自然地形地貌，保护恢复自然水体水系，开辟绿化景观通道，加强区域相互促进、联动发展，在自然景观中可续谋划两湖区域发展路径，打造山水相依、蓝绿交织、城乡融合、联动发展的"三湖三廊三区三带两组团"总体格局。

（一）全力以赴保护"三湖三廊三区"生态屏障

深入贯彻生态文明理念，优先保护好区域生态安全，构筑以南湾水库、出山店水库、顾岗水库、沿淮生态廊道、两湖分水岭生态廊道、黄缘闭壳龟省级自然保护区为主体的生态屏障。

1. 确保三湖绿水长清

南湾水库。南湾湖及其周边以加强保护为主，开展南湾湖饮用水源保护区污染防治攻坚战，对畜禽养殖、居民生活污水和生活垃圾、水土流失及化肥农药、农家餐馆污染等主要污染源进行综合整治，从根本上控制和根除污染物，并建立相应的长效机制，满足新时代信阳市经济社会发展和人民群众对水源地水质的需求。合理划定黄缘闭壳龟自然保护区范围，加强黄缘闭壳龟等珍稀动植物栖息地保护。

出山店水库。出山店水库蓄水后，应在加强水体保护的基础上，统筹推进库区移民安置区、环湖路、堤圩建设，形成协同联动效应，高水平建设环境设施，增强区域生态自我修复能力和环境自我调节能力，形成路畅、水活、景美的发展格局，以优美生态环境聚人兴产，把水域生态环境综合治理和建设美丽宜居家园、发展特色优势产业紧密结合起来。

顾岗水库。发挥顾岗水库毗邻城区的独特优势，着力打造城市花园式水库。结合顾岗水库环湖路建设，完善休闲设施，构建都市环湖休闲景观带。发挥北湖管理区的综合协调功能，推进顾岗水库及入湖汇水区的综合整治，增强三湖联动效应，不断完善顾岗水库环湖截污基础设施，确保顾岗水库水质稳中有提升。

2. 构建三大生态景观廊道

沿淮河生态景观廊道。以淮河干流及两岸滩地为重点，推进河道河岸综合整治，严禁挖沙毁岸，加强景观设计和整体控制，设置系统的沿河慢行系统，丰富沿淮景观。注重与周边自然山体之间的对景、借景关系，打通或构筑多条空间视线通廊。建设淮河橡胶坝，打造滨河景观廊道，加强重点节点建设和保护，增强两岸滩涂和蓄滞洪区防汛行洪能力，打造蓝绿交融的滨河景观廊道和生态绿道。

两湖分水岭生态保护廊道。依托两湖分水岭，通过加强植树造林和生态保护，构建水源涵养林带和生态防护林带，增强水源涵养、水土保持功能，打造维护两湖生态安全的生态屏障。通过加强两湖分水岭生态建设和保护，在南湾乡与游河乡之间、南湾水库和出山店水库之间构筑形成生态隔离廊道，有效防止区域过度连片开发。依托自然山体与河流走向，促进生态廊道沿分水岭向南北两侧楔形延伸，增强两湖分水岭生态廊道的生态屏障功能。

沿路生态景观廊道。以南湾水库环湖路、出山店水库环湖路、顾岗水库环湖路、两湖之间重要连接线、312国道等交通干线为重点，打造"环湖、靠山、滨水、串景、安全、美观"的沿路生态景观廊道，加强道路两旁的绿化、美化、亮化，合理规划绿道和慢行道，在重要节点增设休息凳、自行车停靠点、小微型旅游综合服务点等市政设施。

3. 打造三大生态保护区

环湖生态保护区。以南湾水库、出山店水库、顾岗水库周边1千米为主要范围，以环湖林地修复、湖湾水渚保护、入湖河道疏浚、湿地保护、防护林地和绿化景观建设为手段，加强环湖生态保护。在滨湖城镇和人口比较密集的居民点，加快完善环湖截污基础设施，加强环湖环境治理。

谋划建设两湖国家山地公园。以游河和南湾中间低山丘陵以及国家和省级生态公益林为主体，积极谋划建设两湖国家山地公园，构建两湖区域重要的"绿心"。以顾岗水库北部山区为重点，谋划山地公园建设，与顾岗水库一起共同打造信阳的城市山水花园，构建信阳城区北部重要的"绿心"。

黄缘闭壳龟省级自然保护区。依托黄缘闭壳龟省级自然保护区，结合国家级和省级生态公益林建设，进一步强化分类保护力度。按照《信阳黄缘闭壳龟省级自然保护区范围与功能区调整方案》中确定的核心区、缓冲区、实验区范围进行分类管控。严控核心区内的人类活动，推动核心区内居民有序外迁。科学管理缓冲区，适度开展科学研究和观测活动。规范保护实验区，适度开展科学试验、教学实习、参观考察、旅游以及黄缘闭壳龟的驯化与繁殖活动，探索生态产品价值实现新机制。

（二）因地制宜推动三大特色农业带发展

按照乡村振兴战略的要求，发挥两湖区域比较优势，通过规划引导，以特兴农，以绿兴农，推进两湖区域三大特色生态农业带发展。

1. 茶山绿水发展带

发挥董家河镇、浉河港乡、十三里桥乡等信阳毛尖核心产区的独特优势，以董家河镇为龙头引领，以打造毛尖小镇为契机，发挥茶山绿水的生态优势和"信阳毛尖"的品牌优势，做足茶文章，发挥文新、五云等骨干茶企的引领作用，打造一批标准化生态茶园，发展集采茶体验、品茶养生、休闲度假、住宿餐饮、会议接待等功能于一体的茶园综合体，打造引领茶产业转型升级的新载体。努力将信阳毛尖打造成享誉全国的绿茶品牌，同时根据市场需求，科学开发信阳毛尖绿茶、红茶、功能性茶食品饮品等，丰富茶产品种类，满足市场多元化需求，积极发展茶园综合体和共享茶庄，着力打造茶林相间、山水相映、茶旅一体的生态茶园发展带。

2. 环湖休闲生态农业发展带

发挥吴家店镇、平昌关镇等基本农田集中连片的优势，依托良好灌溉条件和生态本底，重点发展生态农业、休闲农业、设施农业。结合出山店水库环湖农田水利基础设施修复，推进环出山店水库农村土地整治和高标准农田建设，提高抗旱防洪除涝能力，加快灌区续建配套与现代化改造，推进小型农田水利设施达标提质，建设一批高效节水灌溉工程，稳步提升耕地质量。发挥两湖区域的生态优势，推进农业绿色化、优质化、特色化、品牌化，调整优化农业生产力布局，推动农业由增产导向转向提质导向。发挥泓旭等龙头企业的带动作用，引入战略投资者，推进农业适度规模化经营，建设田园综合体、共享农庄、现代农业产业园、农业科技园、农业观光园等。

3. 沿淮城郊休闲农业发展带

发挥甘岸街道办、双井街道办、彭家湾乡等毗邻城区的区位优势，将农业发展与休闲旅游结合起来，实施休闲农业和乡村旅游精品工程，建设一批设施完备、功能多样的休闲观光园区、沿淮人家、康养基地、乡村民宿等，促进农业增效和农民增收。打造彭家湾花卉苗圃和景观绿化、双井街道办及甘岸绿色蔬菜瓜果等特色农业集群，建设一批沿淮特色休闲农庄，打造融农事体验、休闲观光、餐饮住宿等于一体的城郊休闲农业综合体。

（三）高水平推动两大组团集约发展

按照高质量发展的要求，发挥两湖区域"茶山绿水"的生态优势，围绕两湖集约发展组团和北湖集约发展组团两大组团，优化空间结构，高起点规划、高水平建设，形成绿环水绕、联系便捷、功能互补、融合发展的生态型、组团式发展形态。

1. 两湖集约发展组团

以两湖区域内南湾与游河之间可集中建设用地为主要载体，以南湾街道办驻地和游河乡驻地为主要据点，以南湾片区、姚湾片区、李畈片区、三官片区、乔庙片区为主要支撑，引进有实力的战略投资者，做足茶山绿水文章，促进健康养生、度假休闲、教育培训、文化体育等幸福产业发展，营造具有豫南水乡独特气质的综合性文化休闲场所，建成中原地区规模最大、品质最高的康养度假胜地。以南湾街道为主要据点，沿南湾片区→姚湾片区→李畈片区推进集约开发。以游河乡驻地为主要据点，沿三官片区→乔庙片区推进集约开发。

2. 北湖集约发展组团

以北湖区域内的北湖片区、金牛山片区、家居小镇片区为主要空间载体，发挥其纳入信阳市城市总体规划和交通便利的优势，加快完善公共服务设施，发挥北湖良好的生态优势和信阳后花园的区位优势，以按照4A级景区标准编制北湖规划为契机，注重体现"豫风楚韵"元素，彰显豫南民居特色，促进康养旅游等相关产业发展。形成由信阳主城区沿金牛山片区向北逐步开发以及由信阳主城区沿北湖片区→家居小镇片区向北逐步开发的两条开发轴。

三、推进山湖林田城一体化联动

处理好开发建设与山体、水系、林地等自然要素的关系,按照"显山、露水、见林、透气"理念,实现山湖林田城一体化联动,构建人与自然和谐发展的现代化建设格局。

(一) 显山

加强董家河镇、浉河港乡、十三里桥乡等南部山体保护,科学划定山体保护范围,禁止开山取石等破坏山体行为。科学进行观山视廊控制,保留可观赏山脊线的观景视廊,确保对远处景色无遮拦的视野。合理进行山脊线保护控制,镇(乡、街道办、管理区等)驻地和集约发展区建筑高度不得超过背景山体高度的1/3,根据山脊线变化确定开发高度轮廓。统筹山体周边建设控制,坡度大于25度山体区域原则上禁止开发建设;坡度在15~25度的缓坡地区属于景观敏感的山前控制区,禁止建设高层建筑,应依山就势,以低层、多层建筑为主,建筑高度不超过20米,开发容积率应控制在1.0~1.2;毗邻信阳主城区的南湾乡、贤山街道办、金牛山街道办、北湖管理区等周边山体应保留生态缓冲空间,不允许因建设开挖山体。

(二) 露水

加强河湖水系保护控制,彰显"北国江南"特色,对穿越镇(乡、街道办、管理区)驻地的河湖水系管控蓝线外30米范围内禁止开发建设,其他区域的河流治导线外50米范围内禁止开发建设。统筹滨水建设控制要求,滨水道路靠水一侧禁止开发,沿河流绿化控制线或道路红线外侧50米用地范围内禁止开发。合理保留通水廊道,滨水建筑界面连续宽度不得超过用地面宽的60%,且最大不超过80米。合理确定滨水建筑高度控制,采用低层或多层形式,通过视线分析等技术方法细化研究,划定高度控制区,建筑高度原则上不超过24米,优化天际线景观效果。

(三) 见林

推行生态绿化,加强植树造林,保护好茶林资源和古树名木资源,结合茶林间作,广植当地树种,构建多层次、功能复合的生态网络,发挥茶山、绿地、林地、耕地、湿地、水面等的综合生态功能。利用道路周边立体空间，发展屋顶绿化、立体绿化、复层种植，向空间要绿色，更加注重绿化的立体构成，提高"绿视率"，营造立体多层次的复合绿化。要结合乡村振兴，加强房前屋后绿化、田间地头绿化、道路两侧绿化，加强夏季植物修剪，确保绿化景观效果。统筹道路绿化和景观路建设，形成林在山中、人在林中、绿在城中的美丽画面。

（四）透气

依托两湖区域广阔的水库水面、集中连片的生态公益林、黄缘闭壳龟自然保护区等生态用地以及主要道路等，加强与信阳城市总体规划的对接，构建畅通的通风廊道，为改善信阳空气质量提供支撑。在毗邻信阳主城区的南湾乡、贤山街道办、金牛山街道办、家居小镇、北湖管理区等，建筑物空间布局应形成高低、大小、进退变化，避免出现大面积同一高度的建筑群。推进综合管廊建设，电网、通信网、供排水、燃气等进入地下综合管廊。

四、推动与城区及周边地区联动发展

发挥邻城近路区位优势，按照整体规划、协调推进的思路，着眼于重大通道建设、关键平台打造、产业链条延伸、空间风貌管控等目标要求，强化空间节点及功能组团间紧密联系，促进高端要素畅通流动与共享，推动与周边区域联动发展。

（一）有机对接信阳中心城区

围绕设施对接、功能配套、一体管理思路，有机对接信阳中心城区，努力成为美丽信阳的集中展示区。统筹考虑两湖区域和信阳主城区、羊山新区、信阳高新技术开发区之间的功能定位，避免重复建设。全面畅通与中心城区的交通联系，实施新七大道快速化改造，增强G312通行能力，实现区域交通和市内交通、客货交通有机分离，实施S224扩容工程，提升主要交叉口通行能力，强化两湖区域与信阳站、信阳东站、明港站三大客运枢纽的快速联系，完善游客集散及公交换乘功能，推进到市区客运公交化。

（二）全面对接市域重点组团

强化两湖区域与市域主要功能组团的联系，依托G312、G40、明鸡高速等通道，加强与明港镇、鸡公山管理区联动发展；打通信阳市区新七大道至罗山县城段，规划建设出山店水库大坝沿淮河至罗山县城快速公路，加强与罗山县城互动；加快构建市域旅游合作大通道。加快构建区域融合、便捷的快速交通网络，形成功能互补、相互依托、各具特色的市域功能网络体系。以产业为纽带，以主要园区、景区、县城为重点载体，深化与潢川、息县、淮滨等农产品主产区县在现代农业、生态农业、都市农业等方面合作，拓展与商城、新县、光山、罗山等生态功能区县在幸福康养、旅游休闲、体育运动等方面合作。创新利益分享机制，支持各县参与两湖区域开发建设，探索跨行政区合作发展新模式，加强与市域各县在环境保护、功能区管理、干部交流等方面的合作。

（三）加强与周边地区合作

从更大视域推动两湖区域发展，统筹谋划发展定位、发展重点、目标路径等，避免恶性竞争和重复建设。加强与驻马店、南阳、六安、黄冈、随州等周边城市协作，加强跨区域基础设施协同规划建设，合作确定产业重点，共同开展生态建设。密切联系中原城市群，主动加强与郑州航空港、中国（河南）自贸区等对接，探索政策外溢的可能机制。主动对接武汉城市圈、皖江经济带，在大格局中进一步找到发展差距，找准发展空间，共同打造精品旅游线路，推进康养、医疗等跨区域合作，完善跨界污染防治制度和生态保护修复机制，加强大气、水环境等重点领域联合防治，共同保护淮河流域生态环境。

第四节 构建以幸福产业为主导的现代化生态经济体系

按照高质量发展要求，瞄准新时代人民群众对美好生活新需求，统筹整合生态、文化、农业、旅游等特色优势资源，按照全域幸福产业发展的思路，加快推动健康养生、生态休闲旅游、山水体育、文化创意、教育培训等产业融合发展，不断提升生态农业发展质量，积极孵化培育其他生态型新兴业态，激活两湖区域沉睡资源，挖掘发展潜力，形成两湖区域高质量发展的内生动力。

一、完善康养产业链

充分发挥两湖区域及信阳市环境优美、气候宜人、空气清新、物产丰富的独特优势,把传统养生文化与现代人的健康需求相结合,运用现代服务业的经营理念和经营方式,大力发展以健康养生、健康旅游、健康体育、健康文化等为重点的健康服务业。鼓励开发多层次、多样化的康养旅游和养生养老产品,鼓励康养与度假、养老与医疗结合,积极发展休闲养生、运动健身、颐养健康、医疗保健、生态营养及健康管理与咨询等健康产业,打造一批特色保健疗养中心和健康养生基地。

(一) 积极完善康养休闲产业体系

规划建设康养休闲综合体。立足山水茶林田湖有机组合的良好格局,依托南湾湖、出山店水库、生态茶园、生态农业基地、林业生态基地、中药材生产基地等特色资源,规划建设丰富多样的生态休闲康养场所,建成特色突出、体系完整、协作紧密、功能多元,集健康体检、健康咨询、颐养休闲、康复护理、体育健身、文化教育、娱乐休闲等为一体的健康服务休闲康养基地,推动建成健康城。

规划建设特色颐养休闲社区。吸引国内外战略投资者,投资开发"颐养服务+"项目,建设多层次的休闲养生社区。重点针对候鸟式、活力型养生人群及亚健康人群,建设会员制颐养型公寓、月租制养护型公寓及健康会所等多种形式的颐养社区,满足不同层次的养生人群需要。根据周边区域颐养需求,优化高中档养生服务结构,重点发展中高端的度假休闲娱乐颐养服务,开展异地互动颐养、生态颐养、景区颐养等新业态新模式。

完善康养休闲产品供给。打造多种形式的休闲康养服务产品,推出两湖养生之旅、中医养生之旅、智慧养生之旅、生态养生之旅等特色体验活动,将休闲度假和养生保健、修身养性有机结合,打造异地旅居、居住型养生、生态养生、文化养生、调补养生、美食养生、美容养生、运动养生以及抗衰老服务和健康养老等一系列休闲康养产品,完善休闲康养产业链,积极开发与颐养结合的茶产品、鱼产品以及相关的功能性食品,促进休闲康养与中医药、康复、宗教、生态农业、旅游、体育、文化创意等产业融合发展。

(二) 完善健康管理服务环节

健康体检与康复管理。引进如质子重离子等世界领先的医疗方面的战略投资者,培育专业化、社会化的健康体检、健康恢复、心理咨询机构,开展疾病预防、检后跟踪干预、心理健康辅导和心理干预等多层次、个性化服务项目,促进以治疗为主转向以预防为主，探索体检、治疗与康复相结合的模式，为康体养生群体及本地居民开展健康体检、治疗康复、健康监测等综合管理服务，提升对来两湖区域休闲康养群体的吸引力。提高健康管理的智能化水平，积极利用大数据分析、物联网等技术和康养群体智能化管理产品，推动健康管理实现从点状监测向连续监测、从短流程管理向长流程管理转变。建设智能康养社区和机构，构建安全便捷的智能化康养基础设施体系。开发面向养生群体的移动社交和服务平台、陪护助手，提升生活质量。

健康第三方服务。支持社会资本在健康产业园区投资设立医学检验中心、影像中心、病理诊断中心、康复养生中心，发展第三方医疗服务评价、健康管理服务评价以及健康市场调查和咨询服务。建立第三方机构与医疗机构的检验检测结果互认和信息共享机制，开展医学检验、药学研究、临床试验、康复养生等服务外包。完善科技中介体系，发展专业化、市场化的医药科技成果转化服务。加强第三方服务质量认证和服务监管。

健康信息技术服务。争取建设智慧健康养老示范基地，依托南湖科技产业园、双创园等积极引进健康信息技术服务企业，推进"互联网＋"康养，大力推动医疗健康大数据挖掘、分析和应用产业发展。以提供智慧医疗系统整体解决方案为核心，以数字化健康产品的研发设计、软件开发、信息系统集成、信息技术咨询、数据处理和存储、数字内容服务为关键环节，积极构建健康信息服务产业链，打造健康信息产业集群。发展适用于智能健康颐养终端的低功耗、微型化智能传感技术，室内外高精度定位技术，大容量、微型化供能技术，低功耗、高性能微处理器和轻量操作系统。推进健康状态实时分析、健康大数据趋势分析等智能分析技术发展。

（三）大力发展健康教育培训

积极开展专业人才技能培训，依托信阳师院、信阳学院和职业学校等院校，围绕大健康发展开设相关专业，培养服务于本地和周边其他区域的健康专业技术人才。邀请国内外知名健康领域专家和医学健康技术人才，到两湖区域开展专业技术知识交流，开展多种类型的健康教育培训。推动健康医疗教育培训应用，探索新型互联网和物联网教学模式和方法，积极应用网络在线教育平台，组织本地专业人才通过在线学习、远程培训、远程手术示教等方式，提升医疗专业人才服务水平和能力。开展健康理念普及，结合健康产业园区、生态颐养场所建设，为颐养群体开设健康饮食、健康养生、中医药养生、疾病预防、健康管理等基础知识培训，提高养老人群健康知识素养。

（四）开发智能健康养生服务产品

积极引进和发展智能健康养老服务产品的研发及示范生产，加强健康养老终端设备的适老化设计与开发，针对家庭、社区、机构等不同应用环境，发展健康管理类可穿戴设备、便携式健康监测设备、自助式健康检测设备、智能养老监护设备、家庭服务机器人等，满足多样化、个性化、高端化健康养生需求。支持智慧健康养生领域众创、众包、众扶、众筹等创业平台建设，建立南湖和科教城两个智慧健康养生产业生态孵化器、加速器，为初创企业提供资金、技术、市场应用及推广等方面的扶持。

专栏1-2 康养产业发展重点项目

游河幸福康养小镇·健康产业园。依托两湖之间的特色小镇，建设养生健康产业园，重点发展活力型和候鸟式养老设施，构建集休闲养生、中医药养生、康复疗养、宗教康养、体育健康、健康教育、健康管理等为一体的健康产业链，打造养生养老服务业集群，建设主要面向周边区域人口的休闲养生养老基地。

健康科技研发产业园。在南湾、金牛山区域，建设健康产业创业园，围绕健康高科技产业发展趋势，积极培育健康信息技术服务、第三方服务、医学互联网等产业。

健康文化创意园。依托南湖、金牛文化公园、信阳师院、学院等建设健康文化创意园，大力发展健康创意、健康文化、健康人才教育等产业。

特色乡镇、社区康养设施。结合特色小镇和农业生态园区建设，在董家河、游河、吴家店、浉河港、双井、彭家湾、平昌关等地积极发展生态养老、田园养老、观光度假等特色生态养老，适度建设与旅游休闲产业紧密结合的养生康养设施，积极促进与农业休闲、旅游产业的融合发展。

特色移民新区康养设施。结合乡镇移民社区建设，在三官、太阳坡、李岗寺村、徐堂村、孔村、邓楼、十三里桥、金河等沿库周及临淮河周边的村，依托农民住房开展休闲养生服务，积极发展农家式养老，结合农村扶贫，先期通过培育示范农户和示范村，扩大品牌知名度，提高养老人群认知度，积极完善民宿基础设施条件及周边旅游设施条件。

建设医养结合示范基地。依托省内外大型医疗集团、养老机构或市级医联体为主导在南湾建设的集医疗、康复、养老、护理、安宁疗护等服务于一体的健康养护中心（康养基地），创新医疗、护理与养老融合发展模式，强化中医养生保健、老年病及慢性病、康复护理、急诊急救等服务功能，搭建"互联网＋特联网＋养老"的综合信息管理平台，配套建设适老型养老服务设施，带动和辐射周边区域，打造以个性化、智能化、医院式护理为基础的高端医养结合中心。

（五）推动形成大健康服务生态圈

依托两湖区域现有条件及信阳市健康产业发展基础，在两湖区域重点发展健康养生、健康旅游、健康体育、健康教育产业，配套发展健康管理，积极发展健康信息技术服务和第三方服务业，推进养（养生）、游（旅游）、体（体育）、文（文化）等业态融合发展，促进田园休养、山水颐养、茶食保养、医治疗养、文育心养、休闲游养、文娱体养、科研学养等相关业态簇群发展，打造在国内外具有一定知名度的特色康养目的地。信阳其他区域，特别是信阳东部的工业集聚区侧重发展健康食品制造、药品制造、器械制造等产业，形成健康服务业与健康农业、健康制造业相互促进、依托和融合的产业生态系统，共同打造"养、游、体、文、食、药、造"大健康产业体系（见图1-5）。

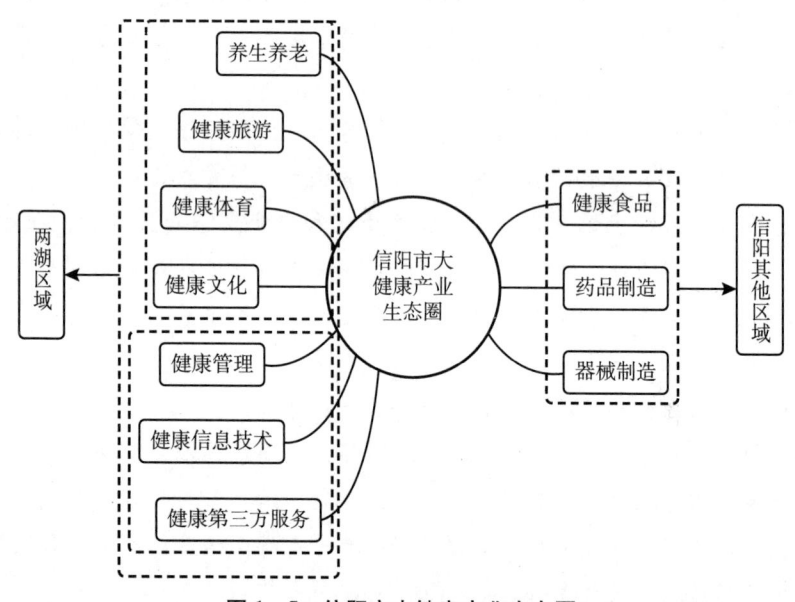

图1-5 信阳市大健康产业生态圈

二、深挖全域旅游发展潜力

按照"发展大旅游、开发大市场、繁荣大产业"的思路，统筹整合两湖区域"茶山、绿水、文体"等优势旅游资源，完善旅游产业链条，发展集观光、休闲、娱乐、体验于一体的复合型旅游业，把两湖区域打造成为全国知名生态文化休闲旅游目的地。

（一）提升"悠游茶园"乡村旅游知名度

进一步提升乡村旅游水平，立足满足和引领大都市居民休闲度假的需求，以推进"百村万人乡村旅游创客行动"为契机，以"悠游茶园"、山水田园、乡村生活和自然野趣为特色，研究制定引进乡村创客的优惠政策，吸引大学生、返乡农民工、专业艺术人才等各类创客投身乡村旅游，以创客带动资金和产业，培育创意民宿、观光农业、文化创作、户外体验、体育健身、旅游休闲、摄影写生、非遗传承、旅游电商等创新业态，打造辐射全国的知名乡村旅游目的地，另辟蹊径走出一条生态保护和旅游休闲融合发展的新路子。

主打悠悠茶境体验之旅。整合茶景观、茶文化、茶加工、茶体验、茶产品等资源，提升茶园、茶山的景观功能，积极彰显茶艺、茶歌、茶舞、茶戏等文化元素，完善游览茶山、参观茶建筑、观赏茶俗、学习茶艺、品尝茶品和购买茶产品等业态，将董家河镇、浉河港乡和十三里桥乡等连片打造成为集观光体验、休闲娱乐、生态茶园、科普教育、养生度假等于一体的综合性茶旅游区。

嵌入发展绚烂花境之旅。充分发挥出山店水库水面广阔的独特优势以及良好的气候和生物资源条件，依托山水林田湖及沿路沿淮两边绿色廊道，重点在平昌关镇、吴家店镇、甘岸街道、彭家湾乡打造茶园、花卉、果园、稻田等生态景观廊道，研究开发山谷花海综合体旅游体验项目，开启"一年常绿、四季有花"的绚烂花景之旅。

配套发展自在茶山绿野之旅。在有条件的茶山旅游综合体项目中，合理规划配套设施，适度引入自驾车露营、房车露营、帐篷露营等项目，建设茶山露营基地，解决旅游非标准住宿设施不足问题，满足露营旅游消费市场的个性化需求，增强茶山旅游的体验感。

（二）丰富"豫楚水乡"环湖旅游

依托出山店水库、南湾水库、顾岗水库以及相关河流，在淮河、游河、浉河等河流两岸设置溯溪、亲水游憩景观廊道，美化两湖岸线景观，做足水文章，围绕水面、水空、水滩、水岸、滨水区等圈层水旅游资源，打造观光、亲水游憩、水上休闲运动、度假等水旅游产品。通过文化活化和主题包装等手法，提升各类水旅游产品品质和内涵，促进水旅游产品与茶产业、鱼产业、运动健康产业、会展产业、文化创意产业等联动发展。在保护好生态环境的前提下，不断提高南湾湖、出山店水库库区休闲观光体验游品质。

（三）提升"豫风楚韵"文化体验旅游品质

淮河文化旅游产品。以深厚的淮河文化底蕴为基础，挖掘淮河边"孔子来渡处"等历史传说，将淮河流域上极具特色的"茶、水、鱼、田、村"等主题产品的精华熔于一炉，打造淮河风情文化节等节庆旅游精品。打造5D水幕电影和大型实景演出，用实景演出及现代化影像形态表现淮河传说、豫楚风情。加快发展文博会展业，推进淮河治理和南湾湖、出山店水库博物馆建设，举办淮河文化博览展。

豫楚文化主题旅游产品。加强茶文化、民歌、甘岸孔姓姓氏文化等物质（非物质）文化遗产保护利用和传承工作，打造集展示和体验于一体的具有豫楚特色的歌辞、地方剧种、饮食文化的豫楚文化体验园（馆），培养传统技艺人才，加大织绣、艺术陶瓷等特色工艺品开发力度。加强与信阳博物馆等景区联系，共同打造豫楚文化旅游品牌。

豫楚历史文化遗址公园。加强豫楚历史文化遗产的保护与创新性利用。加强平昌关镇台子湾龙山文化遗址、春秋古谢城遗址、汉代昌都域遗址太子湖旧址、彭岗组楚文化遗址、城阳城楚文化遗址扩造等的保护与传承利用，建设豫楚历史文化遗址公园，讲好豫楚文化故事，展现真实、立体、全面的两湖，提高两湖区域的文化软实力。

（四）促进旅游与其他产业融合发展

促进旅游业与文化创意、有机农业、体育休闲等融合发展，最大限度地发挥产业之间的叠加共振效应，探索"旅游+"发展新模式。一是促进旅游与文化创意产业相融合。将两湖区域特色茶文化、民俗文化、传统文化、淮河文化、红色文化融合在旅游业中，让广大游客在游乐中体验文化内涵，重点推进茶文化故事馆、淮河文化实景演出等重点项目建设。二是促进旅游与农业相融合。促进传统农业向生态观光和休闲体验农业转变，围绕茶叶、板栗、拐枣、中药材等特色农产品的采摘体验、加工观摩、品尝推介等延伸服务链条,大力发展"农家乐"和"乡村游",支持农业"接二连三"发展。三是促进旅游与体育休闲产业相融合。鼓励开发登山、徒步、骑行、自驾、拓展、CS 野战等体育旅游项目,重点打造公路轮滑、马拉松、武术、水上运动等特色体育赛事品牌,利用大别山长淮国家健身步道总体规划,建设山地越野自行车赛道及环南湾湖乡镇国家级登山步道,推进环出山店水库观光路建设,带动旅游业发展。

(五) 打造特色精品旅游线路

百里茶廊乡村茶园旅游线路。依托 X040 县道,以董家河镇、浉河港乡和十三里桥乡等信阳毛尖茶叶核心产区,串联浉河区董家河镇连云山、董家河天云山等茶叶基地,结合乡村景观规划建设,围绕"置身茶海、享受回归自然"打造乡村茶园旅游廊道,春季享受采茶的乐趣,夏季茶园小舍品绿茶,金秋时节开展茶园周边的果园采摘活动,冬季参与水库冬捕,品尝全鱼宴,体验鱼文化。

"豫风楚韵"历史文化旅游线路。依托淮河文化博览展、淮河风情文化节、淮河边"孔子来渡处"、甘岸孔姓姓氏文化、"淮河(源)情"等大型演艺节目,联合平桥区城阳城国遗址公园、昌关镇台子湾龙山文化遗址、春秋古谢城遗址、汉代昌都域遗址、太子湖旧址、彭岗组楚文化遗址、信阳市博物馆,充分展示最具典型意义的豫风楚韵文化,形成以豫风楚韵为主题的历史文化旅游线路。

环湖旅游线路。环绕出山店和南湾湖,设置单湖和双湖的自行车骑行、电瓶观光车、徒步旅游路线,串联环湖风光和景点,设置环湖木栈道、观景平台、停车场、旅游服务中心、旅游厕所、商业网点等配套措施,规划建设环湖路上旅游线路。在出山店水库规划建设水上运动休闲码头、大坝游船码头、石桥村湿地游船码头、吴家店镇码头、游河乡码头等多个码头,打造出山店环湖游水上旅游线路。

山水文化黄金旅游线路。联动周边区域,一体规划建设"主城区—出山店—南湾湖—四望山旅游景区—鸡公山旅游景区—灵山景区"精品旅游线路,以 G312、G107、S224、明港—鸡公山高速等为主体串联起信阳沿线重要旅游景区,形成山水文化旅游黄金大廊道(见图 1-6)。

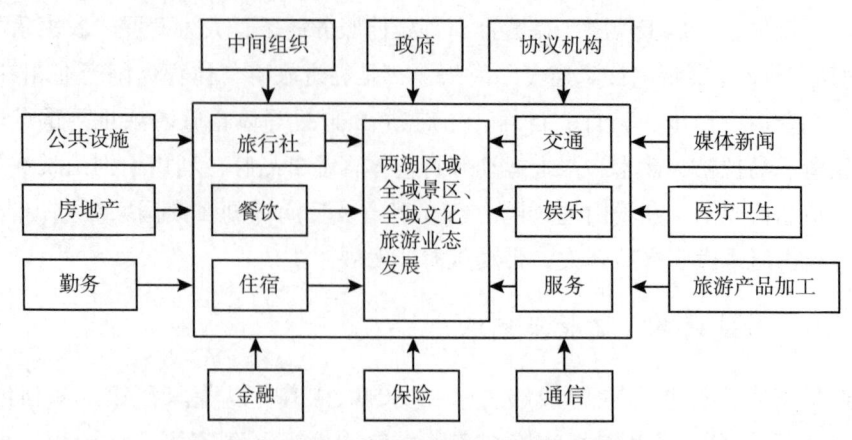

图 1-6 旅游业态融合发展与配套服务支撑示意

专栏 1-3 全域旅游发展重点项目

浉河区环湖茶文化生态旅游区。集观光体验、休闲娱乐、特色农业、科普教育、养生度假等于一体的综合性开放式旅游区，到 2025 年建成为我国最大的茶文化主题旅游产业集聚区之一、信阳精品茶农业的主要集聚地、信阳生态休闲旅游的主要集散地，年可实现游客接待人数 50 万人次的能力。

大别山民俗文化村。由金牛文化公园、文化产业园和民俗文化体验园三大功能区组成。精心打造文化、旅游两条产业链，开发极具市场吸引力的文化产品和旅游产品。

文新"三园"。集万亩"文新"茶文化生态旅游观光茶园、万亩标准化茶园、万亩有机生态茶园为一体的综合性茶文化体验园。

出山店茶果庄园。茶果套种示范园、无公害蔬菜基地、苗圃花卉、休闲度假、垂钓、生态观光旅游。主要包括景区入口服务项目（迎宾大道改造、游客中心建设、生态停车场及仰天湖区域改造提升）、渔文化主题游览区、水上游览区、生态保育区、南湾风情园、南湾印象园、贤山公园、贤隐寺、贤山郊野公园、两湖区域游客集散中心、大型停车场等项目。

豫楚历史文化遗址公园。依托平昌关镇台子湾龙山文化遗址、春秋古谢城遗址、汉代昌都城遗址、太子湖旧址、彭岗组楚文化遗址、城阳城楚文化遗址扩造等，建设豫楚历史文化遗址公园。

智慧旅游景区和智慧乡村旅游。实现免费、Wi-Fi、智能导游、电子讲解、在线预订、信息推送等功能全覆盖。

三、提升山水体育运动承载功能

利用两湖区域茶林密布、山脉连绵、河湖交错、田园多姿的生态环境优势和独特的乡土文化优势，统筹茶山、绿水、山丘、田园等资源，积极开展"水陆空"立体运动，以山地户外运动、水上户外运动和低空旅游为重点，创建体育旅游品牌，在茶山绿水中推进体育产业多元化发展，打造全国知名的户外运动基地。

（一）开展茶山户外运动

依托董家河镇、浉河港乡、十三里桥乡的山地和茶林旅游资源，开展多种类型的茶山户外休闲运动项目，打造"动感茶山"户外体育运动主题产品，建设茶山户外运动基地。以茶林运动为特色，培育壮大山地自行车、户外拓展、登山、攀岩、滑草、徒步游、野营露宿、探险等户外运动健身旅游产品，吸引国内外户外休闲运动爱好者参与，打造群众喜闻乐见的精品赛事活动。利用茶山小道、河湖堤堰、森林防火路、田间小道，改造提升为与国际接轨的国家步道系统，形成连接各旅游景区的自然景观型、人文历史型步道网络。

（二）适度发展亲水运动

依托出山店水库广阔的水面、南湾水库部分水面及其他相关水体水系，通过对水资源及水利设施的局部规划改造，配套设计游泳、游船、垂钓、水疗、戏水、水文展示等亲水游乐项目，开发快艇乘坐、赛艇、水上蹦极等运动项目，建设成为国家级和省级水上体育训练基地。配套规划建设大型多功能的室内水游乐场馆，建设四季亲水游乐项目，打造水上运动及休闲旅游目的地。

（三）探索低空飞行运动

充分发挥两湖区域空域条件优越，地形地貌多样，大地景观丰富多彩的条件，以及空中观光品相（包括较大面积水域观光、茶园林地观光、山地水系观光等）优美的独特优势，与通用航空产业发展相结合，积极探索低空旅游发展，成为河南省低空旅游的先行区，探索引进热气球等航空器，开发空中观光等低空旅游产品，形成各具特色、灵活组合的空中旅游线路，让游客全方位地参与、体验两湖区域风光。

（四）策划体育运动活动

加强与国家、省、市体育部门以及中国登山协会等专业体育运动机构的对接交流与合作，联手打造高质量、高规格、高标准的一批专业户外运动赛事。依托两湖区域山地资源和公路条件，举办山地公路自行车比赛、越野车比赛、攀岩比赛、群众登山健身大会、露营大会等全国性或区域性体育赛事和户外运动。依托水上运动项目开发，培育淮河流域龙舟邀请赛、横渡出山店水库比赛等赛事品牌。加强与国际国内顶级运动社团组织合作，努力争取国际或全国相关永久性论坛开办权。随着更多赛事活动进驻两湖区域，不断吸引体育竞赛表演业、体育用品业、健身休闲业、场馆服务业等相关体育产业落户。

（五）完善体育运动基础设施

规划建设出山店水库—南湾水库—顾岗水库环湖自行车赛道、马拉松赛道、生态体育公园、水上训练基地等设施。重点建设大别山·信阳国家登山健身步道、环浉河百里全民健身长廊、环南湾全民健身休闲长廊、大别山全民健身公园、省水上运动健身中心、南湾水库和出山店水库水陆两栖通用机场等工程，夯实运动体育产业发展的设施基础。

专栏1-4　山水体育产业重点项目

浉河区美丽茶乡旅游步道建设。依托南湾林场优质生态资源和防火步道的基础，对浉河区全域茶乡步道资源进行整合提升，以南湾湖为起点，沿途经过董家河乡、浉河港乡、谭家河乡、李家寨镇，最后在鸡公山区域完成整个徒步旅行，着力打造3至5日生态休闲徒步旅游精品线路。

淮河南岸黄金沙滩休闲康体项目。规划以河滩、河水为主要资源特色，围绕"水、滩、岛"三个方面重点开展一些新颖、有影响的休闲康体项目。比如利用河水、河滩的特点，开展水上娱乐休闲活动。也可利用河滩开展沙浴、沙疗、沙滩SPA和散步等项目，形成以康体、疗养为主的旅游休闲产品。同时还可开发一些沙滩排球、沙滩足球以及游泳等传统的体育娱乐项目。

游艇码头泊位。依托出山店水库以及淮河、浉河，建设特色游艇码头泊位、培育游艇俱乐部。

自驾车房车营地。根据全国自驾车、房车营地建设规划和建设标准，在游河乡、南湾乡、董家河镇、平昌关镇、吴家店镇等有建设用地较多的乡镇新建5个左右山地型和滨水型自驾车房车营地。

四、拓展文化创意产业发展空间

深度挖掘与整合历史文化资源，丰富地域文化内涵，结合健康养生养老产业、旅游产业、生态农业等特色产业发展，以及当代创新创意发展新趋势，积极拓展文化创意产业发展新空间，积极推进经济发展与文化创意融合发展，增强经济发展的文化底蕴。

（一）率先培育茶文化创意产业

改造提升董家河镇陈湾村广义茶文化印象园、浉河港镇黑龙潭风景区的德茗茶文化产业园，联手规划建设高规格的茶文化产业园，积极融入茶道、茶德、茶精神、茶联、茶书、茶具、茶画、茶学、茶故事、茶艺等茶元素，丰富茶文化内涵，打造商业气氛浓郁的茶产品加工、体验、交易场所。配套规划品茶观景为特色的茶艺馆，推动茶文化与当代文化创新创意元素有机结合，促进茶文化创意产品研发。积极引导茶文化演艺、茶文化宣传、茶文化旅游产品研发设计等相关创意产业发展。在董家河镇睡仙桥村规划建设以茶文化为主题的茶文化博物馆和民俗博物馆，系统性展示毛尖茶的悠久历史与辉煌文化。积极谋划举办茶博会等茶会展活动，打造集展示、鉴赏、交流、交易于一体的茶博会，定期举办，通过会展以茶会友，搭建交流平台，推动茶种植、茶加工、茶消费与茶文化融合发展。

（二）积极培育健康文化创意产业

围绕健康养生养老产业战略发展的需要，加快培育健康文化创意产业发展。结合"豫风楚韵"文化特色，塑造"北方南菜"品牌，突出食药结合，塑造"药膳菜"品牌，以健康饮食及其文化业态培育为重点，规划建设一批美食文化街区、文化主题饭店、茶艺及文化展示餐厅、特色农家乐等餐饮项目，策划举办信阳两湖旅游美食文化节。此外，围绕健康产业发展，积极引进市场主体，着力丰富健康养生用品设计、健康文化宣传等多元文化业态。积极争取国家有关部门和社会组织的多方支持，推动在两湖区域设立健康文化创意产业发展示范园区，促进各类健康文化创意产品开发。

（三）做实做亮农耕文化创意产业

以推进乡村振兴为契机，深入挖掘两湖区域的农耕文化资源和内涵，积极推动农耕文化载体建设，促进农耕文化展示与体验。借助文化创意产业的思维逻辑和发展理念，将科技和人文要素有效融入农业生产过程中，进一步拓展农业功能，把传统农业发展为融生产、生活、生态为一体的现代文化创意农业。通过创意，将美学、文化、养生、休闲元素注入农业生产过程和农业园区设计与布局中，促进农业生产与文化创意产业融合发展。依托融生产、开发、运销、产后服务、技术推广、信息服务为一体的龙头企业，积极培育园艺产业职业农民，每年培养一定规模数量的现代新型职业农民，增强农民自主创新创意能力，带动培育一批有竞争力的园艺生产和经营主体，积极推动园艺产业发展，增强农业发展、农村建设的文化创意色彩。

（四）积极培育文化创意产业新业态

加快旅游商品研发。积极构建美术院校、商品协会、生产企业密切合作的旅游商品研发体系，围绕"茶、水、鱼"等主题，逐步建立起集特色化、系列化、品牌化、规模化于一体的旅游商品和民间工艺品的研发、设计、制作架构。重点引进一批具有地域文化特色、有发展潜力和一定生产规模的旅游纪念品、民间工艺品生产企业，推动旅游商品和民间工艺品开发。

特色旅游产品包装品设计。在彰显两湖区域"茶、水、鱼"特色的基础上，注重绿色、个性化、节约，彰显信阳及两湖区域文化特色，让产品包装充分体现环保产品、低碳生活、时尚消费、文化色彩等元素。根据消费者偏好以及文化旅游主题，推进复古型商品包装，编制精美的草本植物的编篓、木桶（盒）等。

时尚消费创意产品开发。通过创意设计和创新营销模式，引领大众集中消费两湖区域原产地开发的特色生态产品、文化产品、旅游产品、养生产品和特色餐饮等。

景观和建筑设计创意。注重景观小品和建筑设计与文化、生态风貌以及时尚审美元素等相结合。对文化展馆、特色酒店、餐馆等赋予文化元素，全面展现两湖区域耕读、宗族、乡土建筑等文化。

其他。以信息技术和新媒体作为载体、渠道和依托，积极拓展因技术进步而衍生出来的、代表未来消费发展方向的数字化、生活性创意服务领域，加快发展文学艺术和音乐舞蹈创作、影视制作、演艺娱乐、新闻出版、工艺美术等传统文化产业，积极推动动漫、游戏、网络文化、数字文化服务等新兴文化产业发展（见图1-7）。

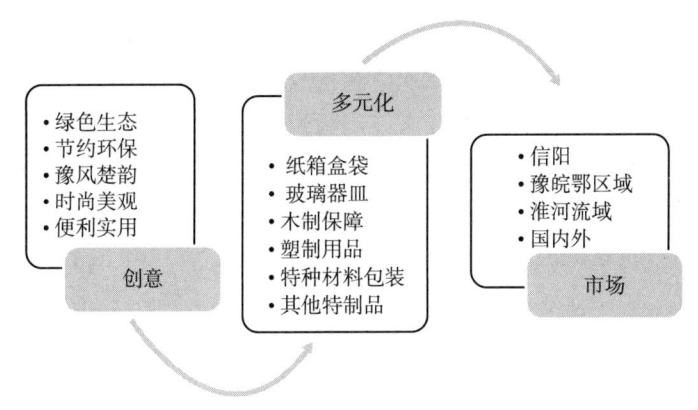

图1-7 两湖区域旅游产品包装创意设计

专栏1-5 文化创意产业发展重点项目

茶文化产业园。改造提升董家河镇陈湾村广义茶文化印象园、浉河港镇黑龙潭风景区的德茗茶文化产业园，打造商业气氛浓郁的茶产品加工、体验、交易场所。

茶博物馆。建设具备一定规模的茶博物馆作为茶文化展示场所。在两湖区域董家河镇睡仙桥村规划建设以茶文化为主题的茶文化博物馆和民俗博物馆。馆内系统性展示毛尖茶的悠久历史与辉煌文化。同时，配套品茶观景为主的茶馆等，将茶文化博物馆打造成毛尖茶对外宣传、展示的重要窗口。

茶博会。打造集展示、鉴赏、交流、交易于一体的茶博会，定期举办，推动茶产业和茶文化共同发展。

"淮河（源）情"大型演艺节目。打造5D水幕电影和大型实景演出，用实景演出及现代化影像形态呈现淮河传说、豫楚风情。

淮河文化博览展。加快发展文博会展业，推进淮河治理和南湾湖、出山店水库博物馆等建设。

五、支持教育培训与创新创业

发挥两湖区域毗邻主城片区科教资源分布集中的优势，以信阳学院扩建新校区为重要契机,积极对接信阳专业技术人才市场需求,促进教育培训与创新创业融合发展。

(一)规划建设科教城

依托信阳师院、信阳学院和职业学校等院校,扩大校区建设范围,以"产、教、城"融合发展的思路,带动片区及周边旅游、地产、培训、互联网、商贸等产业发展。积极引进国内外知名高校到两湖区域设立分校,或者开展合作办学,吸引更多高校及职业学校集聚,重点围绕大健康、大旅游、大文化及互联网、高新技术产业发展趋势,培养本地及中原地区所需的各类人才,建设成为具有重要影响力和独特竞争优势的科教创新中心。

(二)引进社会资本办学

鼓励和引导社会资本投资兴办教育,引进国内外优质教育资源,包括国内外知名学校和连锁教育机构,提高民办教育整体质量。大力发展教育培训产业,鼓励社会力量兴办各类培训机构,紧密围绕未来科技教育发展方向,积极开展康养、旅游、文化、电子信息、智能制造、人工智能、大数据、云计算、物联网等新兴产业领域职业人才培训。大力发展互联网教育产业,引导优质企业和社会力量参与学校数字化校园建设,大力提升学校数字化水平,鼓励发展康养、旅游、文化、体育等特色在线教育产业。

(三)促进创新创业

积极搭建优质双创平台,激发创新创业活力,集聚各类创新资源,吸引更多人参与创新创造,拓展创业新空间。通过政府和公益机构支持、企业帮扶援助、个人互助互扶等多种方式,构建立体式众扶平台,助推小微企业和创业者成长。依托信阳师院、信阳学院和职业学校等院校,新引进的国内知名大学及各类前沿科技产业实验室和研发团队,积极开展科技创新活动,建设一批产业技术创新联盟。鼓励发展创客空间、创客咖啡、开源社区、社会实验室等信息化程度高、研发成本低、全要素的开放性众创空间,培育大学生创业园,建设归国人员创业园等。培育创业创新群体,推动科研机构、大中专院校的科技人员从事技术开发、技术转让、技术咨询、技术服务并积极创办、领办民营科技企业和中介科技服务组织;推动大中专毕业生创办咨询、信息、技术中介、文化创意和教育培训等服务业;以青年和大学生创业创新者、连续创业者和留学归国创业者等为重点,积极培育和规划建设一批创客和极客等创新创业载体。

六、推动特色生态农业可持续发展

立足两湖区域农林资源优势和农业发展基础，建设一批茶叶、中草药、蔬菜、精品水果、花卉等食药两用特色产品种植基地，开发绿色、无公害、有机农产品，发展生态型、创新型、品牌型农业，探索出一条三产融合、绿色高效的特色生态农业发展之路。

（一）以信阳毛尖引领特色高效生态种植业

茶叶。以浉河港乡、董家河镇、十三里桥乡等信阳毛尖原产地和核心区为重点，按照"改良品种、提高产量、严格质量、培育市场、做优培强茶产业集群"的思路，着力推进生产基地建设，以发展生态有机茶为重点，加强实用技术的示范推广，大力改造低产、低效茶园，高标准建设好董家河、浉河港信阳毛尖和信阳红茶产业基地。大力培育龙头企业，壮大品牌，扶持重点茶产业企业发展，提高企业竞争力和辐射带动能力。加快茶产业转型发展步伐，拉长茶产业链条，建设茶叶科技加工园区，推动茶叶精深加工，以科技为动力，延伸茶产业链条，坚持春夏秋茶并重，着力开发夏秋茶，稳步提高高档茶产量，引导支持企业扩大中低档茶比重，推动速溶茶、袋泡茶、花草茶、蒸青茶及保健茶等茶叶新产品开发，优先支持茶叶企业、科研单位、食品饮料企业等联合攻关，重点研制开发茶食品、茶日化用品、茶药品、茶饮料、茶多酚等产品。建立健全茶叶质量安全监测体系，创建"国家级出口茶叶质量安全示范区"，支持茶叶生产加工企业建立完善茶叶质量监测网点，探索建立茶叶生产的质量安全可追溯制度，推动茶叶出口贸易，扩大茶产业销售市场。

其他种植业。以甘岸大米、世中薯业、特帮农业等龙头企业带动，建设标准化示范园区，创建平昌生态莲藕基地、长台花生产业基地、沿淮蔬菜产业基地、华湘红提产业基地等一批绿色食品标准化生产基地，促进甘岸蔬菜、水稻，彭家湾红提、花卉苗木、特帮生态农业，平昌莲藕、花生等优势农产品发展，促进平昌关镇、彭家湾乡药栀、拐枣、益母草、百合等中药材种植提质增效，形成现代农业产业化集群。

专栏 1-6 茶叶等特色种植

茶叶深加工。依托文新茶叶公司、祥云茶叶公司、茶都茶叶公司、龙窝茶叶公司等茶叶龙头企业，加快茶产业转型发展步伐，拉长茶产业链条。建设茶叶科技加工园区，推动茶叶精深加工，以科技为动力，延伸茶产业链条，坚持春夏秋茶并重，着力开发夏秋茶，稳步提高高档茶产量，引导支持企业扩大中低档茶比重，推动速溶茶、袋泡茶、花草茶、蒸青茶及保健茶等茶叶新产品开发，优先支持茶叶企业、科研单位、食品饮料企业等联合攻关，重点研制开发茶食品、茶日化用品、茶药品、茶饮料、茶多酚等产品。

茶叶质量安全追溯。建立健全茶叶质量安全监测体系，创建"国家级出口茶叶质量安全示范区"，支持茶叶生产加工企业建立完善茶叶质量监测网点，探索建立茶叶生产的质量安全可追溯制度，推动茶叶出口贸易，扩大产业销售市场。

浉河区国家茶叶质量监督检验中心项目。向国家质量监督检验检疫总局申请，拟批准成立的国家级茶叶质检中心，可有效填补江北茶区无国家级茶叶质检中心的空白。建设2500平方米的办公和茶叶实验大楼。主要配齐茶叶理化检验室、茶叶感官检验室、茶树种苗检验室、茶叶检测标准技术研究室、茶叶技术推广中心。购买超高压液相色谱-质谱仪（UPLC-MS/MS）、电感耦合等离子体质谱仪（ICP-MS）、气相色谱-质谱仪（GC-MS）、电感耦合等离子发射光谱仪（ICP）、高效液相色谱仪（HPLC）、气相色谱仪（GC）、原子吸收分光光度计、原子荧光光度计等大型仪器设备。项目计划投资3500万元，政府投资2600万元，其他来源900万元。其中2300万元主要用于大型仪器设备购买，1200万元用于大楼建设和常规设备购买。

休闲观光农业培育项目。在浉河港、董家河建设文新、五云、广义、傲胜、德茗等标准化茶叶示范园，发展浉河港冇人山、文新"三园"、双井树林坡、中财高科技农业园、灵龙湖生态农业观光园、十三里桥翔鸽岭、柳林艾思奇蓝莓园、游河必果、菁华园、富华特色种植园、天翔农场等高效农业观光园，打造沿淮高效农业精品观光带，把休闲观光农业培育为新的经济增长点。

（二）以南湾鱼品牌引领渔文旅融合发展

利用两湖区域优质的淡水渔业水资源的优势条件，坚持优质特色发展方向，提升"南湾鱼"品牌的市场影响力，通过开展南湾湖冬捕，彰显两湖鱼文化，促进渔文旅融合发展。以南湾鱼、光山青虾、潢川甲鱼等优势特色品种为重点，进一步实施标准化、生态化、集约化健康绿色养殖。适度规划发展一批集养殖、休闲、旅游、观光等为一体的综合性现代休闲渔业、渔猎文化体验等项目，推进渔业转型升级，发展精品渔业。

专栏1-7 渔业发展重点项目

依托信阳菜，积极开发和打造餐饮文化，推出富有两湖特色的南湾全鱼宴、头鱼宴等特色菜肴。

继续做大做特南湾鱼开渔节，积极联系央视《舌尖上的中国》等类似节目，推广南湾鱼开渔节和南湾鱼。

申请国家绿色食品认证，让南湾鱼成为两湖旅游的金字招牌，南湾鱼开渔节成为信阳旅游节庆品牌。

（三）以融合为导向促进农业新业态发展

推进农业与旅游休闲、教育文化、健康养老等产业深度融合，发展生态农业休闲观光、智慧农业、创意农业等新业态，实现种植、加工、观光一体化，提高农业综合效益。有序发展新型乡村旅游休闲产品，建成一批集生态休闲观光农业、生态涵养旅游体验农业于一体的农业生态观光园和市民农园。依托信阳毛尖茶茶园基地，打造升级一批集茶叶种植、炒制、产品展销、农业科普、休闲观光、婚纱摄影、美食制作、文化展示等农业文化旅游"三位一体"的茶叶庄园综合体或特色村镇。

（四）以做强生态品牌为导向促进农业提质增效

实施健康农业品牌战略，以无公害农产品、绿色食品、有机农产品和农产品地理标志为基础，以原产地整体品牌为龙头、区域公用品牌和企业知名品牌为主体的农产品品牌体系，立足区域特色和优势产业，培育信阳毛尖、南湾鱼等特色品牌。扶持无公害、绿色、有机农产品生产，提高"三品一标"认证比例，完善农产品生产、加工、包装、储运标准和技术规范。鼓励和支持运用生物防病杀虫、测土配方施肥、恢复绿肥种植等生态生产方式，减少化学农药和肥料的使用量。支持农产品申报地理标志和注册商标。支持建设特色农产品质量安全示范区和知名品牌创建示范区，健全食品质量安全检测检验体系。

（五）因地制宜优化农业空间布局

浉河港乡、董家河乡、十三里桥乡等区域依托文新、德茗等茶叶龙头企业，促进茶叶生态化种植，鼓励生态茶园和旅游业融合发展。处于出山店水库上游的吴家店镇、平昌关镇等区域建设高标准基本农田，发展景观树木种植、水产养殖、生态莲藕种植等生态农业，建设集农田水利建设、乡村自然环境整治于一体的田园综合体示范基地。沿淮河流域的游河乡、甘岸街道、双井街道等区域发展蔬菜种植，促进"淮河翠"系列蔬菜、草莓、中药材等特色产业发展。促进专业蔬菜合作社、家庭农场等新型生产经营主体发展。

七、催生新业态新模式新产业

促进数字技术在两湖区域相关业态的深度应用，以"互联网+"带动相关业态融合发展，紧盯前沿技术及其相关业态的发展新趋势，积极推动"技术+"，持续推动幸福产业更新升级。

（一）全面推进"互联网+"

推动数字技术的整合应用，加快培育基于移动互联网、大数据、云计算、物联网等新技术的信息增值服务，为各行各业提供完备的信息查询筛选与专业化咨询服务。鼓励政府部门与企业、社会机构开展合作，通过政府采购、服务外包、社会众包等方式，依托专业企业开展政府大数据应用。引导鼓励企业和社会机构深入发掘公共服务数据，开发各类便民应用，提升公共服务水平。深化大数据、云计算、物联网等技术在两湖区域休闲康养、旅游、体育、生态农业等各环节的创新应用，大力发展工业设计、产品设计、创意设计等研发设计服务业，引进培育一批第三方支付、网络借贷等互联网金融企业，积极开展股权众筹，鼓励发展软件开发、软件服务等业务。

（二）积极培育"科技+"前沿产业

抓住人工智能、物联网、虚拟现实（VR）、增强现实（AR）、无人驾驶、机器人等技术进步趋势，结合两湖区域大健康、大旅游产业发展需求，大力发展"科技+"产业，推动新兴科技领域在文化娱乐、旅游产品设计、休闲康养、体育运动、家居制造等业态中的应用，扩大无人驾驶、无人机、机器人等新型产品在区域康养、旅游、体育等产业发展中的应用，促进新技术与传统产业发展紧密结合。积极开展与国内外高校、研究院所和高科技企业的合作，引进国内外前沿科技企业到两湖区域开展人工智能、VR、AR 研发和试验，孵化和引进一批人工智能、VR 企业，率先推动人工智能、VR、AR 等技术在两湖区域大健康、大旅游产业发展中的应用，以先进科技带动传统产业突破发展，促进新型产业、科技、人文等融合发展。

第五节　提高优质生态产品供给能力

协同推进两湖区域林地、茶园、湖库、乡镇、田畴生态系统保护和建设，不断扩大优质绿色生态空间，严格保护水环境和水生态，着力改善农村人居环境和城市大气环境，增加清新的空气、干净的水、绿色的国土、优美的景观等优质生态产品供给，城乡面貌发生根本性改变，为两湖区域高质量发展提供高品质的生态保障。

一、严格保护三湖清水

水是生命之源、生产之要、生态之基。保护好三湖清水事关信阳百万市民饮水安全、事关美丽信阳形象、事关两湖区域绿色发展示范区目标的实现。将保护三湖清水作为两湖区域发展的刚性约束，强化入湖污染物总量控制，系统推进水污染防治和水生态保护，严格控制各类环境风险，维持湖泊生态健康，以美丽三湖装扮美丽信阳。

（一）保持南湾水库水清景美

南湾水库作为信阳中心城区目前唯一的集中式地表饮用水源地，集水区和准保护区主要涉及狮河港、董家河、十三里桥和谭家河 4 个乡镇。集水区以丘陵山地为主，茶叶、小杂果、花卉苗木等为农业主导产业。影响南湾水库水质的主要因素包括：上游化肥农药施用和水土流失、农村居民生活及环湖餐饮业产生的废水、农村生活垃圾受雨水冲刷和随地表径流排入河道造成的污染。以"两控两减两基本"[①]为着力点，减少集水区入库污染物总量、改善入库河流水质，使"豫

---

① "两控"就是尽量减少南湾水库上游农村生活及环湖餐饮业的污水、垃圾排放量，尽量减少入湖污染负荷；"两减"就是减少库区上游地区农药、化肥施用量和水土流失面积，控制农业面源污染；"两基本"就是基本实现集水区农用薄膜、农作物秸秆资源化利用。

南明珠"更加璀璨夺目。

推进南湾水库饮用水水源保护区规范化建设。根据《河南省信阳南湾水库饮用水水源保护条例》，完善和加固水源一级、二级保护区的地理界标、界桩、警示标志和防护拦网，实现水源一级保护区全封闭管理。严格执行水源一级保护区禁餐、禁泳规定，取缔无证经营农家餐馆，逐步对水源一级保护区内的居民实施生态移民。控制库区游船污染，推广新能源、清洁能源船舶，游船码头配套建设船舶污水垃圾上岸接收和转运设施。加强集水区农村医疗废物管理，实现乡村、个体诊所的医疗废物全部由市医疗废弃物中心统一运输处理。推广水产健康养殖，优化鱼类品种结构，发展保水、洁水鱼类和名优水产品，人工放养滤食性鱼类，保持水体生物链平衡。健全区、镇（乡、街道办）、村三级保水队伍，完善南湾水库执法巡查制度。建立饮用水水源保护区风险综合防控机制，定期排查环境隐患，规范水源及供水水质监测和检测，定期向社会公开饮水安全信息。

专栏1-8　南湾水库饮用水源保护区范围及水质要求

水源一级保护区。南湾大坝至溢洪道下游240米以及付家湾前400米以南，土沟以北，高庙以东、仇家湾村以西的水域；高程103.5米以上，取水口一侧至蜈蚣岭山脊线的陆域；付家湾等外公路以南，许家湾村以西，金家湾以北，高庙村以东的陆域，为非建设区、非旅游区。水源一级保护区的水质达到国家《地表水环境质量标准（GB3838—2002）》的Ⅱ类标准以上，并符合国家《生活饮用水卫生标准》。

水源二级保护区。一级保护区外，叶家湾以西，三条岭以东，芙蓉岛、高家湾半岛所围的水域；高程103.5米以上，蜈蚣岭、笔架山、贤山分水岭以南，周湾、黄家湾以北，周家湾、楼房湾、周大湾以西，三条岭半岛分水岭以东的陆域，不得建设直接或者间接向水体排放污水的建设项目。水质达到国家《地表水环境质量标准》的Ⅲ类标准以上，并符合国家《生活饮用水卫生标准》。

准保护区。二级保护区外南湾水库所有的水域及高程103.5米以上近岸分水岭以内的陆域。准保护区的水质满足流入二级保护区的水质满足达到Ⅲ类标准以上。

全面减少集水区农业面源污染。巩固浉河港、董家河、十三里桥、谭家河等乡镇的禁养区关闭搬迁畜禽养殖场（户）的成果，根除畜禽养殖污染；建立限养区畜禽养殖总量和污染物排放总量"双控"制度，积极推行清洁养殖，支持发展标准化规模养殖，推进畜禽粪污无害化处理和资源化利用。禁止将南湾集水区坡度≥25度的林地改作他用，以浉河区生态有机茶园为示范，扩大测土配方施肥在设施农业、茶叶、蔬菜、果树等园艺作物上的应用，集成推广种肥同播、化肥深施等高效施肥技术，到2023年基本实现集水区主要农作物测土配方施肥全覆盖，化肥施用量比2017年减少20%，浉河区争取推进果菜茶有机肥替代化肥试点。推广农作物病虫害绿色防控和统防统治，推广低毒、低残留农药，实现农药施用量零增长。支持农用地流转，提高农业规模化集约化水平，积极发展绿色食品、有机农产品，到2023年力争南湾水库上游乡镇50%以上的农用地发展为无公害、绿色、有机食品生产基地，严格控制总氮、总磷、氨氮、化学需氧量入湖总量，保证湖区水质稳定达标。

有效控制库区上游城乡生活污染。加快浉河港、十三里桥、谭家河乡镇驻地污水处理设施及配套管网建设，强化乡镇污水处理设施运行监管，切实保证污水达标排放。优先开展集水区农村环境综合整治，推进"厕所革命"，率先消除农村旱厕，实现湖区上游农户基本配备环保卫生厕所，支持单户或联户建设农村户用沼气池或化粪池，解决库区上游农户生活污水污染问题。实施《浉河区乡镇生活垃圾收集运输管理办法》，充实村组、乡镇、区三级保洁环卫队伍，落实"村组保洁、乡镇转运、区运输、市集中处理"的生活垃圾收运处理机制，将垃圾及时清运到信阳市琵琶山垃圾处理场进行无害化处理，并完善相应的考核制度，减少南湾上游垃圾入湖对水质危害。

提高库区上游湿地生态功能。开展入库重要河流截污、河底清淤、河道护坡、两岸绿化和景观带建设，推进河道垃圾清理和打捞常态化，增加河流生态用水，恢复河道水生态系统，提高河流自净能力。实施入湖河流截污改造，依法清理违法排污口，加强对排污口的监管，实现入库河流水质达到Ⅲ类以上标准。加强库区上游河岔及周边湿地的生态保护和恢复，开展湿地周边生态护坡、自然堤岸和生态廊道建设，建立湿地自然保护区。在河流入库口及其他适宜地点，因地制宜建设人工湿地，种植水生植物，发挥湿地净化水质等生态功能。开展退耕还湿、退养还滩，建设环湖缓冲带和隔离带，增强河湖自然恢复能力。

（二）确保出山店水库碧水长流

出山店水库地跨浉河和平桥两区，于2019年4月建成蓄水。淹没区涉及吴家店、游河、平昌关、甘岸、茶山、高粱店、王岗等7个乡镇（办事处）的44

个行政村（居委会）。集水区地形相对平坦，人口密度相对较大、基本农田占比较高，宜以种植水稻、茶叶、板栗等农业生产为主。强化水库分区管理和控源减排，划定水库水功能分区，实施基于水环境承载力的总磷、总氮、化学需氧量、氨氮污染负荷入库总量控制，控制入库河流输送的面源污染物和库内养殖、旅游污染。

划定出山店水库水功能区。为充分发挥出山店水库蓄水后在城乡供水、农业灌溉、旅游景观等方面的综合功能，协调不同行业用水需求，根据《水功能区划分标准》明确水域分区使用功能，科学划分饮用水源区、农业用水区、景观娱乐用水区、渔业用水区和过渡区。核定水库纳污能力，提出限制排污总量意见，力保入库河流水质达到Ⅲ类以上标准。作为中心城区第二水源，研究制定《出山店水库饮用水水源保护条例》。根据《饮用水水源保护划分技术规范》，启动饮用水源一级保护区、二级保护区和准保护区的划定，2019年底前完成饮用水水源一级、二级保护区的地理界标、界桩、警示标志和围栏网设置。优化调整入库河流排污口，提高排污口设置的合理性。

综合防治集水区种植业、养殖业污染。以控肥、控药和废弃物资源化利用为重点，科学合理使用农业投入品。开展农田径流污染防治，引导和鼓励农民使用测土配方施肥、生物防治和精准农业等技术，采取灌排分离等措施控制农田氮磷流失，推广使用生物农药或高效低毒、低残留农药，减少化肥、农药施用量，推广高效节水灌溉技术，提高农业水、肥、药的利用效率。因地制宜建设农田生态沟渠、污水净化塘、农田尾水净化湿地、库滨湿地，增加河水入库前的滞留时间，净化农田排水及地表径流，削减入库污染负荷，争取实施出山店水库集水区农业面源综合治理示范工程。

严格执行《畜禽养殖污染防治管理办法》以及《平桥区畜禽养殖禁养区和限养区划定方案》《浉河区畜禽养殖禁养区、限养区范围划分》的有关规定，控制畜禽养殖污染排放。根据出山店水库的水功能分区，调整出山店水库上游禁养区和限养区，强化分区分类管理。合理确定限养区生猪、肉禽和蛋禽生产规模，推进畜禽养殖适度规模化，推广"农牧结合型""林牧结合型"生态养殖模式，督促养殖场切实履行环境保护主体责任，支持散养密集区实行畜禽粪污分户收集、集中处理，探索建立"户有蓄粪池、镇有蓄粪站、县有处理中心"的畜禽粪便处理模式，到2023年集水区养殖废弃物综合利用率达到85%以上，规模化养殖场畜禽粪污基本实现资源化利用。加强水产养殖污染的监管，禁止向库区及其支流水体投放化肥和动物性饲料。根据水环境承载能力确定水库养殖容量和养殖密度，开展集水区水产养殖池塘标准化改造和生态修复，重点发展健康养殖和生态渔业，推广高效安全复合饲料。依法规范网箱养殖、围网养殖，建设水产健康养殖示范场。

控制库区周边城乡生活污染。出山店水库集水区内所有城镇配套建设污水处理设施，或将污水纳入市政污水管网集中处理。优先建设游河乡、吴家店、平昌关等库周乡镇政府驻地、旅游小镇以及孔庄、翟寨、太阳坡、石桥、张湾、浉河新村等后靠移民社区污水集中处理设施及配套管网，实现库周污水管网全覆盖，保证污水达标排放。开展库周农村环境综合整治，率先消除集水区黑臭水体、农村旱厕和纳污坑，实现库区周边10千米范围内农户基本配备环保卫生厕所，支持单户或联户建设农村户用沼气池或化粪池，解决库周农村生活污水处理问题。完善村庄保洁制度，充实村组、乡镇保洁环卫队伍，落实"村组保洁、乡镇转运、区运输、市集中处理"的生活垃圾收集处理运营机制，全面消除农村垃圾入库。

打造环出山店水库优质生态景观圈。加快完成出山店环湖公路两侧、太阳坡、孔庄、游河村、三管村等有条件发展旅游的移民社区、特色小镇和名村名镇的绿化美化，在水库景观娱乐区建设生态步道、自行车道、亲水栈道等休闲观光道路，在出山店水库下游打造集休闲、度假、健身、养老于一体的国家级旅游度假区。加强出山店水库下游淮河干流两岸防护林和景观林建设，开展河道采砂整治、河底清淤、两岸护坡建设，恢复淮河干流水生态功能，打造靓丽沿淮生态景观带。结合乡村振兴，实施出山店水库周边农村道路畅通工程，开展重点村庄四旁植树、庭院绿化美化，利用田园道路、景观道路、观光步道把景区、景点、村庄、美食、民俗、生态景观等串联起来，打造淮河生态农业观光和民俗风情旅游圈。

（三）务求顾岗水库碧波荡漾

顾岗水库位于羊山新区北湖管理区的顾岗村，距市中心8千米，是一座以防洪、灌溉为主，兼顾水产养殖、旅游等功能的中型水库。正常蓄水位99.7米，库容873万立方米，相应水面面积1.66平方千米。北湖周边汇集了丰富的南北动植物资源，古树名木众多，植被景观好，季相变化丰富，森林覆盖率高达70%。

实施入湖污染物总量控制。以控制总氮、总磷、氨氮、化学需氧量入库总量为重点，提高集水区绿化覆盖率。实施北湖集水区污水管网全覆盖，优先建设家居小镇、北湖管理区、顾岗村、高庙村、周湾村、金河村等水库周边村镇污水管网，接入信阳市政污水管网集中处理，严控污水直接入库。落实"村组保洁、乡镇转运、区运输、市集中处理"的生活垃圾收运处理机制，防治垃圾直接入库。

打造高品质城市中央公园。结合信阳创建国家森林城市，对北湖区域道路两侧、河流两岸开展立体绿化，运用不同色彩植物合理搭配，补植补造风景林，形成"四季有景"的生态景观廊道。在库周适当扩大乡土珍稀、观赏树木和花草种植面积，建设花海主题公园，营造林相丰富、季相多变的高品质特色森林景观，达到观花、观叶、观果植物兼而有之，为区域生态旅游增添活力。开发山林健康养生、森林氧吧体验等休闲旅游产品，让市民感受山水风景之美。

依托顾岗水库及周边的湖光山色，开发建设融休闲、娱乐、健身、亲水、文化展示、城市形象展示等功能于一体的城市中央公园，彰显两湖区域山水文化特色。适应城市居民休闲养生娱乐需求，在库周建设集人行步道、骑行步道、游玩设施等融健身、休闲、观光于一体的绿道，营造全社会共建共享山水文化的浓厚氛围。建设林水相融的水上乐园、人水和谐的休闲园、儿童科普乐园，生态示范展区、绿地服务驿站、开放型绿色生态教育基地，融科普性、互动性、文化性和趣味性为一体，满足市民休闲健身、旅游观光和社交需求，成为居民和游客享受自然美景、呼吸新鲜空气、放松心情的好去处。

专栏1-9　三湖清水保护重点项目

城镇污水处理设施建设。优先建设浉河、谭家河、吴家店、昌平关乡镇污水处理厂，孔庄、翟寨、太阳坡、石桥、张湾、浉河新村等后靠移民社区、游河幸福康养小镇、旅游景区污水处理厂及配套管网，污水处理站出水达到一级A排放标准；建设十三里桥乡、双井街道办、甘岸街道办、彭家湾乡、北湖管理区、家居小镇和顾岗水库周边村庄污水管网，接入城市污水管网。对入出山店水库排污口进行综合整治，采取截污、封堵、改造、合并等措施。

完善城乡垃圾收运系统。推进浉河、董家河、谭家河、十三里桥乡、吴家店、昌平关等乡镇村、乡镇垃圾收集（中转）站（点）达标建设，配备垃圾收运车辆。充实村组、乡镇、区三级环卫保洁队伍，以村、组为单位按照常住人口每200人左右配备一名保洁员，保证每个村民小组1名保洁员；乡镇按照每2000人配备一名环卫队伍，负责镇区环卫保洁和村组生活垃圾收集至乡镇生活垃圾中转站（点），区环卫公司负责将各乡镇的生活垃圾从中转站（点）运输到市生活垃圾无害化处理场进行集中处理。

实施生态移民。对南湾水库水源一级保护区、出山店水库水源一级保护区、自然保护区核心区内的居民实施生态移民。

二、加强生态保护与修复

全面落实主体功能区规划，科学划定并严守生态保护红线，构建人与自然和谐的空间发展格局。贯彻"山水林田湖草是一个生命共同体"理念，坚持保护优先、自然恢复为主，保护与修复生态系统，提高城镇绿地品质，提升生态系统稳定性和服务功能，推进生态优势转化为经济优势，持续释放生态红利，实现绿色强区、绿色富民。探索推进生态保护红线、环境质量底线、资源利用上线和环境准入负面清单（"三线一单"）的生态保护和环境治理管控模式。

（一）提高重点生态功能区管护水平

重点生态功能区是两湖区域宝贵的生态财富，对改善生态环境质量和提升生态品质至关重要。划定并严守饮用水源保护区、自然保护区、风景名胜区、森林公园、生态公益林区等重点生态功能区生态保护红线，确保边界清晰、落地准确、监管严密。逐步对居住在南湾水库饮用水源一级保护区、自然保护区核心区的居民实施生态移民。实施生态保护工程，采取以封禁为主的自然恢复措施，严禁导致生态功能退化的开发活动。加强公益林管护，调整林分层次结构，优化树种组成，增加乡土树种，补植补造退化林，促进自然更新和森林演替，提升森林质量，增强生态服务功能和生态产品供给能力，为信阳推进国家森林城市创建和国家储备林基地建设做出贡献。建立重点生态功能区生态环境动态评估机制，定期评估保护效果，动态调整重点生态功能区环境准入负面清单，强化生态空间用途管制，确保重点生态功能区面积不减少、质量有改善，生态服务功能提升。

（二）实施山水田林湖生态保护修复

利用国家实施生态保护修复重大工程的契机，以南部和西部山区的吴家店、董家河、浉河港、十三里桥、游河等乡镇为重点，稳定和扩大退耕还林、退耕还湿、公益林管护成果，整治违规开垦茶山、河道非法采砂等破坏生态行为，开展丘陵岗区、坡耕地、茶山、荒山等生态系统修复，营造水土保持林和水源涵养林，增强水源涵养与水利调蓄功能。以《淮河生态经济带发展规划》实施为契机,以保护淮河源为宗旨,编制两湖区域生态保护修复规划和重大工程实施方案,开展国土绿化、退化湿地修复、森林城市建设,提高山地涵养水源、湿地净化水质和水生态修复能力,积极争取中央财政山水林田湖生态保护修复补助、国家或省级田园综合体建设试点、重点湖泊河流生态环境修复试点。

(三) 增加高品质绿色空间

加快完善生态廊道和城镇绿道建设,千方百计增加绿色休憩空间,远期实现城镇道路林荫化、河流库周公路风景化、村庄周围园林化,为做优湖区观光、做强城区休闲、做活乡村度假提供高品质绿色生态空间。

根据自然生态、交通、城镇和景区景点布局,构建"线、点、面"结合,立体复合的生态景观圈。完善国道、省道、交通环岛、淮河干流及支流等绿色生态廊道,增强生态廊道的观赏性和视觉冲击力。开展风景名胜区、商贸服务区、康养休闲区、科教文化区等重点开发区绿化和生态景观林建设,形成全年常绿、四季有花的景观效果。

按照服务人口半径要求,统筹布局区级公园、街心花园、街头绿地、郊野公园,完善城市绿地公园体系。实施城市道路和社区街道绿化美化,增加绿色休憩空间,增进绿化景观与市民的亲切感、与周边环境的协调感,打造生态景观观赏区,提升城镇绿视率,推动城市园林绿化建设向精品化发展。

整体推进乡镇(街道办、管理区)政府所在地、特色小镇、功能性小镇、移民社区、民俗旅游村绿地系统建设,建设连片绿地、小微绿地,增加观赏树种和花草。推进村内道路、坑塘河道和公共场所普遍绿化,农户房前屋后和庭院实现基本绿化,村庄周边建立绿化林带,有条件的村庄实现绿树围合。注重乡村绿化、美化建设与健身、休闲、采摘、观光等多种形式的生态旅游相结合。开展重点村庄农村小河道、小河沟、小塘坝、小水库的清淤疏浚、岸坡整治、河渠连通等集中整治,建设生态河塘,为发展乡村休闲度假游、生态休闲农业体验游创造优美的环境,有条件的村庄打造美丽乡村休闲度假旅游区。

专栏1-10 构建"线、点、面"结合的生态景观圈

"线"。以京广高铁,京广、沪陕等铁路,京珠、沪宁等高速公路,312、107等国道、省道、县道、乡村道路和新修道路,以及淮河干流及一、二级支流等为骨架,在道路、河流两侧建设20~50米不等的绿带,采用主导功能树种和彩叶

树种混交造林，形成以绿色为基调、彩叶树种为斑块、叶色随季节变化，各具特色、景观优美的生态景观廊道。

"点"。对沿生态景观廊道周边分布的乡镇政府驻地、移民社区、特色小镇、景区景点等景观节点绿化美化，形成串状景观亮点。

"面"。将高速公路、铁路和江河两岸1千米可视范围内的林地纳入生态景观圈，改造提升森林和景观质量，形成主题突出和具有区域特色的森林生态景观。

三、着力解决突出环境问题

以大气污染防控以及南湾、出山店水库等重要水源地周边生活污染防治为重点，大幅度减少重污染天气，确保水环境质量稳定达标，农村人居环境明显改善。

（一）尽力控制大气污染

围绕"抑尘、控车、禁燃、增绿"，努力实现空气质量稳步改善。以控制扬尘和烟尘污染、移动源污染、强化大气环境监管为重点，积极推广装配式建筑，提高装配式建筑在新建建筑中的比例，全面推行绿色施工，施工现场设置围挡墙实行全封闭，施工现场道路地面硬化。建设建筑垃圾分拣、破碎、分筛处理中心，推进建筑垃圾资源化利用。加强金牛物流园、物流堆场扬尘管控，物流堆场全面实施顶部覆盖。推进渣土运输车辆密闭防漏改造，有效遏制渣土、砂石料、混凝土运输滴漏撒落。严格机动车环保准入，提前实施机动车国Ⅴ排放标准，实行公交优先战略，不断提高公共交通出行分担率。城区禁止大中型货车、工程运输车（渣土车）通行，推动城市公交、郊区客运、环卫、旅游、邮政等行业车辆更新为新能源或国Ⅳ及以上标准车辆。推行道路机械化清扫等低尘作业方式，完善城乡一体的道路保洁制度，有效控制城郊道路扬尘。严格控制餐饮油烟，所有产生油烟的餐饮单位安装高效油烟净化装置，健全定期清洗和长效监管制度。全面禁止秸秆露天焚烧，利用卫星遥感实时监控。同周边地区开展大气污染联防联控，建立执法联动机制，联合检查秸秆焚烧、机动车排放污染、边界区域污染源等，共同打击违法排污行为。

（二）梯次推进城乡生活污水治理

统筹推进两湖区域城乡生活污水处理，将十三里桥乡、双井街道办、甘岸街道办、彭家湾乡、北湖管理区、家居小镇等乡镇（办、区）政府驻地及周边村庄的生活污水纳入市政污水管网，推进农村和城镇污水管网互联互通，解决临近城镇村庄污水直排问题。对于无法纳入城市污水集中处理系统的乡镇、村庄实行分类治理，优先完成南湾水库饮用水源保护区、出山店饮用水源保护区内乡镇污水处理设施及配套管网建设；对居住分散、边远地区的村镇，因地制宜建设低成本、易管理、分散型的污水处理设施。

专栏1-11　分类实施农村污水处理

对污水不易集中收集，且污水规模不大于1.5吨/日村庄，采用三格化粪池和人工湿地；污水规模不大于40吨/日，选择厌氧池+兼氧滤池等组合处理工艺；拥有自然池塘且规模适中的村庄，污水规模不大于200吨/日的村庄，可选择厌氧池+氧化塘+人工湿地等组合处理工艺；经济条件较好、发展乡村旅游的村庄，采用地埋式微动力污水处理工艺或建设小型污水处理厂。

（三）全面治理农村垃圾污染

按照"村组保洁、乡镇转运，县（区）运输、集中处理"的生活垃圾收运处理运营机制，有效治理农村生活垃圾、建筑垃圾、景点景区垃圾，实现"一镇一站""一村一点"，确保各乡镇垃圾站（点）的垃圾日产日清。完善村组、乡镇、区三级环卫保洁队伍，村庄按照常住人口每500人左右配备1名村庄保洁员，并保证每个村民小组1名保洁员，明确保洁员在垃圾收集、村庄保洁、资源回收、宣传监督等方面的职责。推进农村垃圾就地分类减量和资源回收利用。清理村庄路边、河边桥头、坑塘沟渠、行洪通道等堆弃的陈年垃圾，保持环境干净整洁。制定农村环境卫生长效管理机制，将垃圾规范处理、保护村庄环境等内容纳入村规民约，建立农户"门前三包"责任制度。提高农作物秸秆综合利用率，采取原料化、饲料化、基料化、肥料化、能源化[①]的"五化"方法解决秸秆垃圾问题。建立农资包装废弃物贮运机制，回收处置农药、化肥、农膜等农资包装物。

---

① 秸秆固化成型作燃料比煤环保、比天然气便宜，按热值测算，2吨秸秆相当于1吨煤。

第六节　塑造豫风楚韵与生态元素有机共融的特色风貌

两湖区域是信阳——豫风楚韵·山水茶都的重要组成部分，应传承和弘扬山水茶文明，展示和再现豫风楚韵文化精髓。两湖区域地势西南高东北低，茶山环抱、丘陵起伏，内部河网纵横交错，出山店水库、南湾湖、北湖如三颗明珠镶嵌其中，加强整体风貌规划设计和建设营造，积极构建形成特色鲜明的碧水浩瀚、群山连绵、港汊交错、乡镇村落点缀其间、茶园良田相依相融的"山水林田湖"生态风貌。按照"引导、控制、塑造、优化"的基本思路，从文化铸魂和生态塑形两方面着手，全域统筹风貌设计与建设。

一、总体风貌定位与格局

确立"豫风楚韵·茶山绿水"的总体风貌定位。以"山水林田湖草"生命共同体为生态基底，以浓郁的"豫风·楚韵"文化内涵为灵魂，以充满生机的"茶山·绿水"为背景，构建以青山秀水、茶香人美、多彩田园、炫彩风情为特征，以康体疗养、度假观光、文化体验、教育科普、文创休闲为主要功能的"豫风楚韵·茶山绿水"的特色风貌区域，充分彰显两湖区域"山、水、林、岛"自然风貌、豫风楚韵历史底蕴和"湖、岛、渔、茶"等人文风采。

构建"一核·一心·三湖·四区"风貌格局。根据两湖区域地形地貌、植被分布情况及山脉、河流、道路分布情况，构建"一核·一心·三湖·四区"的总体风貌格局。"一核"，即康养休闲体验核。"一心"，即综合服务中心。"三湖"，即南湾湖、出山店水库、顾岗水库。"四区"，即淮上水乡田园风貌区、桐柏山茶山绿水风貌区、豫风楚韵康养休闲风貌区、沿淮高效农业风貌区。

二、分区营造特色风貌

根据两湖区域风貌格局总体构架，分类差异化、各具特色化地推进淮上水乡田园风貌区、桐柏山茶山绿水风貌区、豫风楚韵康养休闲风貌区、沿淮高效农业风貌区四大分区的风貌规划设计建设。

（一）淮上水乡田园风貌区

淮上水乡田园风貌区位于两湖区域的西北角，涵盖山店水库及出山店水库环湖生态农业区，是中华文明的发祥地之一，早在八千多年前，人类依托平坦开阔的地貌、水网纵横的河网、土壤肥沃的土地、物产丰富的资源，在淮河两岸开始了原始农业的生产，形成了青铜时代战国古文化、平昌关镇和甘岸办事处的宗亲文化。此外，淮河作为我国南北气候分界线，南北气候在此交汇，南北文化在此交融，差异化文化氛围浓厚。依托广袤田园、乡村、城镇，以豫风楚韵为灵魂，以淮上风情为特征，深入挖掘淮上文化、农耕文化、宗亲文化、中原文化等，将本片区打造成为风景如画、沃野千里、水运发达、水乡景致、一区一地一情致、一河一船一人家的淮上水乡田园风貌区，依托淮河田园资源，规划建设田园综合体，促进一、二、三产业融合发展。

（二）桐柏山茶山绿水风貌区

桐柏山茶山绿水风貌区涵盖两湖区域内的桐柏山山脉，南湾水库镶嵌其中，河网密布如织，茶山绵延起伏，乡镇点缀其中。应凸显山水林岛地貌格局，以茶山绿水为基底，以豫风楚韵为灵魂，以信阳毛尖茶文化为特色，以山地水乡名镇古村为载体，弘扬信阳毛尖茶文化，展现豫风楚韵的包容性、多元性和独特性，推动"大茶园、小茶镇、名茶村"的落地建设及产业升级村镇改造，构建"中国信阳毛尖"国家公园，创新茶IP，推动桐柏山茶山绿水风貌区绿色可持续发展。

（三）豫风楚韵康养休闲风貌区

豫风楚韵康养休闲风貌区位于信阳中心城区西侧，北至出山店水库，南邻南湾水库，山水林田湖自然风貌独特，生态环境优美，负氧离子含量高，涵盖北湖及北湖周边的商贸服务区、科教文化区、文体休闲片区、康养休闲片区及发展预留区。本片区是南湾湖风景区和出山店风景区的综合服务功能区，是信阳主城区功能拓展的发展区，是两湖区域与信阳主城区联动发展的连接带，是拉动两湖区域经济发展、促进农民增收致富，实现产业、旅游、文化有机结合和生态、经济、社会效益的完美统一的关键区域。发挥生态环境、地理区位、交通条件及用地条件优势，以山水田园大地景观为背景，以"不出城郭而获山水之境，身居闹市而享林湖之情"为目标，将本片区打造成为以康疗养生、休闲度假为主，以休闲农业、文创会展、教育科普、旅游集散、商贸服务、生态宜居等功能为辅的康养休闲风貌区。

（四）沿淮高效农业风貌区

沿淮高效农业风貌区位于两湖区域东北角，是淮河南岸的高效农业区，紧邻城镇建成区，休闲农业园、特色农业园等正蓬勃发展，且地域开阔、土壤肥沃、水源充足、环境优美、交通便利，为高效农业发展打下了坚实基础。因此，沿淮高效农业区应在整合现有生态农业的基础上，以建设景区化高效农业园为目标，以建设"美丽农业"为抓手，以培育高效精品农业产业为重点，以农文旅深度融合发展为策略，突出"精品农业、高效农业、多彩田园"，将高效农业园建设与产业改造提升及休闲观光农业发展有机结合，打造景区化田园、智慧化田园、科教化田园、体验化田园，打造信阳都市田园休闲体验区。

三、分类营造特色风貌

按照空间管控引导与优化布局的总体要求，充分尊重生态本底条件和特点，差异化推进库区/湖区、镇区、景区、园区和乡村、生态廊道以及重要文化节点等更小单元的风貌规划设计。

（一）库区

两湖区域内的南湾水库、出山店水库（建设中）、顾岗水库，是信阳市重要的三大水库，总库容量26.21亿立方米，水域面积广阔，风光旖旎，是支撑"山水信阳"品牌的重要资源，是信阳绿色创新发展的重要载体。在保障防洪安全、供水安全、粮食安全和生态与环境安全功能的前提下，以促进人与自然和谐相处、实现水资源可持续利用为基本原则，以绿色生态创新发展为导向，充分利用南湾湖、出山店水库、顾岗水库山水资源，深度挖掘楚文化、山水文化、毛尖茶文化、渔文化等文化元素，立足国内，面向国际，进行适度高标准开发，发展康体疗养、度假观光、文化体验、有机农业、山水特色运动等产业，推动库区/湖区绿色生态可持续发展。

（二）镇区

两湖区域内11个乡镇隐于山水之间、醉于茶山茗香之中，山城交融，水城相连，茶山绵延，水网密布，交通便捷，风景优美。充分挖掘乡镇自然人文资源、产业发展资源，以"景—乡镇/办事处—村"联动为发展模式，以"茶山绿水·豫风楚韵"为文化主线，围绕康养度假、文创休闲、休闲农业等绿色产业，建设游河康养小镇、董家河禅茶小镇、吴家店山水茶镇、十三里桥水乡渔镇、浉河港创客小镇、甘岸田园小镇、金牛文教小镇等系列绿色生态型特色小镇，构建一镇一品，一村一特，差异化发展，实现三产融合、业态创新、功能互补、联动发展，推动乡镇振兴。

（三）景区

两湖区域内主要景区有南湾湖旅游风景区、顾岗水库风景区及正在建设中的出山店水库风景区。区域内山环水绕景色宜人、茶园连绵茶香四溢、植被丰富富氧离子含量高、人文底蕴深厚遗址众多。对景区内自然人文资源进行挖掘与整合，以生态文明建设为理念，以"豫风楚韵·茶山绿水"为特色，凸显山水之魅力、人文之厚重，实现三大景区联动互促错位发展，将三大景区整体打造成为集康体疗养、文化体验、休闲度假、山水运动、商务会展、文创休闲等功能为主的山水型国际性旅游目的地，建设成为生态文明建设的中国样板，并有效推动城镇经济发展，带动乡村全面振兴。

（四）园区

两湖区域的茶山茶园、林果花卉苗木、果园蔬菜、水产养殖、中草药等种养殖基地分布于山水之间，以现有种养殖基地为载体，统筹推进特色种植农业园、高效生态农业园等规划建设，以农、文、旅、健康等产业融合发展为策略，以"创意+"为支撑，推动传统农业转型升级，将园区建设成为集现代农业、养生休闲、田园度假、农事体验、游学科普等功能为一体的都市型生态休闲农业园。

（五）乡村/民宿/乡村酒店/乡村客栈

乡村是中华传统文化的基因库。两湖区域内山村水乡散落在山地茶园之中、湖岸河道之畔，与自然山水融为一体，传统文化风貌相对完整，乡土建筑风格保护较好，是信阳、两湖区域"活的博物馆"。因此，在保护传统乡村肌理的基础上，以旧村老宅为载体，深入挖掘乡村自然人文资源，复原原生态"豫风楚韵"的村风村容，以农耕文化体验、文创休闲创意、休闲农业为特色，将旧村老宅和周边山水田园进行整体包装再开发，打造成为生态农庄/共享农庄，开展农耕文化体验、农庄休闲、农庄康养度假、乡村游学等活动，推动乡村振兴和农耕文明的传承与复兴，以智慧文化"创意+"为引领带动，对乡村老宅旧居进行修旧如旧，内部服务设施进行改造提升，建设成为乡村民宿、乡村客栈、乡村酒店等，实现乡村旧宅创新利用，推动传统乡村的涅槃重生。

（六）生态廊道

生态廊道[①]建设是提高两湖区域环境承载力和区域竞争力的新载体，是提升两湖区域风貌的重要形象工程，兼有保护生物多样性、过滤污染物、防止水土流失、防风固沙、调控洪水等功能。两湖区域内，山脉型生态廊道有桐柏山山脉生态廊道；道路型生态廊道有宁西铁路、京广铁路、沪陕高速、G312、旅游公路、京广高铁、郑武城际等多条道路生态廊道；河流廊道有淮河、浉河及界河河流生态廊道等。生态廊道建设应以道路两侧的绿带、山脉及河道等为载体，构建集生态、生产、生活"三生融合"的生态廊道，推进廊道经济建设，撬动区域生态健康服务业发展。通过植被、地标、亭廊等休憩构筑物、休憩驿站、道路标识牌等建设，增强两湖区域的交通便捷性、舒适性及可识别性。

（七）重要文化节点

两湖区域内特有的"山、水、林、岛"自然风貌、豫风楚韵历史底蕴、"湖、岛、渔、茶"人文风采，是风貌特征的灵魂精髓。通过对望湖轩、出山店景观大坝、聚贤祠、平靖关、何景明书院、游河城堡、千佛塔、淮河古渡口、祝佛寺等重要点上资源进行深度挖掘、整合、修建、复建、包装，构建两湖九景，通过以点见面、以根见冠，展示两湖区域锦绣河山、历史底蕴及民俗风情。

四、重大项目特色风貌营造意向

按照两湖区域总体风貌定位、四大片区风貌导向以及生产、生活及生态空间风貌设计引导，加强对重大项目的风貌规划设计，既要体现区域整体风貌的协调性，也要彰显不同项目的特色性。

---

① 说明：生态廊道指不同于两侧基质的线状或带状景观要素，如道路、河流、山脉、各种绿化带、林荫带等都属于生态廊道。生态廊道可分为山脉型生态廊道、道路型生态廊道、河流型生态廊道三种类型。

（一）综合服务中心

综合服务中心是两湖区域与信阳城区的纽带，是两湖区域的门户、信阳市的城市客厅，是信阳城区的综合服务基地。以服务于"建设国际健康大湖区"为总体发展目标，坚持"生态与人文"两大方向，突出"山、水、茶、渔"四大主题，鲜明展示两湖区域的文化特征，并按照全域景区理念，构建山中有城、城中有水、水中有城、城景一体的空间格局，形成集集散服务、旅游度假、农业休闲、民俗体验、健康宜居等功能于一体的风情特色功能型小镇，建成两湖区域会客厅。建筑风格上，以节能生态、绿色低碳为原则，以山水为基底的低密度开发（建筑以低层、多层建筑为主）为主，采取本土建筑为主，彰显打造豫南建筑风格，回归传统建筑遗风。景观塑造上，以山水为景观大背景，突出"山水、茶、渔"主题元素，营造特色风情小镇。

（二）"茶山绿水"国际康养度假基地

"茶山绿水"国际康养度假基地位于出山店水库和南湾湖之间，两湖区域的腹地，山环水绕，生态环境优美，负氧离子高，是茶山绿水田园大地背景下的康养度假、文体休闲的理想场所。依托南湾湖、出山店水库资源，将该区域打造成为国内一流、国际知名的山水型康养度假休闲基地。突出生态环境保护，以低密度开发为主，注重茶山绿水田园原生态景观的营造，建筑隐于山水田园之间，实现天人合一，人与自然和谐发展。建筑采取本土建筑和新中式建筑为主。

（三）吴家店镇山水茶小镇

以吴家店镇为载体，以生态休闲农业为依托，以信阳毛尖茶文化为特色，以"互联网+"为支撑，以农文旅融合发展为策略，凸显依山临水优势，挖掘如羊山寺、五空桥墓群、新石器时代遗址熊台、明家湾烈士墓等历史文化资源，将吴家店镇旅游小镇打造成为以信阳毛尖茶文化为特色兼具旅游集散服务功能的生态山水茶镇。建筑风格上，以山水茶园为背景，以低层、多层建筑为主，建筑风格以本土建筑风格为主，突出吴家店镇历史文化底蕴。景观塑造上，以茶文化为特色，通过人文景观、山水景观，塑造轻快、休闲式的自然人文休闲空间。

（四）董家河毛尖小镇

以董家河车云山、云雾山、集云山、天云山、连云山五大产茶名山为资源，以董家河镇为载体,以信阳毛尖茶文化为灵魂,将董家河镇打造成为集毛尖茶文化体验、康养度假休闲、游学教育培训、会议展示科研、商贸集散服务等功能为一体的信阳毛尖小镇。建筑风格上,以山水为基底的低密度开发(建筑以低层、多层建筑为主)建设毛尖小镇,建筑风格采取豫南建筑风格,回归传统建筑遗风。景观塑造上,以茶、禅文化为特色,以豫风楚韵为内涵,以绵延的茶山为背景,构建浓郁的茶山绿水的景观风貌。

(五) 平桥 (豫风楚韵) 文创小镇

以出山店水库建设、城阳城楚文化遗址扩造、甘岸孔姓姓氏文化传承为契机,以平昌关镇为载体,以生态休闲农业为基础,以豫风楚韵文化为内涵,以"互联网+"为支撑,深挖台子湾龙山文化遗址、春秋古谢城遗址、汉代昌都域遗址及周边杨庄村太子湖旧址、彭岗组楚文化遗址、淮河"孔子来渡处"等历史文化资源及传说,延续历史文脉,弘扬非物质文化遗产,将平昌关镇打造成为"豫风楚韵"为特色的文化产业小镇,实现地域特征、文化特质和时代特色有机融合。建筑风格上,以淮河田园为背景,进行低密度开发,建筑高度基本控制在30米左右;建筑以节能生态、绿色低碳为设计原则,以春秋战国时期建筑符号为特征,以绿色低碳现代建筑手法为支撑,构建平桥文创小镇特色建筑。景观塑造上,以"豫风楚韵"为灵魂,以文创为特色,突出"生态、文化、创意、体验"等主题元素,以山水田园为背景,打造豫风楚韵文创特色景观。

(六) 游河幸福康养小镇

以出山店水库建设为契机,以茶山水乡为背景,挖掘祝佛寺、大尖山和汉文化资源,将游河乡打造成为集宗教文化养生体验、养生教育、休闲度假、养老康复、文化创意、旅游观光等为一体山水田园型康养特色小镇。建筑风貌上,以茶山绿水为背景,进行低密度开发,建筑高度基本控制在20米左右;建筑以节能生态、绿色低碳为设计原则,构建以豫南建筑风格为主、绿色低碳现代建筑风格为辅的康养特色小镇。景观塑造上,突出"茶、禅、山、水、健康"主题元素,以人文资源为内涵,以山水为背景,以休闲农业为特色,展示茶园、苗木花卉、生态有机农业等大地农业景观。

(七) "中国信阳毛尖" 国家农业公园

凸显山水林岛地貌格局,以董家河车云山、云雾山、集云山、天云山、连云山五大产茶名山及三大茶场为主要载体,以茶文化为灵魂,以茶园、茶镇、茶村、茶道、茶社等品牌建设为抓手,以豫风楚韵农耕文化为特色,以全域景观一体化为目标,推动产业升级、科技创新,规划建设"中国信阳毛尖"田园综合体。对区域内的茶园、茶镇、茶村、茶道等进行环境改造和景观提升,配套完善的公共服务设施,如游客服务中心、服务驿站、休憩栈道、观景亭台、登山茶道、公共厕所等,带动城镇发展,实现乡村振兴,推动生态—生活—生产—生命融合发展。建筑风貌上,采取豫南建筑风格,新建建筑风格采取新中式及仿生绿色建筑为主,建筑高度基本控制在20米左右。景观塑造上,以茶山绿水为特色,通过道路、景观、文化小品、构筑物、导视牌等要素,彰显毛尖茶文化,构建山水茶园大地景观。

(八) 淮河都市田园综合体

以沿淮高效农业区为主体,全面实施乡村振兴战略,以美丽乡村建设为抓手,农文旅融合发展为特征,构建城乡协同发展共同体,打造诗意栖居的都市田园。对区域内的乡镇、村庄、田园、河流、道路等进行环境改造和景观提升,配套完善的公共服务设施,如游客服务中心、服务驿站、休憩栈道、观景亭台、休闲绿道、公共厕所等,带动城镇发展,实现乡村振兴,带动农民增收。建筑风貌上,采取豫南建筑风格,采取新中式及仿生绿色建筑为主,建筑高度基本控制在20米左右。景观塑造上,以塑造淮河水乡田园景观风貌为主,通过田园、道路、沟渠、湖泊等景观的塑造,打造水乡野趣的生态景观。

第七节 优化完善区域发展环境

一、提升基础设施支撑引导能力

按照统筹规划、合理布局、适度超前的原则,构建规模合理、网络完善、结构优化、衔接高效的现代基础设施体系,为新时代两湖区域"茶山绿水"向"金山银山"转换提供更好支撑和引导。

(一) 畅通内外交通

按照"强枢纽、织网络、通筋脉、促改造"的思路,统筹对内对外、干线支线、快行慢行、陆路水路，构筑方式合理、层次分明、衔接顺畅、安全生态的综合交通系统。

1. 构建与主城区便捷联动的交通网络

依托既有山水格局，科学规划快速通道，形成主城区向两湖区域放射的四条快速通道，即G107通道、G312通道、新七大道通道、S224通道，根据人流物流需求，拓展提升通道通行能力，实现从主城区到两湖地区主要节点30分钟快速通道。加强与信阳东站、信阳站、信阳北站、信阳长途汽车站等交通枢纽和集散中心联系能力，实施部分交通堵点的立交化改造。预留好信阳西二环（明鸡高速）选线，按照远期调整为城市道路设想，统筹考虑出入口设置与自然风貌保护。

2. 加强组团内部和相互间交通联系

发挥交通对土地开发的引导和支撑功能，率先推进两湖集约发展组团内部交通基础设施建设，以G312改道为契机，将G312打造成为两湖集约发展组团东部快速通道，同时建设游河乡→李畈村→卧虎村→姚湾村→睡仙桥村→谭庙村→新七大道快速通道。按照城市次干道标准，改造提升吴家店—董家河、董家河—浉河港、南湾—十三里桥、游河—甘岸—彭家湾等之间的交通通行能力。提升南湾水库、出山店水库环湖路等级，开展北湖环湖路建设前期研究，研究论证依托出山店水库环湖路新增慢行观光路的可行性，实现南湾水库环湖路与出山店水库环湖路有机联通，北湖环湖路与信阳主城区市政道路有机联通，形成与优美自然山水风景完美融合的观光线路。加强组团间快速交通和组团内部交通微循环的高效衔接。推进游河、南湾、董家河等区域内部道路建设，加快打通断头路和易堵路段。

3. 推进乡村道路改造升级

以实施乡村振兴战略为契机，重点推进乡道及进村道路改造升级，改善两湖区域乡村公路路网质量，让沿线乡镇的人民群众出行更加方便。统筹道路建设、区域开发、居民点调整与风貌保护，加快改善深山区进村道路条件，推进S224改造升级。结合农村旅游观光路建设，支持企业和农户有序开展茶园道路统一改造。依山就势、沿河傍湾，加强进自然村道路风貌设计，促进乡村道路与山水湖库村舍融为一体。开展沿线的违章建筑和乱搭乱建集中整治，努力清除路肩各种违规种植物和建筑物，打造精致、绿色、现代田园路网和靓丽景观。

4. 提升公共交通服务水平

全面提升两湖区域公共交通服务水平，近期对农村客运班线进行公交化改造，远期将区域整体纳入城市公交运营管理，实现公交线路全覆盖。加快区域内公共交通站场布局和功能调整，研究论证在游河、金牛选址规划建设两湖区域公共交通中心、旅客集散中心的可行性，按照信阳市次级枢纽标准打造。兼顾乡镇内部、乡镇间、与信阳中心城区间及外部客流等多层次客货流需求，加快乡镇客运换乘中心建设，建设村村有点的农村客运站体系，形成功能完善、布局合理、舒适便捷、运行高效的城乡公共交通系统。处理好主要景区、主要节点的旅游交通供给，开设旅游公交专线、两湖快速公交环线等，在南湾风景区、出山店水库风景区等开设绿色微公交网络和水上公交专线等景区内部交通。加快公共交通指引标识多语种、规范化建设，完善道路标识、自驾营地、景区停车场等设施。

5. 建设环湖绿道慢行系统

依托环湖路、S224、两湖连接路等，通过分段改造和景观提升，实施彰显豫风楚韵特色的百里绿道建设工程，因地制宜形成茶韵绿道、沿湖绿道和山林游览绿道，依托绿道加强沿线节点公共休闲空间建设，适当布局绿地公园、休闲广场等功能设施。推动绿道向景区景点、茶山茶庄、田园果园、集镇农村、山上溪边甚至湖中水上延伸，推动绿道产业发展。以绿道为骨架，构建区域慢行系统，加快环湖、穿茶、沿江、傍河、临溪等生态慢游系统的建设，实现市政快速交通与景区慢行交通、机动车与非机动车、车辆与行人的有效分离。按照市场化运作模式，推进公共自行车系统建设，引入共享单车企业，共同构建公共自行车服务网点、调度体系、维护团队、收费标准等，突出解决"公共交通最后一千米"问题。

专栏 1-12　内外交通畅通重点项目

道路内外畅通。加快研究论证G107和G312新建工程方案，争取尽早实施。推进新七大道扩容工程，S224升级，交通堵点的立交化改造，信阳西二环（明鸡高速）建设工程，游河—南湾、吴家店—董家河、董家河—浉河港、南湾—十三里桥、游河—甘岸等组团间交通通行能力改造。

改造治理。出山店水库环湖路等级提升，游河、南湾、董家河镇区内部道路改造，断头路和拥堵路段治理，深山区进村道路改善，省县乡道沿路违章建筑和乱搭乱建集中整治。

功能提升。两湖区域公共交通中心、旅客集散中心建设，旅游公交专线、两湖快速公交环线建设，公共交通指引标识多语种、规范化建设，自驾营地、景区停车场等设施建设，公共自行车系统建设。

品质塑造。推动豫风楚韵特色百里绿道建设，绿地公园、休闲广场等公共休闲空间建设工程，环湖、穿茶、沿江、傍河、临溪等生态慢游系统建设。

（二）优化水利设施建设

统筹推进城乡供水、农田水利、防洪减灾、水网疏通与水景打造，构建安全、生态、现代化的水利设施，推动区域因水而兴、因水而名、因水而美、因水而富。

1. 构建山水相融的水网体系

充分利用出山店水库和南湾水库的高程落差，科学论证两湖连通渠建设工程的可行性，优化两湖水网体系布局。保护和修复生态湿地系统，建设类型丰富的湿地公园体系，形成水网、农田、湿地交织镶嵌的生态绿化网络。完善出山店水库下游的甘岸、彭家湾等地农田水网布局，实施河库连通工程，加强水系间横向联系，统筹水资源调度，增强水系灌溉、生态、景观综合功能，提升水网周边地区环境品质，打造豫南淮乡田园风光。

2. 推进农田水利设施现代化

加快推进水利控制性工程、病险水库水闸、河道整治及堤防加固、水系连通、农田水利建设等淮河上游水生态建设系列工程。以吴家店、平昌关、游河等乡镇为重点，加强高效节水灌溉设施建设，加快构建水利现代化工程体系。完善灌排体系，增加有效灌溉面积。实施末级渠系配套改造工程和机电井更新改造工程。实施中央财政小型农田水利重点县、农田水利重点片区、规模化节水灌溉增效示范等重点农田水利工程建设。启动低洼易涝地治理工程。逐步形成骨干、田间工程配套，大中小工程互补，灌溉、排涝功能完善的农业灌排体系，改善农业生产条件。

3. 完善防洪减灾排涝设施

加大两湖区域防洪除涝治理力度，基本建成与淮河流域发展相适应的防洪除涝减灾体系。协调城乡防洪排涝、引调水工程建设，提高水利综合保障能力。加强区域治理、市政防洪除涝建设，完善流域、区域、乡镇相协调的防洪除涝工程体系。加强淮河干流、浉河、游河等流域骨干河道、其他重要河道和中小河流治理，加强出山店水库周边洼地圩区治理，完成病险水库和大中型泵闸加固改造升级。加快两湖区域重点乡镇市政防洪排涝工程建设，提高防洪排涝能力。

4. 提高城乡供水保障能力

发挥两湖区域淮河上游"水塔"的作用，加强饮用水源地保护和改善水生态水环境状况，基本建成与优化配置和高效利用要求相适应的区域水资源供给体系。增强产业发展用水保障能力，进一步提高城乡供水保障能力，重点推进南湾湖城市水源地建设和出山店水库城市应急备用水源地建设，继续推进农村饮水安全工程建设，推动金牛、双井、甘岸、彭家湾等中心镇供水与城区联网连片工程。

> **专栏1-13 水利水系设施重点项目**
>
> **水利景观。**两湖连通渠建设，淮河两岸环境品质提升。
>
> **防涝减灾。**淮河防洪除涝减灾体系建设，淮河、浉河、游河、中小河流河道治理。
>
> **农田水利。**甘岸、彭家湾等地农田水网河库连通，末级渠系配套改造和机电井更新改造。
>
> **城乡供水。**病险水库加固改造升级，城市应急备用水源地建设，中心镇供水与城区联网连片，农村饮水安全等。

（三）全面建设智慧两湖

牢牢抓住大数据、物联网等信息技术革命新机遇，加快新一代信息网络基础设施的提前布局，统筹规划物联网、云计算、智能制造服务平台建设，推进互联网在经济社会各领域广泛应用，建设智慧两湖。

1. 构建高效安全的泛在网络

结合两湖区域旅游业、观光农业、文化体育等产业发展，加快物联网、云计算等信息基础设施建设，努力构建"随时随地随需"、统一高效的泛在网络。超前布局下一代互联网（IPv6）、下一代广播电视网建设，实现4G深覆盖和5G加快部署。提升高速宽带建设水平，大幅扩容升级互联网骨干网、城域网和国际出入口宽带，实现区域内城乡家庭平均接入带宽达到300Mbps以上。建设无线宽带，实现城乡重要区域和公共场所无线局域网全覆盖。大力推动光纤到村，加快推进既有小区光纤改造。促进大数据应用，更好地发挥新一代信息网络基础设施建设效益，抢占未来竞争制高点。

2. 拓展信息应用广度和深度

深入推进全域三网融合，加快广电、电信商用化进程。在南湾高教科创功能区，引入大数据中心和云计算平台，提升两湖区域在科技创新、智能制造、互联网等领域基础支撑能力。探索发展互联网数据中心（IDC）、呼叫中心等平台，提升信息数据存储和服务能力，培育大数据处理分析和云计算企业，培育数据存储、数据处理、数据安全、数据外包服务产业集群。

3. 积极推进"互联网+"

运用互联网手段，推动"互联网+全域旅游""互联网+康体养生""互联网+生态农业"等产业融合发展，利用互联网宣传两湖区域的品牌，拓展两湖区域的市场空间。率先推动"互联网+全域旅游"，开发两湖全域旅游的宣传、营销、监管的App，扩大两湖区域知名度。推进"互联网+生态农业"，借助淘宝、京东等大型电商平台，推进两湖区域特色农产品电子商务平台建设，推进开通京东·两湖产馆、天猫·两湖特产旗舰店，加快本地农特产品电商化。完善区域在线政务服务体系，提升智慧化水平。升级治安视频监控系统，构建网格化、智能化、全覆盖的社会治安防控体系。

专栏 1-14　智慧两湖重点项目

智慧网络。下一代互联网（IPv6）、下一代广播电视网建设，互联网骨干网、城域网和国际出入口宽带扩容工程，城乡重要区域和公共场所无线局域网全覆盖。

智慧应用。推进"互联网+全域旅游"，开通京东·两湖产馆、天猫·两湖特产旗舰店等。

智慧服务。社区服务智能化试点，网格化、智能化、全覆盖的社会治安防控体系建设。

（四）加强能源保障

推进电力设施增容改造，优化能源供应结构，提高可再生能源、清洁能源比重，积极推进煤（薪柴）改气工程，形成安全清洁、稳定可靠的能源保障设施体系。

1. 建设安全可靠的城乡电网

加快输电通道和区域内重点输变电新建、扩建及增容改造步伐，实施城乡电网改造升级行动，提高终端供电能力和供电质量。推进先进设备、自动控制、智能检测等新技术、新设备的集成应用，提高电网智能化水平，推进两湖区域供电系统从农村电网向城市电网的改造升级。全面保障用户用电需求，初步建立技术特色鲜明、建设供电能力充裕、运行安全灵活、可靠性高的智能电网。加强电力设施建设，推进金牛、游河220千伏输变电建改升级工程，加快实施架空线网入地改造工程。

2. 加快优化能源供应结构

依据《河南省"十三五"能源发展规划》以及《核电中长期发展规划（2011—2020年，调整）》，做好董家河镇河口村杨家塘核电选址及周边区域的空间管控。根据当地旅游业及相关产业发展需要，提高成品油运输储备能力，新建、扩建成品油仓储设施，保障油料供应稳定。加快新能源产业化发展，加强风能、太阳能、地热能、生物质能等可再生能源、清洁能源开发和综合利用，增强非化石能源对传统能源的替代作用，推动新能源和可再生能源提速发展，结合民宿和休闲农业等发展，适度发展分布式能源系统。进一步调整能源消费结构，扩大水电、天然气等清洁能源利用。

3. 实现燃气供应联网联供

按照国家和省治理雾霾的总体要求，积极推进煤改气工程，推动天然气在居民消费领域、工业领域和交通领域对煤炭和石油的替代作用。优化天然气管网布局，加强燃气主干管网、加气站的建设，以游河、董家河、甘岸为重点，新建2座天然气门站，加快实现全域天然气进社区、进厂区、进村入户，形成内外联通、多源保障、统一调配的天然气供应网络。推进金牛街道、贤山街道、北湖管理区、家居小镇等地区老旧管网更新改换，加快燃气设施一体化建设，实现输配系统联网联供。推进燃气储备项目建设，形成多点储备格局，保障稳定安全供应。

（五）完善市政设施配套

以集约发展组团和重点乡镇为重点，加快完善给排水、污水处理和收集管网、垃圾收集转运和处理、防灾减灾、停车等设施建设，推进地下综合管廊建设，促进市政基础设施的增量提质增效，为两湖区域发展提供有力市政服务保障。

1. 构建现代城乡水务体系

统筹推进城乡水务基础设施建设，建立城乡一体、安全高效、与水资源配置相适应的供水安全保障体系。加强水源地和备用水源地保护,提高自来水水厂供应能力,研究在出山店水库新建自来水厂,保障两湖区域北部、西部的自来水供应。实施区域内金牛、游河、南湾等自来水管网改造工程,提高供水水质,实现供水水质综合合格率超过99%。按照要求推进对外供水工程,实施最严格水资源管理制度,运用市场手段提高水资源利用效率。完善污水处理和配套管网建设,将北湖管理区、家居小镇、金牛山街道办、南湾乡、贤山街道办、双井街道办、甘岸街道办、彭家湾乡、十三里桥乡的乡镇所在地污水收集管网纳入到信阳市城市污水处理管网系统,在游河乡、吴家店镇、平昌关镇、董家河镇、狮河港乡等乡镇布局建设污水处理厂等设施,配套建设污水收集管网,实现镇(乡)区污水全处理。率先在两湖区域推进"厕所革命",在两湖区域内的所有村庄推广建设三格式或微动力等简易适用污水处理设施。

2. 提高垃圾收集与处理能力

持续推进垃圾分类收集、转运和处理。加强生活垃圾源头控制,大力推进垃圾分类,加快垃圾收集转运设施建设,升级改造农村地区垃圾中转站,增加密闭式清洁站设置密度,确保实现两湖周边地区垃圾收运转运100%。推进生活垃圾减量化、无害化、资源化处理,探索分类后垃圾堆肥发酵、卫生填埋、焚烧发电供热等适宜的无害化处理和资源和利用模式,加快建设生活垃圾无害化处理设施,完成两湖区域存量生活垃圾综合整治。推进游河、董家河生活垃圾综合处理厂建设,基本满足区域内垃圾处理需求,实现生活垃圾日产日清。在吴家店、平昌关、彭家湾、甘岸、狮河港、十三里桥等乡镇建设收集处理点,"一镇一点"实现垃圾分类和预处理。

3. 统筹推进地下管网建设

加强地下管线统一规划、建设、管理,优化和集约利用地下空间资源。在集约发展组团和重点乡镇街道,有序规划建设具有较高水平的地下综合管廊,提升管线安全水平和防灾抗灾能力,逐步消除主要街道架空线,促进乡镇驻地地面景观明显好转。同步研究地下管道清疏举措,保障地下管线铺设后能够安全畅通运行,提高地下管廊综合承载能力。

4. 完善安全保障系统

针对两湖区域可能发生的山洪水涝等自然灾害,完善防灾减灾设施,建立健全灾害监测预警、救灾指挥、减灾行动系统,全面提升防灾减灾能力。加强应急队伍、救援设施、综合协调等能力建设,完善风险防范预警制度和应急预案,推动建立多部门联动的综合协调应急指挥系统。加快超期服役管网改造,确保供水、燃气、电力等重要基础设施和生命线工程安全运行。加强公共消防基础建设，加强消防队站和消防设施建设，完善区域内消防体系，增强高空消防作业能力。完善人防工程，合理布局广场、公园等避难场所。

专栏1-15 市政配套重点项目

现代水务。水源地和备用水源地保护，出山店水库新建自来水厂，金牛、游河、南湾等自来水管网改造。

垃圾收集与处理。农村地区垃圾中转站升级，生活垃圾无害化处理设施建设，存量生活垃圾综合整治，"一镇一点"垃圾收集处理点建设。

地下管网。游河、董家河、狮河港、甘岸等乡镇（街）驻地地下管网建设。

安全保障。区域灾害监测预警、救灾应急系统、风险防范预警制度和应急预案，消防队站和消防设施建设，主要节点人防及避难场所。

（六）统筹公共服务设施建设

1. 因地制宜建设一批公共广场

以广场建设提升区域形象品质，高起点规划建设出山店水库坝前广场、两湖茶韵广场、两湖鱼广场、两湖人民广场等。推动广场建设与区域景观打造相结合，以广场促进绿地系统、水网绿道系统、外围生态绿地与乡镇建设相融合，实现乡镇驻地内外绿地连接贯通，把好山好水好风光融入乡镇。在南湾、游河、董家河等中心镇布局建设一批规模不等、主题各异的公共广场，合理布局街头绿地，满足居民日常休闲需求。加强广场设计，力求形成系列，完善广场书报亭、便利店、宣传栏等，以广场为中心构建10分钟城乡社区文化圈。

2. 量力而行建设一批公共场馆

通过公共场馆建设提升两湖区域的服务功能，在金牛山街道、北湖管理区、家居小镇、双井街道规划布局图书馆、文化馆、美术馆、博物馆和剧场等场馆，按照"节约、实用、环保"要求，推行一馆多用、一厅多用设计理念，打造多功能的文化中心，建设标志性文化设施，形成一批高水平、标志性城乡文化作品。推动市级涉水体育场馆向两湖区域布局，完善配套功能，满足大型赛事、演唱会和专业队伍训练要求。响应乡村振兴战略号召，规划建设汇聚豫南民居特色的乡村博物馆，与郝堂共同形成信阳近郊乡村民宿旅游的"两翼"。加快数字影院建设，在游河、金牛、南湾等有条件的乡镇街道建设小型数字影院及综合性演出场所。

3. 完善医疗教育文体等基本公共服务设施

健全覆盖城乡、普惠可及、保障公平、可持续的基本公共服务体系，打造优质便捷生活圈。推动中小学、幼儿园以及社区养老、就业服务、医疗卫生、文化体育、公共交通等设施与集约发展地块开发同步进行。引导全市新建医院、学校和大型文体等设施在符合规划要求前提下，适度向两湖区域的金牛山街道倾斜，完善区域综合配套功能。合理布局农村小学、乡镇初中，超前配套完善新建居住小区和居住区的幼儿园、小学等教育设施。

4. 搭建产业公共服务平台

按照专业性与综合性兼顾的要求，打造产业公共服务体系，建立一批专业水平高、服务能力强、产业支撑力大的产业公共服务平台。围绕两湖区域重点产业集群发展需求，鼓励园区、镇区、功能区建设研发、检测、设计、融资、展销、物流等各类产业公共服务平台，增强物流供应、创业孵化、职业教育、专业培训、融资服务功能。鼓励骨干企业、行业协会、院校、科研单位和中介组织等市场主体发挥自身优势，创建产业公共服务平台，按市场机制提供开放式服务。针对康体养生、特色农业、教育培育等产业，构建大型科学仪器共享平台，破解大型科学仪器重复建设、利用率低等难题。

5. 加强生活服务设施建设

大力推进批发零售、住宿餐饮、健康养老、社区服务等生活性服务设施建设，统筹大型综合商业中心、特色专业街区、品牌旗舰店、连锁超市等多层次商贸实体布局，满足高质量、多元化生活需求。重点加强社区便民店、菜市场、快餐店等生活服务设施建设，发展旅游商品专卖店。引导超市向农村连锁延伸，"一网多用"发展邮政、通信、医药等多种功能配送网点，完善农村电商配送点。完善孔庄、翟寨、太阳坡、石桥、张湾、浉河新村等后靠移民社区生活服务设施，促进移民安居乐业。完善星级酒店、商务酒店、度假酒店以及民宿等多层次住宿餐饮设施，以游河、金牛为重点完善康养设施。

专栏 1-16 公共服务完善重点项目

公共广场。坝前广场、两湖鱼广场、茶韵广场、人民广场建设，乡镇公共广场建设，广场绿化和景观塑造，围绕广场10分钟社区文化圈建设。

公共场馆。区级图书馆、文化馆、美术馆、博物馆和剧场等场馆（多功能文化中心）建设，涉水体育场馆建设，乡村博物馆建设；游河、金牛、南湾等乡镇（街）驻地小型数字影院建设。

公共服务设施。市级综合性医院建设（金牛街道），幼儿园、小学建设。

产业公共平台。研发、检测、设计、融资、展销、物流等综合性产业公共服务平台建设，毛尖产业公共服务平台，大型科学仪器共享平台。

生活服务设施。社区便民店、菜市场、快餐店等生活服务设施建设，"一网多用"发展邮政、通信、医药等多种功能配送网点建设，后靠移民社区生活服务设施完善，游河、金牛康养设施建设等。

二、改革创新激发发展活力

按照高标准、高起点、小政府、大社会的要求，积极创新开发建设模式、建立健全管理体制和运行机制，深化重点领域和关键环节改革，先行先试行政管理、投融资体制、土地开发模式、风险控制机制等领域改革创新，为两湖区域开发提供体制机制保障。

（一）创新管理体制

站在新的历史起点，两湖区域要始终以"小政府、大社会"为核心，以更加开放的姿态，更深层次改革，加快构建新型行政管理体制，强化两湖区域开发的组织保障。

1. 探索建立新型管委会体制

加快推进两湖区域管理体制创新，理清南湾湖风景区、羊山新区、金牛物流园等功能区与平昌关、吴家店、董家河、游河、甘岸街道办、双井、彭家湾、金牛山、十三里桥、浉河港等乡镇的关系，做好管理体制顶层设计。先期建立管委会—镇（乡）街—功能区的基本架构，衔接并处理好管委会、镇街和功能区的关系，着手推进管委会体制创新。明确管委会主要负责经济管理职能，功能区专职于产业发展，街（镇）履行社会管理功能。管委会承担发展改革、招商引资、规划建设、土地资源管理、拆迁安置、工商税务和治安管理等建设管理相关事宜，设立综合部、规划设计部、国土资源管理部、工程建设管理部、房屋征收补偿管理部、财经管理与投融资发展部等部门。

2. 推进政府治理体系和治理能力现代化

围绕规范化、法制化、民主化、效率化和协调性的目标，不断完善经济治理、政治治理、文化治理、社会治理、生态治理和党的建设六大体系，建立具有特色的政府治理体系，提升政府治理能力。建立并逐步提升决策、执行、监督相互协调又适度分离的行政运行机制，用机制再造流程、简事减费、加强监督、提高效能，实现高水平科学决策、顺畅执行和有力监督。设立决委会、管委会和咨委会，健全决策运行机制，建立专职化决策咨询辅助系统。

3. 打造高效廉洁透明政府

建立健全公职人员廉洁从政诚信制度和激励约束机制。完善公职人员薪酬、家庭财产收入和个人诚信年度报告制度。建立公职人员诚信积分制和失信黑名单制度。加快个人征信体系建设，纳税、交通违法等一并进入个人诚信档案，健全廉洁激励惩罚机制。实施公务员廉政金制度试点。对涉及两湖区域的规划及政策实施对外公开制度。

（二）理顺投融资管理体制

把握国家投融资体制改革的趋势，加快理顺投融资管理体制，深化投融资领域重点改革，发挥政府财政资金的引导作用，汇聚社会资本，推动两湖区域高起点、高标准、高质量开发。

1. 加快组建国有投资公司

加强政府运作平台履行政府职能的角色转换，更多发挥市场机制作用推进两湖区域管理与开发建设。加快组建隶属于管委会的投融资公司，强化建设资金统一核算和管理，参与建设项目的投资监督和管理，稳妥推进两湖区域开发。紧紧围绕两湖区域开发建设目标，加强与国内专业机构合作，积极开展对外融资，强化对两湖区域各种资源的市场化综合开发运营。

2. 深化政府和社会资本合作

建立并发布覆盖全部行政机构的政府购买公共服务目录，加大政府购买公共服务力度，在交通、能源、城建、社会事业等公共领域着力推广PPP等模式。不断完善政府与企业的合作机制、利益共享机制、风险共担机制、监管和绩效评价机制，根据行业经营特性，分类明确财政、用地、价格以及行业管理的重点政策，稳定项目预期收益。创新预算管理、契约式采购、第三方评估的政府购买服务改革。发布两湖区域政府购买公共服务标准，形成可复制、可推广的一整套规范化的政府购买服务标准体系。

3. 不断改善企业投资管理

加快建立和完善投资项目管理负面清单制度、管理权力清单制度和管理责任清单制度"三个清单"管理制度，准确定位政府角色，主动接受社会监督，让企业投资更加透明、更加规范。支持两湖区域率先开展投资领域简政放权改革试点，积极争取对政府核准的投资项目目录外的企业投资项目试行承诺制无审批管理，企业按照设定的准入条件和标准，做出具有法律效力的书面承诺，相关部门对法律明确要求的事项预审公示后，企业即可开工建设。

4. 积极创新融资机制

依法发起设立两湖区域发展基金，充分发挥政府资金的引导作用和放大效应，积极吸引金融机构、企业等社会资金，为两湖重点领域投资提供资金保障。积极争取国家专项建设基金支持，采用资本金注入、股权投资等方式，支持重点领域项目建设。通过债权、股权、资产支持等多种方式，支持重大基础设施、重大民生工程、新型城镇化等领域的项目建设。建立健全政银企社合作对接机制，搭建信息共享、资金对接平台，协调金融机构加大对重大工程的支持力度。

（三）激活土地资源

采取征用和集体经营性建设用地入市两种方式，获取建设用地，释放土地利用潜力，创新模式推动土地集约、集中发展，为两湖区域科学合理利用空间提供支撑。

1. 完善城乡建设用地增减挂钩机制

落实国土资源部《关于进一步运用增减挂钩政策支持脱贫攻坚的通知》的要求，把国定贫困县和省定贫困县增减挂钩节余指标向两湖区域倾斜，保障两湖区域用地指标需求。综合考虑区域发展实际，搭建土地指标流转平台，加强对增减挂钩项目和节余指标流转的监管，规范节余指标流转交易，提高增减挂钩节余指标收益。充分考虑资源环境承载能力、农业转移人口落户、易地扶贫搬迁任务等因素，做好增减挂钩专项规划与易地扶贫搬迁规划、土地利用总体规划调整完善方案等的衔接。

2. 开展征地制度及土地出让制度改革

借鉴全国开展土地征收制度改革的经验，参照《国土资源部划拨用地目录》和《国有土地上房屋征收与补偿条例》为基准确定公共事业用地的范围，缩小征地范围。探索实行"征转分离""征批分离"改革，建立征地"公益性审查机制"，严控征地权使用范围。加强征地规模、占补平衡、安置补偿、土地用途等方面管控，规范土地征用管理，提高"征转分离""征批分离"的管理效率。推进土地出让制度改革，探索将出让制改为租赁方式供应土地制度和实施基于不同租期的土地出让金制度。建立有弹性的征地补偿机制。

3. 深化集体建设用地改革

借鉴其他地区集体经营性建设入市改革的经验，结合国家"五探索"（探索入市主体、探索入市途径和范围、探索完善交易规则和服务监管制度、探索完善集体经营性建设用地使用权权能、探索入市土地增值收益分配机制）要求，遵循明确入市规模、优化项目布局、创新构建入市主体、完善收益分配机制和健全政策配套的思路，依托新设立的农村集体资产管理公司实施土地入市，引导产业集中布局，内部挖潜满足产业发展用地需求。进一步深化宅基地改革，加快形成"面积固定、超占有偿、节约有奖、退出补偿"的使用制度和农村宅基地"规划引领、总量管控、村民自治、民主监督"的管理制度，允许农村宅基地自愿有偿退出。支持和鼓励宅基地使用权置换城镇住房、土地承包经营权置换股权、集体资产收益分配权置换股权"三置换"，提高中心城镇集中度，推进土地适度规模经营，规范集体资产收益分配，鼓励两湖区域农户向城镇集中。多渠道、多途径筹措置换资金，建立"农村住宅置换商品房基金"专户，实行封闭运行，专款专用。鼓励采取"留权不留地"、颁发地票期权等方式，保留农民一定时期的宅基地申请权利，打消有意愿退出宅基地农户的疑虑。

创新土地管理方式。以城乡建设用地增减挂钩、耕地占补平衡、土地综合整治、宅基地收储等模式为重点，在尊重农民意愿、保障农民权益的前提下，搭建集体建设用地退出平台。借鉴国有土地收购储备制度，探索建立农村集体建设用地储备中心，对农民自愿退出的宅基地和其他集体建设用地统一收购，编号储备，化零为整，统一打捆整治，盘活零散宅基地。鼓励探索建立农村集体建设用地收贮再利用专项资金，专项用于集体建设用地收贮再利用的启动资金、奖励、补助及复垦工程。在继续整合各类涉农资金的基础上，通过实施税费减免的政策，积极引入社会资本参与集体建设用地退出、整理、指标交易等工作，做大集体建设用地退出的资金池。创新供地方式，采用租赁、弹性年期出让和使用标准厂房等多种供应方式，逐步实现项目用地的精细化供应。采取"分类统筹、部门管理"的模式，分别由经信委、发改委和自然资源局三部门统筹使用管理年度建设用地指标，保障重点项目落地。

4. 创新建设用地经营模式

探索采用BT、土地补偿、PPP等模式，积极引入社会资本，推动两湖区域国有建设用地滚动开发。鼓励国有土地和集体土地联动开发，借鉴华夏幸福基业开发模式，积极引进战略性投资者，负责成片土地平整、道路管廊等基础设施建设工作，学校、医院、文化、体育公共设施建设及运营管理工作，产业规划、项目招商、宣传推广等产业发展服务工作，空间规划、建筑设计、物业管理、公共项目维护等基础性服务工作等，强化土地一二级市场联动开发。依托集体资产管理公司，在符合规划的条件下自主开发经营或通过联营、入股等方式建设运营集体租赁住房，提高农民资产性收入，拓展集体土地用途。创新集体建设用地流转方式，鼓励集体建设用地集中、集约利用，推动集体建设用地保值增值。

5. 引导农村土地承包经营权规范流转

按照有偿、自愿、合法、规范的原则，建立完善农村土地流转机制，加快土地流转步伐，推动土地有序流转。设立土地流转服务中心，汇集土地使用权委托流转和受让信息，组织开展公开招标竞标，协调流转过程中的有关事项，促进两湖区域土地适度规模经营，奠定田园综合体发展的基础。进一步明确土地流转形式、价格、期限，依法签订相应的流转合同，并登记备案。完善财政、金融、项目开发方面的支持政策，围绕农业规模经营和提升农产品竞争力，加强农业基础设施和农业科技的财政投入，扶持各类农业经营主体投资现代农业和开展规模化的集约经营。

（四）强化风险防范

始终把两湖区域开发建设的各项风险管控放在突出位置，建立健全风险管控体制机制，丰富风险管控手段，强化开发过程中经济、社会、生态、安全生产等方面的风险控制，确保两湖区域开发行稳致远。

1. 强化经济风险管控

坚持市场规模导向，依托总体规划和相关专项规划，合理确定两湖区域投资规模、投资进度、投资时序，引导理性开发。针对片区开发综合性、复杂性强的特点，在开发过程中，除关注常规风险外，需要进一步做好土地拆迁与补偿、土地获取、产业导入等方面风险的防控。科学定位国有投资公司功能，建立健全企业法人治理结构和运行管理机制，强化投资项目审核程序，完善项目分类管理运营机制，控制债务规模，加强内部管控，有效防范企业风险。平衡好两湖区域开发中个人、集体、企业、政府的利益关系，建立个人、集体、企业风险防范机制，切实维护各方利益。支持个人和集体自主选择土地入股、出租、转让等方式，参与两湖区域开发，保障个人和集体享受两湖区域开发增值收益的权益。

2. 强化社会风险管控

构建多主体、多层次的社会风险管控体系，建立政府主导、全民互助的社会风险有效补偿机制、社会风险预警和应急管理机制、社会风险控制机制。有效整合政府、市场、社会力量，探索构建"政府—社会保障机制""市场—商业保险机制""社会—家庭、社区、民间救助机制"三位一体的、系统的、动态调整的社会风险补偿体系，把两湖区域水库移民、征地农民、困难群众等特殊社会群体的社会风险降到最低限度。建立健全源头治理、动态协调、应急处置相互衔接、相互支撑的社会风险预警和应急管理机制，促进多部门管理职能整合，强化社会风险管理。完善突发公共事件应急预案和应急保障体系，提高应对处置各类突发事件的能力和水平。健全矛盾纠纷排查调处和社区舆情汇集分析机制，完善重大公共安全事件、群体性事件的预防预警和应急处置体系。加强各级各类调解组织建设和人才培养，以人民调解为基础，完善人民调解、行政调解、仲裁调解和司法调解联动的工作体系，建立调处化解矛盾纠纷综合平台。

3. 强化生态环境风险管控

根据自然资源环境承载力，遵循"分类指导、分级控制、分区施策"的总思路，探讨划分两湖区域生态风险控制分区，制定差异化、精细化管控措施。依据出山店水库、南湾水库、北湖的功能定位以及农业空间的发展重点，科学合理划定保护范围，强化生态空间和农业空间管控，平衡发展与保护的关系。借鉴国内外综合控源治水的成功经验，以生态流量为基本要素，以生态处理为基础手段，构建智能化管理平台，强化两湖区域水生态环境治理。加强建设项目环境监督管理，严把项目审批关，对不符合产业政策、不符合环保准入条件、不符合产业发展方向的项目坚决不予审批。设置管委会、功能区、镇街、村社、企业监管网格，明确网格机构设置和人员配备，构建"定责、履责、问责"的网格化责任管理体系，真正形成层层负责、责任到人的全方位、上下联动、齐抓共管的格局。

（五）营造公平高效营商环境

保护各类市场主体的合法权益，积极推动公平正义法制环境、透明高效政务环境、竞争有序市场环境和和谐稳定的社会环境等领域的建设，在两湖地区营造高品质营商环境。

1. 构建公平正义法制环境

协调开展"阳光法制"实践主题活动，不断提高运用法律手段推动创新转型、化解社会矛盾、维护公平正义的能力，依靠法律和制度加强对权力运行的监督和制约。全面推进依法行政，严格依照法定权限和法定程序行使权力、履行职责，切实做到严格、规范、公正、文明执法；强化行政问责，不断提高行政诉讼和行政复议的公信力，持续增强公务员队伍依法行政的观念和能力。建立健全企业开办、施工许可、财产登记、信贷获取、投资者保护、税收征管、跨国贸易、合同执行、企业破产等方面的制度体系。及时清理不利于维护营商规则的制度性文件，认真落实规范性文件有效期制度。进一步规范案件审理环节和实体处理环节，显著提高商事合同司法审判和执行效率。建立和完善网络执行查控系统和联合惩戒系统，构建诚信体系，研究帮助涉执企业渡过难关。

2. 建设竞争有序的准入市场

按照"非禁即入"的原则，公布企业投资项目准入负面清单，进一步放宽各类企业投资准入，促进各类营商主体公平竞争。完善统一的公共资源交易一体化服务平台，规范公共资源交易行为，完善公共资源市场配置、公共资产交易、公共产品生产领域的市场运行机制。整合各部门的市场监管信息，建立健全统一的市场监管信息平台，增强监管信息透明度并接受社会监督。

3. 营造和谐稳定的社会氛围

深化基层社会治理体制改革，加强社区党组织建设，健全基层群众自治机制，完善基层行政服务中心建设，推广专业社工服务，形成管理有序、服务完善、文明祥和的社会生活共同体。健全党委领导、政府负责、社会协同、企业和职工参与、法治保障的工作体制，完善源头治理、动态管理、应急处置相结合的工作机制，有效预防化解劳资纠纷，全面构建起规范有序、公正合理、互利共赢、和谐稳定的劳动关系。加大对社会组织的政府购买服务力度，推动行业协会商会去行政化改革，建立和完善社会组织监管和评估机制，加快培育发展社会组织，按照相关法律法规进行依法登记。

4. 全面推进营商环境评价

按照国家和河南省关于推进营商环境评价有关工作的总体部署，就两湖区域组织开始实施营商环境评价专项行动，建立健全针对两湖区域的营商环境评价机制，构建营商环境评价体系，以营商环境评价倒逼政府职能根本性转变，推动传统办事流程、管理运作方式、发展模式等方面全面再造，深入开展向上海、浙江、深圳等东部沿海先进地区在营商环境评价和营商环境建设的经验做法，全面提升政府服务意识和水平，切实提高政府行政效能，最大限度减少政府对市场直接干预，着力为两湖区域市场主体发展提供一流的发展环境。

三、加强组织领导与政策支持

加强信阳市委市政府对两湖区域发展的组织领导，注重顶层设计与激发乡镇发展动力相结合，稳步推进集约发展区开发建设，发挥市场配置资源的决定性作用和政府的规划引导作用，推进商事制度改革创新，有序落地重大项目建设，强化人才和土地要素保障支撑，营造优越的营商发展环境。

（一）加强组织保障

建立由市委市政府主要领导牵头、多部门参与的领导小组，及时协调解决两湖区域开发中的重大问题。领导小组下设办公室，办公室主任由发改委主任兼任，负责协调开发中的具体事务。政府相关部门要加强分类指导，将具体任务、目标细化分解，制定完善配套政策措施，定期开展规划实施情况督促检查和跟踪评估，确保项目落地、工作落实。进一步加大宣传力度，营造两湖区域开发良好氛围。建立健全目标绩效考核评价体系，将两湖区域开发目标任务纳入考评体系。

（二）注重规划引导

在明确两湖区域发展战略的基础上，按照多规融合的思路，加快启动两湖区域控制性详细规划，涵盖产业发展规划、空间布局规划及相关道路、水系、管网等专项规划内容，完善发展规划、空间规划、专项规划体系。同时，在两湖区域率先划定生态保护红线、永久基本农田和城乡开发边界三条控制线，科学划分城镇空间、农业空间和生态空间，强化空间用途管制。以空间规划为统领，提高空间利用效率和行政效能。

（三）提升政府服务能力

加快建立一口受理、综合审批、限期办理、高效运作的审批模式，加快推进行政审批制度改革、"四张清单一张网"改革。先期将各部门行政审批职能集中到单位内设的一个机构，再逐步将所有行政审批职能全部集中于行政审批事务局。大力推进电子政务，拓展完善网上办事大厅。加快推进两湖区域网上办事大厅全覆盖，逐步实现全部行政审批事项、全部社会服务事项具备网上办理条件。建立行政权力清单制度，提高行政权力运行透明度。创新收费监管方式，加强事中事后监管，取消收费许可证核发。加大清费减负力度，实行收费目录清单管理、动态调整。健全行政效能监察（绩效）考核体系，建立多元问责机制，促进行政机关勤政廉政建设。完善对行政权力的多元监督机制，充分发挥社会力量的监督作用，特别注重手机、移动互联网等现代信息手段在权力监督中的运用。

专栏1-17 政务服务优化提升

借鉴其他地区行政审批制度改革经验，结合"放管服"改革，以系统联通促进跨部门业务协同为基础，以数据共享助力政务流程优化为重点，加快推进"互联网+政务服务"工作。以"四张清单一张网"改革为引领，加快建设电子政务"一朵云"、政务服务"一张网"、网上办事"一站通"，强化市—区—乡镇统一架构、三级联动的政务服务网建设，形成全市事项清单统一发布、网上服务一站汇聚、数据资源集中共享的"互联网+政务服务"体系。加快制定提升营商环境的工作方案，把政府管理融入服务之中，提高两湖区域吸引力。

（四）创新人才政策

坚持"不求所有，但求所用"的原则，以大项目为依托，进一步打破户籍、地域、身份、档案、人事关系等人才流动中的制约，采取智力引进、智力借入、业余兼职、人才创业、人才派遣等多种途径，引进各类急需人才。实施人才援助和紧缺人才培养行动，开展大健康产业创新创业扶持计划，加强相关领域人才培养。实施行业领军人物、学术技术带头人等高层次人才培养计划。促进校企合作办学，鼓励社会资本举办职业院校和培训机构。扶持发展各类志愿服务组织，为志愿者提供专业职业技能培训，逐步提高志愿者服务能力。

专栏1-18 健康服务人才培养和引进

支持高等院校和职业院校增设老年服务管理、医疗保健、护理康复、营养配餐、心理咨询等健康养老相关专业和课程，重点支持建设一批服务健康养老事业的示范专业。加强与国内外科研院校的合作，引进和培养一批掌握健康养老服务领域先进管理经验和技术的专业人才。加强复合型人才培养，鼓励社会资本举办职业院校。加强针对健康医疗服务机构相关服务人员的业务培训和语言培训，完善职业培训补贴政策。

（五）加强用地保障

在城乡规划、土地利用总体规划和年度用地计划编制或修编中，统筹考虑产业发展需要，逐步扩大产业用地供给，优先保障非营利性机构用地。在符合土地利用总体规划和城乡规划条件下,鼓励盘活存量土地用于产业设施建设,鼓励以出租或先租后让供应使用土地,支持利用以划拨方式取得的存量房产和原有土地兴办企业,土地用途和使用权人可暂不变更。健康服务业用地在不违背相关法律、法规和政策的前提下,可参照养老服务业的政策执行。

四、加强与国家战略政策对接

研究国家、河南省相关重大战略部署与政策安排,积极融入对接上级发展战略,争取相关政策支持,确保两湖区域开发建设与国家和省的发展战略保持一致,为两湖区域开发建设提供长效政策保障。

(一)实施淮河生态经济带规划

按照淮河生态经济带发展规划各项工作部署,发挥两湖区域作为淮河上游重点功能区的载体功能,全面对接落实规划战略与政策安排。一是着眼打造绿色生态屏障,不断提高两湖区域提供优质生态产品的能力,打通"茶山绿水"向"金山银山"的转换通道,构建两湖区域现代化生态经济体系。二是加快出山店在建水库建设,在完成主体工程的基础上,积极推动附属配套工程和产业项目开发建设。三是着眼促进产业转型升级,培育新经济增长点,以两湖区域为重要载体和示范,支撑信阳建设健康产业示范区。四是支持信阳建设全国重要文化旅游目的地,加强信阳出山店水库、南湾水库等文化景观和生态资源保护,打造生态旅游区、休闲度假区,建设一批山水文化主题公园。加快推动信阳两湖区域规划建设成为淮河源生态旅游体验地。

(二)全面实施乡村振兴战略

深入贯彻党的十九大关于"实施乡村振兴战略"部署和《中共中央 国务院关于实施乡村振兴战略的意见》精神,坚持走中国特色社会主义乡村振兴道路,落实国家部委和河南省关于乡村振兴工作的具体要求,积极对接全市乡村振兴战略规划部署,加快研究推动实施一批支撑性工程项目,为全面推动两湖区域乡村振兴开好局。

规划建设"农村产业融合发展示范园"。国家先后发布一系列关于支持农村一、二、三产业融合发展的政策文件,2017年12月30日,国家发改委公布了第一批"国家农村产业融合发展示范园"创建名单。积极推动两湖区域农村产业融合发展示范园区建设,并争取申报下一批次的国家农村产业融合发展示范园。

规划建设"农业主题公园"。贯彻落实农业部《关于大力发展休闲农业的指导意见》,研究规划建设农业主题公园的可行性,重点发展农业生态体验、田园旅游观光、品尝和购置绿色食品、农耕文化传承、田间民俗、摄影基地、渔人码头、运动垂钓等为特色内容的休闲农业活动。

规划建设"田园综合体"。对照财政部《关于开展田园综合体建设试点工作的通知》等相关文件要求,研究规划建设集循环农业、创意农业、农事体验于一体的田园综合体项目,打造成为两湖区域乃至信阳市农业现代化与城乡一体化互促共进的重要支撑和农业农村发展的新动能。

规划打造"美丽乡村风景线"。筛选一批自然生态好、村庄风貌佳、文化底蕴深、具有发展潜力的行政村,对村庄进行景区化改造、对农业产业进行景观化提升、对设施进行旅游化设置、对人文进行体验式发掘,全面开展农村人居环境整治行动,努力打造各具特色、具有示范引领作用的魅力乡村精品示范村。以精品村为支点,以景观带为轴线,串点成线,连线成片,打造美丽乡村风景线,形成"点上出彩、线上成景、面上提升"的两湖特色新型美丽乡村格局。

统筹推进特色小(城)镇规划建设。统筹两湖全域农村农业资源,规划建设一批特色小城镇和农业特色小镇,让特色小(城)镇成为重塑两湖区域城乡关系和促进城乡融合发展的纽带和载体,成为推动乡村振兴发展的重要支撑。

(三) 落实国家生态补偿制度

按照国家关于建立健全生态补偿制度和推动生态补偿工作的各项工作部署要求,强化两湖区域作为淮河上游重点生态功能区的战略地位,积极争取落实国家生态补偿制度安排,积极探索形成纵向生态补偿与横向生态补偿相结合的多元生态补偿模式等。在纵向上,从淮河上游生态环境保护的角度,积极争取国家部门对两湖区域的中央财政专项转移支付的支持,同时努力争取省级配套资金。在横向上,从保护淮河流域水环境治理和水量的角度,积极推动与下游地区建立起横向生态补偿机制,积极探索开展跨多个省份淮河流域上下游横向生态保护补偿试点,为两湖区域生态环境保护提供有力支撑。

(四) 积极创建国家先行先试示范项目

在全面开启新时代现代化建设的阶段,国家层面将继续围绕深化改革、扩大开放和创新驱动等方面及重点领域,积极推动更多具有重要战略意义和价值的先行先试示范工作。两湖区域应按照战略规划的基本导向，立足区域特色和基础条件，主动作为，积极对接，争取在行政管理制度改革、创新创业、幸福产业发展（旅游、健康养生、文化体育、教育培训、养老等）、基础设施投融资、特色小（城）镇建设、乡村振兴发展、土地制度改革、城乡融合发展等相关领域争创先行先试示范点，既是要争取国家层面政策支持，更是要肩负起两湖区域在现代化建设征程中的历史使命。

第八节 实施八大重点工程

围绕近期（2018～2023年）发展目标，服务加快建成国家幸福产业发展示范区、淮河上游绿色发展示范区、"茶山绿水·豫风楚韵"美丽信阳的集中展示区和信阳实施乡村振兴战略的示范区的战略定位，科学规划和有序推进实施一批重大抓手性工程。

（一）择商选资创新工程

编制招商地图。以两湖区域发展中策划的项目为依托，建立招商项目库，提高项目对客商的吸引力。把握关键领域，瞄准重点地区，锁定核心目标，提炼招商卖点，绘制两湖区域招商地图，提高招商引资的精准性、针对性、实效性。编制《两湖区域招商引资项目册》和《两湖区域投资指南》，通过各类招商会向外推介，鼓励投资者参与文化、教育、医疗卫生、中介服务等领域的投资。

运营主体引进和培育。坚持大型养老企业集团引进与本地企业培育并举，积极吸引地产、科教、金融、医疗等国内外知名企业及文化、健康、旅游等领域投资运营商和社会资本到两湖区域，形成一批优势龙头企业和细分行业领军企业。制定龙头企业培育方案，分批次遴选重点企业，建立"一对一"帮扶联系机制。

实行招商项目专家评议。理顺相关投资管理体制，加强招商引资选资的工作力度，建立全过程、全方位服务机制，建立投资项目专家评议制度，增强项目建设的科学性，有效防范项目风险。

（二）幸福产业综合体工程

健康城。以游河幸福康养小镇等重点康养产业项目为引擎，规划建设具有区域影响力、有较高发展品质的康养产业集聚区，适时推动建成产城融合的现代健康城。

科教城。依托信阳师院、信阳学院和职业学校等院校，以二号桥组团为主要空间载体，按照"产、教、城"融合发展的思路，围绕幸福产业集聚创新创意，推动建成科教创新中心。

两湖区域会客厅。在金牛山街道办周边区域推动规划建设综合服务中心，打造成为两湖区域的会客厅和对外宣介的窗口。

特色小镇/特色园区。围绕康养产业、旅游产业、山地和水上体育运动、文化创意产业、教育培训等业态的规划发展，以企业等市场主体为主导，加大招商选择力度，推动规划建设一批 1～3 平方千米大小的功能性特色小镇或大小不一的特色产业园区。

争创国家级 5A 级风景区。统筹两湖区域南湾湖、出山店水库、顾岗水库以及其丰富的自然与人文景观景点，以两湖区域为整体，推动争创成为国家级旅游度假区和 5A 级景区。

（三）乡村振兴发展工程

田园综合体规划建设。参照财政部关于田园综合体建设试点要求，规划建设一批田园综合体项目，促进一、二、三产业融合发展。

争创信阳毛尖茶国家农业公园。突出"茶、果、渔"三大主导产业，将毛尖茶核心产区的董家河镇和浉河港乡及周边车云山、集云山、云雾山等毛尖茶主产区，推动创建为信阳毛尖茶国家农业公园。

美丽乡村风景线建设。依托特色传统村落和品牌村镇优势，结合游河幸福康养小镇、民俗旅游、生态农业观光游、生态茶园游等旅游业发展需要，在环南湾水库中国最美茶乡观光带、沿 107 国道豫风楚韵观光带、沿淮高效农业观光带、环出山店水库生态农业观光带，创建一批具有豫风楚韵特色的美丽乡村（董家河镇三角山村钱家大湾、三角山村张家湾、董家河镇黄龙寺村围墙湾等）和美丽宜居品牌村镇。

（四）风貌塑造提升工程

山水格局风貌保护。修复和美化山水景观面貌，控制两湖区域内乡镇村开发强度，拆除重要景观视廊内的阻隔建筑及构筑物，对影响生态环境有影响的乡村进行有序安置，提高山水格局的整体感知度，优化山水生态环境。保护传统乡镇的空间肌理，延续街巷空间格局，传承村镇发展肌理，村镇修复及优化，注重绿色低碳，通过建筑样式、建筑高度、建筑材料、建筑色彩等控制手法，塑造具有人文底蕴深厚的古村、古镇。严格保护历史文化遗产遗迹，对遗产遗迹进行修复、复建，成为两湖区域对外展示的重要公共空间。

风貌规划设计。按照总体风貌设计，根据场地特点，分库区/湖区、镇区、景区、园区（茶园/农业休闲园）、乡村/村落、生态廊道、重要节点等进行风貌分类规划设计，营造两湖区域特色风貌空间，通过对建筑、景观方面的控制引导，实现对两湖区域在空间协调性、风貌整体性、文脉延续性等方面的管控和指导。

（五）品牌营销推广工程

品牌体系构建。塑造和推广两湖区域"一杯茶香、三湖水韵"为主题特色的旅游目的地品牌形象，将两湖茶乡山水、美味佳肴、休闲胜地的天然优势转化为品牌优势。系统推动构建以旅游品牌为龙头，以健康养生养老、茶叶、文化等为主要内容和支撑的品牌体系。

营销宣介平台搭建。充分利用茶叶节、文化体育节、旅游节等各类活动平台作用，积极举办产品博览会、幸福产业发展论坛等活动。谋划和搭建一批具有两湖区域特色营销宣介平台。加强与国内外著名健康产业园以及旅游、体育、文化等众多平台的产品合作、客源共享，深度开发高铁沿线休闲康养市场，提升休闲康养的美誉度和吸引力。打破传统营销模式的局限，通过微博、微信、微电影、官方网站、手机应用App、游客虚拟旅游体验平台等新媒体平台进行营销推广，及时推送两湖区域旅游相关信息，实现营销网络全覆盖。

市场营销推广。积极利用互联网、电影电视广播等多种渠道，广泛宣传两湖区域生态绿色、健康养生、休闲度假等资源，定点到周边区域以及国内大城市开展宣传活动。创新营销方式方法，实现传统模式与新兴模式、线上营销与线下营销、全面营销与精准营销相结合，放大宣传效应，扩大营销效果，积极开拓国内和境外度假市场，配合省旅游局、信阳市旅游局在中央电视台等主流媒体投放两湖区域旅游形象广告。信阳本地新闻媒体每年免费刊播一定数量的两湖文化旅游公益宣传广告。在京广高铁和宁西高铁（规划）投放两湖旅游宣传材料和视频，制作《一杯茶香、三湖水韵》宣传小册子在全市和周边地市星级以上宾馆投放，在市区主要街道、繁华路段、公园广场等人流密集的地方，免费提供场地用于设立旅游宣传栏、指示牌、大型旅游公益宣传广告牌等，推动营销广告实现全覆盖。进一步完善两湖区域智慧旅游平台服务功能，促进与携程网等旅游门户网站合作，及时发布旅游动态信息，拓展渠道，打响旅游品牌。

开展大型营销活动。精心策划、组织有重大影响的旅游节庆活动。重点办好淮河风情文化旅游节、红色旅游文化节、文化艺术节等富有地域特点和鲜明历史文化特色的节会活动，培育节会品牌。积极申办、组织各种会展、文化、体育、经贸等活动。吸引媒体聚焦两湖，提高两湖的知名度和影响力。全面提升信阳全国自行车公开赛层次，对接环中国国际公路自行车赛，联合打造环大别山革命老区国际自行车公开赛；办好河南省三山同登等品牌赛事；每年承办2～3场具有较高影响力的国际国内重要体育赛事或职业联赛。策划"两湖摄影大赛"、"两湖杯马拉松比赛"、"两湖诗会"、艺术展览、骑行活动或有着浓郁信阳地方特色的节庆活动，提升两湖区域旅游的知名度和影响力。

（六）土地优化整理工程

土地类型清查。以两湖区域规划编制为契机，结合"多规融合"编制要求和两湖区域实际，开展土地类型清查工作，妥善解决国土利用中存在的生态公益林、黄缘闭壳龟自然保护区、茶园、建设用地、耕地等差异图斑问题，弄清"一张蓝图"的本底，为共同绘制一张发展蓝图提供准确翔实的基础支撑。

建设用地整理。结合两湖区域的功能定位和发展导向，在摸清土地利用现状的基础上，按照土地利用规划调整要求和节约集约的用地理念，依规对当前分布零散的建设用地斑块进行合理调整，同时考虑两湖区域的未利用地、工矿废弃地、村庄整理富裕用地、信阳市、浉河区、平桥区以及相关乡镇预留发展用地，通过建设用地整理，形成相对集中连片的建设用地，为两湖区域发展提供用地支撑。

土地利用规划调整。按照生产空间集约高效、生活空间宜居适度、生态空间山清水秀的要求，依规对土地利用总体规划与土地整理专项规划进行合理调整，对田、水、路、林、村等开展综合整治，依规调整土地类型比例，优化土地利用结构和生产生活条件，在确保生态用地空间和基本农田空间不减少的前提下，通过空间置换、集约挖潜、盘活废弃地利用等多种手段，不断提高土地利用效率和综合产出率。

（七）美丽两湖建设工程

农业面源污染防治。董家河、浉河、吴家店、平昌关等乡镇，争取实施国家农业面源污染防治示范项目，推广测土配方、高效低毒低残留农药技术，开展病虫害生物防治。对平昌关、吴家店等乡镇限养区内养殖场（小区）粪污进行无害化处理、资源化利用，实现80%以上的畜禽养殖场（小区）配套建设固体废物和污水贮存处理设施。严格控制网箱养殖规模。在十三里桥、董家河、浉河、游河、平昌关、吴家店等乡镇没有条件建设污水处理厂的村庄，因地制宜建设三格化粪池、湿地等简易污水处理设施。

山水林田湖草生态系统建设。开展南湾水库上游董家河、界河及入南湾水库河口湿地、入出山店水库河口湿地生态修复，争取国家湿地可持续利用示范项目。推进国土绿化行动。在董家河、浉河、十三里桥、吴家店、昌平关等丘陵山地乡镇开展生态林业建设，分类促进科学经营、强化森林经营管理、推进混交林培育和林木良种化，提高森林质量。开展南湾湖、出山店水库分水岭生态绿廊、淮河干流两湖段、南湾水库和出山店水库库周公路、G312、G107等道路生态景观林建设。

环保监管能力建设。完善水质省控监测断面自动监测站点、环境空气质量自动监测站，建设出山店水库饮用水源地在线监测系统，推进环境监测站点标准化建设。建立森林与湿地监测站点，田间面源污染定位监测点，监控农田氮磷流失。在两湖区13个乡镇（办）设立环保站（所），配备2~4名环保专干和环保执法人员，实现乡镇环保机构建设全覆盖，落实乡镇生态环保主体责任。加强环境监管执法队伍建设，实现环境监管执法人员持证上岗。

（八）现代设施保障工程

水利设施建设。研究推进实施两湖连通渠建设工程，完善出山店水库下游的甘岸、彭家湾等地农田水网布局，实施河库连通工程，推进水利控制性工程、病险水库水闸、河道整治及堤防加固、水系连通、农田水利建设等淮河上游水生态建设，推进吴家店、平昌关、游河等乡镇高效节水灌溉设施建设。加强淮河干流、浉河、游河等区域骨干河道、其他重要河道和中小河流治理，加强出山店水库周边洼地圩区治理。重点推进南湾湖城市水源地建设和出山店水库城市应急备用水源地建设，继续推进农村饮水安全工程建设，推动金牛、双井、甘岸、彭家湾等街道、中心镇供水与城区联网连片工程。

交通设施建设。畅通主城区向两湖地区放射的四条快速通道，拓展提升通道通行能力。研究论证G107和G312辅路建设的可行性，以及新建工程改线后的具体路线走向，加快推进实施。加快推进新七大道和S224改造升级。实施部分交通堵点的立交化改造。推进信阳西二环（明鸡高速）两湖区域段建设。按照城市次干道标准，改造提升游河—南湾、吴家店—董家河、董家河—浉河港、南湾—十三里桥、游河—甘岸等组团间交通通行能力。推进游河、南湾、董家河等重点组团、重点区域内部断头路和拥堵路段改造。推进 S224 改造升级，推进乡道及进村道路改造升级。规划建设两湖区域公共交通中心、旅客集散中心。开设旅游公交专线、两湖快速公交环线，在南湾风景区、出山店水库风景区等开设绿色微公交网络和水上公交专线。实施彰显豫风楚韵特色的百里绿道建设工程，依托绿道加强沿线节点公共休闲空间建设，适当布局绿地公园、休闲广场等功能设施。

信息设施建设。超前布局下一代互联网（IPv6）、下一代广播电视网建设，实现 4G 深度覆盖和 5G 试点部署。实现城乡重要区域和公共场所无线局域网全覆盖。大力推动光纤到村，加快推进既有小区光纤改造。在南湾高教科创功能区，引入大数据中心和云计算平台，探索发展互联网数据中心（IDC）、呼叫中心等平台。率先推动在水资源管理、水利工程设施运行等领域智慧应用，推进城市管理基础数据库、智能监控识别数据平台、城市综合管理服务平台建设。

能源设施建设。加快输电通道和区域内重点输变电新、扩建及增容改造步伐，推进金牛、游河 220 千伏输变电建改升级工程，加快实施架空线网入地改造工程。加强风能、太阳能、地热能、生物质能等可再生能源、清洁能源开发和综合利用，适度发展分布式能源系统。积极推进煤改气工程，以游河、董家河、甘岸为重点，新建 2 座天然气门站，加快实现全域天然气进社区、进厂区、进村入户，形成内外联通、多源保障、统一调配的天然气供应网络。

总体空间布局图、三类空间布局图、产业招商指引图、污水处理设施布局图见本书附录。

第二章 信阳两湖区域发展现状与所处的外部环境

从两湖区域基本概况出发,从区位条件、生态状况、经济基础等方面进行了分析;从空间布局、发展战略、防洪和生态安全的角度梳理了两湖区域与信阳市、河南省、淮河的关系;认为两湖区域发展有利于生态优势转化为发展优势,有助于推动信阳高质量发展,有助于提升茶文化,有助于提升信阳城市品位。中国特色社会主义进入新时代,两湖区域发展面临诸多机遇,不仅契合生态文明建设、主体功能区、淮河生态经济带等国家重大战略,并且符合消费结构升级导向,区位交通条件正日益改善。与此同时,两湖区域也面临周边同质竞争、地方财力有限、生态环境脆弱、体制机制不顺等制约挑战。总体来看,两湖区域要严格控制开发强度,重点发展绿色产业,在开发过程中注重规划先行,衔接重大国家政策,积极对接外部资源。

第一节 区域基本概况

信阳地处华中豫南,大别北麓,长淮之源,历史上饱受淮河洪涝灾害之苦。新中国成立以后,为治理淮河、发展水利,国家在信阳城区西南 5 千米处修建了首批大型治淮骨干工程——南湾水库。经过多年的经济社会发展,水库已在原有防洪、灌溉、水产养殖功能基础上发展成为集城市工业与生活供水、水利旅游等综合利用的大型水利工程。南湾水库,似一粒璀璨的明珠,点缀在大山之中,青山绿水,风光无限,被誉为"中原第一湖",是驰名中外的信阳毛尖茶和屡获殊荣、肉质鲜美无比的南湾鱼的原产地,也是著名的国家 4A 级景区和国家森林公园,正逐渐成为城区的核心组团。

与南湾水库同期设计的出山店水库,位于信阳市区西北 15 千米,是淮河上游干流大型控制性水利枢纽工程,曾于 1959 年、1970 年两度开工建设,但先后因三年自然灾害和资金等问题而停建。2015 年,中央在全面建设小康社会的关键时期挂念信阳老区人民,批准开工兴建出山店水库,库容 12.7 亿立方米,2019 年正式下闸蓄水。出山店水库建成使信阳市区西部 15 千米内有总库容近 30 亿立方米的两个大湖,这在我国 679 个建制市中是唯一和绝无仅有的,信阳进入一城两大湖时代。

信阳市两湖区域以南湾水库、出山店水库为核心,主要包括与两湖联系紧密的浉河区、平桥区的 14 个乡镇、办事处、管理区(包括吴家店镇、游河乡、十三里桥乡、甘岸办事处、南湾办事处、贤山街道、双井办事处、金牛山街道、国际家居产业小镇办事处、北湖管理区全域,以及平昌关、董家河、浉河港部分区域①),规划面积达 1118 平方千米,2016 年户籍总人口 38.60 万人,分别占全市的 6.4% 和 6.0%,如表 2-1 所示。

表 2-1　　　　　　两湖区域下辖乡镇经济社会情况(2016 年)

	常住人口(人)	户籍人口(人)	国土面积(平方千米)	城镇化率(%)	地区生产总值(亿元)	地方财政收入(万元)	农民人均可支配收入(元)	规模工业增加值(亿元)	茶园面积(万亩)	茶叶产值(亿元)	森林覆盖率(%)
金牛山街道	52103	18512	22	31.4	11.3	5953	14210	14.6	0.1	0	95
南湾街道	22930	22268	120	74.2	13.4	2235	10996	0.3	0.1	0	47.8
贤山街道	48020	5320	17	2.3	4	312	10996	0	0	0	80
游河乡	35228	55978	139	5.3	10.2	467	13821	3.1	1.5	0	47
董家河镇	32867	43578	251	6	17.4	721	13995	4.2	15.1	30	78

---

① 平昌关、浉河港、董家河共有 21765 户籍人口、206.86 平方千米土地不在两湖区域内,具体如下:平昌关的古城村、庸墩村,8371 人,8.36 平方千米;浉河港的大田、林场、四望山、丰家冲、胡岗村 3832 人,63.4 平方千米;董家河的白马山村、云雾村、塔耳湾村、黄龙寺村、孔畈村、三角山村、集云村,9562 人,135.1 平方千米。

续表

	常住人口（人）	户籍人口（人）	国土面积（平方千米）	城镇化率（%）	地区生产总值（亿元）	地方财政收入（万元）	农民人均可支配收入（元）	规模工业增加值（亿元）	茶园面积（万亩）	茶叶产值（亿元）	森林覆盖率（%）
十三里桥乡	33958	35754	102	5.5	10.5	494	12970	4	2.6	4	69
浉河港镇	31320	30524	306	5	10.3	535	15320	2.3	19.4	17	0.8
平昌关镇	46835	72054	133	8.2	13.3	355	11835	1.1	0	0	19
吴家店镇	45753	55525	150	6.9	11.9	412	13063	1.6	4.4	8	59.8
彭家湾乡	14048	22825	52	0	4.3	290	11866	0	0	0	14
双井街道	13410	12709	38	6	6.7	379	10830	1.1	0	0	22.5
甘岸街道	27450	21950	46	0	9.7	623	8197	0.4	0	0	13
家居小镇	1413	1408	4	0	0	1.2	3200	0	—	—	30
北湖办事处	3520	9348	31	0	0.6	—	8560	—	—	—	72
合计	408855	407753	1410	12.1	123.5	12777	12767	32.8	43.1	59	41.5

资料来源：信阳市统计局、各乡镇。

按照2016年14个乡镇全域数据统计，两湖区域常住人口40.88万人，实现地区生产总值124亿元；规模企业85家，规模工业增加值32.8亿元，规模工业增加值占全市的5.4%；茶园面积43.1万亩，茶叶产量1.27万吨，茶叶产值59.3亿元，分别占全市的20.4%、21.4%、58.9%；森林覆盖率41.5%，高于全市5.4个百分点；道路长度1661千米，人均道路长度4.06米，略高于全市的3.42米；拥有水面13.38万亩。

一、地处淮河上游地区,是我国南北气候和文化过渡带

信阳两湖区域位于河南省最南部,大别山北麓,地跨淮河两岸,距离淮河发源地桐柏山约 100 千米,属于淮河上游地区。两湖区域河流众多,均属淮河水系,主要有浉河及其支流三里店河、十三里河(又称界河)、东双河、新申河、黑泥沟及其支流青龙沟、棉麻沟及平西沟、电西沟等。

两湖区域地处我国南北气候过渡带。出山店水库以北属暖温带半湿润区,以南属北亚热带湿润区,从北部到南部,地形从平原过渡到丘陵再到山地,气候逐渐湿润,雨水也越来越多。区域内的南湾风景区,平均降雨量 1100 毫米,年平均相对湿度 77%,年平均气温约 15.1℃,冬天日平均气温低于 0℃ 的日数年平均 30 天左右。两湖区域山清水秀、雨水充沛、四季分明,林茂粮丰,是"北国江南,江南北国"。

两湖区域还是我国南北文化过渡带,楚豫文化在此交融、发展,形成了特色鲜明的淮河文化,既有北国的热情与豪爽,也有江南的细腻与简约,黑瓦白壁,小桥流水,梯田牧野。两湖区域文化底蕴深厚,附近的城阳城遗址曾为楚国的都城,是"亡羊补牢"等历史典故的发生地,我国第一颗人造地球卫星翱翔太空时播放的《东方红》乐曲就是用这里出土的编钟演奏的;这里是孔子周游列国的途经地,是三国名将魏延、明代"前七子"领袖何景明、受到毛主席称赞的"状王"宋士杰等众多历史名人的诞生地。

二、拥有南湾、出山店两大水库,是全市重要水源地

信阳两湖区域水资源丰富,境内拥有两座大 I 型水库(南湾水库、出山店水库),一座中型水库(顾岗水库),多座小型水库(海营、田冲、刘湾等)及大量坑、塘,两湖区域肩负着保障全市供水安全和防洪安全的重要任务,如表 2-2 所示。

南湾水库是信阳城区百万人民的饮用水源地,设计年供水量 1.4 万立方米/年,是一座以防洪、灌溉、城市供水为主,兼顾水产养殖、发电、旅游、航运等综合利用的大(Ⅰ)型水库。水库位于淮河一级支流浉河上游,坝址距信阳市区中心 5 平方千米,控制流域面积 1100 平方千米,占浉河流域面积 2070 平方千米的 53%,多年平均降雨量 1243 毫米,多年平均来水量 4.60 亿立方米,南湾水库

原按百年一遇洪水设计，万年一遇洪水校核。水库现有防洪标准为万年一遇，相应库容13.55亿立方米。水库正常蓄水位103.50米，相应库容6.70亿立方米，相应水面面积80平方千米。水电站安装4台水轮发电机组，装机容量6800千瓦，年均发电量1500万度。灌区设计灌溉面积112.4万亩；目前年城市供水6000万立方米；年捕捞鲜鱼200万斤。

表2-2　　　　　　　　两湖区域内主要水库情况　　　　　　单位：亿立方米

水库名称	等级	防洪标准	总库容（亿立方米）	主要功能	次要功能
南湾水库	大Ⅰ	万年	13.55	防洪、灌溉、城市供水	水产养殖、发电、旅游、航运
出山店水库	大Ⅰ	万年	12.51	防洪	灌溉、供水、发电
顾岗水库	中型	千年	0.15	防洪、灌溉	水产养殖、旅游

资料来源：信阳市水利局。

出山店水库位于淮河干流上游，是历次淮河流域规划中列为淮干上游的唯一一座防洪控制性工程，2015年8月主体工程开工，工期48个月，总投资98.7亿元，是河南省新中国成立以来单体投资最大的水利工程。坝址距信阳市以西约15千米，是以防洪为主，兼有灌溉、供水发电功能的大（Ⅰ）型水库，规划控制流域面积2900平方千米，总库容12.51亿立方米。出山店水库水面开阔，周边地形平坦，主要发展以开阔型水面为代表的亲水旅游、以祝佛寺为代表的宗教旅游、以周边丰富的农田村舍为代表的田园旅游，见水并近水。

顾岗水库位于信阳市羊山新区北湖管理区顾岗村，处在淮河右岸一级支流洋河支沟小洪河上，1970年冬动工，1979年4月建成蓄水，坝址距信阳市区中心8千米，控制流域面积21.5平方千米，多年平均降雨量1140毫米，多年平均来水量969万立方米，是一座以防洪、灌溉为主，兼有水产养殖、旅游等综合功能的中型水库。现有防洪标准为千年一遇，相应库容1456万立方米。灌区设计灌溉面积2万亩，水库年产鲜鱼50万斤。

三、生态用地比重高，不适合高强度开发

当前，信阳市正在推进生态保护红线划定工作，划定范围由生态功能极重要

区和极敏感区、国家级和省级自然保护区等7类国家级和省级禁止开发区、国家一级公益林等2类其他各类保护地构成。从两湖区域初步划定的生态红线看，生态红线面积总计413.39平方千米，占两湖区域面积的36.95%。生态红线区与信阳市两湖区域的潜在发展区域存在一定的空间重叠。主要表现在三个方面：一是与两湖区域开发利用条件较好，可集中建设区存在空间冲突，包括十三里桥乡、南湾乡、董家河镇部分区域，面积8.01平方千米；二是与两湖之间发展潜力较大，可作为发展预留区存在空间冲突，包括游河乡7个村和董家河镇1个村，面积19.25平方千米；三是与信阳市城市规划控制范围存在空间冲突，包括金牛山街道、双井街道、南湾乡、十三里桥部分区域，面积28.35平方千米。

从两湖区域用地现状看，区域内水库水面和坑塘水面面积较大，分别为78.03平方千米和56.50平方千米，加上河流水面和内陆滩涂面积，总的湿地面积达到了194.3平方千米。旱地是除水田和茶园之外面积最大的农用地，面积达52.98平方千米，水浇地和设施农用地在研究区内数量不多。区域内其他草地和果园也有较多分布，其他土地利用类型面积很少。经过土地调整后，两湖之间地块的基本农田已被调出，但总体来看，整个两湖区域的林地、耕地等生态用地的比重仍然较高，茶园面积大。

从两湖区域自然条件看，西部、西南部为山区、丘陵区，北部为平原。山丘区面积约占总面积的1/3，平原面积约占总面积的2/3。森林覆盖率达到41.5%。南湾湖区域范围内共有林地面积61227.72公顷，其中国家级公益林23546.3公顷，省级公益林15703公顷，森林覆盖率达到95.6%；出山店水库区域范围内共有林地面积15388公顷，其中国家公益林面积385公顷，省级公益林4551公顷，森林覆盖率38.9%；北湖区域范围内有林地2459公顷，森林覆盖率16.95%。总体来看，两湖区域生态用地比重高，并不适合高强度开发，要在充分保护生态环境的前提下，走集约型开发的适度开发道路。

四、与主城区、高新区呈现生态—生活—生产布局，需注重开发时序

信阳老城区沿着浉河扩展，西北—东南呈条带状分布，面积狭小，市政、交通、教育、经济等都面临着发展困境，不能很好地满足城市经济发展的需要，向外拓展是城市发展大势所趋。从地形因素看，老城区南部地势起伏变化大，西有南湾水库，均不适合城区扩展。城东北部虽有起伏的山冈，但多数坡度在10度以下且地域面积广阔，地形条件适合城市建设。从行政因素看，老城区与市属各县的交通联系方向主要朝向东部，城市向东发展，顺应了区位关系，有利于市属

各县的联系。地形因素和行政因素共同决定了信阳城市的发展重点是主城区以北的羊山新区和以东的高新技术产业开发区。

两湖区域在主城区的西北部,与主城区、高新区自西向东呈现生态—生活—生产的空间格局,总体处于城市拓展方向的反面。2016年,两湖区域下辖的14个乡镇常住人口城镇化率仅为12%,常住人口密度321人/平方千米,不但远低于中心城区建成区9225人/平方千米的人口密度,甚至低于全市平均水平(341人/平方千米的人口密度),属于典型的城市郊区,在开发时要注重与城东的相互协调。

五、农业比重较高,经济上有待进一步发展

从产业上看,两湖区域农业比重较高。彭家湾、平昌关、浉河港、双井、家居小镇等乡镇一产比重均超过30%,吴家店、游河也在20%以上。依托植被、水资源资源优势,两湖区域建立了平昌生态莲藕、沿淮蔬菜、华湘红提等农业基地,形成了莲藕、花生、红提、葡萄、葡萄酒、陆地蔬菜、设施蔬菜、红薯制品、蘑菇、"淮河翠"系列农副产品等特色农产品。甘岸大米、世中薯业、特帮农业等农业龙头企业不断壮大。

两湖区域是信阳毛尖的主产区,现拥有茶园43.1万亩,2016年茶叶产量12735.2吨,实现产值59.3亿元,分别占全市的20.4%、21.4%和58.9%。龙头企业龙潭、文新、广义三家企业跻身全国茶企百强,"广义"牌商标成为中国驰名商标,"文新"毛尖被指定为上合组织成员国总理第十四次会议唯一用茶,浉河港镇联农茶叶合作社成为"全国百家合作社百个优质农产品"品牌榜全市唯一上榜品牌,如表2-3所示。

表2-3 两湖区域茶叶种植情况(2016年)

区域及比重	茶园面积(万亩)	茶叶产量(吨)	茶叶产值(亿元)	茶产业就业人数(人)
两湖区域	43.1	12735	59.3	27262.7
信阳	210.8	59500	100.8	1200000
两湖占全市比重(%)	20.4	21.4	58.9	2.3

资料来源:信阳市统计局、各乡镇。

从经济发展水平看,2016年两湖区域人均GDP达到30214元,低于31570

元的全市水平；地方财政收入1.28亿元，人均财政收入313元，仅为全市水平的16%；农民人均可支配收入12767元，虽然高于全市的10651元，但远低于市辖区城镇居民23604元的收入水平。总体来看，两湖区域发展水平落后于全市，经济上有待进一步发展，如表2-4所示。

表2-4　　　　　　　　两湖区域经济发展情况（2016年）

区域	城镇化率（%）	人均GDP（元）	人均财政收入（元）	农村人均可支配收入（元）
两湖区域	12.13	30214	313	12767
信阳市	44.42	31570	1980	10651

资料来源：信阳市统计局、各乡镇。

第二节　规划基础

梳理两湖区域与信阳市城市总体规划、信阳黄缘闭壳龟自然保护区、信阳城乡一体化示范区、南湾、出山店风景名胜区规划、羊山新区规划的关系，对相关规划涉及两湖区域的面积进行统计，涉及的功能定位进行总结。

一、信阳市城市总体规划

信阳市城市总体规划（2015~2030年）划定了信阳中心城区的城市开发边界，向西控制在南湾湖管理区山体边缘，向东控制在信阳市区和罗山县交界，向北到国际家居小镇，向南控制到东双河镇区。其中，两湖区域内信阳市城市规划控制区面积188.11平方千米，占两湖区域面积的16.81%。范围涉及7个乡镇32个村，如表2-5所示。

表2-5　　　　　两湖区域与信阳市城市规划控制区重叠的区域

涉及乡镇	涉及村
贤山街道办	肖家河村、贤山村
双井街道办	黄湾村、冯湾村、双井村、五纪村、顾洼村及何寨村部分区域
彭家湾乡	金河村、高庙村、张岗村、李岗寺村、彭湾村及朱岗村大部分区域

续表

涉及乡镇	涉及村
南湾乡	松树坦村、二号桥村、郑家冲村、石山咀村及南湾村、谭庙村、地区林场部分区域
金牛山街道办	十里河总场、十八里村、和孝营、飧堂村
家居小镇	前楼村、董岗村、苏庙村
北湖管理区	顾岗村、仓房村、石子岗村、周湾村

（一）中心城区功能分区

信阳市城市总体规划（2015～2030年）将中心城区分为生活服务、创意研发、产业集聚、休闲宜居四类片区，涉及两湖区域的主要是南湾休闲宜居片区和产业集聚片区。

南湾休闲宜居片区：以休闲娱乐、科研创新、高品质居住职能为主。严格保护南湾风景名胜区及自然山体，控制组团内部多条山水廊道，控制城市开发强度，减少建成区对自然环境影响。完善片区内以休闲娱乐、科研创新为主的城市公共服务设施配套建设。

产业集聚片区：以工业生产和配套居住为主要职能。其中金牛物流片区和金牛物流北片区承担全市物流配送和商贸批发的功能，集中布局仓储物流和商业用地，适当配置工业、居住用地，实现以物流、批发为主的综合发展。家居小镇片区则以工业生产为主要职能，兼有商务服务、物流仓储、生活配套等职能。

（二）小城镇发展指引

信阳市城市总体规划（2015～2030年）在小城镇发展指引中划分了综合镇、农工型、农贸型、旅游型四类城镇，并对信阳市15个小城镇进行了职能划分。涉及两湖区域的共有董家河、双井、吴家店、平昌关、甘岸街道办、十三里桥、浉河港7个乡镇，如表2-6所示。

表 2-6　　　信阳市城市总体规划（2015~2030 年）对两湖区域
内部分乡镇的功能定位

城镇名称	职能类型	城镇主要职能
董家河镇	综合镇	积极引导发展和强化城镇的区域综合服务功能，完善各项基础设施及公共服务设施配套，使城镇成为与其等级相适应的一定区域的政治、经济和文化中心，在此基础上形成城镇的特色，限制发展与城镇特色有冲突的职能
双井办事处	农工型城镇	利用良好的区位条件，加快特色产业集聚发展，发展工业、商贸业和相关服务业，完善城镇功能
吴家店镇	农贸型城镇	依托农业资源，发展农副产品加工和集市贸易，完善一般农村基础服务，城镇发展应注重可持续发展并维护生态平衡
平昌关 甘岸办事处 十三里桥 浉河港	旅游型城镇	依托周边旅游资源优势，积极培育和发展旅游职能，完善旅游服务设施，适度控制人口规模，引导人口从生态敏感地区外迁

二、信阳城乡一体化示范区规划

信阳市城乡一体化示范区空间范围北起淮河南岸，南至羊山新区南边界，西至出山店水库大坝，东至京广高铁、羊山新区东边界，规划面积约 187 平方千米，主要涉及羊山新区全部、双井办事处和游河乡、彭家湾乡部分行政村，共 29 个行政村（居委会）。其中两湖区域内城乡一体化区面积共计 135.61 平方千米，占两湖区域面积的 12.12%，涉及 6 个乡镇 24 个村，具体如表 2-7 所示。

表 2-7　　　两湖区域与信阳城乡一体化示范区重叠的区域

涉及乡镇	涉及村
游河乡	三官村、出山店村、孔畈村
双井街道办	冯湾村、五纪村、顾洼村、何寨村全部以及黄湾村和双井村部分
彭家湾乡	金河村、高庙村、李岗寺村、朱岗村、彭湾村和浉河飞地
金牛山街道办	十河里总场和十八里村少部区域
家居小镇	前楼村、董岗村全部及苏庙村少部区域
北湖管理区	顾岗村、仓房村、石子岗村全部及周湾村部分区域

（一）总体定位

根据河南省政府批复的《信阳市城乡一体化示范区建设总体方案》总体要求，将信阳市城乡一体化示范区总体定位为：现代产城融合示范区、生态文明建设样板区、现代化复合型功能区、城乡统筹发展先行区、现代商贸物流基地、健康休闲旅游基地。

（二）空间布局

以促进"三生空间"协调发展为指导思想，按照"绿色基底、轴带拓展、有机聚合、玉珠相生"的发展理念，构建"一心、两轴、五区、多点"的空间布局结构，提出打造休闲旅游、现代农业、工业物流、商贸文化、综合服务五大片区，除综合服务区外，对两湖区域均有涉及，如表2-8所示。

表2-8　　信阳城乡一体化示范区的五大片区涉及的两湖区域

片区名称	发展定位	涉及两湖区域
休闲旅游区	健康休闲旅游基地	游河、双井
现代农业区	现代农业示范基地	彭家湾乡何湾水库、倪湾水库、姚冲水库周边
工业物流区	家居制造业基地、仓储物流基地	彭家湾、家居小镇
商贸文化区	信阳市北部生态绿心、职教中心、创意研发中心、商贸中心	北湖周边区域
综合服务区	信阳市行政文化中心、商业服务中心	无

（三）产业发展

构建"1+3+4"产业体系。"1"：一个基础产业，指现代农业。"3"：三大主导产业，指家居产业、旅游业和茶产业。"4"：四大重点培育产业，指商务服务产业、商贸服务产业、现代物流产业、文化会展产业。其中农业、家居产业、旅游业、现代物流业涉及两湖区域内的部分区域，如表2-9所示。

表 2-9　信阳市城乡一体化示范区产业发展对两湖区域内部分区域的功能定位

产业体系	产业	涉及两湖区域
基础产业	农业	双井街道办的冯湾村、顾洼村发展蔬菜和水果种植,何寨村发展有机蔬菜和水稻种植,彭家湾乡的李岗寺村发展花卉苗木种植和观光农业
三大主导产业	家居产业	以家居小镇为载体,重点发展家居制造设计、家居展示、家居成品销售、物流仓储以及相关商贸服务等多种产业,打造综合型现代家居产业园
三大主导产业	旅游业	双井西汐湖发展健康养生旅游。彭家湾乡发展文化旅游。游河新城发展山水休闲游
三大主导产业	茶产业	无
四大重点培育产业	商务服务	无
四大重点培育产业	商贸服务	无
四大重点培育产业	现代物流	家居产业园配套物流片区,积极发展农村电商,促进农产品物流业发展
四大重点培育产业	文化会展	无

(四) 特色村发展指引

结合现有村庄特色资源禀赋条件,充分挖掘优势资源,凸显地域特色资源,按照美丽乡村的建设要求,发展一批能够代表地方特色的村庄,并对两湖区域中的 11 个特色村给予了发展指引,如表 2-10 所示。

表 2-10　信阳市城乡一体化示范区对两湖区域部分村庄指引

村庄类型	发展定位	涉及两湖区域
特色水乡渔村	沿河、环水库周边,依托丰富的水环境优势,以水产养殖为基础,拓展休闲垂钓,全鱼盛宴农家特色体验为主的特色村	彭家湾乡金河村、游河乡出山店村
特色稻香村	以规模化水稻种植为特色,发展稻谷种植体验,稻米收割体验,稻田观光旅游,稻米加工体验,品味香米食府为特色的村庄	彭家湾乡何寨村、双井街道办阜阳村
特色茶道村	以信阳毛尖和信阳红茶为特色,结合山区种植茶叶,进行春茶采摘,茶园观光,炒茶体验,茶道体验,茶产品加工体验等特色项目,发展以茶为特色的特色村庄	双井街道办双井村、顾洼村

续表

村庄类型	发展定位	涉及两湖区域
特色花木村	结合倪湾水库、姚冲水库等花卉苗木种植基础，引进各色花卉苗木品种，发展"三季有花、四季常青"的现代观光农业，以花木观赏为特色村庄	彭家湾乡朱岗村、李岗寺村
特色移民村	结合出山店水库移民安置和精准扶贫移民计划，在出山店村结合美丽乡村建设，发展集移民民俗、生态观光、古树名木保护、人文传承、姓氏文化、康体健身等多功能于一体的移民特色旅游村	游河乡三官村、孔畈村
特色蜜村	结合葡萄种植基地和双低油菜种植基地，不断拓展桃李橘枣等林果种植规模，发展甜食果品采摘，油菜花观赏，花蜜加工，婚纱摄影，甜蜜双人旅游套餐，蜜月度假村等特色项目，建设以甜蜜为主题的特色村庄	双井街道办冯湾村

三、南湾、出山店风景名胜区规划

两湖区域内风景名胜区包括南湾湖风景区和出山店风景区，占两湖区域面积的31.71%。其中南湾湖风景区面积119.46平方千米，范围包括整个南湾湖乡以及贤山街道办；出山店风景区面积235.30平方千米，范围涉及游河乡、吴家店镇、平昌关镇、甘岸街道办、金牛山街道办5个乡镇，50个村。具体如表2-11所示。

表2-11　两湖区域与南湾、出山店风景名胜区重叠的区域

涉及乡镇	涉及村
游河乡	山淮村、张家大湾、老庙村、姜堰村、西新集村全部及三官村、大塘村、游河村、出山店村、孔畈村、卧虎村、高湾村、高台村、李畈村部分区域
吴家店镇	十里村、太阳坡村、杨岗村、王畈村、邓楼村、昌湾村、邱湾村全部及毛寨村、羊山村、吴店村、聂寨村、石板村、湖塘村部分
平昌关镇	高庙村、金河村大部分区域
甘岸街道办	朱庄村、平昌村、刘家湾村、翟寨村、母子河村、清淮村、石桥村、刘集村、灌塘村、蒿林村、李营村、胡寨村、王畈村全部及莲花村、徐湾村、陈店村、杨寨村部分区域
金牛山街道办	孔庄村全部及杨庄村、王庄村、徐堂村部分区域

(一) 南湾风景区分区

南湾湖风景名胜区划分为岛湖景区、千佛塔景区、五云景区、四望山景区等四大景区。其中涉及两湖区域较多的是湖岛景区，千佛塔景区、五云景区也有部分区域与两湖区域重叠，如表2-12所示。

表2-12　　　　南湾风景区规划的分区规划涉及两湖区域内容

景区	景区概况	规划措施	涉及两湖区域
岛湖景区	岛湖景区为整个风景名胜区的核心部分，面积为269.2平方千米。本区是以岛湖风景区的核心载体，南湾湖水库为主体，以水面游览观光为主的景区	1. 严格保护水体环境，避免受到库区内人类活动的各类污染及水体周边的各类污染； 2. 严格保护景区的风景资源和自然生态环境，开发要同周围的自然生态环境相协调，禁止破坏性开发； 3. 搬迁大坝与溢洪道之间的各类建筑（不含发电厂及水利相关设施）； 4. 茶源路南侧、溢洪道北侧的区域规划为景区的基础设施建用地，建设完善的旅游服务设施	岛湖景区基本位于两湖区域以内
千佛塔景区	千佛塔景区以千佛塔及其庙会而闻名，面积81.3平方千米	1. 保护千佛塔及其周边环境，完善该景区尤其是千佛塔附近的旅游配套设施，增加简易服务点，切实满足游客不同阶段的需求； 2. 加强景区的绿化美化工作，加重绿化效果，适当在游览道路两侧增加花灌木和匍匐类植物，适当增加常绿的低矮灌木和松柏类乔木； 3. 建设与之相协调的设施，充实其游览内容，把千佛塔打造成以佛教文化为主的多功能游览区	董家河镇石畈村、楼房村、清塘村
五云景区	五云景区位于景区中部，地形以山地为主，主要以信阳毛尖的最佳品产地而闻名，面积282.3平方千米。该区山峦起伏，气质粗犷，瀑布众多，石怪、云奇	1. 保护景区内的瀑布、怪石及其周边环境，保护五云茶场的种植； 2. 在镇区附近建设专门的"茶史博物馆"，集中介绍中国茶文化，以各种形式向游客展示茶的一般制作工艺； 3. 完善浉河港镇的游客服务配套设施功能，满足该镇直接服务于整个风景名胜区西侧的大部分区域的功能要求	浉河港镇马家畈村、黑龙潭村、白庙村、龙潭村
四望山景区	四望山景区是以红色革命根据地为代表性的景区，面积91.4平方千米。境内大小山峰近百余座，主峰海拔813.1米，平均海拔700米	1. 改善景区对外交通条件，整治、维修现有文物、建筑、基础设施及周边环境； 2. 对景区内的革命遗址进行立碑标记，利用革命文物和遗址对广大游人进行爱国主义教育，增强民族自豪感和凝聚力	无

（二）南湾风景区保护培育

南湾湖风景名胜区作为重要的生态功能区需要加强生态环境保护，并采取分级管理，依据保护对象的价值和级别特征，结合土地利用方式而划分出相应级别。南湾风景保护的分级包括一级保护区、二级保护区、三级保护区等三级内容，对两湖区域均有所涉及，如表2-13所示。

表2-13 南湾风景区规划的保护培育规划涉及两湖区域内容

保护区级别	保护范围	规划措施
一级保护区	南湾水库及外围500米范围内区域	可以安置必需的步行游赏道路和相关设施，严禁建设与风景无关的设施，不得安排旅宿床位，机动交通工具也不得进入。在保护区内，自然资源必须保持其原有风貌，人文资源可酌情设置必要的保护设施和必要的维修，严格控制游客容量等
二级保护区	把水库西侧环湖公路以西的山区除一级保护区以外的区域全部划为二级保护区	可以安排少量的旅宿设施，但必须限制与风景游赏无关的建设，应限制机动交通工具进入。在保护区内，严禁开采山石，并控制游人容量
三级保护区	在风景名胜区范围内，对以上各级保护区以外的地区应划为三级保护区，南湾水库东部一、二级保护区以外的其他区域	有序控制各项建设与设施，并应与风景环境相协调。要提高森林覆盖率，合理利用林业资源，采伐与造林相结合，合理开发旅游服务设施，严禁对景区造成污染的各种生产和活动

（三）南湾风景区游览设施

南湾风景区按旅游服务点、旅游服务村、旅游服务镇和旅游服务市四级配置旅游服务基地。将两湖区域的浉河港镇、董家河镇、南湾办事处定义为旅游服务镇，在浉河港镇、董家河镇集中建设较大规模住宿设施以满足旅游活动需要，南湾办事处的大型接待设施规划建设在溢洪道以北区域及景区外围南湾办事处区内。

（四）出山店风景区总体布局

出山店风景名胜区风貌控制范围东至沪陕高速，西至信阳市市域边界，南至312国道，共800平方千米；风景区规划范围为253平方千米。一环、两带、两心、两片、三区的结构。根据地形地貌、水源保护以及生态保育要求，水库和周边生态脆弱地区以及库区水位淹没范围、基本农田等地区禁止进行任何建设活动；东侧相对适合城镇建设；水库西侧与南侧地形起伏，控制相关建设活动及建设规模。

（五）出山店风景区城镇指引

出山店风景名胜区规划在城镇发展指引中将出山店水库周边划分了中心镇、一般镇——交通集散、一般镇——服务业、一般镇——旅游业四类城镇，并对15个小城镇进行了职能划分。涉及两湖区域的共有甘岸街道办、双井街道办、平昌关、游河、浉河港、南湾、董家河、吴家店8个乡镇，如表2-14所示。

表2-14　　出山店风景区规划对两湖区域内部分乡镇的功能定位

城镇名称	职能类型	城镇主要职能
甘岸街道办	中心镇	旅游业、商贸物流业、工业、农业
双井街道办	一般镇——交通集散	交通集散、农业
平昌关镇	一般镇——交通集散	交通集散、服务业
游河乡	一般镇——服务业	服务业、农业
浉河港乡	一般镇——服务业	服务业、农业
南湾乡	一般镇——服务业	服务业、农业、交通集散
董家河镇	一般镇——服务业	服务业、农业、交通集散
吴家店镇	一般镇——旅游业	旅游度假服务业、交通集散、农业及加工业

四、信阳黄缘闭壳龟省级自然保护区

信阳黄缘闭壳龟省级自然保护区是一个以保护河南省重点水生野生动物黄缘闭壳龟以及其生境、森林生态系统为主的自然保护区。2015年河南省农业厅《关于河南信阳黄缘闭壳龟省级自然保护区功能区调整的复函》进行功能区调整，调整后的保护区总面积109930公顷，保护区跨信阳市浉河、罗山、新县、商城、固始五县区，其中核心区面积为27133公顷，缓冲区面积为26044公顷，实验区面积为56753公顷。

从两湖区域看，信阳黄缘闭壳龟省级自然保护区131.4平方千米，占两湖区域面积的11.74%。其中核心区面积53.84平方千米、实验区面积62.14平方千米、缓冲区面积15.42平方千米，其分布具体如表2-15所示。

表 2-15　　　　两湖区域与信阳黄缘闭壳龟省级自然保护区重叠的区域

	涉及乡镇	涉及村
核心区	浉河港乡	西湾村、桃园村、黄庙村、白云村大部分区域以及夏家冲村、陡坡村、龙潭村和郝家冲村少部分区域
	董家河	清塘村大部及耙过塘村和石畈村少部分区域
实验区	浉河港乡	桃园村部分区域以及夏家冲村少部分区域
	董家河	余庙村、刘湾村、耙过塘村、高岭村、陈湾村全部或绝大部分区域及睡仙桥村、谢畈村和楼畈村部分区域
	南湾乡	二十里桥村、南湾村、谭庙村大部分区域及松树坦村、南湾水库少部分区域
缓冲区	浉河港乡	马家畈村大部分区域以及龙潭村、黑龙潭村少部分区域
	南湾乡	南湾水库极少部分区域

五、羊山新区规划

羊山新区位于信阳市老城区东北部，西起京广铁路，东至京广高铁，南自宁西铁路，北到京广高铁，是市党政军五大家机关办公所在地，是信阳市新的政治、经济、文化和教育中心，成立于 2003 年 6 月，下辖羊山、前进、南京路、龙飞山四个办事处和北湖管理区、家居产业小镇社管办，规划总面积 108 平方千米，现有人口约 24 万人。其中，两湖区域内羊山新区面积 33.17 平方千米，占两湖区域面积的 2.96%。范围涉及 5 个乡镇 16 个村，分别如表 2-16 所示。

表 2-16　　　　两湖区域与羊山新区重叠的区域

涉及乡镇	涉及村
北湖管理区	仓房村、周湾村全部及顾岗村、石子岗村大部分区域
双井街道办	双井街道办、冯湾村、五纪村、顾洼村、何寨村全部以及黄湾村和双井村部分区域
彭家湾乡	高庙村、金河村大部分区域
家居小镇	董岗村极小部分区域
金牛山街道办	十里河总场、十八里村小部分区域

第三节　所处的周边环境

两湖区域是信阳城区的生态源头，契合河南省对信阳市的战略定位，契合河南省的文化、旅游、健康发展战略，是淮河上游重要的生态安全屏障，肩负着保障下游生态安全，调蓄防洪的重要任务。

一、两湖区域与信阳市的关系

从信阳整体层面而言，两湖区域与信阳中心城区、羊山新区自西而东，形成了生态—生活—生产的空间格局。两湖区域的金牛山街道办、北湖管理区、家具小镇、南湾乡、贤山街道办、十三里桥乡等的辖区跨主城区和两湖区域，南湾水库大坝距离信阳市中心仅有 7 千米，出山店水库大坝距离信阳市中心约 15 千米，微观区位条件优越。两湖区域位于淮河和浉河上游，生态良好，环境优越，作为信阳城区的生态源头，为市民提供了难得的生态休憩空间，是信阳市文化、生态优势的集中展示区，其设立可以进一步完善城市功能，并为主城区提供更好的服务。两湖区域要做优生态，植入文化、旅游、休闲和农林要素，打造依托河南、面向全国的"大湖大河生态旅游目的地"，按照全域旅游理念，创建国家级旅游度假区和 5A 级景区，并与紧邻的大别山、桐柏山组成山水联盟，让大湖、大河、大山助力信阳占据中国山水休闲度假旅游的高地，如表 2-17 所示。

表 2-17　　　　　　　　　　信阳市总体规划

城市发展总目标	中心城区发展目标	生态文明策略	宜居城市建设策略
以淮河源、大别山生态保护为重点的中部生态安全屏障	豫鄂皖交界地区重要的交通枢纽，以商贸物流、创新研发、休闲旅游等为主导的区域性中心城市	加强淮河源、大别山国家重要生态功能区建设	实施"山水融城、彰显文化"的发展策略，把信阳建设成为生态宜居、文化深厚的山水田园城市和文化特色城市
以旅游观光、休闲度假和健康养生为支撑的旅游休闲养生目的地	中原经济区以绿色食品、新型建材、电子信息、家居制造等为主导的新兴产业基地	加强风景名胜区、自然保护区、森林公园等生态敏感区保护，保护稀有生物品种	依托山水格局完善城市空间结构，加强滨水绿地建设和山体绿地保护，融青山绿水于城市建设之中

续表

城市发展总目标	中心城区发展目标	生态文明策略	宜居城市建设策略
建设成为公路、铁路、航空、水运方式复合，客运、货运功能协调的区域性综合交通枢纽	以山水特色和地域文化为支撑，生态宜居的山水田园城市	跨区域开展淮河生态经济走廊和大别山区扶贫开发建设，联合打造中部生态安全屏障	传承豫风楚韵的文化特色，加强老城区的空间改造和更新利用，注重城市公共文化空间建设
以地方特色型产业和外来转移型产业为动力的中原经济区新兴增长极		构建资源节约、环境友好的生产方式和消费模式，打造循环经济产业结构	在继承传统中发展新的城市文化，加强城市的特色风貌建设，展现新时期信阳的城市文化特色
以"三化协调"和"四化同步"为核心的中原经济区改革实验区		推动城市"蓝天碧水"工程建设，加强南湾湖等水源地保护力度	

资料来源：信阳市城市总体规划。

二、两湖区域与河南省的关系

两湖区域契合河南省对信阳市的战略定位，契合河南省的文化、旅游、健康发展战略。从战略定位上看，河南省《建设中原城市群实施方案》，把信阳定位为区域交通物流枢纽和山水宜居城市，提出建设桐柏—大别山生态屏障、规划研究宁西高铁，重点发展电商物流、健康休闲等产业。两湖区域山清水秀，生态优势突出，京广、宁西高铁穿境而过；金牛山产业物流集聚区在两湖区域内，可以和实施方案充分衔接。

从文化发展看，河南省十次党代会上提出进一步提升河南在全国发展大局中的地位和作用，建设经济强省，着力打造"三个高地"：奋力建设中西部地区科技创新高地，基本形成内陆开放高地，加快构筑全国重要的文化高地；两湖区域作为我国南北文化过渡带，茶文化、红色文化、淮河文化、山水文化、民间文化等历史自然文化资源丰厚充盈，是构建文化高地的重要载体；河南省《华夏历史文明传承创新区建设方案》提出打造桐柏—大别山红色旅游区，加快信阳城阳城遗址公园建设。两湖区域距离方案中的四望山红色旅游景区仅10千米，距离城阳城遗址公园仅6千米。

从旅游发展看，河南省《"十三五"旅游产业发展规划》支持两湖区域内的南湾湖风景区创建国家生态旅游示范区。河南省《旅游产业转型升级行动方案（2017—2020 年）》支持信阳构建生态豫南旅游协作圈，打造国内知名生态休闲旅游目的地，建设旅游集散中心，提升信阳机场的区域旅游服务功能。两湖区域生态资源突出，旅游资源丰富，距离明港机场仅 20 千米，并可由 107 国道直达。信阳是省会郑州的传统旅游目的地，随着高铁的快速发展两湖区域与省内各地时空距离不断缩短，将为这些城市的市民观光旅游、休闲度假提供更多更好的选择，为两湖区域旅游产业的发展提供巨大的市场空间。

从健康发展看，河南省《"健康中原2030"规划纲要》提出打造健康产业集聚区，支持信阳依托全国自行车公开赛，开发赛事经济，打造中原特色的体育产业品牌。两湖区域位于河南省最南部，空气质量优良、山水资源突出，自然环境和气候条件更接近温暖湿润的南方地区，相比省内城市在发展大健康产业上具有先天优势，信阳全国自行车公开赛在两湖区域内设置了全长 90 千米的环南湾湖公路赛，为打造大健康产业集聚区提供了更多元素支撑，如表 2-18 所示。

表 2-18　　　　　　　　　　河南省战略与两湖区域优势

河南省战略	全省目标	信阳定位	两湖区域优势
河南省建设中原城市群实施方案	全国经济发展新增长极、全国重要先进制造业和现代服务业基地、中西部地区创新创业先行区、内陆地区双向开放新高地和绿色生态发展示范区	城市定位：建设区域交通物流枢纽和山水宜居城市；生态：建设桐柏—大别山生态屏障，水源涵养林和水土保持林，生物多样性保护功能区；交通：推进信阳地区性枢纽建设，规划研究宁西高铁；产业：重点发展食品制造、现代家居、电商物流、健康休闲等产业	山清水秀，生态优势突出；京广、宁西高铁穿境而过；金牛山产业物流集聚区在两湖区域内
河南省十次党代会"三个高地"	中西部地区科技创新高地，内陆开放高地，全国重要的文化高地		茶文化、红色文化、淮河文化、山水文化、民间文化等历史自然文化资源丰厚充盈
河南省华夏历史文明传承创新区建设方案	全球华人根亲文化圣地、中国文化遗产保护传承示范基地、全国重要的文化产业基地、现代文化创新发展新高地、中华文化"走出去"的重要基地	打造桐柏—大别山红色旅游区；加快信阳城阳城遗址公园建设	两湖区域距离四望山红色旅游景区仅10 千米，距离城阳城遗址公园仅 6 千米

续表

河南省战略	全省目标	信阳定位	两湖区域优势
河南省旅游产业转型升级行动方案（2017—2020年）		定位：支持信阳构建生态豫南旅游协作圈，打造国内知名生态休闲旅游目的地；交通：建设旅游集散中心，提升信阳机场的区域旅游服务功能	两湖区域距离明港机场仅20千米，可由G107国道直达
河南省"十三五"旅游产业发展规划		支持信阳南湾湖风景区创建国家生态旅游示范区	南湾湖位于两湖区域内
"健康中原2030"规划纲要	打造健康产业集聚区	依托信阳全国自行车公开赛，开发赛事经济，打造中原特色的体育产业品牌	信阳全国自行车公开赛设置了全长90千米的环南湾湖公路赛
河南省关于加快发展体育产业促进体育消费的实施意见	山水生态资源相对集中的地方要大力发展登山、漂流、攀岩、滑雪、探险、徒步、拓展训练、野外露营、养生等健身休闲产业	支持信阳自行车比赛等本土赛事和活动做大做强，打造一批具有国际国内影响力的体育赛事品牌	两湖区域山水资源突出。两湖区域100千米步道年底前可开工

三、两湖区域与淮河的关系

淮河横贯信阳全境，境内干流长度363.5千米，占千里淮河总长的1/3，两湖区域属于淮河源头，是淮河上游重要的生态安全屏障，肩负着保障下游生态安全，调蓄防洪的重要任务。从生态安全看，经过多年的治理，淮河流域水质逐步从中度污染下降到轻度污染，干流水质总体保持在优，淮河流域河南境内为轻度污染，淮河干流、浉河水质级别为良好。两湖区域在保护生态的条件下推进发展，实现经济发展与资源环境相适应，建立健全最严格的生态环境保护和水资源管理制度，将对下游生态环境产生重要影响，对于保障淮河水功能具有重要意义。

从防洪安全看，淮河干流上游山区是暴雨的发源地，由于降雨集中，洪水来势迅猛，拦蓄能力不足，历史上的淮河上游地区饱受水患之害。出山店水库建成使两湖区域总库容达到30亿立方米左右，大大增强了信阳市的防洪能力，对淮河中游王家坝也有一定的削峰作用，可以减少王家坝以下部分行蓄滞洪区的启用概率，减轻中游的防洪压力并对中游河道整治目标的确定有重要作用。两湖区域保护了淮河干流及支流下游的息县、淮滨、潢川、固始等县的沿淮洼地和安徽省的蒙洼滞洪区，土地面积约220万亩，人口约170万人。

第四节 面临的主要制约

两湖区域也面临着发展不平衡、不充分的问题，部分地区生态保护和环境治理任务较重，地方财力支撑能力较弱，体制机制亟待理顺，同时面临周边毗邻地区竞相发展的严峻挑战。

一、周边地区发展很快，与两湖区域存在竞争

两湖区域与丹江口库区、武当山、大别山等周边地区生态功能相似，都具有较为丰富的山水资源和较为宜人的气候环境，在生态优势转化为发展优势的实现路径存在一定的相似性，产业选择上存在竞争关系。目前，信阳周边提出大健康、大旅游概念的城市较多，其谋划路径主要分为两类：一是以当地中医药文化的全国知名度为核心优势，寻求国家和省级政策支持，打造以中医为主题的康养、旅游产业项目。例如亳州获批国家中医药健康旅游示范区，依托神医华佗的知名度积极发展康体养生、观光游览；南阳获批国家中医药综合改革试验区，依托医圣张仲景的知名度发展中医养生、健康旅游；二是以当地生态资源为核心优势，引入外部西医或中医资源，打造以山水为主题的康养、旅游产业项目。例如黄冈依托白潭湖，引入质子刀特色专科诊疗中心项目，打造复合型医养特色小镇；十堰依托太极湖、丹江口水库、武当山，引入世界抗衰老中心，打造华中地区最大、中国知名的健康旅游产业基地；六安依托万佛湖、佛子岭、响洪甸和大别山，引入中医院，打造国际医疗旅游先行区和大别山湖群国家旅游休闲区。信阳山水资源丰富，其谋划路径更接近第二类，必须引入外部高端医疗资源，在吸引资金、人才、品牌和消费群体上与周边城市存在竞争关系，如表2-19所示。

表2-19　　　　　　　　周边地区发展康养产业概括

	亳州	南阳	六安	黄冈	十堰
名称	亳州中医药示范区	仲景健康城	国际医疗旅游先行区、大别山湖群国家旅游休闲区	白潭湖生态城	华彬健康旅游产业园
政策支持	国家中医药健康旅游示范区	国家中医药综合改革试验区	安徽省中医药健康旅游基地	—	—

续表

	亳州	南阳	六安	黄冈	十堰
核心资源	中医药	中医药	中医药；万佛湖、佛子岭、响洪甸	白潭湖	武当山、太极湖、丹江口水库
主题	观光游览、康体养生、科普教育、娱乐体验	中医养生、中医医疗、中医康复和养老、中医药文化品牌、中医药健康旅游、中药材及其支撑产业、体育健身服务和健康管理	康复理疗、中药养生、康养旅游	大健康、大金融、大文旅	打造华中地区最大、中国知名的健康旅游产业基地
项目	亳药花海休闲观光大世界、康美（华佗）国际中药城、郑店子温泉旅游度假区、华佗小镇、中华药博园、古井中华酒谷	西峡县伏牛山财富庄园养生项目、西峡县老君洞生态养生旅游度假区	霍山县中医院中医药健康旅游医疗服务项目、九仙尊霍山石斛文化谷项目、霍山中升石斛健康旅游示范项目、霍山石斛太平养生谷中医药健康旅游示范项目、大别山国际旅游度假区温泉小镇项目	质子刀特色专科诊疗中心项目、复合型医养特色小镇、澳大利亚宝贝文化主题公园	世界抗衰老中心及医疗会展，配套建设中医药膳、诊疗服务、有机农业、健康养老社区、山地运动公园、旅游酒店等内容组成的大健康园
投资	—	200亿元	—	120亿元	120亿元

资料来源：地方政府网站。

二、信阳地方财力有限，开发资金受限

高起点、高标准推进两湖区域的规划建设离不开雄厚的资金支持，然而当前的开发资金面临至少三方面的制约。第一，市区乡三级财力有限。两湖区域内的14个乡镇2016年地方财政收入仅为1.28亿元，在下发公务员工资后基本只够维持日常管理支出与维护，以乡镇为单元推动两湖区域开发难度较大。信阳市2019年一般公共预算收入为119亿元，而一般公共预算支出高达597.41亿元，属于典型的"吃饭财政"。据不完全统计，全市财政收入高度依赖（70%~80%）房地产开发，在党的十九大强调坚持"房子是用来住的、不是用来炒的"定位下，短期抑制资产泡沫政策将会延续，住房制度改革和长效机制建设将会加快，信阳市能否创新开发模式，摆脱土地财政的老路并保障区域建设的大量资金需求是一项艰巨挑战。第二，2017年全国金融工作会议后，国家为防范系统性和区域性

金融风险，出台了规范地方融资平台、严控地方政府债务增量、规范PPP项目库等一系列举措，对地方投资呈现收紧态势，地方政府举债搞开发的行为将受到明显抑制。第三，在经济下行压力背景下，资金跨区域转移活动整体趋势减弱，区域间招商引资竞争更加激烈，企业对人才、产业配套、制度环境等方面的要求更高，如表2-20所示。

表2-20　　　　　　　　信阳市财政收支情况　　　　　　　单位：亿元

年份	信阳市		浉河区		平桥区	
	收入	支出	收入	支出	收入	支出
2012	55.46	278.01	6.39	17.28	4.7	—
2013	67.93	304.26	7.9	—	5.4	—
2014	80.33	335.37	9.22	21.62	6.07	23.63
2015	91.03	373.98	10.35	24.30	6.57	
2016	94.65	404.87	9.88	36.01		
2019	119	597.41	13.5	—	12.3	

资料来源：信阳市财政局。

三、资源、生态环境脆弱，环境保护任务较重

由于区域人口居住分散，配套基础设施滞后，农村生活污染问题较为突出。一是生活垃圾污染。大部分农村生活垃圾没有集中收集、处理，这些垃圾经雨水冲蚀，四处流淌，恶化了农村卫生环境，侵蚀了地下水源。二是农村旱厕还比较普遍，未经发酵处理的粪便污水对农村环境造成一定污染。三是炊事用能造成的污染。部分农户炊事以薪柴为主，灶型简单，耗柴量大，燃烧不充分，向空气中大量排放二氧化碳、一氧化碳及硫化物，污染空气。与此同时，两湖区域内的南湾水库是信阳人民生活用水水源地，由于入库支流及一级保护区内生产、生活活动带来的农村面源污染问题，导致水库水质趋于富营养化，饮用水安全受到潜在威胁。信阳市作为国家级生态示范区、国家主体功能区建设试点单位，《河南省信阳南湾水库饮用水水源保护条例》的出台都对两湖区域提出了更高的生态环保要求，迫切需要在现有基础上，下大力气推进生态文明建设，加强环境保护和治理，扭转自然生态环境下降的趋势。

四、机构繁多复杂，体制机制亟待理顺

两湖区域属于跨行政区域，涉及多个层级的单位和部门。浉河区、平桥区是区县政府，羊山新区、南湾湖风景区管委会是市政府派出机构，出山店水库移民局是市属事业单位，河南省出山店水库建设管理局则是省水利厅直属事业单位。此外，由于区域内水系发达，拥有国家和省级公益林，又是重点生态功能区，还受到林业、水利、环保等市直部门较为细致的专业管理。这种条块分割、各自为政、多头管理的体制，一定程度上制约了区域资源的有效整合和优化配置，影响和阻碍了区域资源的保护、开发和利用，进而束缚了区域经济社会发展。两湖区域在开发过程中要明确开发主体，理顺区县、乡镇（街办）、市直等各部门的关系，打破一亩三分地思维，强化区域一盘棋理念，把思想和行动统一到全市决策部署上来。

第五节　主　要　结　论

两湖区域要突出高端引领，严格控制开发强度，坚持绿色低碳，重点发展旅游、文化、体育、健康、养老、教育培训等幸福产业，开发过程中要坚持先谋后动，注重衔接重大国家政策，积极对接外部资源。

一、两湖区域要有限度开发

两湖区域要在保护生态环境的前提下，突出高端引领，控制开发强度，减少建设对自然环境的影响，协调好区域发展与山水保护的关系。要全面落实主体功能区战略，以资源环境承载力为基础，科学划定城镇、农业、生态三类空间，合理优化国土空间开发保护格局，严格控制城镇建设区、工业区、农村居民点等开发边界，防止"摊大饼"式扩张。在自然环境风貌保护方面，两湖区域建筑应与地形地貌有机结合，融入山水林田湖等自然要素。严禁挖山填湖、破坏水系、破坏生态环境。在传统风貌格局保护方面，要尊重现有路网、空间格局和生产生活方式，重点解决老街区功能不完善、环境脏乱差等风貌特色缺乏问题。严禁盲目拉直道路，严禁对老街区进行大拆大建或简单粗暴地推倒重建，避免采取将现有

居民整体迁出的开发模式，严格限制高强度、高密度开发建设和超高建筑项目。要坚持可持续发展理念，强化对自然生态系统、生物多样性、田园风光、传统村落、历史文化和民族文化等保护，保持生态系统完整性、生物多样性、环境质量优良性、传统村镇原有肌理和建筑元素。在路边、水边、山边等区域开展洁化、绿化、美化行动，在重点村镇实行"改厨、改厕、改客房、整理院落"和垃圾污水无害化、生态化处理，全面优化生产、生活、生态环境。

二、两湖区域要重点发展绿色产业

两湖区域要把生态文明建设放在突出地位，并融入到经济建设、政治建设、文化建设、社会建设各方面和全过程，着力推进绿色发展、循环发展、低碳发展，建设可持续发展的美丽两湖。要树立新发展理念，大力推动生产方式的绿色化，改变以环境污染、资源浪费和生态退化为代价的传统生产模式，加快产业结构调整和优化升级，构建科技含量高、资源消耗低、环境污染小的绿色产业体系，努力实现整个生产过程的绿色化，不断提高经济绿色发展程度，实现高质量发展。要以绿色低碳环保为原则，瞄准对资源环境破坏小的新产业新业态和高端高新产业，重点发展旅游、文化、体育、健康、养老、教育培训等幸福产业，将两湖区域作为国家级生命健康产业创新示范区核心区重点培育打造，并通过健康产业，带动南湾区域、出山店区域、北湖区域文化旅游、休闲康养、文化创意等第三产业的融合发展。

三、两湖区域的开发注意事项

两湖区域开发要体现节约集约利用资源、最大限度发挥资金使用效益的原则，不宜贪大求全、乱铺摊子。规划建设可以在两湖之间开发条件较好的特定区域作为起步区先行开发，按照起步区、中期发展区、远期控制区的顺序逐步推进，并加强与周边区域的统一规划管控，避免规模过度扩张，更好促进与主城区融合发展。

两湖区域开发要坚持先谋后动、规划引领，用最先进的理念和国际一流的水准进行设计，建设标杆工程，打造城市建设的典范。通过改革创新，整合行政资源，减少审批层级和环节目标，实行扁平化、统一化管理，提高管理效率，改进行政效能，努力打造中部改革创新高和极具竞争力的营商环境。

两湖区域开发要注重衔接重大国家政策，对接外部资源。积极从《淮河生态经济带》《大别山革命老区振兴规划》《中原城市群规划》《中部崛起"十三五"规划》等国家战略中寻找发展空间和政策支持。要始终秉持开放理念，全面融入"一带一路"建设，积极对接郑州、武汉、合肥、西安等周边大城市，建立创新生态联系，吸引人才、资金、技术等高端要素集聚。

第三章 信阳两湖区域战略定位与发展思路

在分析两湖地区典型特征、开发建设面临的形势与国家需求的基础上，借鉴国内类似区域开发建设的经验与教训，研究提出了信阳两湖区域开发建设的战略定位、开发时序、开发思路及对策建议。研究提出，针对信阳两湖区域的特色与优势，两湖区域的开发建设应围绕建设国家幸福产业发展示范区、淮河流域乡村振兴的示范区、淮河上游绿色发展示范区、美丽信阳的集中展示区等战略定位，实施"放大优势，彰显特色""生态为上，水为核心""开敞紧凑，有序开发""交通先导，产业跟进""开放引领，改革开路"的战略思路。

第一节 两湖区域的典型特征

一、中原地区大中型城市的郊区

两湖地区处于由城市区域向近郊山水风景的过渡地带，位于信阳市的郊区。根据美国地理学家科特金在《数字经济如何重塑美国地貌》中的研究，郊区发展模式一般分为"近郊都市"和"高端郊区"两种类型。近郊都市指城市郊区化进程中所建设的产业区域居住社区，它们在功能上以服务大城市中心城为主，但日益面临基础设施与公共服务品质下降的问题，典型案例如纽约长岛和洛杉矶圣费尔南多谷地。高端郊区则是一种新型郊区，本质上是在信息技术和交通条件支撑下所产生的产业郊区化新形态。相对于近郊都市，高端郊区的规模更小，对大城市中心区的依赖程度更低。一般而言，高端郊区具有如下特点：一是通过建设宜居环境而非低税收及宽松管治手段吸引新产业发展；二是兼具田园景观与蓬勃的经济活动氛围；三是居民中具有大专以上学历的居民占比较高；四是具有带动周边乡村地区发展的能力。信阳两湖地区位于城市的郊区，同样面临这两种发展模式，两湖地区的开发建设要充分考虑当地经济社会发展条件，以及处于大中城市郊区的事实。基于两湖地区可持续发展的需要，建议采用高端郊区的发展模式，要以打造优质软硬环境为切入点。

二、我国气候、文化南北交汇区

一是两湖地区地处亚热带向暖温带过渡的南北气候过渡带，气候温和，四季分明，年平均气温15.1摄氏度，年平均降雨量1100毫米，年平均相对湿度77%。信阳由于处于我国南北气候过渡带的典型气候区位，素有"北国江南、江南北国"之美誉，使信阳具有北方地区所不具备的雨雾适度的天气、良好的生态宜居环境，而且也有南方地区所不具备的充足的日照辐射条件等，使信阳两湖地区在发展旅游及度假等大健康产业享有独特的优势条件。二是两湖地区地处南北文化交融区域，特别是在餐饮文化等方面兼具南北方口味，为旅游度假的发展创造了条件。

三、生态资源和水资源丰富地区

两湖区域位于大别山北麓，地跨淮河两岸，生态环境良好，森林覆盖率高，拥有众多野生动植物。区内现有国家水利风景区2处（南湾湖、北湖）、国家森林公园2处（南湾湖、天目山）及省级水利风景区、省级森林公园、省级自然保护区等多处，大、中、小型水库遍布。其中南湾湖风景区森林覆盖率达到96%，有各类动植物2000多种，负氧离子浓度平均值每立方厘米2.4万个，是全国首批37家"中国森林氧吧"之一，有"中原第一湖"之美称，湖区有61座岛屿错落分布，形态各异，景象万千，有茶岛、鸟岛、猴岛等生态休闲景点，以及南湾湖大坝、望湖轩、聚贤祠、茗阳阁、贤隐寺等景观。此外，信阳两湖区域有得天独厚的水资源，全市大、中、小型水库的总库容达70多亿立方米，可保证周边地区的农业用水。

专栏3-1 两湖地区三大水库的基本情况

南湾水库(南湾湖)。南湾水库是新中国成立初期为治理淮河而建设的大型水利工程,1952年12月18日动工,1955年11月5日建成蓄水。水库位于淮河一级支流浉河上游,坝址距信阳市区中心5千米,控制流域面积1100平方千米,占浉河流域面积2070平方千米的53%,多年平均降雨量1243毫米,多年平均来水量4.60亿立方米,是一座以防洪、灌溉、城市供水为主,兼顾水产养殖、发电、旅游、航运等综合利用的大(Ⅰ)型水库,南湾水库原按百年一遇洪水设计,万年一遇洪水校核。"75·8"特大洪水后,为确保水库安全,1979年对水库进行了第一次除险加固;2007年11月对南湾水库进行第二次除险加固。水库现有防洪标准为万年一遇,相应库容13.55亿立方米。水库正常蓄水位103.50米,相应库容6.70亿立方米,相应水面面积80平方千米。

出山店水库。出山店水库是历次治淮规划确定在淮河干流上游修建的唯一一座大(Ⅰ)型水库,2015年8月16日主体工程开工,总工期48个月。水库位于淮河上游,坝址距信阳市区中心约15千米,控制流域面积2900平方千米,占淮河淮滨以上流域面积16005平方千米的18.12%,多年平均来水量11.13亿立方米,是一座以防洪为主,结合灌溉、供水,兼顾发电等综合利用的大(Ⅰ)型水库。水库现有防洪标准为万年一遇,相应库容12.51亿立方米。水库正常蓄水位88.00米,相应库容1.84亿立方米,相应水面面积51.97平方千米。出山店水库的建成,使淮河干流王家坝以上的防洪标准由不足10年一遇提高到20年一遇,对水库下游保护区内的220万亩土地和170万人的防洪安全具有重要作用;对淮河中游王家坝也有一定的削峰作用,可以减少王家坝以下部分行蓄滞洪区的启用概率;减轻中游的防洪压力并对中游河道整治目标的确定有重要作用。

顾岗水库(北湖)。顾岗水库位于信阳市羊山新区北湖管理区顾岗村,处在淮河右岸一级支流洋河支沟小洪河上,1970年冬动工,1979年4月建成蓄水,坝址距信阳市区中心8千米,控制流域面积21.5平方千米,多年平均降雨量1140毫米,多年平均来水量969万立方米,是一座以防洪、灌溉为主,结合水产养殖、旅游等综合利用的中型水库。2009年10月至2010年12月对顾岗水库进行了除险加固,现有防洪标准为千年一遇,相应库容1456万立方米。顾岗水库正常蓄水位99.70米,相应库容873万立方米,相应水面面积1.66平方千米。

四、中国名茶——信阳毛尖产地的核心区

信阳种茶起源于东周,到宋朝时期开始兴起,到清朝已经呈现出繁荣的景象,一直延续至今,约有八千年的悠久历史。古代有很多关于信阳毛尖的记载,东汉时期的华佗曰:"苦茶久食,益意思。"以此采用信阳茶饮用为民治病;茶圣陆羽、大文豪苏轼等历史名人在信阳游历时都曾泼墨赞誉信阳毛尖;清朝时有元贞茶社、宏济茶社、裕申茶社等大批茶社相继成立,大兴品茶之风,当时的信阳已经是茶叶贸易集散地和茶馆林立饮茶成风之地。

信阳素有"北国江南"之美誉,此地具有充足的日照辐射、雨雾适度的天气、浅山丘陵的地貌和肥力很强的土壤,加之没有工业污染,非常适宜茶树生长。与其他名茶相比,信阳毛尖的氨基酸、茶多酚、咖啡酸、可溶性糖等化学成分含量相对较高,这决定着茶叶的优良品性,形成了茶色碧绿、鲜浓爽口的滋味特征。信阳毛尖的品牌优势相当显著,凭借优良的品质享誉海内外,屡获殊荣,信阳茶叶知名品牌达 50 个。根据《2014 中国茶叶区域公用品牌建设白皮书》中公布信阳毛尖品牌价值 52.15 亿元,位居全国第三,仅次于西湖龙井和安溪铁观音。两湖地区是信阳毛尖的核心产区,也是信阳毛尖的原产地和主产区,早在唐代作为朝廷贡品的信阳毛尖即来自两湖地区的浉河港镇。两湖地区是国家级金奖"龙潭"牌、国际金奖"龙岚"牌信阳毛尖的正宗产地,所产茶叶素以"外形圆、细、光、直",白毫显露,内质汤清色绿,香度浓郁持久,滋味醇厚而驰名中外,如表 3-1 所示。

表 3-1　　　　　　　　　　信阳毛尖获奖情况

年份	获奖情况
1915	获得巴拿马万国博览会金质奖
1959	被评为全国十大名茶之一
1982	被国家商业部评定为中国名茶;获得河南省人民政府颁发的优质食品金奖
1985	获得国家优质食品银质奖
1986	再次被国家商业部评定为中国名茶
1988	获得全国首届优质保健食品最高奖——"金鹤杯"奖;获得首届中国食品博览会金奖
1990	在全四优质食品评选会上列国优名茶榜首,"龙潭"牌信阳毛尖获得国家优质产品金质奖
1991	首届杭州国际茶文化节被授予"中国茶文化名茶"

续表

年份	获奖情况
1997	"文新""五云山"等品牌获得北京茶博览会金奖
1998	"龙岚"牌特级信阳毛尖获得杭州"中茶杯"金奖
1999	"五云山"牌信阳毛尖获得昆明世界博览会金奖
2000	"震霄春"牌特级信阳毛尖获得"中茶杯"金奖
2002	"新林雨露"牌茶产品获得河南省高新技术产品
2004	"傲胜"牌信阳毛尖获得中国（成都）国际茶博览会金奖
2007	在中国（郑州）国际茶业博览会荣获"茶王"称号；在日本世界绿茶大会荣获最高金奖
2008	五云茶叶集团"龙潭"牌商标被评为中国驰名商标；"龙潭"牌信阳毛尖入选最受中国港澳茶客欢迎的中国品牌
2011	五云茶业集团"信阳红"牌红茶入选全国"两会"指定用茶

资料来源：通过互联网资料收集整理。

五、开发程度较低地区

两湖地区紧邻信阳中心城区，规划面积1118平方千米，已开发面积不到总面积的3%，开发强度较低，除水面、山体、少量的城镇建成区、居民点和基本农田之外，仍然具有面积占比较大的可开发的低山缓丘地区，尚有开发空间。随着信阳中心城区开发逐渐饱和，两湖地区土地资源优势正在逐步显现出来，有条件成为信阳中心城市的外延成长空间，成为河南南部地区发展大健康产业的战略性区块。

第二节 宏观背景及对接国家战略

一、两湖地区战略定位的宏观背景

（一）全国经济结构战略性转型加快推进，有利于两湖地区顺势而为，乘势而上，促进转型发展

未来一段时期，我国将处于重要的经济战略性转型期，经济增长方式、产业

结构、社会结构等都将历经战略性调整。历史经验表明，一个国家经济发展战略进行重大调整时期，也正是区域和城市发展格局进行重新塑造的时期，适应变化的城市，能够利用全国性的结构调整机遇获得新的发展动力，从而提升在区域发展中的地位。"十三五"以来，国家为推进经济战略性调整，在大力发展先进制造业的同时，也对战略性新兴含义和现代服务业，加大政策支持力度。目前，国务院相继发布了加快新兴战略性产业、加快旅游业发展、促进大健康产业发展的系列政策性支持文件，表明了国家推动服务业和新兴产业发展的政策导向。两湖地区生态环境良好，具备发展旅游业和大健康产业的良好条件，国家经济结构的战略性转型，有利于两湖地区顺势而为，乘势而上，争取更多的政策和资金支持，为两湖地区的开发建设争取更多的外力。

（二）国内消费结构升级特别是旅游消费大幅上升，为两湖地区的开发开放创造了良好的条件

经过四十多年的经济快速增长，我国的居民收入与可支配收入均有大幅度的提升，带动了消费结构的升级，以休闲旅游、文化娱乐、健康服务、信息消费等为主的服务消费日益成为居民消费的热点和重心。从全国居民人均现金消费支出结构的变化可以看到，食品烟酒、衣着、居住占比呈现持续下降趋势，而教育文化娱乐的占比不断提升。这个趋势意味着未来在文化消费、旅游消费的增长态势越来越明显。国内消费结构的升级和国家对旅游业、大健康产业的支持政策，有利于两湖地区充分利用自然环境条件，满足未来人们追求高质量的生活环境的需要，围绕特色做文章，发展具有信阳特色的休闲旅游和大健康产业，培育旅游产业和大健康产业品牌，推进两湖地区的开发开放发展。

（三）国内外发达地区产业梯度转移为两湖地区的现代服务业发展提供机遇

随着经济全球化的进一步深入，特别是受国际金融危机的深刻影响，世界主要发达国家的经济结构调整步伐加快，服务贸易大幅增长，欧美等国的服务企业纷纷进驻中国。国际产业空间的布局处于一种战略调整状态，这为我国带来了承接国际产业转移的新机遇；随着我国珠三角、长三角和环渤海等东部沿海地区要素成本的不断上升，其既有的一些优势开始逐渐衰弱，加快东部沿海地区的经济转型和产业结构的升级已经迫在眉睫；目前中部地区的现状是基础设施逐步得到完善，各生产要素的成本优势逐渐显现，在未来的发展空间也相对比较大。在这种情况下，未来促进东、中、西部地区区域协调发展的一个重要方向，就是"加快东部沿海产业向中西部的梯度转移，形成更加合理、有效的区域产业分工格局"。

信阳作为中原经济区建设的一个重要支点，经过近几年来的发展壮大，其交通、能源、城建等基础设施更加完善，产业门类更加齐全，配套能力也明显增强，发展环境得到不断的优化。在国家主导区域平衡发展的宏观背景下，信阳市区位、市场、资源、劳动力等生产要素组合的优势进一步得到凸显，这将有利于两湖地区更好地承接国内外服务业转移实现经济的跨越式发展。

（四）国家对生态文明建设的高度重视，有利于两湖地区充分发挥水生态优势，以基础设施为切入点争取项目支持推动两湖地区的开发建设

水是生态环境的控制性因素，水生态文明是生态文明的重要组成和基础保障。党的十九大提出"生态文明建设功在当代、利在千秋。我们要牢固树立社会主义生态文明观，推动形成人与自然和谐发展现代化建设新格局"，以建设"美丽中国"作为生态文明建设的目标。水利部提出把生态文明理念融入到水资源开发、利用、治理、配置、节约、保护的各方面和水利规划、建设、管理的各环节。随着小康社会建设的全面推进，人民群众的生活水平和质量将会显著提高，对水环境、生态环境的要求也越来越高。两湖地区拥有地处淮河上游的两座国家大（Ⅰ）型水库，国家将加大支持力度，加强基础设施建设，加强水源地保护和水功能区管理，开展河流湿地生态修复，在协调好人与自然的关系的同时推动两湖地区的开发开放。

二、相关国家重大战略对两湖地区战略定位的影响

（一）《淮河生态经济带规划》实施对两湖地区的影响

《淮河生态经济带规划》明确将信阳列为淮河干流三个核心城市之一，国家将加大投入，有利于两湖地区充分利用国家有关支持，集中力量，加大流域治理和水源地保护，加强基础设施建设，大力发展旅游业和大健康产业，汇聚国家、省、市三方力量推动两湖地区的开发建设。

（二）《中原经济区规划》及河南省实施意见对两湖地区的影响

国家及河南省高度重视信阳的发展，特别是围绕信阳的茶产业和旅游业发展出台了一系列相关政策。2011 年国务院《关于支持河南省加快建设中原经济区的指导意见》中明确要求"推动文化旅游融合发展，实施乡村旅游富民工程"。2012 年河南省委经济工作会议强调"抓好信阳浉河茶叶产业集群试点"。河南省政府在发展规划中将信阳市浉河区列为茶叶生产加工核心带，并提出了茶文化和茶旅游开发工程。在"大农业"与"大旅游"的大背景中，将茶业和旅游业融合发展无疑顺应了时代的潮流，是振兴信阳茶产业经济的重要举措。因此，依托两湖地区推动茶产业和旅游业的发展，无疑将得到国家层面和河南省层面的大力支持。

（三）《大别山片区区域发展与扶贫攻坚规划》对两湖地区的影响

《大别山片区区域发展与扶贫攻坚规划》对两湖地区重点支持政策主要体现在以下四个方面。一是支持茶产业发展，突出体现在茶品牌和交易中心建设方面，如提出支持"信阳毛尖"等知名农产品品牌发展，支持信阳国际茶城建设国家级农产品交易中心。二是支持旅游景区的建设，如重点打造平桥天目山等山水旅游景点、支持淮河源等风景名胜区创建 5A 级旅游景区、支持南湾湖等景区创建国家生态旅游示范区。三是支持物流和大健康产业发展，如支持信阳金牛物流产业集聚区等建设特色专业物流园区、支持信阳市创建鄂豫皖区域性会展中心、支持信阳等市县建设健康旅游、康复护理、保健养生等养老产业基地。四是支持职业院校和培训中心建设，如支持信阳农林学院、信阳高级技工学校等申报建设国家级高技能人才培训基地、支持信阳职业技术学院、平桥公共实训基地申报建设省级高级技能人才培养示范基地，加快培养新型职业农民。这些支持政策切合两湖地区的战略定位和发展方向，政策的落实实施将大大加快两湖地区的开发建设进程。

第三节　典型地区案例借鉴

一、杭州西溪湿地

（一）基础条件

西溪湿地位于杭州，总面积 10 平方千米，河塘、湖漾、沼泽占 7 平方千米，水道总长达100多千米，是国内第一个也是唯一的集城市湿地、农耕湿地、文化湿地于一体的国家湿地公园。湿地公园紧邻杭州城区，距杭州市中心10千米车程，靠近上海、宁波、温州，经济发达，人口稠密，城市化水平高，交通便捷，客源市场广阔。西溪湿地的保护利用，是实施"杭州城市记忆工程""杭州民俗慢生活旅游直通车"的重要组成部分，是提升杭州文化国际影响力，打造世界级文化和自然遗产群落的重要前提。

（二）战略定位

杭州西溪湿地战略定位为国际一流的旅游目的地、国家都市休闲旅游示范区、杭州绿地系统生态核。根据杭州"十三五"规划，杭州西溪湿地引进和培育国际知名会展机构、会展项目、赛事活动，大力发展会展经济；提升景区景点、旅游产品、营销、服务、功能、管理和环境的国际化水平；要对照5A级标准，完成西溪湿地周边生态及配套提升工程等6大新项目。

（三）战略思路

注重放大生态优势。西溪之胜，独在于水。西溪水道如巷、河汊如网，蜿蜒曲折、碧波荡漾，串联着1700多个鱼塘，是西溪最大的生态优势。西溪湿地公园首先将改善水质作为西溪湿地保护第一要务。在实施区域水源污染监测的基础上，从疏浚、截污、配水、生物治理4方面入手，沟通水系恢复贯通鱼塘间水文联系，并将其与西溪湿地外部水系整合、通联；对保留建筑实行截污纳管，纳入统一的污水处理系统；采用生物治理，对主要河网进行疏浚、清淤，配置典型湿地植物；在生物资源调查和生态环境研究基础上，保护和修复地貌、水域的原生性，保护了柿基鱼塘、桑基鱼塘、竹基鱼塘这些次生湿地的标志。同时为减轻西溪湿地的生态压力，西溪动员区内上千户农户，上百家企事业单位外迁，拆除建筑100多万平方米、清运垃圾300余万立方米。经过整治，西溪湿地水质比开园时显著提高3~4个等级，总体保持在Ⅲ类以上，水生植物从211种增加到了1000多种，鸟类达到171种。

注重"三生"空间协调构建。合理安排好生产、生活、生态空间，推动各类功能区联动发展，促进产业、居住、商业、生活、休憩等多功能聚合，塑造宜居宜业的发展环境。按照"生态优先、最小干预、修旧如旧、注重文化、以人为本、可持续发展"六大原则，在保护和恢复西溪湿地自然生态的同时，保护上千年来西溪湿地形成的历史文化、人文景观以及独特的民俗文化。按照"三生"协调的空间结构,将西溪国家湿地公园划分为五个分区:生态保护培育区,民俗文化游览区,秋雪庵保护区,曲水庵保护区,湿地自然景观区;将西溪湿地范围内有 50 年以上历史的老建筑适度保留,秋雪庵、烟水渔庄等重点文化遗迹适量恢复,同时选择部分世代居住在此的农户,迁回西溪湿地内,组织农民耕种、养鱼,以保留"活着"的农耕湿地文化,承担旅游展示和服务功能。科学规划,功能鲜明的分区使西溪国家湿地公园的众多景源间保留了适当的区划关系,便于展现和突出景源的分区特点和加强湿地公园的整体特征。

注重园区内外协调发展。规划以湿地公园为核心的西溪湿地国际城市综合体。在园区内部构建"一带、两片、多点"的空间结构。其中,"一带两片"是指以五常港为轴,分为西片与东片,西片为体现水乡风情、五常文化的"水乡溯源",东片为体现农耕、渔耕文化的"河渚觅渡"。"多点"是指在西片范围内根据现状、旅游需要设置的多个景点及旅游服务点。在园区外部,对湿地周边 36 平方千米的城西地区进行整体规划,打造"规模大、功能全、品质高、环境优、服务好"的城市综合体。复合居住、办公、商务、出行、购物、文化娱乐、社交、游憩等各类功能,形成互为价值链的高度集约的街区建筑群体。在更大的城市尺度中,以"绿水青山就是金山银山"为指导,将城市湿地公园融入城市区域发展,规划蒋村文化综合体、五常(北)创新和度假综合体、留下高档综合功能综合体、五常(南)娱乐综合体等四大城市综合体,形成围绕湿地公园的区域型镶嵌式城市体系。将西溪从"湿地公园""湿地城市综合体"向"湿地公园型城市组团"升级转型。

注重均衡科普休闲等经济功能。加强对湿地的统筹保护与规划,充分发挥湿地资源的利用价值,重点突出生态保护、科研科普和生态旅游三大功能。将西溪国家湿地公园培育成为紧邻城市,交通便捷,服务都市人群的日常休闲游憩目的地;成为提供生态度假服务,承接高端商务交流活动,提供民俗文化体验服务的旅游目的地;成为为湿地生态环境科研单位提供实践基地,为中小学及幼儿园提供湿地知识的普及交流场所,为对湿地科普有浓厚兴趣的市民提供参观学习的科普教育和生态游览场所。在生态优先,分区明确的基础上,西溪湿地公园以园养园,组建了覆盖全国的销售网络,与 4200 家旅行社、企事业单位签订了销售协议,开通了每天往返上海、南京等大城市的散客班车线路 40 条,入园游客和经营收入稳步攀升,实现扭亏为盈。西溪从养猪业占主导,水质富营养化严重的城郊农村成功转型为服务业为主导,生态与经济效益并重的产业模式,助推杭州从粗放型城镇化转向效益型城镇化,实现城镇绿色发展、循环发展、低碳发展。

二、青岛鳌山卫地区

（一）基础条件

鳌山卫地处黄海之滨，海岸线长达 19.8 千米，有鳌山湾、小岛湾两大港湾，岛屿星罗棋布，是一座具有 600 多年历史积淀的海防古城，曾是与天津卫、威海卫齐名的沿海二十四卫之一，史有"形胜东方冠"之美称。其海岸鳌山湾位于即墨市境内，是一个开口向东南的半开敞式海湾，面向黄海，南与崂山湾相接，进港公路经烟青公路，直接进入港区，交通状况较发达。规划港区范围西起鳌山半岛的草岛头，东至女岛，湾口宽度约 11 千米，湾内岸线长度约 40 千米，湾内面积约 120 平方千米。鳌山湾港区是青岛港继续扩大港口规模及提高综合运输能力的主要接续性港区，是青岛港可持续发展的重要保障，在 2020 年以后将逐步发展成为青岛国际集装箱干线港的重要组成部分，可分担部分集装箱吞吐量。同时，毗邻鳌山卫的即墨温泉镇是青岛市新兴的都市休闲板块，拥有稀缺的海水温泉和滨海风光资源。

（二）战略定位

以鳌山卫为主题的蓝色硅谷核心区战略定位为中国蓝色硅谷、滨海生态新城、国际海洋科技教育中心、国家海洋科技示范区、青岛滨海科技新城。在科技创新方面对标美国硅谷、中国深圳、武汉光谷，在新城规划建设方面，全面对标新加坡，建设成为国际一流的海洋科技研发中心、成果孵化中心、人才集聚中心和海洋新兴产业培育中心。

（三）战略思路

打造重点突出、发展集聚、功能互补的产业布局。高起点承接国内外及青岛中心城区的产业转移，以"一心两带四区"为思路，发挥比较优势，优化产业布局、培植产业生态、促进产业集群建设、推动一批重大项目建设。重点扶持海洋生物、海水资源综合利用与新材料、海洋可再生能源与环保，以及海洋仪器仪表及海洋装备四大科技创新领域，突破关键技术，努力打造产业基地。着力"抓龙头、铸链条、建集群"，打造现代产业体系构建功能明确、分工协调的产业发展布局，实现打造新城、提升老城、城乡联动、融入青岛、连接半岛的战略目标，支撑青岛未来可持续发展。

打造舒适宜居、职住均衡、公共服务到位的低碳新城。规划位于核心区南部16.21平方千米的区域作为蓝色硅谷核心区的启动区，建设科教综合服务区、海洋科技创新区两大板块；规划建设一条绿色景观长廊作为生态间隔，形成"一廊、两片、三轴"空间布局。"一廊"即东西向绿化山体景观通廊，"两片"即综合服务教育生活片区、科技研发创新片区，"三轴"即滨海大道城市人文景观轴、蓝鳌路城市综合服务轴和大鳌路科技研发轴。建设"两纵两连"的交通网络，加快发展轨道交通及其他公交系统。努力打造低碳电源，依托国家"西电东送"工程、海阳核电站以及青岛本地发电项目，建立稳定的蓝色硅谷电力来源。积极推进华能即墨丰城风电、鳌山卫光伏发电等新能源项目，扩建广源220千伏变电站，新建上疃、上马、红岛220千伏变电站。在热源建设方面，蓝色硅谷核心区建设以分布式燃气供热为主，其他供热方式为辅的供热体系，以合理规模片区为单位，设立天然气分布供热站。

打造全要素聚集、全产业发展的康养休闲目的地。推动形成国内有影响力的科研教育新兴地、先进制造聚集地、商贸物流集散地、区域文化承载地、康养休闲目的地；抢抓"健康中国"示范点和国际健康产业先行实验区建设机遇，坚持全域旅游理念，突出康养主题和海洋温泉特色，整合海陆空旅游资源，重点突破鳌山湾国际生态健康城、中国海洋温泉小镇建设，大力发展健康医疗、健康养老、健康养生等服务产业，健康旅游、健康运动、健康文化等休闲产业，以全民健康促进全面小康。依托滨海生态新城，打造国家级户外运动训练比赛基地、青岛青少年素质教育基地、国内知名的综合型度假旅游区，以及环胶东半岛滨海旅游度假带。

打造具有国际影响力的海洋科技教育人才高地和创新创业基地。加快集聚一批世界一流的海洋科研机构和研发中心、海洋高科技领军人才和创新团队，引进利用国外智力资源，实现海洋专业技术人才总量由2010年的4000人左右，增加到8000人左右；加强与国外海洋学科交流，参与国际重大海洋科研活动；建立健全创新创业服务机制，在投融资、人才激励、知识产权保护、技术转移和产业化、开放合作等方面，建立起服务效率高、示范意义大的体制机制和政策支持体系，风险投资机构由2010年的20家左右，增加到200家，基本建成海洋高端创新创业人才集聚区，成为我国重要的海洋人才战略高地；着力加强海洋科技自主创新体系和重大创新平台建设，突破一批关键、核心技术，努力在海洋基础科学、近海应用技术和深海应用技术领域取得重大研究突破，增强我国海洋自主创新能力和集成创新能力,建设中国海洋科技城和深海科技城。加快海洋科技成果孵化区和海洋科技成果产业化推广区建设,成为全国海洋高新技术产业示范基地。

三、遂宁市水寨门地区

(一)基础条件

遂宁市隶属四川省,位于四川盆地中部腹心,涪江中游,处于四川东线城市发展轴线(成都、遂宁、南充、达州)上,将成渝经济区的成德绵城市带、川东北经济区和重庆都市圈三大子区域连接起来,是成渝经济区的区域性中心城市,四川省城市东轴线的增长极核,盆地中部的经济中心,四川省的现代产业基地。2015 年,遂宁辖 2 区、3 县;总面积 5300 平方千米,户籍人口 378.75 万人。2016 年,该市地区生产总值 1008.45 亿元。至 2020 年,遂宁市将形成城市建设用地 100 平方千米,城市总人口为 100 万人的大城市。

(二)战略定位

遂宁市战略定位为成渝合作和区域合作的连接点、承接现代产业转移的理想地、四川省次级综合交通枢纽、具有遂宁特色的现代产业高地、现代生态田园城市、丘陵地区全面小康示范。水寨门地区战略定位为集生态涵养、科普教育、休闲游憩、旅游度假四大功能为一体,承载多样化生态旅游体验、文化休闲活动,展现生态之美、人文魅力的"西部湿地中心、国家创意公园"。

(三)战略思路

着力打造开放型、组团式城市空间发展格局。遂宁市区形成"一城、两区、五组团"的城市空间发展格局。中心城区完善城市旅游发展链条、构建宜居新区建设触媒、开拓城市生态营创品牌,加快建设以"养心"文化为特色的现代生态花园城市和以观音文化为特色的国际旅游目的地;河东新区进一步完善城市功能、提高城市品位、塑造城市形象,优先发展总部经济、商贸会展、现代金融、职业教育、文化创意、休闲旅游、健康养老产业,打造遂宁现代服务业高地。

着力加强城市基础设施、城市配套功能建设,推进城市化进程快速发展。河东新区将继续与国际国内知名规划设计机构合作,编制城市建设项目规划,解决河东城市建设与国际国内一流城市接轨的问题。加快完善如公共交通、购物中心、学校、医院等城市配套项目建设，不断改善城市居住环境和条件，全面提升城市服务能力，全面聚集人气，城市建成区面积达到20平方千米，城市人口超过18万人。

着力发展文化旅游等现代服务产业，走一条"文化兴区、旅游兴区"之路。河东新区累计投资100亿元，拉动民间投资400亿元，形成三产业总产值500亿元，以文化旅游产业为主，种类丰富、门类齐全、互补发展的现代服务产业体系。初步建成产业特色鲜明，示范带动作用明显的国际知名旅游度假目的地、现代生态田园城市。全面构建"一基地、两环带、三区域、四中心"发展格局。新区还将制定实施针对文化旅游产业发展的多项优惠政策，大力吸引各类文化资源、文化企业、文化品牌前来发展。

着力改善生态环境，开发保护有机结合，打造生态田园城市。河东新区以水寨门1000亩湿地公园地区为建设生态田园城市的着力点，以生态湿地功能的恢复及人工湿地的营造为主，通过现有农田的改造，形成生态系统较为完整、生物多样性丰富的生态涵养区；合理规划休闲、娱乐、商务设施，提供多种类型度假酒店、别墅式酒店、特色客栈、青年旅社，建设60层楼宇商贸城、滨水购物街，提升园区休闲游憩和旅游度假功能；河东二期规划筑坝蓄水，引水入城，贯穿城市，联通联盟河，形成"城在水中、水在城中"的独特生态田园城市景观；仁里组团开渠引水，形成独特的高尚岛居生活环境，打造五彩南路滨水景观带，形成"西部威尼斯"；向北延伸治理江河滩涂。临水区域，结合城市河流，构建湿地生态系统，人造与生态顺势过渡，相映成趣；内河区域，通过曲线道路以及内河的适当分隔，将湿地与城市、环境有机结合，打造科普中心，形成湿地区域与景区商圈的过渡空间；靠山区域，以山林植被为主体背景，通过与山体的有机结合，形成相对独立的休闲度假、高端商务区；靠城区域，特别打造以水为主题的水寨门湿地公园形象展示区，丰富园区旅游服务功能，提供片区城市服务功能；形成两条完整的沿江、沿河黄金岸线、生态绿色走廊、文化旅游环线。

第四节　两湖地区战略定位

一、相关规划对两湖地区的定位

（一）"十三五"规划对两湖地区的表述

《信阳市国民经济和社会发展第十三个五年规划纲要》涉及两湖地区的开发

建设的内容主要有以下几个方面：

一是在基础设施领域，提出"积极推动淮河流域综合治理与振兴发展，打造绿色发展的淮河生态经济带，争取上升为国家规划。依托淮河大堤，堤上建设快速公路，堤岸建设防护林，将淮河大堤建成集防汛、观光于一体的生态廊道；以打造新的出海黄金水道和陆路交通为纽带，规划建设沿淮航运、公路、铁路等重大工程项目""规划建设出山店水库大坝沿淮河至罗山县城快速公路"等。

二是在产业发展领域，提出要与《信阳市城市总体规划（2015—2030年）》相衔接，推动浉河区、平桥区、羊山新区、工业城、上天梯管理区、南湾管理区一体规划、同步建设，强化产业集聚、高端服务、现代商贸、信息中介、总部经济、创意创新等功能。

三是在城镇化领域，提出"争取到2020年，中心城区常住人口达到100万人；组团城市罗山县城常住人口达到30万人，明港镇区常住人口达到20万人，鸡公山管理区人口达到10万人"。

（二）信阳城乡总体规划对两湖地区的表述

2015年编制完成的《信阳市城乡总体规划》，明确提出构建桐柏山—大别山生态安全屏障，并将两湖地区自然保护区的核心区和缓冲区、风景名胜区的特级和一级保护区、森林公园的核心区、饮用水水源一级保护区列为禁建区，依照相关的法律法规和保护规划，实行最为严格的保护措施，非经特殊许可不得进行建设。而把其他大部分地区列为限建区，要求依照相关的法律法规和保护规划，对于本地区的开发建设项目的性质、开发强度、外形特征和管理审批手续进行严格控制和监督的地区，城市建设用地选择应尽可能避让。此外，将南湾水库和出山店水库均规划为城市水源地（见表3-2）。

表3-2　　　　　　　　信阳城区水厂供水设施及水源规划

地域	规划水厂规模（万立方米/日）		规划水源
中心城区	南湖水厂	16	南湾水库为主水源，出山店水库为第二水源
	湖东水厂（扩建）	20	南湾水库
	羊山水厂（新建）	15	出山店水库为主水源，南湾水库为第二水源
罗山组团	第一水厂	6	石山口水库
	第二水厂（新建）	4	石山口水库

续表

地域	规划水厂规模（万立方米/日）		规划水源
明港组团	第一水厂	3	红石咀水库
	第二水厂（新建）	5	出山店水库（新建）

资料来源：《信阳市城乡总体规划（2015—2030）》。

二、战略定位

（一）国家幸福产业发展示范区

抢抓国家支持幸福产业的发展机遇，充分发挥茶山绿水的优势，坚持高端发展的战略取向，引进一批行业龙头企业和领军人才，大力发展旅游、文化、体育、健康、养老等幸福产业，加快实现生态优势向经济优势转化，增强品牌影响力，建设国家幸福产业发展示范区。

（二）淮河流域实施乡村振兴战略的示范区

深入实施乡村振兴战略，按照产业兴旺、生态宜居、乡风文明、治理有效、生活富裕的总要求，统筹推进两湖区域的经济建设、政治建设、文化建设、社会建设、生态文明建设和党的建设，加快推进乡村治理体系和治理能力现代化，加快推进农业农村现代化，创建农村产业融合发展先导区，让两湖区域的生态农业成为有奔头的产业，让两湖区域的农民成为有吸引力的职业，让两湖区域的农村成为安居乐业的美丽家园，推动乡村自然资本加快增值，实现百姓富裕、生态优美和产业兴旺。

（三）淮河上游绿色发展的新典范

牢固树立"绿水青山就是金山银山"的发展理念，构建淮河上游的重要生态屏障，探索建立淮河源国家公园，积极谋划生态保护新模式，在保护生态中加快发展，在加快发展中建设生态文明，走出一条两湖特色的生产发展、生活富裕、生态良好的文明发展道路，形成人与自然和谐发展的新局面。

（四）"茶山绿水·豫风楚韵"美丽信阳的集中展示区

坚持特色发展，依托三湖清水、茶山绿水的自然条件，在规划建设中融入茶山绿水、豫风楚韵文化,加强重要功能区建设、关键节点景观塑造,从建筑风貌、城市空间、景观环境等方面展现山水信阳文化,进一步彰显信阳茶乡水城、豫风楚韵的城市形象,全面塑造美丽信阳特色魅力。

专栏3-2 依托生态优势承接城市服务功能外溢、形成辐射影响力的案例

从城市的发展历程看,随着人类对生态价值的日益重视,具有生态优势的大城市外围区正在成为承担城市高端服务功能的重要区域,在发展中更加具有其他区域无法复制的竞争优势。两湖地区具备的生态资源和对于信阳城市功能完善、实现城市跨越式发展具有重要的意义和宝贵的价值。

巴黎马恩—拉瓦莱

20世纪60年代,巴黎不堪单中心发展模式对城市带来的重负,提出在距巴黎市中心30千米的区域着手建立5个新城,以疏解人口、分担城市功能,并逐步培育为新的增长极。这一发展战略得到了贯彻实施,在1994年《大巴黎地区区域整治纲要》出台时,外围新城已得到了充分成长,既有效减轻了单中心的压力,更进一步完善和增强了大都市区的功能。其中马恩—拉瓦莱更被定位为欧洲范围的增长极。马恩—拉瓦莱位于巴黎东部的马恩河谷地带,距离巴黎约32千米,于1960年在原有26个分散小镇基础上建设而成,依托生态区位优势,通过大力引进有较强辐射力的大项目,促进城市功能的提升,通过引进迪士尼乐园形成了面向欧洲的休闲娱乐功能,通过打造Val d'Europe商业区、LaVallée购物村形成了面向欧洲的商业购物功能,目前,马恩—拉瓦莱已成为集商业、休闲、娱乐、教育、居住等多种功能为一体,具有欧洲服务能力的综合性新城。

北京亦庄生态总部

在北京市新城规划中,亦庄新城是"两轴—两带—多中心"中东部发展带的重要节点,也是北京市重点发展的新型卫星城之一。北京经济技术开发区位于亦庄,亦庄的经济发展以前主要依靠经开区的带动,后来房地产的发展开始带动人们选择亦庄为外迁首选地,目前,亦庄正结合经开区的产业聚集效应,以"亦庄国际高端产业新城"的品牌形象,大力发展个性化总部经济。

亦庄吸引总部经济聚集的主要优势在于生态环境优势突出、具有一定的产业基础及政府在规划和政策上的强力支持,其具体做法包括:打造亦庄商务大道,定位为未来世界500强总部商务集群的终端展示区;开发"双生态独栋OFFICE"

企业总部建筑群，这种物业既能帮助企业融入区域产业链、提升企业竞争力，又能为企业员工提供一个绿色、健康、舒畅的办公环境，这种优势也是吸引他们改变以前分离式办公模式的重要原因；满足企业的科技研发需求，大批针对其科研而量身定做的办公建筑随之出现，并取代初期单一的生产厂房而成为目前开发区主要建筑类别。目前，亦庄通过打造生态办公区吸引总部经济聚集取得了显著成效。

小结

生态因素一方面有利于集聚面向区域性消费需求的休闲娱乐、商业购物等生活型服务业集聚；另一方面也有利于总部商务等看重办公环境的脑力劳动者集聚。

三、发展目标

围绕两湖区域的战略定位，以习近平新时代中国特色社会主义思想为指导，积极开展重点区域的控制性详细规划编制工作，按照先谋而后动的态度科学推进"茶山绿水"向"金山银山"转换的通道建设，构建以幸福产业为主要支撑的富饶、美丽、幸福的两湖区域。

（一）近期（2018～2023年）

到2023年，两湖区域初步形成科学合理的生态保护空间、农业发展空间和集约发展空间，"茶山绿水""豫风楚韵"特色进一步彰显，以生态旅游、健康养生、文化体育、教育培育等为特色的幸福产业初具规模，生态农业提质增效，提供优质生态产品的能力进一步增强，初步形成完善的基础设施支撑体系，发展活力进一步增强，在河南省的地位得到显著提升，在全国形成一定影响力。

"三生"协调的空间格局初步形成。初步建立起科学合理的空间管控模式，基本实现生产空间集约高效、生活空间宜居适度、生态空间山清水秀。以南湾湖饮用水源保护区、出山店水库饮用水源保护区、黄缘闭壳龟省级自然保护区、国家级和省级生态公益林为主体的生态空间得到规范化保护，提供优质生态产品的能力进一步提升。以基本农田、一般农田、茶园、园地等为主体的农业发展空间的产业更加兴旺，乡村环境更加生态宜居。以游河乡、南湾乡、金牛山街道、北湖管理区、家具小镇等为主体的集约发展空间的幸福产业初具规模。

绿色发展模式加快构建。牢固树立和践行茶山绿水就是金山银山理念，通过

"茶山绿水+"的产业融合发展模式，初步构建起资源节约、环境友好的绿色产业体系、绿色发展体系和绿色创新体系，实现绿色循环低碳发展、人与自然和谐共生，使绿色发展成为两湖区域高质量发展的主色调。

以幸福产业为引领的现代化经济体系初步形成。深入推进供给侧结构性改革，促进高质量发展，以生态旅游、健康养生、文化体育、科教培训为特色的幸福产业初具规模，生态农业初具规模，形成"茶山绿水+""旅游+""生态农业+"等产业融合发展新模式，初步构建起与两湖区域相适应的现代化经济体系。

优质生态产品供给能力得到进一步提升。通过合理划分生态空间、农业空间和集约发展空间，守好生态保护红线、环境质量底线和资源利用上线，形成规范化的生态保护和环境治理新机制，两湖区域提供优质生态产品的能力进一步提升。

发展活力进一步增强。推动主体功能区在两湖区域精准落地，初步形成科学合理的空间管控体系，建立健全规划统筹衔接机制、空间结构动态调整机制、高效管控机制、精准化配套政策体系、差异化绩效考核评价机制。以贯彻落实党的十九大精神和《中共中央 国务院关于实施乡村振兴战略的意见》为契机，构建起有利于两湖区域兴旺发达的体制机制。

（二）中远期（2024~2035年）

到2035年，两湖区域形成点状集约组团式发展和面上绿色生态保护大格局，构建起"茶山绿水"向"金山银山"转换的良好机制，建设成为"茶山绿水"特色彰显、幸福产业繁荣发展、生态环境优美宜居、豫风楚韵底蕴深厚、居民生活美满幸福的现代化两湖区域，成为在全国具有重要示范作用的幸福产业基地、淮河上游绿色发展示范区、"茶山绿水、豫风楚韵"美丽信阳的集中展示区、信阳乡村振兴的示范区。

第五节　两湖地区发展的战略思路

一、放大优势，彰显特色

优势是基础，特色是生命力。一个地区发展思路是否符合其发展的需要，重要的不是阐述其与周边地区共同具有的共性资源,而是要鲜明地指出其与周边地区所不会兼得的独特优势。历数两湖地区的资源禀赋,有别于其他市县具有重大优势的独特的优势就是茶山绿水并毗邻信阳中心城区。只有将这些有限的优势加以放大,使其成为影响两湖地区开发建设的主导力量,才能有效应对诸多挑战,在日益激烈的区域竞争中脱颖而出。

放大茶山绿水优势,塑造"梦幻山水,林海茶乡"区域发展名片。借鉴发达地区发展经验,依托独特的生态本底优势,塑造区域发展名片。两湖地区可立足良好的生态本底优势,打造"梦幻山水,林海茶乡"区域品牌,在区域名片的塑造过程中,在利用天然生态本底的同时,更要注重人为的打造、策划布局,更有效地提升区域品质。创造良好的区域环境吸引市场主体投资,不仅要在基础设施建设等方面创造良好的硬环境,更要在体制机制改革等方面创造良好的软环境,吸引企业到区域内投资,借市场力量带动区域经济发展。两湖地区要在依托本地资源的基础上,学会整合相邻区域资源,如旅游资源,进行成片开发或打造,与周边区域形成合力,共同实现互惠共赢。

放大城郊优势,构建"山城田湖"独特景观。毗邻信阳中心城区,山、城、田、湖交错融合,有利于两湖地区构建美艳独特的依山傍湖景观。得天独厚的依山傍湖景观以及亚热带、暖温带交融的气候条件是塑造两湖地区特色的"本底"基础。两湖地区的建设应依托得天独厚的依山傍湖景观,充分利用和保持原有的地形、地貌和田园景观,重视对山体的保护与滨水岸线的塑造,整体空间形象设计宜展现山城相拥、城水相依、山水相连的自然与城市交融的形象特色,构建和谐宜居的生态氛围。

二、生态为上,水为核心

两湖地区位于信阳市的浉河、平桥两区,按照国家主体功能区划和河南省主体功能区划,浉河区属国家级重点生态功能区、平桥区属于开发区。同时,出山店水库位于淮河上游,对淮河的生态功能具有重大影响,因此在生态地位如此重要的环境中开发建设,必须把生态保护放在首要位置,这是发展的大局。此外,南湾湖水库和出山店水库均为信阳中心城区百万人民的饮用水源地,而且如此载水量的水库离中心城区仅仅15千米范围内,水在两湖地区的保护中占据核心位置。

对南湾湖水库要实施以清水产流的主要保护策略。南湾湖属于国家大型水库，水生生物物种丰富，湖深、年水位变幅不大、换水周期长、连通性差、易发生水体富营养化，遭受破坏后恢复和治理难度大。生态服务功能定位为主导服务功能，为信阳市城市饮用水及工业用水供水，并兼具有调蓄滞洪、农业灌溉和生物多样性维持等多种生态功能。要以入湖河流为主线，以清水产流为主要治理思路，以削减氮、磷入湖污染负荷为主要措施，防止水体富营养化。一是建议设立湖滨缓冲区，水位线500米汇水区范围内禁止或限制开发。二是对入湖河道两边采取限制开发，采取水源涵养区生态保育等措施，在保护基本农田耕地的基础上，尽量退耕还林，严禁坡耕和造成水土流失的其他建设行为。三是合理布局建设项目，严禁建设重污染型项目。四是合理开发旅游，防止旅游开发强度过大。

对出山店水库要以综合整治为主要保护策略。出山店水库属于国家大型水库，位于淮河干流，水位较浅，年水位变化大，连通性好，换水周期较短，滩地湿地植物丰富，是珍稀候鸟迁徙的理想居留生境，有建立自然保护区的可能性。其主导功能为淮河上游流域极重要的调蓄滞洪区；辅助功能有服务城镇供水及农业灌溉、淮河上游水域生态平衡的重要功能区、重要湿地和珍稀候鸟越冬栖息地。要以有机污染物控制为主，强化控源减排，实施基于湖泊流域水环境承载力的污染负荷总量控制，对上游河流进行综合整治；开展湖泊流域湿地与生物多样性保护，恢复或维持水生动植物赖以生存的生境完整性和多样性；发展生态渔业，禁止库区内的投饵养殖；合理留出浅滩区外围的缓冲地带，为建立自然保护区留出空间。

对北湖水库要以源头控制为主要保护策略。北湖水库属于国家中Ⅱ型水库，区域年降水量较丰沛，靠季节性降水作为补充水源，湖盆浅平，区域经济较活跃，湖泊水体富营养化较重，主要服务功能为农业灌溉、水产养殖，兼具旅游功能。要以氮磷控制为主，强化控源减排，实施区域污染源的污染负荷总量控制，对入湖河流进行综合整治；避免汇水区范围内的高强度开发，提高汇水区域绿化率；取缔湖内的投饵养殖，发展生态渔业。

三、开敞紧凑，有序开发

一般来说，空间紧凑与开敞形态能很好结合的空间结构，是最具持续性的空间。两湖地区大部分属于生态功能区，开发建设的空间布局必须与自身的生态环境特征相一致。结合两湖地区正在实施的库区异地移民搬迁规划，将人口和经济活动集中到资源环境承载能力较强、发展条件相对较好、发展潜力较大的区域，构建开敞紧凑的空间格局是两湖地区制定发展战略的一条基本方针,这既有利于缓解大量生态保护地区的人口压力,实现协调发展;也有利于调整人口的空间分布,实现人与自然的和谐发展。两湖地区特有的自然山体—水系格局造就了两湖地区特殊的建设环境,这为两湖地区建设空间紧凑与开敞相结合的组团城市创造了条件。两湖地区应该珍惜和保护这一自然遗产,以起步区为核心,聚合诸多发展单元,强化网络联系,构建一个高效率运行、高应变可能的组团式空间结构,促进有度有限开发。

因地制宜、因势利导,形成了以起步区为核心,以交通设施为纽带,分片发展的"一心多组团"的组团式结构。各组团多依山临水,自然与城市有机融合的风貌特征,形成了众多城市组团与自然环境相互交叉融合的格局。以组团式布局使城市与自然高度和谐相处,尽可能减少城市建设对自然生态的负面影响。

立足两湖地区土地适宜性评价,因地制宜明确两湖地区内部各分区功能。推进合理布局,为创新空间营造、服务体系建立和宜居环境特色塑造上留够空间。与此同时,在空间组织上,又要注意加强与周边地区的协调发展,特别是与中心城区、罗山组团、明港组团等之间形成联动发展的局面,全力打造宜居活力之区。

四、交通先导,产业跟进

对一个地区而言,产业是核心、交通是血脉。两湖地区属于开发程度较低地区,产业发展强度和交通路网密度明显低于中心城区及周边县区,是两湖地区开发建设的"短板"部分。为有序推进两湖地区的开发建设,必须坚持交通先行、产业导入的策略导向。

抓住"交通建设"这一"牛鼻子",打破制约发展的交通瓶颈,构建内畅外联的交通网络。第一,打通与中心城区、罗山组团和明港组团的交通通道,加强与高速公路、省道、铁路、机场的交通连接,打造对外交通通道。第二,尽快打通各组团之间交通联系,形成快速便捷的内部交通网。第三,加强向中央、省里争取力度,支持两湖地区尽快改善交通条件。

注重产业先导,突出"山、水、茶"三大主题并丰富内涵。一方面要发挥已有产业优势,加快项目建设,重点发展生态农业、生态旅游、休闲度假、高端旅游地产等,将茶产业、旅游产业打造成为两湖地区的"拳头产品"。同时,应充分发挥生态环境优势,抢抓幸福产业的发展集聚,聚焦大健康产业,大力发展健康养生、体育运动、养老医疗等产业，打造信阳新的增长极。此外，要瞄准新兴消费需求，丰富"健康"内涵。随着社会消费特征向以游、购、娱为主的发展和享受型消费快速转变，为两湖地区现代服务业发展带来了新的发展机遇。但新兴生活性服务业不能脱离特定发展阶段下一定区域内的市场需求而独立发展。因此，两湖地区应把握社会消费需求升级契机，明确重点发展领域，树立"大健康"发展理念，以产业融合促进产业业态推陈出新，丰富消费内容、拓展服务半径，促进服务业快速扩大发展规模、提升发展质量。

五、开放引领，改革开路

区域经济发展经验表明，改革和开放是一个地区加快发展的"双引擎"，是增强活力、促进发展的主导动力。对两湖地区而言：

坚持开放引领，加强全方位战略合作，以开放促发展，不断厚植开放合作优势。其重心是承接沿海发达地区的产业转移，融入中原城市群，提高接受郑州、武汉等周边大城市辐射的能力，积极参与区域合作和竞争；大力提高招商引资的质量和能级，完善全方位、多层次、宽领域的对外开放格局。

要坚持改革开放，以先行先试为突破口，打造体制机制创新示范区。进一步解放思想，更新观念，开拓创新，从更深层次、更广范围、更高水平推进体制机制创新，重点在营造一流的营商环境以及创新开发建设模式、投融资体制机制、用地制度、文化旅游发展、城市治理等方面加强探索创新，为城市郊区的开发建设探索新路，创造经验。

第六节 对 策 建 议

一、多渠道增加资金投入

统筹用好省财政相关补助资金，加大财政对两湖地区开发建设的支持力度，重点安排区域内重大基础设施、生态环境保护等项目建设。以筹办设立的两湖地区开发公司为平台，吸引国内外大型企业共同组建开发建设主体，扩大两湖地区建设资金来源。推动设立产业投资基金和创业投资基金，在符合法律法规和有关文件规定的情况下，采用市政债券、企业债券、信托、租赁、银团贷款、BOT、BT 等多种方式，解决两湖地区开发开放建设的资金缺口。

二、积极承接发达地区高端服务业转移

以幸福产业为重点，积极承接珠三角、长三角、京津冀等发达地区的旅游休闲、文化创意、体育运动、医疗康养、生物医药等幸福产业转移，吸引龙头项目，培育产业集群，发展壮大两湖地区的主导产业。支持发达地区知名大企业在示范区建设区域总部或营销中心；加强与港澳台地区的经贸合作，拓展合作领域，创新合作模式，重点推进在高端服务业、文化创意产业等领域的深层次合作。

三、推进"多规合一"

建立"一张图"的联动管理机制，加强城乡总体规划及土地利用总体规划、经济社会发展规划、生态环境保护规划等规划的协调和衔接，利用现有城市空间信息平台，建成发展改革、规划、国土、环保、水务、交通等多部门协调的空间信息平台，形成"多规"用地边界和内涵上高度统一的"一张图"。探索建立"一揽子审批"制度，凡符合"一张图"规划要求的各类项目，可整体审批通过。

四、实施一批重大项目

把项目建设作为推动两湖地区经济社会发展的重要保障。在产业发展、基础设施、生态环保和社会民生等领域精准谋划一批具有引领带动作用的重大项目，抓好项目精准招商，促进项目精准落地，营造项目实施落地的良好环境，努力形成"在建一批、开工一批、储备一批"的滚动发展格局，以项目建设保障规划目标的完成。对纳入规划的重大工程项目，优先保障规划选址、土地供应和融资安排。

第四章　信阳两湖区域空间布局和重大基础设施建设

从两湖区域发展的区域背景和空间要素情况出发，通过对国内外滨水滨湖地区开发经验的梳理，充分借鉴新区模式、风景区模式、滨水区模式等，提出了两湖区域空间开发的总体思路和基本原则，包括要以适宜性评价为基础、以空间价值识别为判据、以开发边界管控为保障、以基础设施建设为牵引等，通过城乡融合、乡村振兴、两湖联动等为区域空间发展形成动力，运用蔓藤城市理念构建区域空间开发单元，形成"三湖三廊三区三带两组团"空间格局，即保护好"三湖三廊三区"生态屏障，构建三大生态景观廊道，打造三大生态保护区，推动三大特色农业带发展，高水平推动两大组团集约发展，实施显山、露水、见林、透气工程，推动两湖区域与城区及周边地区空间联动。在此基础上，本专题还提出了两湖区域交通、水利、信息、能源、公共服务等设施建设的重点。

第一节　两湖区域空间发展基础

两湖区域是我国南北气候过渡带，生态环境优美，豫风楚韵特色明显，推进两湖区域规划和保护开发，要充分考虑区域空间发展的现状基础，需要从宏观的外部区域和微观的两湖区域内部两种尺度上综合考虑其要素禀赋和竞争优势，从而找到适合能够发挥区域优势的功能定位及与功能相适应的空间形态。

一、宏观区域背景

（一）信阳在河南省的发展态势

从两湖区域所在的信阳市在区域发展中的竞合态势来看，2019年全市地区生产总值达到 2758.47 亿元，按可比价格计算，比上年增长 6.3%，这个速度略低于同期河南全省的经济增速，显示出在新一轮增长周期下，信阳经济增长在全省中有所下降，这在一定程度上为信阳经济发展提出了新的挑战，迫切需要寻找新的增长动力和增长区域。

根据河南省"十三五"规划纲要，河南将围绕中原城市群建设，打造"一极三圈八轴带"空间格局，信阳处在第三层次上，即第一层次为郑州都市区，第二层次是郑州周边的洛阳、开封、平顶山、新乡、焦作、许昌、漯河、济源等 8 个城市构成的半小时核心圈，第三层次是安阳、鹤壁、濮阳、商丘、周口、信阳、驻马店、南阳、三门峡等 9 个城市的 1 小时紧密圈。与此同时，尽管信阳处在以郑州为中心的"米"字形"八轴带"中郑州—信阳沿京广南向发展轴上，但总体上信阳在省内处在相对边缘的位置。这意味着，两湖区域发展中，在空间开发规模上，要充分考虑这一实际，设置实际可行的目标。

（二）信阳与周边城市的竞合态势

从信阳与周边城市的对比来看，2019 年信阳人均 GDP 为 42641 元，略高于省内的南阳（38064 元）、驻马店（38943 元），显著高于周边安徽省的阜阳（32855 元）、六安（33370 元），显著低于湖北的随州（52380 元）、孝感（46767 元）。总体上看信阳在周边区域的竞争优势并不突出，但值得庆幸的是，信阳与周边城市差别不大，且目前还没有涌现出具有明显优势的城市，这为下一步信阳加快发展提供了难得机遇。

（三）信阳与周边城市的旅游资源

考虑到两湖区域未来希望在旅游发展上有所突破，我们对信阳及周边旅游资源情况进行了梳理，信阳所在区域的旅游资源相对富集，其中以自然山水资源型旅游资源为主，也有少量红色旅游、文化旅游的资源。从 4A 级以上景区数量对比看，信阳与随州、孝感相当，强于驻马店、阜阳，但明显弱于南阳、六安，如图 4-1 所示。

这意味着，信阳在发展自然山水旅游等方面面临着相对激烈的竞争，仅以水库方面为例，周边就有南阳丹江口水库、随州徐家河水库、淮南瓦埠湖、高塘湖等。但信阳也有自身独特优势，相比于资源较为丰富的南阳和六安，信阳在交通条件上的优势更为明显，因此信阳在旅游市场细分和产品设计时，应注重把交通

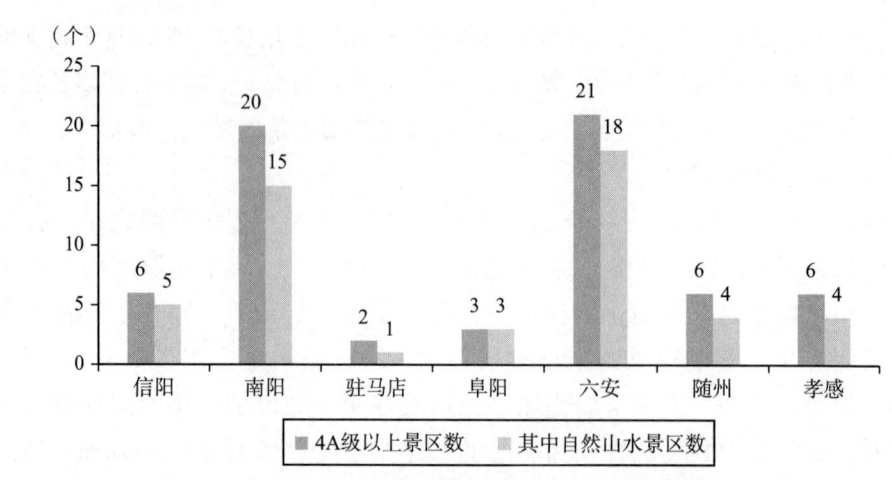

图 4-1　信阳及周边地区 4A 级以上景区数量

区位优势与自然资源结合起来，找到适合的领域，如一些时间相对较短（如周末游）、参与人数较多的旅游活动，可以把交通便利、集疏能力强的优势发挥出来，如表 4-1 所示。

表 4-1　　　　　　　信阳及周边旅游资源情况

	等级	数量（个）	景区	自然山水景区数（个）
信阳	5A	1	鸡公山	1
	4A	5	南湾湖，灵山，鄂豫皖苏区首府博物馆，西九华山，金刚台国家地质公园	4
南阳	5A	1	伏牛山老界岭—恐龙园	1
	4A	19	南阳武侯祠，鹳河漂流风景区，赊店古镇，内乡宝天曼，内乡县衙，宝天曼峡谷漂流，镇平国际玉城，淅川香严寺，西峡老君洞，西峡龙潭沟，五朵山风景区，内乡云露山，方城七十二潭，花洲书院	14
驻马店	4A	2	嵖岈山旅游景区，南海禅寺	1
阜阳	4A	3	阜阳生态乐园，颍上县尤家花园—五里湖湿地公园，颍上县迪沟景区	3

续表

	等级	数量（个）	景区	自然山水景区数（个）
六安	4A	21	横排头风景区，东石笋景区，皖西博物馆，悠然蓝溪度假区，独山革命旧址群，六安万佛山景区，小南京乡村旅游扶贫示范区，响洪甸水库景区，佛子岭景区，燕子河大峡谷景区，悠然南山度假区，九公寨景区，龙井沟景区，铜锣寨景区，南岳山景区，金寨县梅山水库景区，金寨县红军广场景区，临淮岗景区，皖西大裂谷风景区，大别山主峰景区，大别山石窟风景区	18
随州	4A	6	大洪山风景名胜区，西游记漂流，炎帝神农故里风景区，西游记公园，随州文化公园，千年银杏谷景区	4
孝感	4A	6	汤池温泉，白兆山李白文化旅游区，观音湖生态文化旅游度假区，双峰山旅游度假区，天紫湖生态旅游度假区，董永公园	4

（四）信阳与中心城市的合作潜力

从信阳与周边武汉、郑州、南京、上海、合肥等中心城市（省会城市）的联系情况看，联系最紧密的是武汉，其次是郑州。信阳在第二产业上与这些城市有较大的合作空间，如农产品和食品加工、非金属矿制品、钢铁制造、纺织、木材加工、电力、饮料制造等优势领域，特别是与上海、南京联系密切，非金属矿、食品制造联系指向郑州。与武汉在钢铁制造方面合作空间广阔。与合肥的二产合作主要在印刷和交通设备产业等领域，如表4-2所示。

表4-2　　　　　信阳与主要城市的产业联系方向

城市	二产优势合作方向	二产可能的合作方向
郑州	非金属矿制品业	食品制造业
武汉	黑色金属冶炼及压延加工业	交通运输设备制造业
上海	通信设备、计算机及其他电子设备制造业、家居制造业	印刷业和记录媒介的复制，交通运输设备制造业
南京	通信设备、计算机及其他电子设备制造业	纺织服装、鞋帽制造业，交通运输设备制造业
合肥	印刷业和记录媒介的复制	交通运输设备制造业

值得一提的是，信阳与武汉、郑州在旅游休闲上的合作也具有很大潜力，依托独特气候资源和自然山水资源，可以培育面向区域的商务休闲和健康疗养功能，两湖区域有望成为这方面合作的重点载体之一。

二、空间要素识别

推动两湖区域空间合理开发，需要以两湖区域的空间要素为出发点，扬长避短，既充分保护区域既有自然山水格局，又因地制宜释放生态资源潜力，通过适当的开发，形成特定产业和功能发展的载体。

（一）自然因素的先决限制

两湖区域开发中主要的限制性因素有三类，一是自然地理条件的限制，比如地质、地貌、土壤、气候、植被等的限制，其中最主要是地质、坡度的限制，适宜开发的区域要避开地震带，凡是地形坡度≥25°，或者位于地质灾害高危险区、地震断裂带500米范围区、重要矿产压覆区都不适宜进行集中建设。二是基本农田保护区，土地利用总体规划确定的基本农田是集中建设需要避让的，分析中，对各乡镇土地利用总体规划中的基本农田进行了剔除。三是生态环境安全控制区和自然与文化遗产保护区，规划中主要是要对南湾湖省级风景区、出山店水库保护区的范围进行剔除，另外对新区范围内的主要市级以上风景名胜区进行有效保护。在这三方面要素的基础上进行叠加构成两湖区域空间开发的底图。

（二）上位规划的约束引导

在《信阳城市总体规划（2015—2020年)》中提出，充分利用南湾区旅游资源优势，并结合城市的旅游职能，在这一地带安排游览、健身、娱乐、休闲、度假等设施。把南湾建设成设施完善，具有综合服务功能的旅游度假区，作为全市的旅游服务基地，充分体现信阳旅游城市的特色。与此同时，出山店水库已完成蓄水，也在所在区域形成非常显著的景观效果，开发的重点应该与出山店水库周边区域充分结合起来。

综合上位规划的约束和引导内容看，两湖区域是信阳中心城区周边非常稀缺且珍贵的城郊滨水空间，具有得天独厚的区位优势。与此同时，由于南湾湖和出山店水库的功能定位差异，未来两湖区域开发中，应区分南湾湖及周边区域、出山店水库及周边区域，在区域内部形成有序的差异化发展格局。

专栏 4-1　信阳城市总体规划（2015~2020 年）中南湾组团发展重点

用地现状：城镇建设集中在南湖路两侧，路网格局为以南湖路为主干的枝状尽端路，村庄与城区、水泥厂联为一片，建设较为混乱。行政管理、学校、宾馆等服务设施集中于大坝下和风景区入口处，影响景观风貌，与发展风景旅游存在一定的矛盾。另外，浉河南岸建有部分文教科研单位。

职能定位：旅游服务基地，相应的城市居住及服务。

用地布局要点：迁出水泥厂等污染工业，结合风景区入口环境的综合整治，在浉河沿岸及坝下地带建设河滨绿地。于组团西南部集中安排旅游服务设施和公共设施。组团东北部结合改造现有村庄，规划一、二类居住用地。

从城市总体规划等上位规划看，两湖区域开发的约束包括五方面：一是南湾风景名胜区为省级风景名胜区，有关建设活动需要经过省有关部门批准。二是水源保护区：基本不安排城镇建设用地，以自然观光和休闲功能为主；以农村居民点整理与新型农村社区安排为主。三是区内特别是北部的吴家店等乡镇有大量基本农田，在规划和建设中难以进行调整。四是出山店水库建设中对移民的总体安排，移民新村的建设分布，某种程度上为区内未来空间提供了基础。五是地质水文条件，由于大型水库建设对周边在地质上的影响等。

（三）城乡融合的现实需求

当前信阳市的主要城市发展方向是向东、向北，因此从全市角度看，地处城市西部的两湖区域，不在城市发展的重点方向上，因此其重点开发的模式一定不是集中连片地拓展和蔓延式推进。而是要充分考虑自下而上的本地发展力量与自上而下的政府和外来市场主体形成的发展力量的有机融合，从而在空间形态上呈现出城市空间形态和乡村空间形态的有机融合，城市生产要素和乡村生产要素的有机融合。从城乡融合的角度看，未来两湖区域的开发重点包括两个方面，一是靠近城区的地区，如金牛、南湾、甘岸等地区；二是乡镇政府驻地建成区内的一些区域，如董家河镇、吴家店乡、十三里桥乡等。

（四）乡村振兴的空间要求

对于两湖区域而言，另外一种发展的力量来自于自下而上的村庄，由于信阳西部丘陵山区的村庄具有形态分散、规模小等特征，因此，从乡村振兴的角度看，两湖区域的开发形态应该是空间上相对分散分布，能够有利于城市要素向农村传递，同时有利于乡村优势特色要素如山水资源、信阳毛尖等特色资源向上（面向消费者）的传递，这样在空间上形成了沿次要交通线路、沿主要河流、沿主要山前地区，形成了分散且相对呈带状分布的区域。

然而如果停留在既有的传统农业形态中，则不足以形成支撑乡村振兴的强大动能。通过发展新的产业形态，让城市的社会资金与社会人才向乡村流动，改变长期以来农业生产中土地资源分散造成的土地利用率低、集聚效应不高、污染环境等问题，为农村产业发展提供更充实的资金，促进村级社区经济和农民收入持续增长。

第二节　国内外滨水滨湖地区开发的主要案例及经验

近年来，随着人们生活水平的提高和消费升级，人们对于良好自然和生态环境的需求越来越强，许多城市都依托自然湖泊、水库等谋划景区发展和城市建设，在大量实践中形成了一些代表性经验，可以概括为新区模式、风景区模式、滨水区模式。

一、新区模式

依托湖泊湿地，打造一个城市新区，是滨湖地区开发的一个较为常见的模式，称之为"新区模式"。通常在理论上认为，新区模式的优点在于，城市政府能够通过住宅和商业开发收回资本，从而用于湖泊湿地保护和景观塑造；可以对湖泊湿地进行整体规划和管控，有助于提升保护效果；新区模式可以最大限度地释放湖泊湿地等自然资源的生态价值，提高人们的依据水平。在新区模式中，人与湖泊湿地的关系是生活居住等日常行为，因此在空间形态和规划设计上，要突出湖泊湿地与人们生活场景的深度融合。

（一）贵安新区

贵安新区是由国务院批复的国家级新区，位于贵州省贵阳市和安顺市结合部，辖4县（市、区）20个乡镇，规划控制面积1795平方千米。区内有大量湖泊湿地，其中红枫湖是贵州最大的人工湖泊之一，水域面积57.2平方千米。贵安新区在区域面积、水面面积、地形地貌等方面与信阳两湖区域有很大相似性，其规划思路可为两湖区域提供借鉴，主要包括以下两方面。

一是在发展定位上，将休闲度假旅游作为重要功能之一。充分发挥自然山水、民族人文资源优势，展示原生态文化魅力，推进旅游要素转型升级，探索特色民族文化与旅游融合发展新路子。

二是空间形态上，采取了分散组团的发展模式。贵安新区在规划中采取了分片集约紧凑发展，采取"大分散、小集中"的策略，促进贵安生态新城、马场科技新城、花溪大学城三大片区组团化布局，形成"一核引领、两城集聚、三片辉映"的空间结构。

（二）雄安新区

雄安新区是由党中央、国务院批复的国家级新区。雄安新区规划面积1770平方千米，其中白洋淀等水体面积达到366平方千米，其规划思路也可以供两湖区域规划借鉴。

生态优先的理念。在雄安新区规划中提出，将山水林田草作为一个生命共同体进行统一保护、统一修复。通过植树造林、退耕还淀、水系疏浚等生态修复治理，强化对白洋淀湖泊湿地、林地以及其他生态空间的保护，确保新区生态系统完整，蓝绿空间占比稳定在70%。

划定规划控制线。通过科学划定生态保护红线、永久基本农田、城镇开发边界三条控制线，加强各类规划空间控制线的充分衔接，进而实现对土地利用、环境保护、文物保护、防洪抗震等活动的统筹和管控。

分散布局。雄安新区形成"一主、五辅、多节点"的空间布局，在建设起步区的同时，推动五个外围组团发展，同时建设若干特色小城镇和美丽乡村。

（三）东莞水乡

东莞水乡地区为与东莞市西北部，该区域水生态资源丰富，交通便捷，具有较大的发展潜力和广阔的拓展空间。2013年，东莞市政府将这一区域的10个镇、1个港区，总面积约510平方千米，提出了建设东莞水乡特色发展经济区的概念。希望以水乡生态为基础，充分发挥水乡文化底蕴，推动发展模式从粗放分散向集约有序转变、资源配置从行政区配置向经济区整体配置转变、产业形态从"小、散、弱"向"大、聚、强"转变、空间布局从自然生长向规划引领转变、管理体制从镇街各自为政向区域统筹管理转变，努力打造岭南传统文化与现代城市文明相融合的水乡特色发展经济区。

东莞水乡特色经济区在空间结构上提出，以轨道交通为骨架，构建水乡公交网，顺应河网肌理，优化水乡篮网，整合农田、湿地和公园体系，完善水乡绿网。在"公交网""蓝网""绿网"的共同引导下，围绕轨道交通枢纽构建五大产城联动、城乡一体的发展组团。包括：区域服务组团、特色商贸物流组团、临港产业组团、滨水商务休闲组团、传统优势产业升级组团。

在各类功能载体上，水乡规划还提出了四大产业基地，包括虎门港综合保税物流基地、新沙—麻涌港临港产业基地、沙田海洋新兴产业基地、石龙—石碣—高埗电子信息产业基地，五大服务平台，包括望洪枢纽地区综合服务中心（水乡新城）、万江商务休闲中心（东莞RBD）、中堂商贸物流基地（穗莞物流城）、沙田粤港澳合作发展基地（国际海港城）、石龙科技信息服务基地（区域信息港）。六大水乡风情体验区，包括：洪屋涡水道民俗文化风情体验区、东江北干流民间艺术风情体验区、中堂水道龙舟文化风情体验区、东莞水道特色美食风情体验区、麻涌河"香飘四季"风情体验区、东江南支流名人文化风情体验区。

东莞水乡规划在空间上的特点包括：一是对自然水网格局的尊重，生态优先的理念，在开发建设上、产业发展上都贯穿了这一理念。二是通过提出建设水乡特色经济区，有助于将分散在各镇的发展诉求、发展平台、主导功能等统筹起来，更有助于地方生态环境的整体保护和特色产业的培育打造。

二、风景区模式

（一）日本箱根的芦之湖（ashi lake）

芦之湖位于箱根町西部，驹形岳的南部山脚，湖面面积7.03平方千米，深43.5米，周长21.1千米，是箱根区域旅游的核心地区，它是在三千多年前，因火山活动而形成的火山湖，经湖水冲刷的河谷。湖山相映，不同的季节有不同的景致和情趣。芦之湖发展中的一个重要经验是，将其与著名的富士山等景点相联系，从而形成了旅游目的地组合，配以温泉、滑雪场、高尔夫球场、美术馆等度假产品体系，形成了比较好的发展态势。

（二）瑞士苏黎世湖

苏黎世湖位于瑞士最大的城市苏黎世南段，面积88平方千米，湖水水质清澈，是绝佳的游泳场所，苏黎世湖周围有很多美丽的小镇，东北岸有拉博斯维尔（Rapperswill）、美伦（Meilen）、南岸有塔尔维尔（Thalwil）、贺根（Horgen）等，拉博斯维尔是个弥漫着中世纪风情的小镇，贺根是一个以新石器时代考古发现文明为特色的瑞士中部小镇，如表4-3所示。

表4-3　　　　　　　　　苏黎世湖周边小镇旅游开发情况

名称	拉博斯维尔	贺根
位置	苏黎世湖东岸	苏黎世湖南岸
水上产品	游船、游泳、帆船、皮划艇等	同
陆地产品	参观海港、城堡博物馆、波兰博物馆、马戏博物馆和国家马戏大剧院、Schlossberg城堡、城镇广场；山地自行车、露营、湖边漫步、远足；儿童动物园、鹿园	参观贺根煤矿、贺根本地博物馆、自然博物馆、Residential and Porcelain博物馆、贺根新教徒教堂、滨湖漫步、徒步旅行、野餐
特色活动与节庆	玫瑰花园和盲人玫瑰园，很多新婚夫妇来此度蜜月；late night节	参观贺根博物馆内新时期时代的考古发现
交通条件	火车、游船等。镇内有便利的公共交通系统，30分钟便可到达苏黎世	便利的A3汽车高速公路、2个火车站
接待设施	10家旅店、1家青年旅社、4家私人旅店、5家假日公寓；餐馆可提供瑞士、意大利泰国菜	提供各种豪华式和商务式酒店；20多家餐厅可为游客烹饪世界各地的美食
2008年游客量	3.56万人在小镇内住宿一夜或多夜。夏季每日有1万~1.5万游客	过夜游客2.5万人次

（三）上海淀山湖

淀山湖地区包括青浦区朱家角镇、练塘镇和金泽镇，位于上海与江苏、浙江的交汇处，总面积约340平方千米。该地区历史文化悠久，景观资源丰富，有大小河道860条，拥有21个自然湖泊，水面率高达32.7%，是上海乃至长三角最具水乡特色的区域之一。区域内的淀山湖是上海境内最大的淡水湖泊，水域涉及江苏和上海，本市所辖水面面积47.5平方千米。

淀山湖地区的规划提出了"两片两带三组团"的空间布局。其中，两片：湖区片和水乡片，即以G50高速公路为界，北部为湖区片，发挥滨湖景观优势，强调公共性和生态性，坚持严格的低碳要求，以景观生态休闲为主要功能，加强区域联动，主动对接周边地区，建设与上海国际大都市功能相适应的知名湖区核心区域。南部为水乡片，发挥水网密布的自然优势，构建和谐水生态环境，将独特的水乡文化融入到生态建设之中，打造长三角知名的水乡文化区。两带：环淀山湖生态带和金泽—练塘水乡风貌带。两带之间以规划中的青西郊野公园相连接，"两带"沿线以水源保护为前提，布局若干各具特色、点状分布的"中心"，各"中心"之间建设开放性生态通廊。三组团：青浦新城—朱家角（含沈巷）组团、练塘新市镇组团、金泽新市镇组团。

（四）成都（简阳）三岔湖

三岔湖景区位于成都高新区简阳片区（成都天府空港新城）龙泉山东麓三岔镇，1977年3月三岔湖水库建成蓄水。三岔湖是都江堰龙泉山灌区水利工程的大型屯蓄水湖泊，也是四川省第二大湖泊。三岔湖旅游区含27平方千米水域、113个岛屿和165个半岛，属湖泊型和山地型复合旅游度假区，是天府新区"两湖一山"国际旅游文化功能区的核心区之一。

三岔湖在规划时，提出了以水为魂、师法自然、有机集中、林盘错落的开发原则，形成一湖横贯、七星伴月的格局，每个组团的规模适当控制，大约在300~400公顷，从而保证整个区域较低的开发强度，保护好自然山水环境。

在产业发展上，三岔湖新区以优美的自然环境为基础，拟培育发展的功能包括：影视基地、艺术村、创意产业园/研发中心、健康城/医疗疗养中心、国际寄宿学校、会议会展、生态农业等。这些功能可供两湖区域借鉴。

（五）主要经验

一是水上产品的开发在湖泊度假区中应突出其重要地位。从全世界各大湖泊旅游度假区的情况来看，水上产品的种类相对较少，陆地和空中的旅游产品总量远远超过了水上产品的数量。游客也将游览的重点放在湖泊周边的地区上，以陆地产品为主，对于湖泊只是选择远眺和在湖畔散步等方式，很少去破坏湖面的宁静。例如班芙国家公园，有3/4的游客选择游览路易斯湖，几乎所有游客的共同活动都是在班芙小镇上购物。

二是注重淡季旅游产品的开发。湖泊旅游集中在夏季，冬季限制严重，针对这一特点开发冬季旅游产品，如滑雪、雪橇等；开发适合四季参与的产品，如温泉、疗养、缆车、飞艇等，使游客在游览湖泊之余，还有大量活动项目可供选择。

三是注重完善城镇公共设施。好的湖泊旅游案例中，城镇都有完备的公共设施，如商业街、大型娱乐场、影剧院、室内体育馆、图书馆等。完善的公共设施有限可促进城镇的功能不断得到发展，满足当地居民的日常生活需要，同时也为游客提供周到、优质服务，丰富游客假日生活。

四是从生命周期上看，湖泊旅游一开始集中在自然景色，但在从发展阶段过渡到巩固、停滞阶段时，开发重点应逐渐从水上产品向陆地和空中产品转移，使陆地、空中旅游产品成为度假区的重要产品，而湖泊逐渐成为整个旅游区的一种衬景。

三、滨水区模式

世界上超过 100 万人的城市中，60% 分布于江河湖海地带。随着人们对更高生活质量的追求，越来越多的城市重视滨水地区的发展，如芝加哥滨水地区成为全世界闻名的会议展览中心、多伦多滨海区是城市文化中心、巴尔的摩内港是城市综合游憩商业区、波士顿滨水区则以大型综合性开发为特征。

（一）伦敦道克兰码头区开发

19 世纪末、20 世纪初，伦敦码头区曾经是当时全球最大的港务综合区之一。第二次世界大战以后，在英国工业总体衰退的大形势下，老码头已经不能适应新的航运技术和现代交通联系的要求，伦敦码头区逐渐衰退，成为伦敦社会、经济问题最严重的地区。

道克兰码头区的开发从 1980 年开始，在道克兰地区设立城市发展区，并成立了轮到道克兰码头区城市开发公司（HMSO，1980）开发区域位于泰晤士河两岸，西起伦敦塔桥，东至皇家码头，占地 22 平方千米，到 1998 年 3 月，开发历时 17 年。在道克兰 1985 年编制的码头区规划中，提供了一个由广场、滨水散步道和林荫大道限定的公共开放空间，给公共领域提供了存在的可能性，并对各单个项目的建筑立面、高度、檐口等进行了详细规定，保证了高品质的整体环境，使得整个区块的城市形象得到改观。

（二）温哥华格兰威尔岛

规划时将该项目整体定位为建设一个"城市村落"（urban village），即把格兰威尔岛从传统工业装修变为集现代商业、文化、旅游、娱乐和服务于一体的城市社区中心，并有针对性地将公共娱乐活动定位于休闲、漫步、购物和餐饮等，这种混合的策略使格兰威尔到产生一种持久的活力，不像许多西方城市中心区那样，白天人群息壤，夜晚则成为"死城"。此外规划还安排了多种公共空间和半公共空间，工人们交流聚集、庆贺活动，每年在这些公共场所举办数十次的艺术表演、节日狂欢、划船比赛以及各种慈善捐助等活动，每年接待游客超过 800 万人次，成为温哥华地区的公共活动中心。

（三）韩国清溪川的改造

清溪川是韩国首尔的一条河流全长 5.8 千米，流域面积 59.83 平方千米，汇入中浪川后流入汉江。清溪川改造项目是对改善首尔城市生态环境，提升首尔城市品位和竞争力具有重要意义的一项建设实践。

在过去，首尔发展过程中，逐步将清溪川填埋了，到 1961 年以后全部填埋了，上面建设了公路、立交桥等，环境状况十分糟糕。从 2003 年起，首尔市政府开始实施清溪川内河的生态修复和周围环境整治工程，整个工程历时两年多，拆除了清溪川上的路和年久失修的立交桥，修建了滨水生态景观及休闲游憩空间，通过在上游引入汉江水，再从下游流入汉江，实现了清溪川一年四季流水不断。

（四）澳大利亚悉尼达令港

达令港位于悉尼市中心西北部，为悉尼中心商务区西部城区的大型休闲与行人专用区。该区从悉尼唐人街北起，沿着海扇湾两岸，东临国王街码头，西至派蒙城区。达令港一带历史上是悉尼铁路站场和港埠所在地，后一度废弃衰落。1984 年新南威尔士州政府正式开始对该区域进行再开发，宣布"经过 150 年的工业用途后把她还给悉尼人民"。到 1988 年澳大利亚建国 200 周年国庆时，达令港重新开放，此后成为澳大利亚重大户外庆典的场地。达令港在改造规划设计中增加的内容包括会展中心、临海散步道、中国画院、国家海洋博物馆、海湾市场、旅馆以及高架环路、单轨电车线路等。

（五）小结：滨水区开发的主要经验

改善滨水地区人居环境，突出其在城市公共生活中的作用。过去的工厂、码头、仓库转化为一个富有活力的公共场所，广泛吸引城市中不同年龄、不同职业和不同收入阶层的群体，即成为展现都市生活意义的舞台。在此基础上，完善休闲、娱乐、观光、餐饮、购物等多种设施；创造多样化的开放空间，为不同的户外活动构筑背景；举办公共性的节庆活动，吸引更多市民参与。

注重亲水空间的创造。水景对人有特殊的吸引力，无论是开阔的水面还是精巧喷泉，都能让人得到视觉享受，得到休闲放松。过去，滨水地区布置了太多的工业、仓储和港口，亲水空间少，市民与自然水体的联系被隔断了，亲水空间的营造就是重建人与环境的亲密关系。比较常用的规划设计手法包括：建设滨水步道，让人领略到近水漫步的乐趣，整治水面环境，设置水上公园、水上游乐等项目。这给两湖区域发展的启示是，要进一步在水上做文章，并且要提高湖区周边的亲水性。

保护滨水的历史地段。滨水地区通常与城市的历史息息相关，拥有许多历史性要素，例如有城市中最原始的一段围墙，第一条马路，第一段铁轨，第一个车间，第一个烟囱等，这些都构成了人们认识历史的强有力的媒介。虽然许多这样的构筑物已不再适用，但他们应该被认为是未来城市中有意义的一部分，以体现城市发展的连续性。

专栏 4-2　国外滨水区规划案例及启示

■　主要案例

①港口码头区的改造：巴尔的摩内港区、悉尼达令港、伦敦码头区、横滨未来港口

②小镇滨水区：乌镇、古北水镇、佛罗里达迪士尼庆典新城

③景观性滨水区：加州 Monterry Bay

④滨水公共空间：阿姆斯特丹中心城区

■　主要启示

①注重把保护生态放在优先位置

②立足生态开展低冲击开发建设

③注重让市场力量参与开发建设

④注重整体规划与起步区重点建设结合

⑤注重集约紧凑的点状开发模式（推进模式）

⑥居民/农民利益的维护

第三节　两湖区域空间发展的总体考虑

一、总体思路

两湖区域开发应以适宜性评价为基础，以空间价值识别为判据，以开发边界管控为保障，以基础设施建设为牵引，以重点节点打造为抓手，借鉴蔓藤城市理念，依托自然山水肌理，打造若干体量适度、功能各异、联系紧密的空间开发单元，控制好空间开发强度，实现低冲击开发、高品质开发、一二三产融合、山城湖联动。

（一）以适宜性评价为基础

国土空间开发适宜性评价，是利用地理空间基础数据，在核实与补充调查基础上，采用统一方法对两湖区域进行建设开发适宜性评价，确定最适宜开发、较适宜开发、较不适宜开发和最不适宜开发的区域。适宜性评价应遵循尊重自然、顺应自然、保护自然的理念，充分考虑所处区域背景和特点、资源环境本底与承载能力，顺应社会经济发展趋势，均衡发展和保护关系，开展国土空间开发适宜性评价，为国土空间开发与保护格局的优化调整提供科学依据。

（二）以空间价值识别为判据

从信阳发展的态势来看，未来中心城区周边区域的空间价值判断，需要综合考虑三个方面的因素，一是中心城区的扩张效应——出山店水库对下游用地适宜性的影响，大量的滩涂空间可以转化为建设用地，信阳中心城区从浉河时代跨入两河时代、淮河时代，这样未来信阳城区将从现在的单中心结构趋向于双城的结构；二是中心城区对周边县域的带动效应——县城的一体化、互动，在这个带动效应下，会导致一些交通节点上的区块呈现出较大的发展潜力，而靠近中心城区的县城的空间价值也有望得到较大提升；三是西部生态功能的溢出效应，信阳西部地区拥有良好的自然山水条件，同时又是信阳毛尖的核心产区，生态环境得天独厚，未来随着我国居民消费升级，西部地区的生态资源价值有望得到更好的实现。

（三）以开发边界管控为保障

以边界框定集中建设规模，引导紧凑集约发展，为实现城市紧凑布局、精明增长，应发挥生态保护红线、城镇开发边界、永久基本农田等开发边界（红线）的政策工具的作用，将开发边界作为集中建设行为的管控边界，控制大部分建设用地规模集中在开发边界以内投放，推动"规—建—管"一体化，提升开发边界内土地利用效率，限制开发边界外的建设用地增长，鼓励边界外低效建设用地有序腾退，腾退后的用地指标用于开发边界内建设用地布局。对于生态红线与重要生态功能区，实施刚性管制措施。而对于生态红线与重要生态功能区外的其他范围，则应结合实际、强调灵活，避免"一刀切"的行政手段。

（四）以基础设施建设为牵引

两湖区域大部分位于城市规划区以外，交通、给排水、供热、供暖等基础设施不完善，推进两湖区域开发，应发挥基础设施的牵引作用，要完善中心城区到两湖区域的主要通道建设，完善两湖区域内部的交通和游客集疏运体系，完善旅游服务、环境卫生等设施，通过设施的牵引作用，改善区域旅游休闲、生活居住、生态农业等各项功能，提升区域整体品质。

二、基本原则

（一）低冲击开发与高品质开发

坚持生态优先、绿色发展，加强环境保护、倡导绿色生活、推动绿色崛起，统筹生产、生活、生态三大空间，构建蓝绿交织、和谐自然的国土空间格局，逐步形成城乡统筹、功能完善的组团式城乡空间结构，布局疏密有度、山水一体、经济效益与生态效益有机统一的区域格局。

（二）一二三产融合

挖掘乡村多种功能和价值，大力开发农业多种功能，延长产业链、提升价值链、完善利益链，建设一批设施完备、功能多样的休闲观光园区、森林人家、康养基地、乡村民宿，发展乡村共享经济、创意农业、特色文化产业等，通过保底分红、股份合作、利润返还等多种形式，维护好当地居民的利益，让农民合理分享全产业链增值收益。

（三）山湖城联动

依托独特地域文化、绿色自然风光、特色农业资源，统筹"山、河、湖、田、城"联动发展，发展旅游休闲、文化、景观等产业，大力提升区域环境质量，建设成为生态和谐、文化繁荣、景观优美的生态旅游集聚区域。

（四）依水、依资源延伸

将水作为区域发展的一个核心，改造和营建区域水网络、水景观系统，完善区域交通道路系统，丰富空间资源和要素串联，塑造形成空间上的纽带、廊道或通道，将城市发展和区域开发融入风景、田园。

三、空间分析

（一）空间开发单元形态的选择

开发单元的形态，总体上需要满足几个方面，一是满足工业化发展的需要，在我国现阶段，工业发展一般是以工业园区为主要空间组织形态；二是要满足地方农村发展需要，当前农村发展的形态主要有田园综合体、农业园、特色村落（包括历史村落）等组织形态；三是满足现代服务业发展需要，包括物流园区、旅游景区、休闲度假区、影视基地、会展中心等一系列的空间形式，如表4-4所示。

表4-4　　　　　　　　两湖区域空间开发形态体系

支撑功能	空间形态	面积规模	分布地区
工业发展	工业园区	门槛规模5平方千米左右	非两湖区域的核心区，交通便捷，考虑现有基础
现代服务业发展	物流园区、旅游景区、休闲度假区、影视基地、会展中心	1~2平方千米，参照特色小镇	相对集中的可建设空间内，占据核心的要素资源
农业和农村发展	田园综合体、农业园、特色村落（包括历史村落）等	总面积约500亩，建设面积控制在100~200亩	依托资源要素分布，散落在区域内

这样在空间形成了三个层次：单元面积最大的是工业园区（具体是否设置这一类型，结合产业专题商定），需要满足基础设施配套的门槛，单个面积要求较高。其次是服务业单元，需要主导功能具有一定强度、辅助功能比较完备，需要具有一定规模，借鉴浙江特色小镇的经验，面积一般2平方千米左右，鉴于信阳发展实际，考虑到招商中开发上的实力，以及各功能不同的用地需求（如教育功能的用地较大），面积上可具有一定弹性，1~3平方千米。面积最小的是农业单元，在功能上一二三产相融合，以农业功能为主，兼具有一定的生活、生产、服务功能，面积上相对较小，其中建设用地面积限制在一定规模以下。

（二）开发模式与空间形态建立关联

基于这样的空间形态单元的考虑，开发政策要基于以下三个特征进行响应。

一是从总的开发思路上不适宜作为一个城市新区来进行集中开发建设。主要是由于，信阳已经在东部布局建设了城市新区，并且开发建设已经形成了一定规模，人气正在形成。2016年末，信阳市区人口规模为65万人，在此规模的城市不适宜规划建设数量太多的城市新区。另外从用地条件上看，两湖区域是典型的秦岭余脉的山地丘陵地区，水塘、沟渠众多，不适宜大规模挖山、填湖的开发建设。

二是不适合一个开发商进行大规模建设。这是由于：首先，两湖区域面积尺度较大，根据测算，可开发建设面积在130平方千米左右，单个开发商无论在实力上，还是市里对于开发节奏的要求上，都难以达到要求。其次，两湖区域具有特色的地域文化、生活方式等，要求在开发中采取多元化模式，从而能够更好地保护好地方文化、乡愁记忆。因此，在开发模式上不能选择单一开发商的模式，需要有一个主体进行统筹谋划的基础上，按照市场化机制，在实施层面形成开发主体的多元化。

三是水源地、风景名胜区等保护要求，开发上需要绿色生态产业植入占有一定比例，而不是纯粹的房地产开发。南湾湖水库是信阳城区生产生活用水水源地，出山店水库为备用水源地。在生态保护、开发建设等方面受到了河南省水利部门、建设部门的明确规定限制，同时从资源品质上看，也是未来信阳可持续发展的命脉，从这个角度在开发上需要考虑：一是不适合做特别大尺度的旅游和主题公园，即便是引入一些单位时间内游客密度比较高的项目，也是需要在空间上进行点状开发的设计。二是开发行为要尽量做到显山露水，不影响区域的自然山水脉络，限制对自然本底冲击比较大的项目准入。

(三) 两湖区域空间结构塑造的三大动力

空间结构选择和设计上,我们主要从三个角度切入:城乡融合、两湖联动、乡村振兴,这三个方面也是谋划未来两湖区域发展的主要动力。

第一是城乡融合。主要是形成中心城区向西辐射两湖区域的主要通道,作为两湖区域的重要空间骨架之一,这样既便于借助城区的主要基础设施延伸,也便于在开发过程中借助城区服务设施。具体而言,主要有三个城乡融合轴线,一是北部的312国道;二是中部的新七大道及其延长线(011县道);三是224省道,如表4-5所示。

表4-5 城乡融合主要轴线

轴线名称	主要依托通道	主要功能	主要涉及区域
北部城乡融合发展轴	312国道	城区人口休闲及功能辐射轴线	游河乡、吴家店、甘岸、双井
中部城乡融合发展轴	中部的新七大道及其延长线(011县道)	教育服务功能延伸、景区服务	南湾管理区、董家河镇等
南部城乡融合发展轴	224省道	特色农业、茶园观光	十三里河乡等

第二是两湖联动。未来两湖区域大的开发建设活动中,可对区域空间结构形成较大调整的行为,主要集中在两湖区域之间的大的工程项目,无论在景观打造、旅游线路、功能互动等方面,在两湖之间形成联动效应。

第三是乡村振兴。未来一段时期两湖区域发展需要充分考虑乡村振兴的因素,基于产业特色村落、历史文化村落、自然山水景观等,形成不同的乡村振兴路径,对于两湖区域空间结构上也会形成一定影响,如表4-6所示。

表4-6 乡村振兴主要节点

类型	名称	主要特点
产业特色村落	十三里桥乡十三里桥村	乡村休闲、茶庄
	董家河镇董家河村	信阳毛尖茶园、自然山水游
	游河乡李畈村	乡村旅游、民宿休闲
	彭家塝	农业生态休闲
	彭家湾乡李岗寺村	生态农业

续表

类型	名称	主要特点
历史文化村落	董家河镇睡仙桥	人文传说、乡村休闲
	南湾街道贤山村	贤隐寺等宗教文化
	游河乡寺湾村	祝佛寺宗教文化
自然景观村落	黄金沟	水系连通
	曹家塆	茶园景观、德茗生态茶园

（四）以"蔓藤城市"理念引领空间结构

空间结构上建议采用蔓藤城市的理念，"蔓藤城市"设计理念是一种融入风景、保护田园、延续风貌的发展新探索。体现了有机共生、文化传承、延续脉络的核心理念，探索了一种新型营造城市的模式。在国外，米兰、哥本哈根等城市发展在某种程度上呈现出蔓藤城市的理念。"蔓藤城市"的核心价值在于对原有村庄格局和形态、生态和文化充分地尊重、保护和利用，在村庄聚落地区培育城市功能，建造出一个具有"蔓藤"肌理的城市，实现就地城镇化、就地非农业或就地现代化，即让乡村渐近地成长为城市。

专栏4-3 贵州万峰林的"蔓藤城市"实践

万峰林现代服务业开发区位于贵州省黔西南布依族苗族自治州首府兴义市东南部，紧临万峰林机场，被马岭河大峡谷、万峰林、万峰湖等三大景区包围，规划总面积9.95平方千米，起步期面积3平方千米。

在这种以山地为主的农村地区，有很多传统规划方案不适合开发保护的平衡要求，会给大量的农田、自然景观和绿色生态带来破坏。因此采用了"蔓藤城市"理念，强调城市发展的过程犹如植物藤蔓生长一样根植于当地生态环境、传承地域文化，这种新田园城市的探索，既能保留日益稀少的美丽山水、田园、村落和山丘，又能找到适宜地域发展的规划方法。

规划中通过对自然山水格局、特色文化资源、地方民族特色等要素的梳理，确定"山水田园城市"的总体城市格局，构建"山、水、城、景、田"五位一体的城市空间环境。同时规划巧于借景，引马岭河峡谷、万峰林、古村落入城，打造城景相融的"山水长卷"，让居民"望得见山、看得见水、记得住乡愁"，把美丽、富饶的青山绿水保护好、发展好。

蔓藤城市的核心在于五个方面：

一是规模适度。不追求规模经济，而是追求集聚经济和范围经济，通过设施完善和功能融合、规模控制和过滤，形成多个具有特定功能和竞争力的空间单元。

二是城景共融。通过提炼"山水田园村"等要素融入城市，使城市发展融入风景、保护田园，形成群山环绕、小山点缀、溪水潺潺、阡陌纵横，田园栖居的空间意向，强调人与自然共生的生态格局，让城市融入大自然。

三是组团布局。组团即为蔓藤的叶片，引入仿生学理念，以现状村庄为依托，采用"叶片"式组团布局形态，延续原有村庄肌理，南北向脉络发展，延续古村落的布局意象，打造独一无二的"蔓藤城市"（见图4-2）。

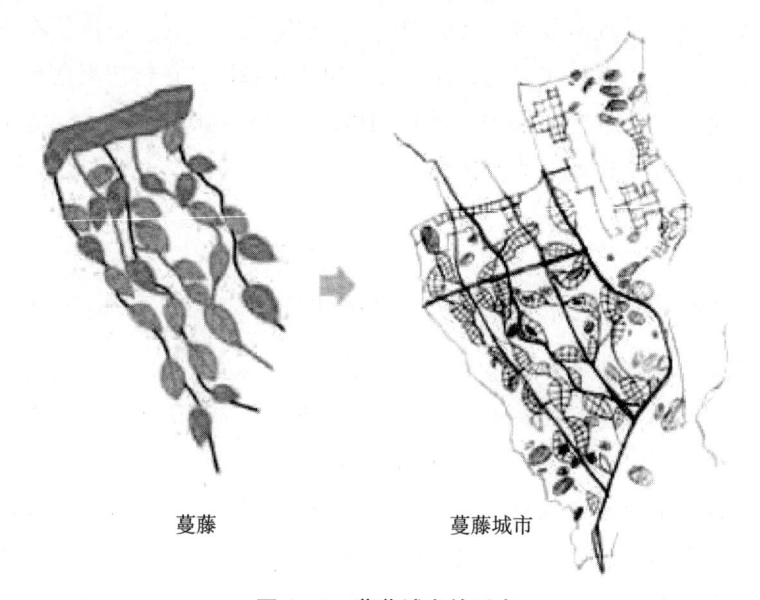

蔓藤　　　　　　蔓藤城市

图4-2　蔓藤城市的形态

四是功能混合。分组配套激发活力。按照8N的产业布局，以旅游休闲为基本产业形态，将产业融入六大城市功能区，每个功能区具有相对独立完整的功能，实现生态、产业、功能的融合。

五是自由路网。道路规划摒弃规整的方格网模式，采用自由式布局，依山就势、路随山转，与自然环境有机结合，体现山地城市特色。同时规划在新区已建慢行道的基础上，塑造慢行网络，并配置休息服务设施，打造慢城市。

专栏 4-4 "蔓藤城市"理念

一是倡导城市和乡村建设顺应地域特色，倾听当地景观地貌的声音，倾听当地居民的诉求，敬畏当地的历史传承和文化风俗。

二是采用自由式布局的方式，依山就势、路随山转，与自然环境有机结合。

三是认为城镇建设犹如自由伸展的藤蔓，城市的路网沿着山水顺势而建，道路与四野结合，在乡村的肌理上培养出城市功能，亦城亦乡，将生活、生态、产业并重展开。

四是一种乡村逐渐成长为小镇，小镇进而成长为小城市或大城市的过程。"蔓藤城市"是灵活、富有弹性、因地制宜、顺势而为的，发展过程是适度开放的，多方结合的渐进过程。

五是一种以最大限度保护自然田园环境为目的的有机生长规划模式，这种模式是对过去中国城镇化进程中出现的粗暴、冒进发展模式的一种纠错和反思，为规划建设过程中出现的问题提供了试错和完善的机会。

第四节 两湖区域空间发展的空间结构

落实主体功能定位，按照"保护优先、生态成片、功能集聚、点线发展"导向，把环境基础设施能力建设和生态网络建设放在优先位置，科学确定开发边界和开发强度，按照"蔓藤城市"理念，通过规划、建设、改造、提升一批载体，形成导向明确、功能优化、一体联动、强度有别的发展格局，将两湖区域优美的生态资源、丰富的人文资源和独特的景观资源融入信阳腾飞发展大局。

一、合理确定三类空间

在资源环境承载力评价的基础上，科学划分三类空间，形成与产业集约发展相配套、与资源环境相协调的空间管治格局，有效促进精致乡村建设与特色农业发展、优美生态环境协调同步，推动两湖区域空间要素与发展资源深度契合，增强整体竞争力。

（一）严格保护的生态空间

按照生态功能重要性、生态环境敏感性评价，识别出需要严格保护的、具有维护区域生态安全功能的湖泊、湿地、生态公益林、（黄缘闭壳龟）自然保护区及部分生态敏感区域，积极推进生态保护红线划定工作，严格控制线内开发建设活动。保护两湖区域生态基底，构筑由桐柏山余脉生态屏障、南湾湖水库、出山店水库、自然保护区、田园及乡村林网、乡村聚落景观控制区等为主体的生态网络体系。统筹山水林田湖草保护，规划建设一批生态廊道，大力推进生态公益林、生态景观林带、茶林间作、乡村绿化美化等重点林业生态工程建设，维护区域生态系统的连续性、完整性和稳定性。

（二）科学利用的农业空间

以农田、茶山、果园、菜园为重点，切实加强农业空间保护，结合新一轮土地利用规划，优化耕地和基本农田空间格局，划定永久基本农田。以董家河镇、浉河港乡、十三里桥乡为重点，加强信阳毛尖原产地核心产区保护，推广茶林间作。以出山店水库、南湾水库、北湖和茶山为基底，促进稻田、水塘、果园、民居等要素相互融合、相得益彰，形成茶山与绿水相映、稻田与果园交错的豫南水乡风韵。突出比较优势，提升农业特色发展水平，其中彭家湾、甘岸、双井重点发挥沿淮灌溉优势和毗邻城区优势，着力发展休闲城郊农业，打造沿淮休闲城郊农业片区；平昌关、吴家店重点发挥大田农业优势，着力发展现代生态农业；董家河、浉河港、十三里桥重点发挥毛尖原产地核心产区优势，着力发展毛尖种植、加工和旅游业，打造休闲生态茶园种植区。

（三）集约高效的发展空间

科学谋划两湖区域开发规模、形态、边界和强度，在守好生态保护红线、环境质量底线、资源利用上线和环境准入负面清单的前提下，构建"面上强化保护、点上集约开发"格局。南湾乡、金牛街道办、贤山街道办等中心城区规划范围内的地区，应严格划定城市开发边界，严禁边界外开发建设活动。在游河乡、董家河镇、十三里桥乡等毗邻水库地区，科学划定一定规模的集约发展空间，合理确定功能、项目和开发模式。吴家店镇、平昌关镇、甘岸街道办等其他地区，近期重点实施乡村振兴，加强乡村建设管理，推进乡村空间整理和整治，控制乡村建筑形式、色彩、高度要求，提升区域整体风貌。

二、构建"三湖三廊三区三带两组团"总体格局

依托两湖区域丘陵地形特点和城乡居民点分布基础，充分利用现有的山水格局及自然地形地貌，保护恢复自然水体水系，开辟绿化景观通道，加强区域相互促进、联动发展，在自然景观中谋划两湖区域发展，打造山水相依、蓝绿交织、城乡融合、联动发展的"三湖三廊三区三带两组团"总体格局。

（一）全力以赴保护"三湖三廊三区"生态屏障

深入贯彻生态文明理念，优先保护好区域生态安全，构筑以南湾水库、出山店水库、顾岗水库区、沿淮生态廊道、两湖分水岭生态廊道、沿路生态廊道、环湖生态保护区、两湖国家山地公园、黄缘闭壳龟省级自然保护区为主体的生态屏障。

1. 确保三湖绿水长清

南湾水库。南湾湖及其周边以加强保护为主，开展南湾湖饮用水源保护区污染防治攻坚战，对畜禽养殖、居民生活污水和生活垃圾、水土流失及化肥农药、农家餐馆污染等主要污染源进行综合整治，从根本上控制和根除污染物，并建立相应的长效机制，满足新时代信阳市经济社会发展和人民群众对水源地水质的需求。合理划定黄缘闭壳龟自然保护区范围，加强黄缘闭壳龟等珍稀动植物栖息地保护。

出山店水库。应在加强水体保护的基础上，统筹推进库区移民安置区、环湖路、堤圩建设，形成协同联动效应，高水平建设环境设施，增强区域生态自我修复能力和环境自我调节能力，形成路畅、水活、景美的发展格局，以优美生态环境聚人兴产，把水域生态环境综合治理和建设美丽宜居家园、发展特色优势产业紧密结合起来。

顾岗水库。发挥顾岗水库毗邻城区的独特优势，着力打造城市花园式水库。结合顾岗水库环湖路建设，完善休闲设施，构建都市环湖休闲景观带。发挥北湖管理区的综合协调功能，推进顾岗水库及入湖汇水区的综合整治，增强三湖联动效应，不断完善顾岗水库环湖截污基础设施，确保顾岗水库水质稳中有提升。

2. 构建三大生态景观廊道

沿淮河生态景观廊道。以淮河干流及两岸滩地为重点，推进河道河岸综合整治，严禁挖沙毁岸，加强景观设计和整体控制，设置系统的沿河慢行系统，丰富

沿淮景观。注重与周边自然山体之间的对景、借景关系，打通或构筑多条空间视线通廊。建设淮河橡胶坝，打造滨河景观廊道，加强重点节点建设和保护，增强两岸滩涂和蓄滞洪区防洪防汛能力，打造蓝绿交融的滨河景观廊道和生态绿道。

两湖分水岭生态保护廊道。依托两湖分水岭，通过加强植树造林和生态保护，构建水源涵养林带和生态防护林带，增强水源涵养、水土保持功能，打造维护两湖生态安全的生态屏障。通过加强两湖分水岭生态建设和保护，在南湾乡与游河乡之间、南湾水库和出山店水库之间构筑形成生态隔离廊道，有效防止区域过度连片开发。依托自然山体与河流走向，促进生态廊道沿分水岭向南北两侧楔形延伸，增强两湖分水岭生态廊道的生态屏障功能。

沿路生态景观廊道。以南湾水库环湖路、出山店水库环湖路、顾岗水库环湖路、两湖之间重要连接线、312国道等交通干线为重点，打造"环湖、靠山、滨水、串景、安全、美观"的沿路生态景观廊道，加强道路两旁的绿化、美化、亮化，合理规划绿道和慢行道，在重要节点增设休息凳、自行车停靠点、小微型旅游综合服务点等市政设施。

3. 打造三大生态保护区

环湖生态保护区。以南湾水库、出山店水库、顾岗水库周边1千米为主要范围，以环湖林地修复、湖湾水渚保护、入湖河道疏浚、湿地保护、防护林地和绿化景观建设为手段，加强环湖生态保护。在滨湖城镇和人口比较密集的居民点，加快完善环湖截污基础设施，加强环湖环境治理。

谋划建设两湖国家山地公园。以游河和南湾中间低山丘陵以及国家和省级生态公益林为主体，积极谋划建设两湖国家山地公园，构建两湖区域重要的"绿心"。以顾岗水库北部山区为重点，谋划山地公园建设，与顾岗水库一起共同打造信阳的城市山水花园，构建信阳城区北部重要的"绿心"。

黄缘闭壳龟省级自然保护区。依托黄缘闭壳龟省级自然保护区，结合国家级和省级生态公益林建设，进一步强化分类保护力度。按照《信阳黄缘闭壳龟省级自然保护区范围与功能区调整方案》中确定的核心区、缓冲区、实验区范围进行分类管控。严控核心区内的人类活动，推动核心区内居民有序外迁。科学管理缓冲区，适度开展科学研究和观测活动。规范保护实验区，适度开展科学试验、教学实习、参观考察、旅游以及黄缘闭壳龟的驯化与繁殖活动，探索生态产品价值实现新机制。

4. 因地制宜推动三大特色农业带发展

按照乡村振兴战略的要求，发挥两湖区域比较优势，通过规划引导，以特兴农,以绿兴农,推进两湖区域三大特色生态农业带发展。

茶山绿水发展带。发挥董家河镇、浉河港乡、十三里桥乡等信阳毛尖核心产区的独特优势,以董家河镇为龙头引领,以打造毛尖小镇为契机,发挥茶山绿水的生态优势和"信阳毛尖"的品牌优势,做足茶文章,发挥文新、五云等骨干茶企的引领作用,打造一批标准化生态茶园,发展集采茶体验、品茶养生、休闲度假、住宿餐饮、会议接待等功能于一体的茶园综合体,打造引领茶产业转型升级的新载体。努力将信阳毛尖打造成享誉全国的绿茶品牌,同时根据市场需求,科学开发信阳毛尖绿茶、红茶、功能性茶食品饮品等,丰富茶产品种类,满足市场多元化需求,积极发展茶园综合体和共享茶庄,着力打造茶林相间、山水相映、茶旅一体的生态茶园发展带。

环湖休闲生态农业发展带。发挥吴家店镇、平昌关镇等基本农田集中连片的优势,依托良好灌溉条件和生态本底,重点发展生态农业、休闲农业、设施农业。结合出山店水库环湖农田水利基础设施修复,推进环出山店水库农村土地整治和高标准农田建设,提高抗旱防洪除涝能力,加快灌区续建配套与现代化改造,推进小型农田水利设施达标提质,建设一批高效节水灌溉工程,稳步提升耕地质量。发挥两湖区域的生态优势,推进农业绿色化、优质化、特色化、品牌化,调整优化农业生产力布局,推动农业由增产导向转向提质导向。发挥泓旭等龙头企业的带动作用,引入战略投资者,推进农业适度规模化经营,建设田园综合体、共享农庄、现代农业产业园、农业科技园、农业观光园等。

沿淮城郊休闲农业发展带。发挥甘岸街道办、双井街道办、彭家湾乡等毗邻城区的区位优势,将农业发展与休闲旅游结合起来,实施休闲农业和乡村旅游精品工程,建设一批设施完备、功能多样的休闲观光园区、沿淮人家、康养基地、乡村民宿等,促进农业增效和农民增收。打造彭家湾花卉苗圃和景观绿化、双井街道办、甘岸绿色蔬菜和瓜果等特色农业集群,建设一批沿淮特色休闲农庄,打造融农事体验、休闲观光、餐饮住宿等于一体的城郊休闲农业综合体。

(二) 高水平推动两大组团集约发展

按照高质量发展的要求,发挥两湖区域"茶山绿水"的生态优势,围绕两湖集约发展组团和北湖集约发展组团两大组团,优化空间结构,高起点规划、高水平建设,形成绿环水绕、联系便捷、功能互补、融合发展的生态型、组团式发展形态。

两湖集约发展组团。以两湖区域内南湾与游河之间可集中建设用地为主要载体,以南湾街道办驻地和游河乡驻地为主要据点,以南湾片区、姚湾片区、李畈片区、三官片区、乔庙片区为主要支撑,引进有实力的战略投资者,做足茶山绿水文章,促进健康养生、度假休闲、教育培训、文化体育等幸福产业发展,营造具有豫南水乡独特气质的综合性文化休闲场所,建成中原地区规模最大、品质最高的康养度假胜地。以南湾街道为主要据点,沿南湾片区→姚湾片区→李畈片区推进集约开发。以游河乡驻地为主要据点,沿三官片区→乔庙片区推进集约开发。

北湖集约发展组团。以北湖区域内的北湖片区、金牛山片区、家居小镇片区为主要空间载体,发挥其纳入信阳市城市总体规划和交通便利的优势,加快完善公共服务设施,发挥北湖良好的生态优势和信阳后花园的区位优势,以按照4A级景区标准编制北湖规划为契机,注重体现"豫风楚韵"元素,彰显豫南民居特色,促进康养旅游等相关产业发展。形成由信阳主城区沿金牛山片区向北逐步开发以及由信阳主城区沿北湖片区→家居小镇片区向北逐步开发的两条开发轴。

三、推进山湖林田城一体化联动

处理好城镇建设与山体、水系、林地等自然要素的关系,按照"显山、露水、见林、透气"理念,有机组合山水林城资源,融入到两湖区域开发建设全过程,实现山湖林田城一体化联动,构建人与自然和谐发展的现代化建设格局。

(一) 显山

加强董家河镇、浉河港乡、十三里桥乡等南部山体保护控制,科学划定山体保护范围,禁止开山取石等破坏山体行为。科学进行观山视廊控制,保留可观赏山脊线的观景视廊,确保对远处景色无遮拦的视野。合理进行山脊线保护控制,镇(乡、街道办、管理区等)驻地和集约发展区建筑高度不得超过背景山体高度的1/3,根据山脊线变化确定开发高度轮廓。统筹进行山体周边建设控制,坡度大于25度山体区域原则上禁止开发建设;坡度在15~25度的缓坡地区属于景观敏感的山前控制区,禁止建设高层建筑,应依山就势,以低层、多层建筑为主,建筑高度不超过20米,开发容积率应控制在1.0~1.2;毗邻信阳主城区的南湾乡、贤山街道办、金牛山街道办、北湖管理区等周边山体应保留生态缓冲空间,不允许因建设开挖山体。

（二）露水

加强河湖水系保护控制，彰显北国江南特色，对穿越镇（乡、街道办、管理区）驻地的河湖水系管控蓝线外30米范围内禁止开发建设，其他区域的河流治导线外50米范围内禁止开发建设。统筹滨水建设控制要求，滨水道路靠水一侧禁止开发，沿河流绿化控制线或道路红线外侧50米用地范围内谨致开发。合理保留通水廊道，滨水建筑界面连续宽度不得超过用地面宽的60%，且最大不超过80米。合理确定水边建筑高度控制，采用低层或多层形式，通过视线分析等技术方法细化研究，划定高度控制区，建筑高度原则上不超过24米，优化天际线景观效果。

（三）见林

推行生态绿化方式，加强植树造林，保护好森林资源和古树名木资源，结合茶林间作，广植当地树种，构建多层次、功能复合的生态网络，发挥茶山、绿地、林地、耕地、湿地、水面等的综合生态功能。利用道路周边垂直载体元素，发展屋顶绿化、立体绿化、复层种植，向空间要绿色，更加注重绿化的立体构成，提高"绿视率"，营造立体多层次的复合绿化。要结合乡村振兴，坚持生态化、高端化的方向，加强房前屋后绿化、田间地头绿化、道路两侧绿化，加强夏季植物修剪，确保绿化景观效果。统筹道路走线和绿化，形成人在林中、林在山中、山在水中的相依相融格局。

（四）透气

依托两湖区域广阔的水库水面、集中连片的生态公益林、黄缘闭壳龟自然保护区等生态用地以及主要道路等，加强与信阳城市总体规划的衔接，构建畅通的通风廊道，为改善信阳空气质量提供支撑。在毗邻信阳主城区的南湾乡、贤山街道办、金牛山街道办、家具小镇、北湖管理区等，建筑物空间布局应形成高低、大小、进退变化，避免出现大面积同一高度的建筑群。推进综合管廊建设，电网、通信网、供排水、燃气等进入地下综合管廊。

四、推动与城区及周边空间联动

发挥邻城近路区位优势，按照整体规划、协调推进思路，着眼于重大通道建设、关键平台打造、产业链条延伸、空间风貌管控等目标要求，强化空间节点及功能组团间紧密联系，促进高端要素畅通流动与共享，逐步推动区域结构调整、功能重组与联动发展。

（一）有机对接信阳中心城区

围绕设施对接、功能配套、一体管理思路，有机对接信阳中心城区，努力成为美丽信阳的集中展示区。统筹考虑两湖区域和信阳主城区、羊山新区、信阳高新技术开发区之间的功能定位，避免重复建设。全面畅通与中心城区的交通联系，实施新七大道快速化改造，增强G312通行能力，实现区域交通和市内交通、客货交通有机分离，实施S224扩容工程，提升主要交叉口通行能力，强化两湖区域与信阳站、信阳东站、明港站三大客运枢纽的快速联系，完善游客集散及公交换乘功能，推进到市区客运公交化。

（二）全面对接市域重点组团

强化两湖区域与市域主要功能组团的联系，依托G312、G40、明鸡高速等通道，加强与明港镇、鸡公山管理区联动发展；打通信阳市区新七大道至罗山县城段，规划建设出山店水库大坝沿淮河至罗山县城快速公路，加强与罗山县城互动；加快构建市域旅游合作大通道。加快构建区域融合、便捷的快速交通网络，形成功能互补、相互依托、各具特色的市域功能网络体系。以产业为纽带，以主要园区、景区、县城为重点载体，深化与潢川、息县、淮滨等农产品主产区县在现代农业、生态农业、都市农业等方面合作，拓展与商城、新县、光山、罗山等生态功能区县在幸福康养、旅游休闲、体育运动等方面合作。创新利益分享机制，支持各县参与两湖区域开发建设，探索跨行政区合作发展新模式，加强与市域各县在环境保护、功能区管理、干部交流等方面的合作。

（三）加强与周边地区合作

从更大视域推动两湖区域发展，统筹谋划发展定位、发展重点、目标路径等，避免恶性竞争和重复建设。加强与驻马店、南阳、六安、黄冈、随州等周边城市协作，加强跨区域基础设施协同规划建设，合作确定产业重点、共同开展生态建设。密切联系中原城市群，主动加强与郑州航空港、中国（河南）自贸区等对接，探索政策外溢的可能机制。主动对接武汉城市圈、皖江经济带，在大格局中进一步找到发展差距，找准发展空间，共同打造精品旅游线路，推进康养、医疗等跨区域合作，完善跨界污染防治制度和生态保护修复机制，加强大气、水环境等重点领域联合防治，共同保护淮河流域生态环境。

第五节 提升基础设施支撑引导能力

按照统筹规划、合理布局、适度超前的原则，构建规模合理、网络完善、结构优化、衔接高效的现代基础设施体系，为新时代两湖区域"茶山绿水"向"金山银山"转换提供更好支撑和引导。

一、畅通内外交通

按照强枢纽、织网络、通筋脉、促改造的思路，统筹对内对外、干线支线、快行慢行、陆路水路，构筑方式合理、层次分明、衔接顺畅、安全生态的综合交通系统。

（一）构建与主城区便捷联动的交通网络

依托既有山水格局，科学规划快速通道，形成主城区向两湖区域放射的四条快速通道，即G107通道、G312通道、新七大道通道、S224通道，根据人流物流需求，拓展提升通道通行能力，实现从主城区到两湖地区主要节点30分钟快速通道。加强与信阳东站、信阳站、信阳北站、信阳长途汽车站等交通枢纽和集散中心联系能力，实施部分交通堵点的立交化改造。预留好信阳西二环（明鸡高速）选线，按照远期调整为城市道路设想，统筹考虑出入口设置与自然风貌保护。

（二）加强组团内部和相互间交通联系

发挥交通对土地开发的引导和支撑功能，率先推进两湖集约发展组团内部交通基础设施建设，以G312改道为契机，将G312打造成为两湖集约发展组团东部快速通道，同时建设游河乡→李畈村→卧虎村→姚湾村→睡仙桥村→谭庙村→新七大道快速通道。按照城市次干道标准，改造提升吴家店—董家河、董家河—狮河港、南湾—十三里桥、游河—甘岸—彭家湾等之间的交通通行能力。提升南湾水库、出山店水库环湖路等级，开展北湖环湖路建设前期研究，研究论证依托出山店水库环湖路新增慢行观光路的可行性，实现南湾水库环湖路与出山店水库环湖路有机联通，北湖环湖路与信阳主城区市政道路有机联通，形成与优美自然山水风景完美融合的观光线路。加强组团间快速交通和组团内部交通微循环的高效衔接。推进游河、南湾、董家河等区域内部道路建设，加快打通断头路和易堵路段。

（三）推进乡村道路改造升级

以实施乡村振兴战略为契机，重点推进乡道及进村道路改造升级，改善两湖区域乡村公路路网质量，让沿线乡镇的人民群众出行更加方便。统筹道路建设、区域开发、居民点调整与风貌保护，加快改善深山区进村道路条件，推进S224改造升级。结合农村旅游观光路建设，支持企业和农户有序开展茶园道路统一改造。依山就势、沿河傍湾，加强进自然村道路风貌设计，促进乡村道路与山水湖库村舍融为一体。开展沿线的违章建筑和乱搭乱建集中整治，努力清除路肩各种违规种植物和建筑物，打造精致、绿色、现代田园路网和亮丽景观。

（四）提升公共交通服务水平

全面提升两湖区域公共交通服务水平，近期对农村客运班线进行公交化改造，远期将区域整体纳入城市公交运营管理，实现公交线路全覆盖。加快区域内公共交通站场布局和功能调整，研究论证在游河、金牛选址规划建设两湖区域公共交通中心、旅客集散中心的可行性，按照信阳市次级枢纽标准打造。兼顾乡镇内部、乡镇间、与信阳中心城区间及外部客流等多层次客货流需求，加快乡镇客运换乘中心建设，建设村村有点的农村客运站体系，形成功能完善、布局合理、舒适便捷、运行高效的城乡公共交通系统。处理好主要景区、主要节点的旅游交通供给，开设旅游公交专线、两湖快速公交环线等，在南湾风景区、出山店水库风景区等开设绿色微公交网络和水上公交专线等景区内部交通。加快公共交通指引标识多语种、规范化建设，完善道路标识、自驾营地、景区停车场等设施。

（五）建设环湖绿道慢行系统

依托环湖路、S224、两湖连接路等，通过分段改造和景观提升，实施彰显豫风楚韵特色的百里绿道建设工程，因地制宜形成茶韵绿道、沿湖绿道和山林游览绿道，依托绿道加强沿线节点公共休闲空间建设，适当布局绿地公园、休闲广场等功能设施。推动绿道向景区景点、茶山茶庄、田园果园、集镇农村、山上溪边甚至湖中水上延伸，推动绿道产业发展。以绿道为骨架，构建区域慢行系统，加快环湖、穿茶、沿江、傍河、临溪等生态慢游系统的建设，实现市政快速交通与景区慢行交通、机动车与非机动车、车辆与行人的有效分离。按照市场化运作模式，推进公共自行车系统建设，引入共享单车企业，共同构建公共自行车服务网点、调度体系、维护团队、收费标准等，突出解决"公共交通最后一千米"问题。

二、优化水利设施建设

统筹推进城乡供水、农田水利、防洪减灾、水网疏通与水景打造，构建安全、生态、现代化的水利设施，推动区域因水而兴、因水而名、因水而美、因水而富。

（一）构建山水相融的水网体系

充分利用出山店水库和南湾水库的高程落差，科学推进两湖连通渠建设工程，优化两湖水网体系布局。保护和修复生态湿地系统，建设类型丰富的湿地公园体系，形成水网、农田、湿地交织镶嵌的生态绿化网络。完善出山店水库下游的甘岸、彭家湾等地农田水网布局，实施河库连通工程，加强水系间横向联系，统筹水资源调度，增强水系灌溉、生态、景观综合功能，提升水网周边地区环境品质，打造豫南淮乡田园风光。

（二）推进农田水利设施现代化

加快推进水利控制性工程、病险水库水闸、河道整治及堤防加固、水系连通、农田水利建设等淮河上游水生态建设系列工程。以吴家店、平昌关、游河等乡镇为重点，加强高效节水灌溉设施建设，加快构建水利现代化工程体系。完善灌排体系，增加有效灌溉面积。实施末级渠系配套改造工程和机电井更新改造工程。实施中央财政小型农田水利重点县、农田水利重点片区、规模化节水灌溉增效示范等重点农田水利工程建设。启动低洼易涝地治理工程。逐步形成骨干、田间工程配套，大中小工程互补，灌溉、排涝功能完善的农业灌排体系，改善农业生产条件。

（三）完善防洪减灾排涝设施

加大两湖区域防洪除涝治理力度，基本建成与淮河流域发展相适应的防洪除涝减灾体系。协调城乡防洪排涝、引调水工程建设，提高水利综合保障能力。加强区域治理、市政防洪除涝建设，完善流域、区域、乡镇相协调的防洪除涝工程体系。加强淮河干流、浉河、游河等流域骨干河道、其他重要河道和中小河流治理，加强出山店水库周边洼地圩区治理，完成病险水库和大中型泵闸加固改造升级。加快两湖区域重点乡镇市政防洪排涝工程建设，提高防洪排涝能力。

（四）提高城乡供水保障能力

发挥两湖区域淮河上游"水塔"的作用，加强饮用水源地保护和改善水生态水环境状况，基本建成与优化配置和高效利用要求相适应的区域水资源供给体系。增强产业发展用水保障能力，进一步提高城乡供水保障能力，重点推进南湾湖城市水源地建设和出山店水库城市应急备用水源地建设，继续推进农村饮水安全工程建设，推动金牛、双井、甘岸、彭家湾等中心镇供水与城区联网连片工程。

三、提高信息服务能力

牢牢抓住大数据、物联网等信息技术革命新机遇，加快新一代信息网络基础设施的提前布局，统筹规划物联网、云计算、智能制造服务平台建设，推进互联网在经济社会各领域广泛应用，建设智慧型湖区。

（一）建设高效安全的泛在网络

结合两湖区域旅游业、观光农业、文化体育等产业发展，加快物联网、云计算等新型应用方式为核心的信息基础设施建设，努力构建"随时随地随需"、统一高效的泛在网络。超前布局下一代互联网（IPv6）、下一代广播电视网建设，实现4G深覆盖和5G试点部署。提升高速宽带建设水平，大幅扩容升级互联网骨干网、城域网和国际出入口宽带，实现区域内城乡家庭平均接入带宽达到300Mbps以上。建设无线宽带，实现城乡重要区域和公共场所无线局域网全覆盖。大力推动光纤到村，加快推进既有小区光纤改造。促进大数据应用，更好地发挥新一代信息网络基础设施建设效益，抢占未来竞争制高点。

（二）拓展信息应用广度和深度

深入推进全域三网融合，加快广电、电信双业务商用化进程。在南湾高教科创功能区，引入大数据中心和云计算平台，提升两湖区域在科技创新、智能制造、互联网等领域基础支撑能力。探索发展互联网数据中心（IDC）、呼叫中心等平台，提升信息数据存储和服务能力，培育大数据处理分析和云计算企业，培育数据存储、数据处理、数据安全、数据外包服务产业集群。

（三）积极推进"互联网+"

运用互联网手段，推动"互联网+全域旅游""互联网+康体养生""互联网+生态农业"等产业融合发展，利用互联网宣传两湖区域的品牌，拓展两湖区域的市场空间。率先推动"互联网+全域旅游"，开发两湖全域旅游的宣传、营销、监管的App，扩大两湖区域知名度。推进"互联网+生态农业"，借助淘宝、京东等大型电商平台，推进两湖区域特色农产品电子商务平台建设，推进开通京东·两湖产馆、天猫·两湖特产旗舰店，加快本地农特产品电商化。完善区域在线政务服务体系，提升智慧化水平。升级治安视频监控系统，构建网格化、智能化、全覆盖的社会治安防控体系。

四、加强能源保障

推进电力设施增容改造，优化能源供应结构，提高可再生能源、清洁能源比重，积极推进煤改气工程，形成安全清洁、稳定可靠的能源保障设施体系。

（一）建设安全可靠的城乡电网

加快输电通道和区域内重点输变电新建、扩建及增容改造步伐，实施城乡电网改造升级行动，提高终端供电能力和供电质量。推进先进设备、自动控制、智能检测等新技术、新设备的集成应用，提高电网智能化水平，推进两湖区域供电系统从农村电网向城市电网的改造升级。全面保障用户用电需求，初步建立技术特色鲜明、建设供电能力充裕、运行安全灵活、可靠性高的智能电网。加强电力设施建设，推进金牛、游河220千伏输变电建改升级工程，加快实施架空线网入地改造工程。

（二）加快优化能源供应结构

根据当地旅游业及相关产业发展需要，提高成品油运输储备能力，新建、扩建成品油仓储设施，保障油料供应稳定。加快新能源产业化发展，加强风能、太阳能、地热能、生物质能等可再生能源、清洁能源开发和综合利用，增强非化石能源对传统能源的替代作用，推动新能源和可再生能源提速发展，结合民宿和休闲农业等发展，适度发展分布式能源系统。调整能源消费结构，扩大水电、天然气等清洁能源利用。

（三）实现燃气供应联网联供

按照国家和省治理雾霾的总体要求，积极推进煤改气工程，推动天然气在居民消费领域、工业领域和交通领域对煤炭和石油的替代作用。优化天然气管网布局，加强燃气主干管网、加气站的建设，以游河、董家河、甘岸为重点，新建2座天然气门站，加快实现全域天然气进社区、进厂区、进村入户，形成内外联通、多源保障、统一调配的天然气供应网络。推进金牛街道、贤山街道、北湖管理区、家具小镇等地区老旧管网更新改换，加快燃气设施一体化建设，实现输配系统联网联供。推进燃气储备项目建设，形成多点储备格局，保障稳定安全供应。

五、完善市政设施配套

以集约发展组团和重点乡镇为重点，加快完善给排水、污水处理和收集管网、垃圾收集转运和处理、防灾减灾、供热、停车等设施建设，推进地下综合管廊建设，促进市政基础设施的增量提质增效，为两湖区域发展提供有力保障。

（一）构建现代城乡水务体系

统筹推进城乡水务基础设施建设，建立城乡一体、安全高效、与水资源配置相适应的供水安全保障体系。加强水源地和备用水源地保护，提高自来水水厂供应能力，研究在出山店水库新建自来水厂，保障两湖区域北部、西部的自来水供应。实施区域内金牛、游河、南湾等自来水管网改造工程，提高供水水质，实现供水水质综合合格率超过99%。按照要求推进对外供水工程，实施最严格水资源管理制度，运用市场手段提高水资源利用效率。完善污水处理和配套管网建设，将北湖管理区、家居小镇、金牛山街道办、南湾乡、贤山街道办、双井街道办、甘岸街道办、彭家湾乡、十三里桥乡的乡镇所在地污水收集管网纳入到信阳市城市污水处理管网系统，在游河乡、吴家店镇、平昌关镇、董家河镇、狮河港乡等乡镇布局建设污水处理厂等设施，配套建设污水收集管网，实现镇（乡）区污水全处理。率先在两湖区域推进"厕所革命"，在两湖区域内的所有村庄推广建设三格式或微动力等简易适用污水处理设施。

（二）提高垃圾收集与处理能力

持续推进垃圾分类收集、转运和处理。加强生活垃圾源头控制，大力推进垃圾分类，加快垃圾收集转运设施建设，升级改造农村地区垃圾中转站，增加密闭式清洁站设置密度，确保实现两湖周边地区垃圾收运转运100%。推进生活垃圾减量化、无害化、资源化处理，探索分类后垃圾堆肥发酵、卫生填埋、焚烧发电供热等适宜的无害化处理和资源利用模式，加快建设生活垃圾无害化处理设施，完成两湖区域存量生活垃圾综合整治。推进游河、董家河生活垃圾综合处理厂建设，基本满足区域内垃圾处理需求，实现生活垃圾日产日清。在吴家店、平昌关、彭家湾、甘岸、浉河港、十三里桥等乡镇建设收集处理点，"一镇一点"实现垃圾分类和预处理。

（三）统筹推进地下管网建设

加强地下管线统一规划、建设、管理，优化和集约利用地下空间资源。在集约发展组团和重点乡镇街道，有序规划建设具有较高水平的地下综合管廊，提升管线安全水平和防灾抗灾能力，逐步消除主要街道架空线，促进乡镇驻地地面景观明显好转。同步研究地下管道清疏举措，保障地下管线铺设后能够安全畅通运行，提高地下管廊综合承载能力。

（四）完善安全保障系统

针对两湖区域可能发生的山洪水涝等自然灾害，完善防灾减灾设施，建立健全灾害监测预警、救灾指挥、减灾行动系统，全面提升防灾减灾能力。加强应急队伍、救援设施、综合协调等能力建设，完善风险防范预警制度和应急预案，推动建立多部门联动的综合协调应急指挥系统。加快超期服役管网改造，确保供水、燃气、电力等重要基础设施和生命线工程安全运行。加强公共消防基础建设，加强消防队站和消防设施建设，完善区域内消防体系，增强高空消防作业能力。完善人防工程，合理布局广场、公园等避难场所。

六、统筹公共服务设施建设

（一）因地制宜建设一批公共广场

以广场建设提升区域形象品质，高起点规划建设出山店水库坝前广场、两湖鱼广场、茶韵广场、人民广场等。推动广场建设与区域景观打造相结合，以广场促进城市绿地系统、水网绿道系统、外围生态绿地与乡镇建设相融合，实现乡镇驻地内外绿地连接贯通，把好山好水好风光融入乡镇。在南湾、游河、董家河等中心镇布局建设一批规模不等、主题各异的公共广场，合理布局街头绿地，满足居民日常休闲需求。加强广场设计，力求形成系列，完善广场书报亭、便利店、宣传栏等，以广场为中心构建10分钟城乡社区文化圈。

（二）量力而行建设一批公共场馆

通过场馆建设提升两湖区域的服务功能，在金牛山街道、北湖管理区、家具小镇、双井街道规划布局图书馆、文化馆、美术馆、博物馆和剧场等场馆，按照"节约、实用、环保"要求，推行一馆多用、一厅多用设计理念，打造多功能的文化中心，建设标志性文化设施，形成一批高水平、标志性城乡文化作品。推动市级涉水体育场馆向两湖区域布局，完善配套功能，满足大型赛事、演唱会和专业队伍训练要求。响应乡村振兴战略号召，规划建设汇聚豫南民居特色的乡村博物馆，与郝堂共同形成信阳近郊乡村民宿旅游的"两翼"。加快数字影院建设，在游河、金牛、南湾等有条件的乡镇街道建设小型数字影院及综合性演出场所。

（三）完善医疗教育文体等基本公共服务设施

健全覆盖城乡、普惠可及、保障公平、可持续的基本公共服务体系，打造优质便捷生活圈。推动中小学、幼儿园以及社区养老、就业服务、医疗卫生、文化体育、公共交通等设施与集约发展地块开发同步进行。引导全市新建医院、学校和大型文体等设施在符合规划要求前提下，适度向两湖区域的金牛山街道倾斜，完善区域综合配套功能。合理布局农村小学、乡镇初中，超前配套完善新建居住小区和居住区的幼儿园、小学等教育设施。

（四）搭建产业公共服务平台

按照专业性与综合性兼顾的要求，打造产业公共服务体系，建立一批专业水平高、服务能力强、产业支撑力大的产业公共服务平台。围绕两湖区域重点产业集群发展需求，鼓励园区、镇区、功能区建设研发、检测、设计、融资、展销、物流等各类产业公共服务平台，增强物流供应、创业孵化、职业教育、专业培训、融资服务功能。鼓励骨干企业、行业协会、院校、科研单位和中介组织等市场主体发挥自身优势，创建产业公共服务平台，按市场机制提供开放式服务。针对康体养生、特色农业、教育培育等产业，构建大型科学仪器共享平台，破解大型科学仪器重复建设、利用率低等难题。

（五）加强生活服务设施建设

大力推进批发零售、住宿餐饮、健康养老、社区服务等生活性服务设施建设，统筹大型综合商业中心、特色专业街区、品牌旗舰店、连锁超市等多层次商贸实体布局，满足高质量、多元化生活需求。重点加强社区便民店、菜市场、快餐店等生活服务设施建设，发展旅游商品专卖店。引导超市向农村连锁延伸，"一网多用"发展邮政、通信、医药等多种功能配送网点，完善农村电商配送点。完善孔庄、翟寨、太阳坡、石桥、张湾、浉河新村等后靠移民社区生活服务设施，促进移民安居乐业。完善星级酒店、商务酒店、度假酒店以及民宿等多层次住宿餐饮设施，以游河、金牛为重点完善康养设施。

第五章 信阳两湖区域健康服务业发展思路与任务

从健康产业的概念、内涵出发,介绍了国内外健康服务业发展概况及趋势,重点分析了两湖区域健康服务业发展的条件、制约因素和发展机遇,提出了两湖区域健康服务业发展的原则、思路和目标,对休闲康养、健康旅游、健康体育、健康文化、健康管理、健康信息技术和第三方服务等重点任务进行了研究,提出了健康服务业空间布局的设想,提出了保障健康服务业发展的对策措施。

第一节 国内外健康服务业发展概况及趋势

健康产业目前成为国内外竞相追逐发展的产业,作为一个朝阳产业,对其概念、内涵、分类有很多不同的认识,国外健康产业发展迅速,国内健康产业刚刚起步,但市场广阔,前景巨大,国内外部分地区的发展案例,可以为两湖区域健康服务业发展提供参考。

一、健康产业的概念及内涵

(一) 概念及内涵

大健康产业是一个极具前景的新兴产业,美国著名经济学家保罗·皮尔泽曾将其称为继 IT 产业之后的全球"财富第五波"[①]。在我国,健康产业正在成为继买房、买车、旅游后的第四消费热点,2013 年《国务院关于促进健康服务业发展的若干意见》(以下简称《意见》)发布,健康产业快速得到投资市场的关注。

[①] 美国经济学家保罗·皮尔泽在《财富第五波》中提出,在经历了机械化时代、电气化时代、计算机时代以及信息网络时代之后,全球将进入健康保健时代。

健康产业的起源缘于两大因素：一是公共健康事业市场化的过程，即健康服务由公共转向市场；二是公共医疗服务的延伸和拓展，即健康服务由单一的医疗服务向前、向后延伸形成多元化服务，从而有了新的产业内涵，即从"公共经济"到"市场经济"，从"治大病"到"治未病"转变，如图5-1所示。

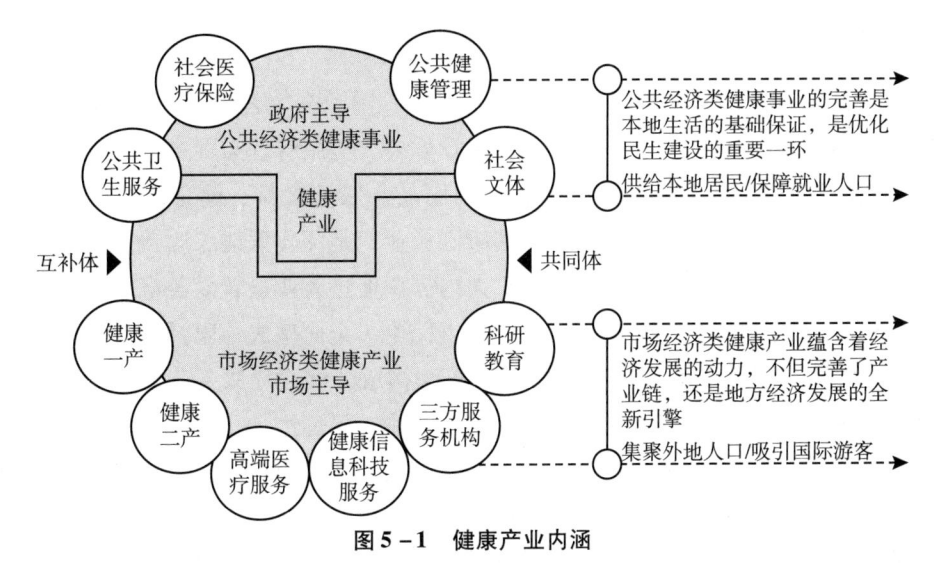

图5-1 健康产业内涵

资料来源：上海东滩投资管理顾问有限公司：《健康产业与健康地产：商机与实务》，中国经济出版社2016年版。

目前对健康产业的研究主要有三个视角，一是从三次产业视角，从大健康的概念去理解，认为健康产业是与健康紧密相关的制造与服务产业体系；二是从健康产业链的角度，将健康产业划分为前端、传统和后端产业，分别达到维持健康、修复健康和促进健康的目的；三是从健康消费需求和服务提供模式角度出发，认为健康产业可分为医疗性和非医疗性健康服务两大类，并在此基础上做进一步划分，根据研究需要做重点研究。

健康产业作为一种具有巨大潜力的新兴产业，包含服务于人类健康各个方面所产生的经济社会活动的集合，包括健康维护、健康修复、提供促进健康的产品生产、服务及信息传播等活动。

（二）健康产业的特点

一是覆盖面广，产业链长，健康产业贯穿了一、二、三产业，覆盖众多经济领域，各领域发展规律差异较大，涉及政策各不相同。

二是带动性强，新业态较多，产业发展规模增长较快，对经济发展的贡献度持续上升。

三是健康服务是健康产业的核心,健康服务业在前端拉动、关联整个健康产业发展。

四是高投入,周期长,健康服务业需要的人才支撑需要长期培养,产业发展、效率和回报周期长、研发风险非常大。

(三) 健康产业分类

《意见》首次明确了健康服务业的基本定义,指出"健康服务业以维护和促进人民群众身心健康为目标,主要包括医疗服务、健康管理与促进、健康保险以及相关服务,涉及药品、医疗器械、保健用品、保健食品、健身产品等支撑产业,覆盖面广,产业链长。加快发展健康服务业,是深化医改、改善民生、提升全民健康素质的必然要求,是进一步扩大内需、促进就业、转变经济发展方式的重要举措,对稳增长、调结构、促改革、惠民生,全面建成小康社会具有重要意义"。《意见》明确了健康服务业的三大核心构成,即医疗服务、健康管理、健康保险,以及五大外延支撑,即药品、医疗器械、保健用品、保健食品、健身产品。综合来看,健康服务业覆盖面广、产业链长,它既包含政府提供基本公共服务的范畴,也包含在政府引导下,由市场发挥作用的范畴。

2014年国家统计局印发的关于《健康服务业分类(试行)》(以下简称《分类》)的通知中将健康服务业分为四大部分。一是医疗卫生服务,二是健康管理与促进服务,三是健康保险和保障服务,四是其他与健康相关的服务。前三部分是核心内容,包括以维护和促进人类身体健康状况或预防健康状况恶化为主要目的的服务活动;第四部分是与健康服务相关的产业,包括相关健康产品的批发、零售和租赁服务。

本章通过梳理,对健康产业的分类如图5-2、图5-3所示。

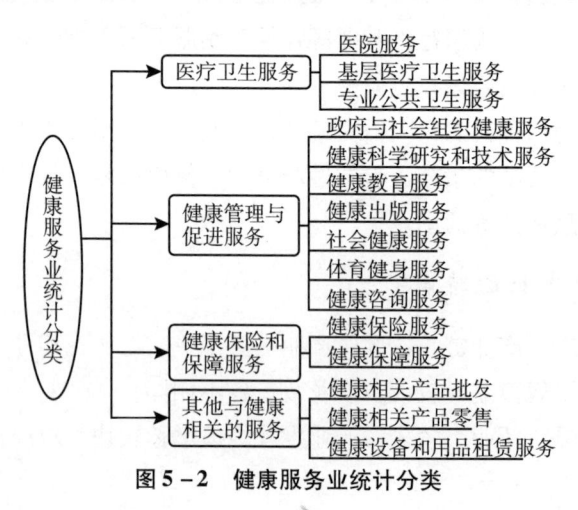

图5-2 健康服务业统计分类

图 5-3　健康产业分类

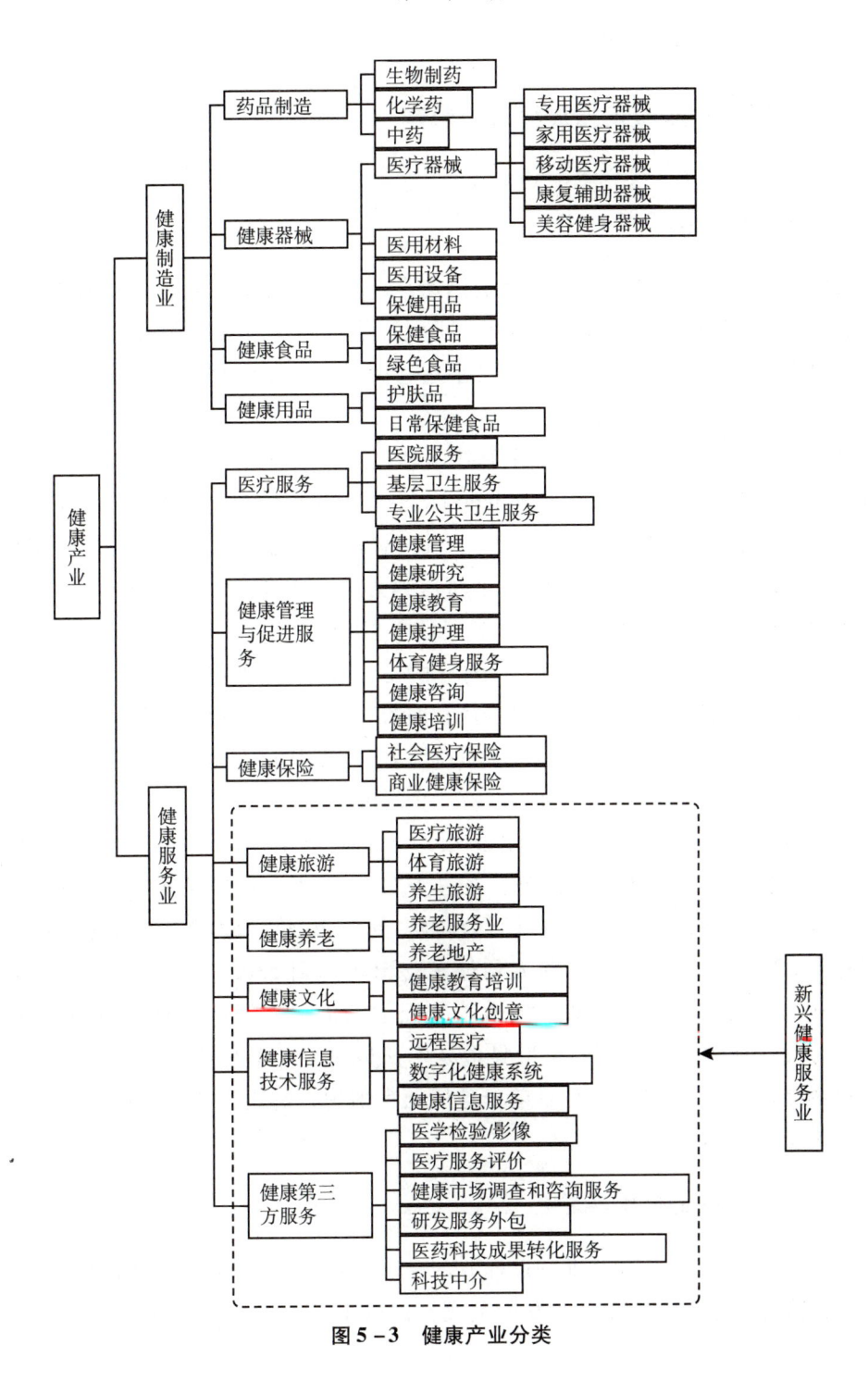

二、国外健康服务发展概况及趋势

(一) 发展概况及趋势

发达国家健康产业起步早、发展迅速,是国民经济发展的强大动力。在美国、加拿大、日本等发达国家,健康产业增加值占 GDP 比重均超过 10%,年增长率也都在 15% 以上,其增长速度几乎超过每个国家 GDP 增速。现代健康产业缘起于 20 世纪 60 年代的美国,核心是健康管理,1969 年,在美国国家医疗保健计划中,将健康管理纳入其中,并于 1973 年通过了《健康维护促进法案》。在美国,健康产业被称为"Health Care Industry",即健康保健产业。2012 年,美国卫生及保健产业消费总额达 3.25 亿美元,占美国 GDP 的 20%。美国经济学家预测,到 2020 年,美国的医疗健康产业将占到美国经济的 25%。美国健康产业包括医疗器械、制药与药品和健康服务,其中健康服务占 65%。在全球化经济持续升级的大背景下,居民亚健康、全球老龄化、环境污染及收入增加等都是驱动健康产业发展的根本,而在互联网经济和创新型经济持续升温的时代背景下,技术与健康的结合为健康产业发展提供了持续动力。健康产业是兼具绿色性、抗周期性、高收益性的重要新兴产业,具有巨大的市场潜力。

目前,全球健康产业年支出总额约占世界生产总值(GWP)总额的 10%。据世界银行有关专家预测,在过去的 50 年里,世界经济增长的 8% ~ 10% 要归功于健康产业。根据 WTO 预测,到 2020 年,健康产业全球总产值将达到 13.39 万亿美元,全球人均健康支出将达到 1882 美元。大健康产业在发达国家已成为带动国民经济增长的强大动力。在按国际标准划分的 15 类国际化产业中,医药保健是世界贸易增长最快的 5 个行业之一,保健食品销售额年增长超过 13%。在目前全球股票市值中,健康产业相关股票市值约占总市值的 13%。

(二) 各国发展各具特色

众多国家在发展健康产业的过程中,根据自身的特点和优势,形成了各自的特色,紧紧抓住全球健康产业发展浪潮,促进了本国经济的发展,如表 5 - 1 所示。

表5-1　　　　　　　　　　不同国家健康产业发展特点

国家	特点
美国	形成了以健康管理和健康保险为特色，相对完善和细化的产业结构，涉及家庭及社区保健服务、医院医疗服务和医疗商品（含药品及器械）等，健康产业产值占GDP 20%
日本	形成了以疗养和健康产品为特色的产业体系，是全球第二大健康器械、医疗器械市场，健康产业产值占GDP比重为10%
加拿大	建立了惠及全民的医疗保障体系和覆盖全国的全科医生服务，与健康相关的产业产值占GDP的比重超过10%
德国	医疗卫生与产品、医疗旅游、保健食品、医疗器械等都处于世界前列，其中，医疗器械最为突出，2/3的产品用于出口，是全球第二大医疗器械出口国
韩国	整形美容服务
澳大利亚	保健产品
瑞士	抗衰老服务

（三）典型地区案例

1. 日本静冈

日本的医疗卫生体系十分完备，大多数医院的医疗设施非常先进，高水准的服务也是日本医院的一大特色，如日本静冈地区的健康产业发展模式。

专栏5-1　世界长寿之乡的新型健康基地——日本静冈医药谷

一、项目简介

日本静冈县面积约为7780平方千米，人口379.2万人，位于富士山脚下，良好的自然环境和生活方式让这里的居民世代长寿，素有"长寿第一县"之称，成为癌症发病率最低的地区，同时也是日本屈指可数的健康医疗相关产业以及研究功能集成区。

静冈县依托自身条件，于2001年启动富士医药谷计划，建立起以健康、医疗、生物试验、保养、度假为一体的新型健康基地，以县立静冈癌病中心开设为契机，根据这一地区的资源和特性，推进富士医药谷项目，以世界水平的高度医疗技术开发为目标，先进的研究开发、产业促进、医疗及健康相关产业的振兴和集约化发展成为重点。

二、发展优势

（一）区位综合优势

交通优势：静冈县处在日本东京和大阪之间，是日本的主要交通要道，以静冈国际机场、清水港口、东名高速公路连接日本三大都会，海陆空覆盖的交通网络，大大拉近静冈与世界的距离。

教育优势：静冈县文教事业发达，有国立静冈大学、浜松医科大学、县立静冈大学、私立日本大学、东海大学、常叶学院等，为医疗研究提供良好的学术环境和设施支持。

自然资源：富士山、伊豆等优越的自然环境和气候条件闻名世界，形成了得天独厚的温泉度假项目。

经济基础：静冈县工业的区域性十分明显，根据产业结构，可划分为东部、中部和西部三大块。东部地区位于富士山麓，区内工业用水资源丰富，又临近首都东京，拥有巨大的消费市场，以造纸、纺织为中心的基础产业一直以十分迅猛的速度发展，还发展了不少尖端技术产业。以静冈市为中心的中部地区，是静冈县的政治、经济、文化中心，该地区产业以日用品制造和与日常生活息息相关的地方产业为主。产业资源为静冈经济发展奠定了雄厚基础。

（二）开发先进理念

静冈医药谷以打入世界市场为最终目标，依托对现有教育资源的利用、吸纳企业的资金投入以及各级行政部门的大力支持，努力打造具有强竞争力、高集约化的医疗、科研、企业三位一体的产业集群。

在此过程中，吸引外来人口加入同时也致力于提升原住民的健康水平，劳动力数量和劳动力水平的升高又贡献于企业的产出，从而带动一大批当地中小企业积极参与到项目建设中，在社会、经济的良性发展下最终将推动当地形成一个高度发达的城市功能循环体。

（三）战略发展五部曲

静冈县自2001年起制定了发展战略五部曲来推进富士医药谷的发展，分别是建设卫生基础设施、建立卫生产业、开展人力资源开发、建立健康社区、实施全球发展战略，截止到2011年，初步完成第三次战略计划确定。

（四）双重政策支持

静冈县富士药谷的发展离不开国家政策和地方政策的双重支持，国家政策为推进日本医疗旅游产业的发展起到了关键性的作用，而地方政策则因地制宜地提出有利于打造药谷的一系列鼓励性政策。

国家政策	地方政策
新成长战略——活力日本复苏计划： 将医疗旅游定位国家支柱产业之一，并希望发挥日本在癌症与心血管等防治优势，到2020年获得亚洲地区高端医疗及体检服务的顶级评价	设立一站式服务中心（one-stop center），为外国企业提供信息咨询、协商、资讯供应、介绍合作伙伴和支援服务
推进过程： 日本针对入境接受医疗服务的外国人设立了"医疗签证"，取得此类签证的患者可以携带家属在日本停留，为赴日就医的患者提供了很多方便 日本商务部启动了日英日俄日汉等医疗翻译培训班，还制定了一系列促进措施，其中包括"准许接受外国患者"的医院认证制度	对新兴工业制造商、研发中心和企业给予建设租赁费资助和土地优惠政策 成立先进医学研究集群：东部为癌症和药物研究，中部为健康和功能性食品研究集群

（五）特殊保障体系

财政支持：故乡融资计划 Furuseato-Yunshi（Hometown Finance）

注重营销：推行以国际会议和国际节庆为龙头的全球化营销战略，例如依托静冈为日本绿茶第一大生产地优势，举办"世界茶文化节"World O-CHA（Tea）Festival 2007。

突出两大优势：一是以"羊水保健"创新世界水疗保健新模式；二是医学研究——药品开发——门诊治疗——康疗保健的产业链整合开发模式。

资料来源：上海东滩顾问：《世界长寿之乡的新型健康基地——日本静冈医药谷》，http：//blog. sina. cn/dpool/blog/s/blog_d179b6e80101d8ih. html？vt = 4。

2. 迪拜健康城

迪拜健康城是世界最早的也是最为全面的医疗保健自由区，是世界级的健康护理中心。哈佛医学院和大学教学医院、迪拜哈佛基金医疗研究中心和其他40余家专业医院或诊所以及专门的实验室都位于健康城内。迪拜健康城内有疗养院、浴场、购物中心和五星级酒店，打造了"医疗中心＋休闲中心＋商业中心"一体化的运作模式，是集医疗、休闲、购物等为一体的综合型健康城。

3. 瑞士达沃斯健康城

医疗旅游正在国际舞台上蓬勃发展。达沃斯是主打医疗旅游产业的疗养胜地和健康城。医疗旅游，包含医疗和旅游两层含义，是一种特殊的旅游形式。医疗旅游将疗养治病的目的寄托于休闲舒适的旅游过程之中。达沃斯的私立诊所，数量多而且独具特色，诊所的健康技术先进，如整形美容、体检康复、基因疗法等都是世界顶级水平，羊胎素精炼提纯技术更是世界唯一，其医疗旅游瞄准的是高端客户群体。

发达国家以其领先的科学技术优势,在医疗旅游、养生保健等行业占领全球主导地位,健康产业发展中注重品质、研发、企业形象以及积极拓展海外市场等成功经验为两湖区域健康服务业的发展提供了宝贵的经验借鉴。

三、国内健康服务业发展市场规模广阔

(一) 市场需求广阔

1. 人口老龄化带来的养老需求

国务院印发的《"十三五"国家老龄事业发展和养老体系建设规划》预计,到 2020 年全国 60 岁以上人口将增加到 2.55 亿人左右,占总人口比重提升到 17.8%。与此同时,失能和部分失能老年人越来越多,残疾老年人逐年增加,2015 年失能和部分失能老年人约 4063 万人,持残疾证老人达到 1135.8 万人。伴随老龄化的不断加深,老年人对于医疗保健、康复护理、居家养老、社区养老、养老地产、养生地产、中医养生等老年健康服务的刚性需求日益增加。而且,老龄化进程与城镇化、家庭小型化、空巢化相伴随,与经济社会转型期各类矛盾相交织,流动老人和留守老人规模不断增加,越来越多的家庭面临照料者缺失的问题。老年人的健康服务需求已成为未来迫切需要解决的重要问题,如表 5-2 所示。

表 5-2　　　　　　　　　　健康养老市场需求

健康养老需求主要类型	养老机构需求	养老院,临终关怀机构,老年康复医疗中心,老年社区医疗保健院,老年活动中心等
	养老服务需求	老年人生活护理,老年人家政服务,老年人心理辅导,老年旅游,老年餐饮,老年兴趣培训班等
	养老用品需求	健康医疗设备,老年代步车,老年手机,助听器,家政机器人,老年药品,保健品等
	养老金融需求	老年储蓄的投资理财产品,老年地府的按揭金融产品,寿险产品的证券化,长期护理保险产品,老年融资产品等
	养老地产需求	养老公寓,养老社区等

资料来源:李斌主编:《〈"健康中国 2030"规划纲要〉辅导读本》,人民卫生出版社 2017 年版。

2. 慢性病及亚健康人群增加

慢性疾病是威胁中国人健康的头号杀手，占人群死因构成的 86.6%，疾病负担的 69%。据调查统计，目前中国慢性病患者已超 2.6 亿人。随着我国人口老龄化，高血压、冠心病、高脂血症、慢支、肺气肿、脑血管病、恶性肿瘤、糖尿病等慢性病的防治、保健已成为老年人生活的重要内容，健康需求已由过去单一的医疗服务向疾病预防、健康促进、养生保健、照护康复、健康旅游与健康文化等多元化服务转变，健康市场迎来爆发式增长。亚健康风险加剧，由于长时间处于高压工作状态下和生活饮食习惯不合理，白领人群和一些企业高管、行业精英等认识成为亚健康的主要人群，其中 IT、通信行业健康状况最差，科学管理健康、延长寿命、提升生活质量已成为人们高度重视的话题。亚健康风险的加剧和收入的增加带来的养生疗养需求增加。

3. 高收入带来的高端个性化健康管理需求

《2017 中国私人财富报告》显示，2016 年中国个人持有的可投资资产总体规模达到 165 万亿元，与 2014 年相比增加了约 50 万人，年均复合增长率达到 23%，相比 2012 年人群数量实现翻倍。其中，超高净值人群（可投资资产超过 1 亿元人民币的个人）规模约 12 万人，可投资资产 5000 万元以上人士共约 23 万人。预计 2017 年中国私人财富市场将继续稳步增长，全国个人可投资资产总体规模将达到 188 万亿元，同比增长 14%。中国高净值人群经历了创造财富、挥霍财富阶段之后，逐渐进入了守护财富阶段，更加重视生活的品质和身体的健康，高端私人医生、健康管理、抗衰老等高端健康服务逐渐兴起。

4. 环境恶化带来的环境优化需求

随着我国工业化进程的推进，以往牺牲环境促增长的遗留问题日益显现，地下水、土壤被污染、空气恶化等问题日益严重。由环境和气候恶化引起的相关疾病越来越多，专家预言，肝癌、肺癌、胃癌三大癌症将成为我国居民最主要的致命疾病，由此带来了对主题健康产品以及生态旅游的需求，如通过高技术产品来净化空气、净化水资源，消费者希望能够在一定时间内逃离污染地区，到优质生活环境中度假疗养，促进身体机能修复等。

（二）市场发展趋势

目前我国健康产业占 GDP 的比重为 6% 左右，中国健康产业的年收益约为 900 亿美元。国家提出到 2020 年，要基本建立覆盖全生命周期、内涵丰富、结构合理的健康服务业体系，打造一批知名品牌和良性循环的健康服务产业集群，并形成一定的国际竞争力，基本满足广大人民群众的健康服务需求，健康服务业总规模达到8万亿元以上，成为推动经济社会持续发展的重要力量。未来健康产业将朝着产品升级、服务升级、主体升级、市场升级的方向发展，由多元化的市场主体，为身处全球和各年龄阶段的人们提供更好的产品和更优的服务。

趋势一：健康产品不断升级丰富，目前国内市场虽有众多与健康相关的产品，但由于标准缺失和品牌公信力不足，整个市场处于无序发展状态，在国际竞争压力下，国内企业要想在健康产品中取得一席之地，需要在生态有机的健康产品、技术创新的健康产品方面加快产品升级和技术研发创新和技术应用创新。

趋势二：健康服务将由低水平、单一化的传统健康服务向科技化、多元化的现代健康服务转变，基于大数据的健康服务将给大健康产业带来根本性的变化，通过颠覆性服务的接受与提供方式，推动健康产业发展进入新纪元，基于大商业的健康服务，将朝着"体验式、全渠道、产业化"的方向发展。

趋势三：市场主体的类型将更加多样，健康产业横跨三次产业的复合型特点，相比原有的单一市场主体格局，更多的市场主体将参与到健康产业发展的潮流当中，包括传统企业（地产商、制造商、互联网企业、险资企业）跨界升级、公立医院参与改制、中小企业创新和创业、外资资本流入以及产业基金和风投资金介入等。

趋势四：市场伴随消费者的需求加快升级，随着健康产业蓬勃发展，消费者在空间和时间上都对健康产业市场提出了新的要求。一方面，要健康产业跟上全球化步伐，打破国界，营造一个综合性、多元化的交易环节；另一方面，则更加聚焦于个人的健康状态，要求营造一个可以满足不同年龄阶段人群需求的服务环境。

纵观健康产业发展未来趋势，健康产业及其相关产业将会继续保持较为高速的增长，同时，产业融合、产业形态交织，将会为未来5~10年健康产业发展提供强大动力。

（三）国家健康产业发展相关规划和政策

自2009年以来，国家陆续出台了众多围绕健康产业及其相关领域发展的规划、行动计划及政策文件，全国各地区也纷纷响应，截至2017年8月，全国已有超过27个省（区、市）出台健康产业、健康服务业发展规划、实施方案及政策文件等，如表5-3所示。

表 5-3　　　　　　　　国家健康产业发展相关规划及政策文件

年份	规划及政策文件
2009	关于扶持和促进中医药事业发展的若干意见
2013	国务院关于促进健康服务业发展的若干意见
2013	国务院关于加快发展养老服务业的若干意见
2014	全民健康素养促进行动规划（2014—2020年）
2015	中医药健康服务发展规划（2015—2020年）
2015	完善中医药政策体系建设规划（2015—2020年）
2016	体育产业发展"十三五"规划
2016	国务院办公厅关于加快发展健身休闲产业的指导意见
2017	"健康中国2030"规划纲要
2017	"十三五"卫生与健康规划
2017	"十三五"健康老龄化规划
2017	"十三五"国家老龄事业发展和养老体系建设规划
2017	"十三五"健康产业科技创新专项规划
2017	国家卫生计生委　国家发展改革委　财政部　国家旅游局　国家中医药局关于促进我国健康医疗旅游发展的指导意见
2017	关于加快推进养老服务业放管服改革的通知
2017	智慧健康养老产业发展行动计划（2017—2020年）
2017	财政部　民政部　人力资源社会保障部关于运用政府和社会资本合作模式支持养老服务业发展的实施意见

（四）典型地区案例

1. 北戴河生命健康产业创新示范区

北戴河依托生态环境独特、区位和健康养生资源丰富等优势，定位为高端医疗服务集聚区、生物医药技术创新转化基地、中国北方生态颐养地、滨海体育健身基地和国际健康旅游目的地，打造健康服务业、健康制造业和健康农业三大板块，实现高端医疗服务和生物医药产业双轮驱动，医疗器械、康复保健、养生养老、健康金融、健康管理、健康旅游、健康农业协调发展的产业格局，形成"医、药、养、健、游"五位一体的生命健康产业集群。

2. 海南博鳌乐城国际医疗旅游先行区

博鳌借助海南旅游岛建设发展机遇，凭借自身自然区位优势、品牌优势和政策优势和医疗旅游产业前景，规划了"海南博鳌乐城国际医疗旅游先行区"，其功能定位是：充分利用中央赋予的政策支持，引进世界先进医学技术和药物，开展高端医疗和医养综合服务、具有规模效益的医学园区。积极吸引和利用高端医疗技术、医疗设备、医学专业人才，引入国外知名医疗机构、健康管理机构，推动先行区建设，将其打造成国家高端医疗旅游实验区、示范区、医疗人才聚集区和健康领域国际交流平台；通过紧密结合临床建设若干国家级重点专科和实验室，将先行区打造成领先的国家医学科研基地；通过在项目建设、医疗服务中充分吸纳低碳理念，将先行区打造成低碳医疗、生态医疗的示范区。先行区产业重点发展领域主要包括：特许医疗、健康管理、照护康复、医学美容和抗衰老等，形成游客提供体检、健康管理、医疗服务、康复、养生（护）等完整的医疗产业链。

（五）健康产业发展需要引起重视的问题

当前，健康产业发展过程中，也存在一些突出的问题：

一是同质化布局现象较为突出。整个产业缺乏全国性的统一规划和引导，各地一哄而上现象突出，产业布局主要集中在高端医疗、生物医药、高端医疗器械和高值医用材料、健康养生和健康房地产等，重复性建设现象较为严重，极易形成新的结构性问题。

二是部分领域供需结构性失衡。我国健康产业需要保持一个长期、持续、快速发展的态势，才能逐步适应全社会对健康服务的需求。但从当前看，健康旅游业、中低端的健康养生业等领域存在较为严重的过度投资现象。

三是人才和技术等资源供给短板突出。产业发展遇到来自高端医疗保健人才、专业化技能型服务人才、复合型经营管理人才，以及核心技术和关键技术等供给严重不足的制约，同时，资本、土地和劳动力等三要素匹配存在失衡现象。

四是产业集中度低。市场缺少龙头企业引领，健康企业大部分存在产品低端，产业链短而不全，品牌效应缺乏，规模化程度低等问题。

五是制度体系有待完善。相关法律法规不完善，相关标准体系滞后，难以规范产业发展。监管体系不健全，监管缺位或不到位等问题严重。

六是社会办医和医养结合等方面的一些核心政策待完善。如非公立医疗机构的功能定位、营利与非营利医疗机构的性质核定与分类管理、性质转化与监管等。

第五章　信阳两湖区域健康服务业发展思路与任务

第二节　两湖区域健康服务业发展条件

两湖区域具有区位交通便利、自然景观多样、历史文化特色突出、生态环境优良等直接影响健康服务业发展的优势条件，同时也面临着一些制约因素，在国内健康需求大幅增长、相关技术领域发展迅速、供给侧结构性改革及实施健康中国战略的背景下，两湖区域发展健康服务业具有良好的前景。

一、健康服务业发展可行性分析

（一）区位交通便利，本地和周边区域健康市场需求广阔

两湖区域地处信阳市中心城区北部、西部，位于鄂豫皖三省结合部，刚好处于北京与广州、上海与西安的中间位置，区位优势明显；区内有两条国道（107国道、312国道）、两条高速（京港澳高速、沪陕高速）、两条铁路（京广铁路、宁西铁路）、一条高铁（京广高铁）通过，明港机场将要通航，107、312国道改线工程及安阳至罗山、许昌至信阳等高速、宁西高铁即将动工，息邢高速建设正在加速推进，立体化、多层次的交通网络快速形成。根据信阳市城市总体发展规划，到2020年中心城区人口预计将达到100万人，同时依托便利的区位交通条件，具有吸引周边郑州、武汉等省会城市的人口到本区域休闲、养生旅游的巨大潜力，甚至随着高铁、航空的快速发展，信阳与北京、上海、广州等国内特大城市的时空距离不断缩短，也为这些城市的市民到两湖区域休闲、养生、观光度假提供了更多更好的选择，两湖区域发展休闲养老等健康服务业具有广阔的市场空间。

（二）自然景观多样，发展休闲养生健康产业资源本底条件良好

两湖区域是北亚热带向暖温带过渡地带，位于大别山北麓和淮河上游，地跨淮河两岸，自然环境优美。区内现有国家水利风景区2处（南湾湖、北湖）、国家森林公园2处（南湾湖、天目山）及省级水利风景区、省级森林公园、省级自然保护区等多处，大、中、小型水库遍布，地形地貌条件优越，山地、丘陵众多，地貌类型多样，形成了丰富的自然景观资源，湖光山色，茶山绿水，交相辉

映,景色宜人,有"江南北国、北国江南"的美誉,是一片不可多得的开发宝地,适宜发展休闲养老健康产业。

(三) 历史文化特色突出,发展健康文化具有深厚底蕴基础

两湖区域及信阳市历史文化悠久,是楚汉文化交融的中心地带之一,历史文化、红色文化、淮河文化、宗教文化、根亲文化、民间文化、饮食文化、茶文化等历史自然文化资源丰厚充盈。历史文化底蕴深厚,留下了众多价值很高的历史文化遗存,拥有各级文物保护单位数十处,历史典故众多,明朝"前七子"之首何景明,著名武将冯镐出生在金牛山,何景明墓、冯镐墓分别被列为省、市重点文物保护单位;红色资源丰富,是大别山革命老区的重要组成部分,演绎了许多可歌可泣的英雄事迹,为豫南革命史谱下了绚丽的篇章;两湖区域是信阳毛尖的发源地,茶叶种植及文化内涵丰富,发展以茶文化为核心,以历史文化、红色文化等为补充的健康文化产业具有深厚的底蕴。

(四) 生态环境优良,发展健康养生的条件十分优越

两湖区域拥有南湾水库和出山店水库两个大型水库,南湾湖中有大小不一、形态各异的岛屿61个,有林地面积61.23万公顷,森林覆盖率达到75.3%,具有丰富的动植物资源,天然次生林和人工林兼而有之,花果、竹林、经济林点缀其中,已形成类型多样、地域特色鲜明、功能完整、质量优良的森林植被,森林生态系统稳定,空气中负氧离子含量每立方厘米高达2.37万个,形成了多样化的南北植物过渡带特色森林景观,每年冬季有10万~20万只的天鹅、鸬鹚、野鸭、鸳鸯、大雁等候鸟来到南湾林场的森林公园湿地越冬。出山店水库区域范围内共有林地17.34万公顷,森林覆盖率达38.9%,植物种类繁多。北湖管理区位于北亚热带向暖温带过渡地区,汇集了丰富的南北动植物资源,保存着过渡带特有的生物群落,有林地2549公顷,森林覆盖率16.95%。区域工业产业较少,大气环境较优。

(五) 各类政策支持,具有很好的健康服务业发展环境

当前国家、省、市围绕"健康中国"发展战略,对健康产业的发展进行了大力的支持。河南省出台了《河南省"十三五"卫生与健康事业发展规划》《河南省"十三五"医疗卫生服务体系规划》《关于加快发展健身休闲产业的实施意见》《河南省人民政府关于促进健康服务业发展的实施意见》《河南省人民政府

办公厅关于印发河南省推进健康养老产业转型发展方案若干政策和产业布局规划的通知》等规划和政策，信阳市出台了《信阳市"十三五"区域卫生规划》《信阳市人民政府关于加快发展养老服务业的实施意见》《关于推进医疗卫生与养老服务相结合实施意见的通知》《信阳市老龄事业发展和养老体系建设"十三五"规划的通知》《信阳市"十三五"旅游产业发展规划》《信阳市人民政府关于加快发展体育产业促进体育消费的实施意见》等规划和政策，《信阳市"十三五"卫生与健康事业发展规划》《健康信阳 2030 规划》等规划即将出台。

二、主要制约因素

（一）所在城市经济基础薄弱

两湖区域所在的信阳市经济发展水平相比其他城市较弱，信阳市 2016 年地区生产总值 2034.25 亿元，人均地区生产总值 31570 元，低于全国 53980 元和河南省 42247 元的水平。信阳市万人拥有卫生技术人员 38 名，低于全国 61 名和河南省 57 名的水平，全市仅有一所三级甲等医院，医疗设施和服务水平都不高，医疗服务人才十分短缺，对发展健康医疗服务产业带来制约。

（二）开发与保护的矛盾突出

两湖区域良好的生态环境，尚未开发的自然地理人文景观是不可多得的尚待开发的宝地，区域内两大水库承担着重要的水生态保护功能，茶叶、耕地等农业生态功能对信阳发展有着重要的作用，未来本区域健康及旅游等产业的开发必然涉及对土地、农业、河湖水系、历史人文等资源的开发利用，必须要正确处理好开发与保护的关系，切实保证在不破坏生态的前提下进行开发和发展。

（三）城乡协调发展的任务重

目前，两湖区域大部分属于农村地区，城镇建成区面积比重不高，各个乡镇发展差距较大，镇级财政支撑能力也较弱，但经济增长考核的压力较大，目前各乡镇都在积极寻求发展新的策略，养老企业正在纷纷打算进入，旅游、体育等产业布局也在分散布局，各乡镇间存在发展模式雷同、产业层次低端等问题，两湖区域的发展必须切实履行好以城带乡、城乡互动的发展理念，促进城乡一体化协调发展。

三、发展机遇

（一）生活水平的不断提高引致健康产业需求释放加速

国际经验表明，当人均 GDP 超过 6000 美元时，进入典型的消费升级周期，非生活必需品消费将成为主流。2016 年，我国人均 GDP 已达 9966 美元，居民可支配收入达 23821 元。随着生活水平的大幅提高和生活方式的迅速转变，人们的健康意识不断增强，健康需求将由单一的医疗服务需求向疾病预防、健康促进、保健康复等多元化需求转变，新型城镇化和人口老龄化也促使人民群众对健康产品和服务的需求更加旺盛。社会保障制度的不断完善，特别是医疗保险事业的快速发展，必将促进人民健康需求进一步释放。近年来，居民医疗消费支出保持较高速增长，2015 年，城镇居民人均医疗保健支出为 1443 元，占城镇居民人均消费支出的 6.75%，比 2013 年提高了 0.61 个百分点，与 2013 年相比，城镇居民人均医疗保健支出增速达 27.02%，比城镇居民人均消费支出 15.71% 的增速高 11.31 个百分点。我国健康服务业进入快速发展的黄金时期，高端医疗、预防保健、康复护理、健康管理、健康养老等产业迎来巨大发展机遇。

（二）生物和信息技术融合拓展了健康产业发展的空间

进入 21 世纪，新一轮的技术和产业革命正在酝酿。生命科学技术、新一代信息技术等不断交叉、融合发展，催生了基因检测、分子诊断、干细胞治疗、3D 打印等一系列重大技术的突破和应用，"互联网+"与新一代信息技术的广泛应用，互联网公司和智能手机制造商向医疗健康领域的逐渐渗入，依托互联网、云计算、大数据的新型健康服务业态不断涌现，催生了远程诊断、智慧医疗、个体化治疗、云健康管理等健康服务新模式，极大拓展了健康产业发展空间。

（三）供给侧结构性改革有效促进健康产业规模的扩大

健康产业是关系到国计民生的特殊的朝阳产业，其覆盖范围广、产业链长，直接影响到国民经济多个行业的发展，发展健康产业，是推进经济结构调整和供给侧结构性改革的重要方向。供给侧改革中的"补短板"就是解决人民日益增长的美好生活需要和不平衡不充分的发展之间的矛盾的体现，就是要大力发展民生导向型产业与大健康行业，以满足人们日益增长的美好生活需求为引领，将民众的幸福诉求与全球前沿技术创新相融合，围绕民生诉求的不同层次，把握新兴产业规律和全球新技术变革路径，顺应大健康发展的趋势。随着老龄化步伐的加快，围绕老年人的相关健康服务消费需求巨大，增加包括健康服务在内的公共服务供给成为国家推进供给侧结构性改革、增加有效供给的重要内容，能有效促进国内健康产业规模的扩大。

（四）"健康中国"建设为健康产业发展带来无限机遇

党中央、国务院高度重视人民健康工作，党的十八届五中全会做出了推进"健康中国"建设的战略部署，2016年10月，中共中央、国务院印发了《"健康中国2030"规划纲要》，提出了持续提升人们健康水平，大幅提升健康服务能力，显著扩大健康产业规模等发展目标，党的十九大报告"实施健康中国战略"，提出"积极应对人口老龄化，构建养老、孝老、敬老政策体系和社会环境，推进医养结合，加快老龄事业和产业发展"等，为大健康产业发展提供了难得的历史机遇。近年来，伴随着"健康中国"理念上升为国家战略以后，国务院相继出台了一系列支持健康产业加快发展的政策文件，要求从市场准入、财税政策、要素保障等多方面采取措施促进健康产业的发展，同时，加快推进医药卫生体制改革，为企业营造更有序、更规范市场环境，推动企业拓展新领域、新市场，健康企业的数量、产品的种类不断增多、健康产业的整体容量、涵盖领域、服务范围正在不断放大，呈现出市场与政策双轮驱动的格局。随着健康产业发展环境的不断优化，政策支持逐步加强，将推动健康产业得到加快发展。

第三节 两湖区域健康服务业发展思路

根据两湖区域发展的条件及其在信阳市发展中的地位，两湖区域应以健康服务业为重点，充分整合区域山水林湖、历史人文资源，大力发展"养、游、体、文"，积极推广健康服务新业态新模式，推进与旅游、体育、文化、科研、教育等产业跨界融合发展，打造健康生态系统，建设新型城镇。

一、两湖区域健康服务业发展重点

两湖区域应重点发展健康服务业。根据健康产业的发展趋势和两湖区域以及信阳市的发展现状，本报告认为两湖区域应重点发展健康服务业，与信阳市其他区域共同构成健康产业发展生态。主要考虑因素为：一是有利于提升两湖区域的开发价值，以健康服务为龙头符合两湖区域总体发展定位的需要，打造以服务业为重点的幸福产业集群，形成优势突出的区域功能定位；二是与信阳中心城区和其他区域形成协调发展格局，信阳中心城区和其他区域仍有较大发展空间，已经规划布局了一些工业开发园区、高新技术开发区，这些园区发展制造业的基础较好，未来可以根据健康产业发展的趋势，大力发展健康制造业，与两湖区域形成健康服务业与制造业协调发展的产业生态体系；三是符合两湖区域集约发展和生态环境保护的要求，健康制造业一般占地比较大，具有相关配套产业集群发展特征，在信阳其他区域发展更具有优势条件，而两湖区域土地资源宝贵，生态环境优良，有利于发展直接为居民服务的健康服务产业。

两湖区域健康服务业发展的重点。健康服务业包含领域广泛，考虑到两湖及信阳市健康大产业发展的现状，两湖区域健康服务业发展重点是：大力发展健康养生产业、健康旅游产业、健康体育产业，培育发展健康文化产业，配套发展健康管理，积极发展健康信息技术和第三方服务产业，构建"养（养生）、游（旅游）、体（体育）、文（文化和教育）"四大发展方向，与信阳其他区域一起构建健康食品制造、药品制造、器械制造等"养、游、体、教、食、药、造"大健康产业体系。

二、发展原则

（一）坚持政府引导、市场驱动

充分发挥市场在资源配置中的决定作用，依靠市场机制，激发社会活力，促进社会资本投资健康产业领域，提高健康服务业发展质量和效率。坚持以目标人群的市场需求为导向，根据健康服务业发展的新趋势，居民的消费心理和需求趋向，开发提供适销对路的健康产品。同时，增强政府在规划、制度建设和政策制定及监管等方面的职责，有效发挥对健康产业发展的引导作用。

（二）坚持生态优先、合理布局

严格坚持可持续发展的理念，强化对自然生态系统、生物多样性、田园风光、传统村落、历史文化和民族文化等保护，按照城乡一体化的发展理念，科学合理规划健康服务业、文化旅游和生态农业等布局，坚持产城、产业融合发展，促进健康产业园、文化园与特色乡镇之间相互带动、融合发展，优化配置基础设施、公共服务供给，形成人与自然和谐共生格局。

（三）坚持效益为本、创新发展

以效益为基础，促使经济、社会、生态效益相协调，在保护区域自然、生态、历史人文景观，合理控制开发规模的基础上，通过开发建设，引导富余劳动力向健康服务业有序转移，同时，激活健康服务业与特色优势农产品、历史文化旅游资源的跨界联系，增强农产品的附加价值，旅游产业的价值链，依托生命科学、物联网、大数据等新兴技术发展，积极发展健康产业的新兴产业和新型业态，提高区域经济社会发展水平，增强对信阳市的发展支撑。

（四）坚持统筹兼顾、有序推进

正确处理好总体与局部、近期与远期、开发与保护的关系，按照以点带面、突出重点、分步实施的原则有序推进，避免不切实际的大规模开发。近期应集中人力、物力、财力开发影响大、见效快的区块，有计划地保留一些项目，待日后条件成熟时陆续开发。交通、市政、公共服务等基础设施要根据市场需求做到统一布局、分步实施。

三、发展思路

（一）统筹资源合理开发，放大资源利用效益

切实发挥两湖区域水资源丰富、自然景观丰富多样、茶文化及历史人文资源特色突出、生态环境优良等综合优势，根据区域内不同乡镇自然、人文、历史、资源、经济特点，统筹对两湖区域进行全域规划，分步开发，并有效与两湖区域周边的旅游、历史人文、生态资源互动，提高区域资源利用效益，形成以点带面、以面促点的全面统筹、规划协调、开发有序的发展格局，实现城镇与乡村、人与自然、产业与环境、经济与社会统筹协调发展。

（二）突出发展养游体教，构建全市健康产业生态圈

依托两湖区域现有条件及信阳市健康产业发展的基础，在两湖区域重点发展

健康养生养老、健康旅游、健康体育、健康教育产业，配套发展健康管理，积极发展健康信息技术服务和第三方服务业，形成"养（养生）、游（旅游）、体（体育）、文（文化）"四大发展方向，建设田园休养、山水静养、茶食保养、医治疗养、文育心养、休闲游养、文娱体养、科研学养等相关产业互为链条的国际国内知名的特色康养目的地。信阳其他区域，特别是工业集聚区侧重发展健康食品制造、药品制造、器械制造等产业，形成健康服务业与健康农业、健康制造业相互促进、相互依托的产业生态系统，推动未来信阳市形成"养、游、体、文、食、药、造"大健康产业体系，如图5-4所示。

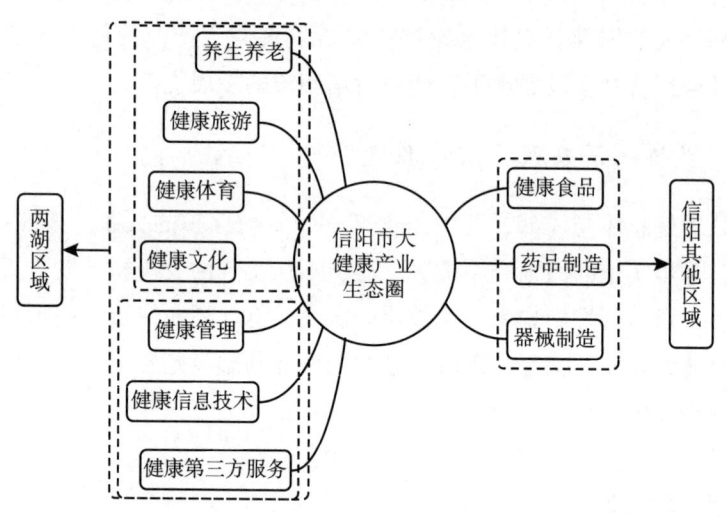

图5-4　信阳市大健康产业生态圈

（三）打造健康产业平台，扩大产业辐射影响空间

以重大健康产业项目为引擎，以产业生态圈、平台经济、共享经济等为理念，分步重点打造若干有较大区域影响力、有较高发展品质的健康产业集聚区（含健康产业园区或健康城、健康文化创意园区等），吸引国内外知名健康产业园区运营商，系统整合优质资源，统筹策划健康产业集聚区开发模式，为金融资本和本地资源结合提供平台，保障健康产业集聚区健康、持续发展，协调推进健康产业集聚区周边旅游休闲、体育运动、文化教育等功能园区板块建设，促进健康产业集聚区与健康旅游、健康体育、健康文化等产业协同发展。

（四）推广新业态新模式，促进产业跨界融合发展

积极应用互联网新手段，探索"互联网+健康服务业+大数据"等新模式，

加快大数据、云计算、移动互联网、物联网在养老服务、医疗服务、健康管理等领域的应用。促进健康产业发展与智慧经济、旅游休闲、历史文化、体育产业、教育培训、科技研发、电子商务、现代商贸、金融、房地产等产业紧密结合，与就业促进、全民健身、养老服务、公共卫生等民生工作密切联系，推动健康服务业态创新、管理创新和服务创新，开发满足不同收入群体的多样化、个性化需求的服务模式，实现产业跨界深度融合发展。推动休闲健康产业园、健康文化创意园、康养人家智能化、智慧化试点建设，提升康养产业智慧化水平。

（五）打造健康生态系统，建设健康新型城镇

围绕以人为核心，满足区内外不同人群需要，全面构建健康产业系统、健康生活系统和健康事业系统。健康产业系统是两湖区域发展的基础，是带动两湖区域发展的经济基础，是提升两湖区域和信阳市经济实力的重要支撑；健康生活系统通过打造新型健康型小镇，培养居民日常生活行为习惯，建设宜居宜业的生活环境，形成以"养"为特色的健康生活方式，增强对周边区域和全国其他区域的吸引力，提升知名度和美誉度，创建具有国际影响力的服务品牌；健康事业系统围绕本地居民，完善医疗卫生等基本公共服务水平，缩小本地居民与外来人口的发展差距，实现区内外居民共同富裕。

（六）营建良好营商环境，积极引入各类市场主体

切实优化健康服务业发展环境，构建统一、开放、竞争、有序的服务业市场，积极破除地方保护。进一步深化投融资体制改革，鼓励和引导各类社会资本投向健康服务业；进一步推进行政审批制度改革，简化审批流程，取消不合理前置审批事项，加强事中事后监管；优选引资对象，积极吸引国内外知名健康服务业领域企业投资，培育健康产业龙头企业；积极改善消费环境，营造全社会齐抓共管改善消费环境的有利氛围，形成企业规范、行业自律、政府监管、社会监督的多元共治格局；健全以质量管理制度、诚信制度、监管制度和监测制度为核心的服务质量治理体系，提升质量保障水平。

四、发展目标

（一）2018~2023年

到2023年，做强做大一批业内领先的健康服务业龙头骨干企业，打造一批

具有较高知名度的健康品牌和产业集群，健康服务业规模不断扩大、发展环境不断优化、发展质量不断提高，建成对周边区域具有较强吸引力的休闲康养基地，成为信阳市大健康产业的新名片和新经济增长点。

产业实力明显增强。健康服务业规模不断扩大，竞争力、影响力、渗透力和辐射力不断增强，以休闲康养为重点的健康服务产业得到显著发展，休闲养老、中医药养生、康复疗养、健康管理、健康信息技术和第三方健康服务等重点领域和薄弱环节得到改善，健康服务业差异化、特色化发展优势更加明显。

产业融合发展格局基本形成。围绕休闲康养产业发展，健康旅游、健康体育、健康文化教育、健康科技研发、健康管理、健康信息等产业同步推进，产业融合发展程度不断提高，"健康+互联网"等新业态、新模式不断涌现，健康服务业成为支撑信阳市经济发展的新增长点。

空间布局有序展开。以休闲康养为核心，健康旅游、体育等产业协调融合的健康产业园区、健康特色小镇、移民新区康养设施等空间布局有序推进，重点健康产业园区、健康创意园区、健康乡镇等主要节点建设成效显著。到2022年，建成重点健康产业园、健康科技研发产业园和健康文化创意园各2个，重点乡镇和移民新区健康配套设施建设基本完成。

健康服务业主体加快发展。国内外知名健康服务业领域企业及投资、保险领域企业的引进取得成效，形成以若干龙头企业为引领、中小企业为补充，本地企业与外来企业并举，非营利性医疗机构为主体、营利性医疗机构为补充的多元化发展格局，形成一批本土优势龙头企业和细分行业领军企业，形成一批知名的养老服务品牌。

发展环境不断改善。制约健康服务业发展的体制机制障碍逐步破解，健康服务业政策和法规体系建立健全，行业规范与标准体系不断完善，行业管理和监督更加有效，居民健康意识和素养明显提高，逐步形成全社会参与、政策支持、市场规范、行业自律的良好发展环境。

（二）2024~2035年

到2035年，两湖区域健康服务业综合发展实力大幅提高，健康服务业规模不断壮大，以休闲康养为引领，健康旅游、健康体育、健康文化、健康科技、健康管理等融合发展的健康生态圈构建完成，形成一批在中部地区乃至全国、世界具有较高知名度的健康产业集群和健康品牌，成为我国幸福产业建设的重要示范区。

第四节　两湖区域健康服务业发展重点

充分发挥两湖区域及信阳市环境优美、气候宜人、空气清新、物产丰富的独特优势，把传统养生文化与现代人的健康需求相结合，运用现代服务业的经营理念和经营方式，大力发展以养生养老、健康旅游、健康体育、健康文化等为重点的健康服务业。

一、重点发展休闲康养

休闲康养是指依靠水、森林、山地等自然生态资源和历史文化等旅游资源，配备相应的养生休闲及医疗设施，开展游憩、度假、疗养、保健、养老等服务。两湖区域适宜发展以生态休闲养生养老为特点的养老产业，依托两湖区域山水林田湖特色，大力发展季节性康养、休闲度假养老、特色养生等服务。康养产业包含两个层面，一是由政府主导的公共服务事业，属于社会保障领域；二是由市场主导的健康服务业，重点以中高收入以上老年人为服务对象，提供健康商品和服务的相关社会赢利活动，主要采取市场化手段，依靠社会资金和力量满足老年人的需求，本报告重点阐述市场主导的康养产业发展方向。

（一）积极打造休闲康养基地

立足两湖区域山水林田湖格局，依托南湾湖、出山店水库、生态茶园、生态农业基地、林业生态基地、中药材生产基地等各类优良环境，建立并提供类型丰富多样的生态休闲康养场所，打造包括老年人教育、健身、娱乐、保健、康复、护理等多元需求的健康休闲产业基地。积极吸引优质企业和资源要素向基地集中布局，推动健康养老产业实现有序开发、集聚发展。鼓励休闲康养关联企业以市场为导向组建休闲康养产业联盟，促进休闲康养产业链、供应链和服务链的全链化整合、网络化发展、系统化集成、智慧化互动，建设一批特色突出、体系完整、协作紧密、功能多元，打造集健康体检、健康咨询、康复护理、体育健身、文化教育、娱乐休闲等多样化健康服务的休闲康养基地。结合旅游、体育等产业规划布局，突出不同乡镇养生康养发展特色，打造"一镇一品、一乡一亮点"。

重点发展候鸟式和活力型养老。居家养老是世界各国养老服务发展的主流趋势，美国、荷兰和日本居家养老比例分别为95%、91.14%和96.19%，未来我国的居家养老也会占据90%以上的比例，目前各地都在大力发展养老产业，但真正具有成效的养老赢利模式尚未形成。根据两湖区域及信阳市健康产业发展的现有基础，借鉴国外以及国内海南等地的高端养老模式的条件还不具备，而借助两湖区域良好的自然生态环境，与旅游文化等产业结合，大力发展候鸟式养老和活力型养老比较符合本地的实际，因此养老地产发展的出发点应重点围绕生态休闲康养人群的需求为出发点，不宜发展成为以养老院为重点的康养产业发展方向（养老院建设主要根据本地常住人口需要发展）。

专栏5-2 四种养老模式

目前养老模式可分为候鸟式养老、活力型养老、农家式养老、高端养老和医护养老。候鸟式养老，主要是针对季节性养老人群，去南方过冬、去海边避暑等，如海南博鳌乐城；活力型养老，主要是针对身体较为健康、刚步入退休队伍的老年人，这些人需要的是富有活力的生活方式，如中德合资的上海奥古新诺颐养中心；农家式养老，寄住在农家庭院里，享受优美的环境及怡然的农家乐生活状态，如浙江省天目山地区农家寄养式异地养老；高端养老，主要是外籍人的父母及国内的"三高"（高干、高知、高收入）老人，为其提供优越的生活居住及养老服务条件，如新华锦长乐国际颐养中心等；医护养老，主要是给疾病在身的老年群体提供治疗和疗养服务，如北京小汤山养老院。

资料来源：上海东滩投资管理顾问有限公司：《健康产业与健康地产：商机与实务》，中国经济出版社2016年版。

（二）开发中医药养生产品

积极开发两湖区域中药种植和中医诊治资源，促进旅游资源与中医药资源有效结合，形成体验性强、参与度广的中医药健康产品体系。大力开发中医药养生、中医药特色医疗、中医药疗养康复、中医药观光旅游、中医药文化体验旅游等康养旅游产品，推进中医药康养产品和项目的特色化、品牌化，开发以提供中医医疗服务为主要内容的中医药健康旅游主题线路和特色产品，培育建设中医药健康旅游示范基地。

在两湖小镇的健康产业园区和特色小镇推广中医养生保健服务，鼓励中医医疗机构发挥自身技术人才等资源优势，入驻健康产业园、健康社区等，为养生养老人群开展规范服务,加快制定中医养生保健服务类规范和标准,推进各类机构根据规范和标准提供服务,形成针对不同健康状态人群的中医健康干预方案或指南(服务包)。

推广普及中医药文化,加强两湖区域及信阳市中医药文化典籍、文物古迹以及非物质文化遗产保护开发,传承弘扬中医药文化。支持媒体开设中医药文化科普专栏,宣传中医药辨证施治和"简、便、廉、验"的优势,普及中医药养生保健知识。鼓励有资质的中医师在养生保健机构提供保健咨询和调理等服务。

(三) 发展康复疗养服务

依托两湖特色资源优势,积极开发融合康复、休养与旅游观光等结合项目,开发日光、水疗、森林等特色休闲康养线路,丰富气功、针灸、按摩、理疗、水疗、日光浴、森林浴、中草药药疗等多种服务形式,提供健康疗养、慢性病疗养、老年病疗养、骨伤康复和职业病疗养等特色服务。规划布局一批特色疗休养机构,形成集风景疗休养、山地疗休养、森林疗休养于一体的多元化疗休养行业发展格局。

(四) 培育养老服务开发运营主体

坚持大型养老企业集团引进与本地企业培育并举,积极吸引社会资本参与,提高健康养老产品和服务的供给质量和效益。吸引地产、金融、医疗等国内外知名企业投资建设健康养老产业园、养老社区,积极发展候鸟式养老、会员制养老、田园养老、森林养老等新业态,打造一批具有核心竞争力的健康养老服务品牌。推动传统养老企业创新产品和服务模式,增加中高端健康养老产品供给,形成一批本土优势龙头企业和细分行业领军企业。鼓励组建养老服务连锁机构,支持专业养老机构整合养老院、护理院,开展规范化和规模化经营。

二、大力发展健康旅游业

健康旅游的概念近年开始兴起,在我国属起步阶段。健康旅游产业发展主要有两个发展方向:一是对旅游产业的深入挖掘,赋予健康的内涵以提升旅游业的市场价值;二是针对医疗旅游方面制订行业发展规划与标准,促进医疗旅游产业的专业化发展,一般依托比较好的医疗资源才能发展起来。总体上讲,旅游资源集聚的地方往往缺乏优质的医疗资源,而医疗资源较好的地方旅游资源又显得薄弱,两湖区域属于前者,旅游资源比较丰富,但医疗资源比较缺乏,应重点围绕旅游产业发展,促进"旅游+健康"发展。

(一)发展休闲养生旅游

充分利用湖泊、森林、湿地、丘陵、阳光等自然资源和中医药、现代农业等产业资源,鼓励优质医疗机构、疗休养机构和旅游服务机构、旅游休闲基地(目的地)加强合作,针对不同人群需求特点,开发多种类型的健康旅游产品,打造多种形式的养生保健旅游服务模式,推出两湖养生之旅、中医养生之旅、智慧养生之旅、生态养生之旅等特色体验活动,将休闲度假和养生保健、修身养性有机结合,打造异地旅居、居住型养生、生态养生、文化养生、调补养生、美食养生、美容养生、运动养生以及抗衰老服务和健康养老等一系列养生旅游产品,完善休闲养生旅游产业链,促进旅游与农、林、牧、渔、中医药、体育、养生、养老等产业融合发展,形成生态山水游、豫风楚韵文化游、品茶乡风民俗游、红绿结合旅游(红色旅游)、科普修学游、美丽乡村旅游等与健康养生融合的健康旅游体系,建成特色鲜明、具有国际水准的候鸟式旅游度假养老养生目的地。

(二)做大茶和美食康养旅游

进一步提升"信阳茶"知名度和美誉度,深度挖掘茶文化内涵,依托各类茶文化园,大力发展农业观光休闲、茶叶制作、茶文化养生休闲,发展集观光体验、休闲娱乐、特色农业、科普教育、养生度假等于一体的综合性开放式旅游区。进一步扩大信阳茶文化节的影响力,把茶文化节与两湖区域养生健康旅游产业发展相结合,扩大对两湖区域的宣传和推广。大力发展茶文化创意产业,提升茶叶附加价值,研发以茶为主的健康食品、旅游食品。

打造健康美食品牌,深入挖掘信阳菜特色,积极塑造"信阳菜全席"和"信阳菜药膳"两大品牌,积极培育"信阳菜"产业,大力发展药膳,基本建成以信阳地域文化为底蕴,"信阳菜全席"为标志,品牌旅游餐饮企业为主导的信阳菜产业体系,实现"信阳菜"品牌化、标准化、产业化。拉长产业链条,全面整合提升种植业、养殖业、食品加工业和商贸业,建设生态、有机食材生产基地。重点发展南湾鱼、信阳甲鱼、青虾等名优淡水鱼类、淮南猪、固始鸡(鹅)、麻鸭、甲鱼等名优地方畜禽,信阳毛尖、潢川贡面、食用菌、山野菜、莲藕、食用中药材等地方特色食材。积极培育"农家乐""健康食品"特色菜谱,发展为休闲养老旅游服务的农家乐休闲餐饮产业集群。

（三）发展宗教康养旅游

充分发挥"山水林田湖"的生态优势和宗教文化历史优势，不断丰富具有区域特色的宗教康养产品。依托祝佛寺、贤隐寺等资源，积极开发宗教养生、养心、养神等产品，建设一批特色明显、个性突出、错位发展、互为支撑的宗教康养基地。挖掘佛教身心灵修养等宗教文化，推动养生与文化产业融合，开发宗教康养文化项目。

（四）推进全域休闲景观建设

按照全域旅游的原则，在维护好现有两湖区域生态格局的前提下，根据休闲康养集聚区的规划，以南湾湖、出山店水库、旅游景区、步道规划、生态茶园、生态农业等为主体，以自然地势、河湖水面、流域渠道等风貌为依托，结合淮河流域生态工程、绿色城镇、美丽乡村建设，通过营造、改造、优化、提升等技术措施，合理规划布局构建类型丰富、风景优美、生态优良、功能多元的休闲康养景观体系。

三、积极发展健康体育产业

大力发展体育产业，促进体育与养老、健康、文化、教育、农业、林业、水利、通航等产业的融合发展旅游，丰富登山健行、山地越野、野外露营、户外教育、骑行运动、水上运动、亲水休闲、湿地观光、户外公益等体育产品。推动体医结合，积极推广覆盖全生命周期的运动健康服务，发挥中医药在运动康复等方面的特色作用，发展运动医学和康复医学。培育一批符合市场规律、具有竞争力的体育产业基地，打造（豫南）环大别山和泛淮河户外运动休闲产业带的核心区域。

（一）着力建设休闲健身廊道

发挥两湖区域山脉连绵、河湖交错，森林密布，田园多姿，空气清新的生态环境优势和独特的乡土文化优势，结合南湖风景名胜区、出山店水库、自然保护区、森林公园、湿地公园、郊野公园以及各类生态旅游步道、自然保护区实验区巡山道及护林防火道、城乡绿网建设，统筹规划、建设两湖区域休闲健身步道体系，形成连接各健康产业园和社区、旅游景区、生态茶园、特色小镇、美丽乡村的自然景观型、人文历史型步道网络,构建与之配套的服务保障系统。辟建新的南湾湖环湖休闲廊道,专供自行车赛和徒步活动,沿线合理布局运动场、露营地等相关健身休闲设施,打造环南湾湖休闲健身长廊。建设北湖健身绿道、平昌关淮河源步道、金牛山、吴家店、董家河、浉河港等体育休闲健身步道,突出不同步道发展主题,丰富茶香风情、行山观湖、美丽乡村等功能。

(二)打造一批全国性区域性体育赛事

发挥已有国际百千米山地户外运动挑战赛、亚洲百千米越野挑战赛、全国山地户外运动锦标赛、全国步道联赛、全国徒步大会等一系列国际、全国户外运动赛事的传统优势,积极举办有影响的国际国内户外运动赛事,打造具有两湖区域特色的体育产业品牌。充分认识和挖掘体育竞赛表演的社会价值、经济价值和体育产业载体作用,大力开发赛事经济,构建多类别、多层次体育赛事活动体系。以国家级赛事为龙头,以自行车、越野、步道特色赛事为重点,打造体育品牌赛事活动,发挥赛事宣传两湖、促进旅游、拉动消费等多元功能。积极引导和规范各类体育竞赛的市场化运作,引进各类体育健身俱乐部、运动健康服务企业,提高策划推广水平,开发体育无形资产,实现办赛形式多样化、投资主体多元化、竞赛组织专业化、赛事运营市场化,逐步形成以体育赛事带动两湖区域发展,两湖区域发展促进体育赛事的产业发展格局。

(三)积极开拓健身运动产业

加快发展户外健身休闲产业,依托两湖区域各乡镇资源优势,发展具有地域特色的健身休闲产业,打造一批符合市场规律、具有市场竞争力的体育产业带、集群或基地。依托以"青山绿水"为代表的山水资源,大力发展登山、漂流、滑草、探险、攀岩、山地越野、野营露宿、户外拓展等户外健身休闲产业。建设"南湾湖—出山店水库体育旅游带",南湾湖环湖国际自行车比赛,出山店水上休闲运动基地。围绕出山店水库建设,结合河流、水库、湖泊等自然景观建设不同类型的水上运动活动,在水库入口处,利用水面窄浅、河水流速快、水利滞留时间短等特点,建设水上公园,开展划船、游泳、垂钓等休闲活动;在水库宽阔区域发展帆船、水上风筝、水上摩托艇、水上飞机、滑水、水上高空滑翔伞等水上娱乐活动。建设素质拓展训练基地,青少年户外运动训练营地。

(四)推动"互联网+健身休闲"

鼓励开发以移动互联网、大数据、云计算技术为支撑的健身休闲服务,推动传统健身休闲企业由销售导向向服务导向转变，提升场馆预定、健身指导、运动分析、体质监测、交流互动、赛事参与等综合服务水平。积极推动健身休闲在线平台企业发展壮大，整合上下游企业资源，形成健身休闲产业新生态圈。

专栏5-3 国家"十三五"体育产业发展重点行业

竞赛表演业。加强体育赛事评估，优化体育赛事结构，建立多层次、多样化的体育赛事体系。鼓励机关团体、企事业单位、学校等单位广泛举办各类体育比赛。探索完善赛事市场开发和运作模式，实施品牌战略，打造一批国际性、区域性品牌赛事。积极推进职业体育发展，鼓励有条件的运动项目走职业发展道路，努力培育和打造一批具有国际影响力的职业体育明星。加强足球、篮球、排球、乒乓球、羽毛球等职业联赛建设，全面提高职业联赛水平。

健身休闲业。制定健身休闲重点运动项目目录，以户外运动为重点，研制配套系列规划，引导具有消费引领性的健身休闲项目健康发展。通过政府购买服务等方式，鼓励社会各种资本进入健身休闲业。贯彻落实《关于加快发展体育产业促进体育消费的若干意见》关于新建居住区和社区配套建设体育健身设施的有关规定。支持体育健身企业开展社区健身设施的品牌经营和连锁经营。

场馆服务业。积极推动体育场馆做好体育专业技术服务，开展场地开放、健身服务、体育培训、竞赛表演、运动指导、健康管理等体育经营服务。充分盘活体育场馆资源，采用多种方式促进无形资产开发，扩大无形资产价值和经营效益。支持大型体育场馆发展体育商贸、体育会展、康体休闲、文化演艺、体育旅游等多元业态，打造体育服务综合体。推进体育场馆通过连锁等模式扩大品牌输出、管理输出和资本输出，提升规模化、专业化、市场化运营水平。

体育中介业。重视体育中介市场的培育和发展，积极开展赛事推广、体育咨询、运动员经纪、体育保险等多种中介服务，充分发挥体育中介机构在沟通市场需求、促进资源流通等方面的作用。优化体育中介机构的组织结构体系，逐步建立公司制、合作制、合伙制等多种经营形式并存的格局，培育以专业体育中介公司和兼业体育中介公司为主的市场竞争主体。

体育培训业。大力发展各类运动项目的培训市场，培育一批专业体育培训机构。鼓励和引导各地积极开展国际合作，创办一批高水平的国际体育学校。鼓励学校与专业体育培训机构合作，加强青少年体育爱好和运动技能的培养，组织学生开展课外健身活动。加强不同运动项目培训标准的制定与实施，提高体育培训市场的专业化水平。

体育传媒业。大力开发群众喜闻乐见的体育传媒产品，鼓励开发以体育为主、融合文化、健康等综合内容的组合产品，积极支持形式多样的体育题材文艺创作。鼓励发展多媒体广播电视、网络广播电视、手机 App 等体育传媒新业态。鼓励利用各类体育社交平台，促进消费者互动交流，提升消费体验。创新体育赛事版权交易模式，加强版权的开发与保护，鼓励和支持各类新兴媒体参与国内赛事转播权的市场竞争。

体育用品业。结合传统制造业去产能，引导体育用品制造企业转型升级，鼓励企业通过海外并购、合资合作、联合开发等方式，提升冰雪运动、水上运动、汽摩运动、航空运动等高端器材装备的本土化水平。支持企业利用互联网采集技术对接体育健身个性化需求，鼓励新型体育器材装备、可穿戴式运动设备、虚拟现实运动装备等的研发。支持体育类企业积极参与高新技术企业认定，提高关键技术和产品的自主创新能力，打造一批具有自主知识产权的体育用品知名品牌。

体育彩票。加快建立健全与彩票管理体制匹配的运营机制。加快体育彩票创新步伐，积极研究推进发行以中国足球职业联赛为竞猜对象的足球彩票。适应发展趋势，完善销售渠道，稳步扩大市场规模。加强公益金的使用管理绩效评价，不断提升体育彩票的社会形象。

资料来源：《国家"十三五"体育产业发展规划》。

四、培育发展健康文化产业

健康文化产业包括健康教育培训和健康文化创意两个领域：健康教育培训主要是面向专业医疗卫生人才和基层医疗人才的教育培训，该领域以医学院校、医疗机构和相关协会为主体；健康文化创意领域主要面向普通民众群体和相关医疗卫生专业人员，以政府引导、企业参与为主。

（一）发展健康文化创意

发挥政府、健康产业集团企业、养生教育讲坛运营商、养生传媒广播制作机构、养生书籍图像出版机构、媒体运营机构和基础设施运营机构等的作用，通过政府和企业合作，积极举办多种类型的健康活动和多种形式的健康媒体制作等方面。支持运用智慧健康技术开展在线健康教育、健康知识宣传、网络诊疗咨询等新型健康管理服务。加强健康文化传播与交流，支持创作健康文化精品，举办健康促进论坛、举办形式多样的健康文化教育、中医医学研究和健康国际交流活动，宣传古今中外先进健康理念。通过开展养生文化博览、健康媒体平台、职业健康宣传和健康技术/产品博览等健康文化教育活动，为普通民众和合作企业提供学习和交流平台。为来两湖区域休闲养生人群举办中医会诊等活动。加强与其他区域的交流，举办健康论坛、医疗学术交流会和先进健康技术展会等活动。

深入挖掘两湖区域及信阳市历史文化资源，推动文化创意产业业态创新，彰显"豫风楚韵、茶山绿水"等文化特色，依托周边院校的教育资源和人才，促进健康科技、研发、教育、休闲、表演、电商、创意、健康咨询等产业集聚发展，将现代艺术技艺和技术与传统文化充分结合，将浓厚的传统文化元素融入到动漫游戏业、数字出版业、影视动画业、网络传媒业等新兴行业的发展中，并逐步形成品牌、文化效益优势，带动两湖区域健康农业、工业和服务业及相关支撑产业的发展。

（二）发展健康教育培训

健康教育培训产业由医学教育服务和培训交流服务两大部分组成：医学教育服务又可分为医学专业院校提供的医学人才服务和职业技术院校提供的专业技术人才服务；培训交流服务以各类培训机构和会议论坛为载体，提供多种短期健康培训和知识交流活动。

积极开展专业人才技能培训。依托信阳师院、信阳学院和职业学校等院校，以及大力引进的国内外高等学院，积极围绕大健康发展开设健康人才专业，培养服务于本地和周边其他区域的健康专业技术人才。邀请国内外知名健康领域专家和医学健康技术人才，到两湖区域开展专业技术知识交流，积极开展多种类型的健康教育培训。推动健康医疗教育培训应用，探索新型互联网教学模式和方法，积极应用互联网在线教育平台，组织本地专业人才通过在线学习、远程培训、远程手术示教等方式，提升医疗专业人才服务水平和能力。

积极开展健康理念普及。通过多种传统途径，积极宣传新的健康理念，推动健康理念由原来的"治大病"转向"治未病"。结合健康产业园区、生态养生场所建设，为养生养老人群开设健康饮食、健康养生、中医药养生、疾病预防、健康管理等基础知识培训，提高养老人群健康知识素养和到两湖区域进行休闲康养的吸引力。

发挥多元主体作用。构建良好的营商服务环境，引导企业参与投资开发健康产业园。通过制定相应的扶持优惠政策，鼓励优质企业投资两湖区域健康产业文化项目。发挥院校引领作用，依托医学专业院校的师资、设备和权威性，积极开展健康知识文化培训及传播。发挥教育培训机构的作用，根据养生养老及本地居民的市场，积极开展科学的健康知识指导培训。

专栏5-4 政府和企业参与健康文化产业建设

政府主导：2012年天津市政府支持建设集教学科研、体育健身、医疗康复和养老护理为一体的天津健康产业园区，该园区包括天津体育基地、天津医科大学及国际医学区、天津中医药大学新校区及附属医院和天津体育学院新校区，占地面积为1000万平方米。

企业主导：玉林制药集团仁厚基地项目、玉林市本草堂中药饮片项目等一批健康产业重点项目入驻玉林健康产业园，发展健康食品和医药制造生产、生产、加工等业务。

院校引领：广州医学院所属培训机构包括广东省全科医学教育培训中心、广州市继续医学教育培训中心、广州市卫生保健职业技能培训中心等培训机构。其中，广州市卫生保健职业技能培训中心，为国家劳动和社会保障部职业鉴定中心认定的心理咨询师职业资格全国统一试点培训鉴定机构，广州市劳动和社会保障局为业务主管机构，主营心理咨询员/师、保健美容师、保健按摩师、营销员/师和护理员国家职业资格证书培训。中医药院校。

教育培训机构：北京健康之声文化传播有限公司将健康教育和健康事业作为主营业务，通过多种渠道和多种方式与政府部门、医疗机构和新闻媒体进行合作。

资料来源：上海东滩投资管理顾问有限公司：《健康产业与健康地产：商机与实务》，中国经济出版社2016年版。

五、配套发展健康体检、监测和综合管理

健康管理横跨疾病管理的全过程，通过对健康问题进行干预和管理，帮助健康及亚健康人群远离疾病。健康管理服务业不仅是一套完善、周密的服务体系，也是从病理上、生理上和心理上关注个人健康状况的服务方式。随着需求的持续提升，面对健康问题，人们的目光不再锁定在单纯的医疗服务上，而是更迫切和主动地向兼具预防、保健与健康促进功能的健康管理服务寻求帮助。"个性定制"

"全生命周期""云健康"等趋势成为健康管理的重要方向。

专栏 5-5 开启"云健康"时代

在计算机技术飞速发展的今天，在激烈的市场竞争中，作为被动等待消费者上门和脱离产业链上下游环节的一方，线下健康管理机构已经趋于发展劣势。因而，通过互联网平台来帮助消费者、健康管理机构与相关领域之间，建立起直接、高效的健康管理互联系统，即基于健康大数据的集成、管理和分析的云健康时代正在来临。先设立平台、规范数据和树立分析标准，再进行相关硬件产品的设计，是云健康管理的主要发展路径。国内一般由 IT 服务供应商独立进行平台设计开发或与健康管理机构进行合作，2011 年，东软作为中国最大的 IT 解决方案与服务供应商，凭借自己在医疗健康领域的多年积累，发布了"健康云"战略，推出健康管理品牌"熙康"。2015 年 6 月，京东方科技集团股份有限公司发布公告称，已与 IBM 签署软件许可与联合开发协议，双方建立联合团队，开发健康管理和成果导向分析系统，建立基于认知计算的健康管理大数据平台。云健康管理，通常基于物联网、云计算、数据库、大数据等众多前沿技术，通过会员制进行管理。在检测手段上，利用云计算、物联网技术，测量慢性病患者的体征指标，并且及时上传到健康云平台，对社区居民的运动数据每天都会及时更新，无论个人、家庭，还是政府都能够动态、实时地了解自己或整个区域居民的健康状况；在干预手段上，通过健康管理终端设备，推送和普及健康知识，宣传健康的生活方式，对患者的生活方式进行干预；在管理方式上，建立个性化的健康、运动和饮食指导模式，并且根据会员的体征指标为其提供个性化的方案。

资料来源：上海东滩投资管理顾问有限公司：《健康产业与健康地产：商机与实务》，中国经济出版社 2016 年版。

（一）发展智能化健康管理

健康管理服务由三个大的基本服务模块构成，即健康检测与监测、健康评估与指导、健康干预与维护，并在一个信息平台上运行，通过不断地跟踪服务形成一个健康管理服务的封闭循环，主要包括个性化健康检测评估、私人保健服务、一站式健康服务。

结合两湖区域休闲养生养老及本地市场服务需求，配套引进和培育专业化、社会化的健康体检、健康咨询、心理咨询机构，开发多层次、个性化的服务项目，开展疾病预防、检后跟踪干预、心理健康辅导和心理干预等服务，促进以治疗为主转向以预防为主，积极为养生养老人群及本地居民开展健康体检、监测和综合管理服务，提升对来两湖区域休闲养老人群的吸引力。

专栏5-6 2017年中国十大健康管理公司及排名

1. 武汉爱托优生物科技有限公司
2. 慈铭健康体检管理集团股份有限公司
3. 爱康国宾健康管理集团
4. 39健康网
5. 美兆集团国际健康管理机构
6. 国康健康管理服务有限公司
7. 瑞慈健康体检全国连锁机构
8. 九华健康体检中心
9. 北京民众健康管理（体检）连锁机构
10. 北京伊美尔爱康医院

资料来源：网络资料整理。

提高健康管理的智能化水平。积极利用大数据分析、物联网等技术和老年人智能化管理产品，推动健康管理实现从点状监测向连续监测、从短流程管理向长流程管理转变。建设智能养老社区和机构，构建安全便捷的智能化养老基础设施体系。开发面向老年人的移动社交和服务平台、情感陪护助手，提升老年人生活质量。

专栏5-7 智慧养老优势

1. 掌握老年人养老过程中需要处理的多方面问题，提升服务层次；
2. 用"包对点"服务模式代替传统"点对点""包到包"模式，提高服务针对性；
3. 使现代养老不受时空局限，使家庭养老更加方便、周全；
4. 利用智慧养老服务平台，将养老服务提供及需求集中到一起；
5. 通过信息系统监测，有效提高养老服务的质量。

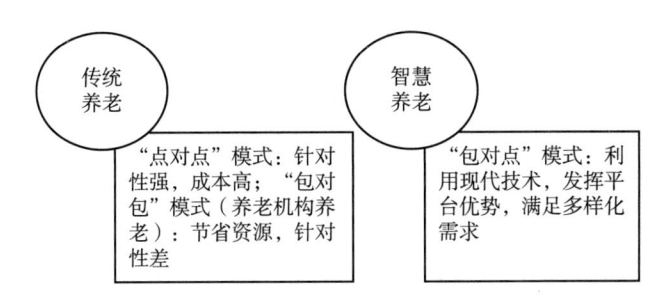

```
   ┌─────┐              ┌─────┐
   │传统 │              │智慧 │
   │养老 │              │养老 │
   └─────┘              └─────┘
┌──────────────┐    ┌──────────────┐
│"点对点"模式：│    │"包对点"模式：│
│针对性强，成本│    │利用现代技术，│
│高；"包对包" │    │发挥平台优势，│
│模式（养老机构│    │满足多样化    │
│养老）：节省资│    │需求          │
│源，针对性差  │    │              │
└──────────────┘    └──────────────┘
```

资料来源：吴兴海、杨家诚、张林、文丹枫：《互联网+大健康：重构医疗健康全产业链》，人民邮电出版社2016年版。

（二）配套发展健康金融业

积极引进国内外大型健康保险机构，并引导其加强与健康服务机构合作，鼓励重大疾病保险、特定疾病保险等与基本医保相衔接的健康保险产品以及长期护理保险、失能收入损失保险、医疗责任险等多样化保险产品供给。探索职工医保个人账户历年结余资金用于购买商业健康保险。探索建立政府、社会、个人多方筹资的长期护理保险制度。有序推进并规范商业保险机构承办城乡居民大病保险。加大政府购买服务力度，通过招标等方式，鼓励有资质的商业保险机构参与各类医疗保险经办服务。引导社会资本设立或参与设立健康产业投资基金。

六、积极发展健康信息技术和第三方服务产业

医疗物联网将推动医药、医疗科技和设备以及医疗服务三大方面发生巨大变革，两湖区域结合大健康产业发展方向，应重视和培育健康信息技术和第三方服务产业的发展。

（一）发展健康信息技术服务

争取建设国家智慧健康养老应用示范基地，依托南湖科技产业园、大学城双创园等积极引进健康信息技术服务企业，推进"互联网+"康养，大力推动医疗健康大数据挖掘、分析和应用产业发展。以提供智慧医疗系统整体解决方案为核心，数字化健康产品的研发设计、软件开发、信息系统集成、信息技术咨询、数据处理和存储、数字内容服务为关键环节，积极构建健康信息服务产业链，打造健康信息产业集群。发展适用于智能健康养老终端的低功耗、微型化智能传感技

术，室内外高精度定位技术，大容量、微型化供能技术，低功耗、高性能微处理器和轻量操作系统。推进健康状态实时分析、健康大数据趋势分析等智能分析技术的发展。

（二）发展第三方服务产业

健康第三方服务业主要涵盖有医学检测/影像、医疗服务评价、健康市场调查和咨询服务、研发服务外包、医药科技成果转化服务和科技中介等领域。随着社会的发展和科技的进步，越来越多的医院和大型药企对第三方的服务需求日益旺盛，两湖区域结合健康产业发展需求，有条件发展第三方服务产业。

支持社会资本在健康产业园区投资设立医学检验中心、影像中心、病理诊断中心，发展第三方医疗服务评价、健康管理服务评价以及健康市场调查和咨询服务。建立第三方机构与医疗机构的检验检测结果互认和信息共享机制，开展医学检验、药学研究、临床试验等服务外包。完善科技中介体系，发展专业化、市场化的医药科技成果转化服务。加强第三方服务质量认证和监管。

（三）发展智能健康养老服务产品

积极引进和发展智能健康养老服务产品的研发及示范生产，加强健康养老终端设备的适老化设计与开发，针对家庭、社区、机构等不同应用环境，发展健康管理类可穿戴设备、便携式健康监测设备、自助式健康检测设备、智能养老监护设备、家庭服务机器人等，满足多样化、个性化健康养老需求。支持智慧健康养老领域众创、众包、众扶、众筹等创业支撑平台建设，建立南湖和大学城两个智慧健康养老产业生态孵化器、加速器，为初创企业提供资金、技术、市场应用及推广等方面的扶持。

专栏 5-8 国家智能健康养老服务产品供给工程

健康管理类可穿戴设备。重点发展健康手环、健康腕表、可穿戴监护设备等，对血压、血糖、血氧、心电等生理参数和健康状态信息进行实时、连续监测，实现在线即时管理和预警。

便携式健康监测设备。重点发展用于家庭、家庭医生、社区医疗机构的集成式、分立式智能健康监测应用工具包，便于个人、医护人员和机构在家庭和移动场景中实时监测各项生理指标，并能借助在线管理系统实现远程健康管理等功能。

自助式健康检测设备。重点发展用于社区机构、公共场所的自助式智能健康检测设备，便于用户在不同社区、机构中随时、随地、自助地完成基础健康状态检测，提升用户自我健康管理的能力水平。

智能养老监护设备。重点发展用于家庭养老及机构养老的智能轮椅、监护床等智能监测、康复、看护设备，开发预防老年痴呆症患者走失的高精度室内外定位终端，实现自主自助的养老功能，提高用户自主养老、自主管理的能力，提升社会和家庭养老资源的使用效率。

家庭服务机器人。重点发展满足个人和家庭家居作业、情感陪护、娱乐休闲、残障辅助、安防监控等需求的智能服务型机器人，提供轻松愉快、舒适便利、健康安全的现代家庭生活，提高老年人生活质量。

资料来源：工信部：《智慧健康养老产业发展行动计划（2017—2020年）》，2017年。

第五节 合理规划布局休闲康养基地

按照生态优先、共享复合、康旅结合、产城互动等原则，合理规划不同空间尺度和规模的休闲康养基地，稳步推进重点园区建设，合理控制开发规划，促进不同类型的康养基地协同发展。

一、建设两湖小镇健康产业园

依托两湖之间的特色小镇，建设养生健康产业园，重点发展活力型和候鸟式养老设施，构建集休闲养生、中医药养生、康复疗养、宗教康养、体育健康、健康教育、健康管理等为一体的健康产业链，打造养老服务业集群，建设主要面向周边区域人口的休闲养生养老基地。

（一）建设多层次的休闲养老地产

吸引国内外具有综合开发"养老服务+地产"的投资商，建设多层次的休闲养老社区。重点针对候鸟式、活力型养老人群及亚健康人群，建设会员制活力型公寓、月租制养护型公寓及健康会所等多种形式的养老地产，满足不同层次的养老人群需要，根据周边区域老龄人口经济水平，制定适宜的高中低档养老服务结构,同时,重点发展中高端的度假休闲娱乐康养服务,开展异地互动养老、生态养老、景区养老等。在建设养老地产的同时,同步规划布局养老服务产业,将康养人群需要的康养设施、文化娱乐、教育培训等相关服务功能统筹进行规划建设。

(二) 合理规划园区内各项功能布局

围绕来两湖区域休闲的养老人口、亚健康人群,建设以健康养生服务为主题的健康产业园,规划居住酒店区(含住宅、健康会馆、医疗服务中心、家政服务中心、便捷商业广场、商务办公、健康体检、健康管理等)、养生涵养区(含老年培训中心、文化活动中心、健身瑜伽理疗会馆、养生食疗会馆、毛尖艺术茶室、健康文化博览、旅游服务中心、中医药养生等)、生态乐活区(有机生态农庄、滨水休闲公园、山景健身中心等)和研发创意区(创新创业、科技研发、产品设计、文化创意等)。

(三) 完善养老服务配套设施

围绕老年群体生活消费需要,完善园区医疗服务(医疗支持、中医养生、美容减压、健康饮食、健康体检、心理咨询、康体服务)、生活服务(家政服务、陪同服务、心理服务)、老年文体(老年娱乐、老年教育、老年信息、老年旅游)等各类服务配套。推进老年宜居环境建设,建设无障碍建设,加强与老年人自主安全地通行道路、出入相关建筑物、搭乘公共交通工具、交流信息、获得社区服务密切相关的公共设施的无障碍设计与改造。营造安全绿色便利生活环境,建设节能宜居养老服务设施,推动老年人共建共享绿色社区、传统村落、美丽宜居村庄和生态文明建设成果。推进街道、社区"老年人生活圈"配套设施建设,为老年人提供一站式便捷服务。

(四) 促进与区内旅游等产业融合发展

打通健康产业园区与南湾湖、出山店水库及区内重点旅游、体育、文化等园区的交通联系,为到两湖区域进行休闲康养人群提供更加广阔的消费体验空间。在产业园区设立宣传两湖及信阳市旅游休闲资源的服务中心、信息平台,开通每日出行活动班车,方便老年群体每日出行活动。

二、建设健康科技研发产业园

在南湾、金牛山区域，建设健康产业创业园，围绕健康高科技产业发展趋势，积极培育健康信息技术服务、第三方服务、医学互联网等产业。

（一）激发创新创业活力

积极搭建优质双创平台，健全面向技术创新全过程与企业成长全周期的创新机制，加快建立完善全链条、全要素、全社会、多功能、多形态以及互联互通、开放创新的科技创业创新服务平台，积极提升创业创新层级，以创业带动创新，着力开展有创业的创新和有创新的创业，打造科技创新创业核心载体。

（二）培育健康科技研发等新兴产业

围绕健康信息技术、健康制造等产业发展方向，依托创新平台，加快健康科技研发产业的引进和发展，同时也不排除吸引各类高科技产业进入。构建产学研协同发展机制，针对健康医疗领域前沿产业，积极开展科技研发，推进科技成果转移转化，建立适宜创新源头、技术市场、企业产业以及地方政府共同推进科技成果转移转化的新模式新机制新形式。构建各类产业主体和相关参与者紧密关联，产业跨界发展、有机融合的产业生态系统，建设适用于新经济、高科技产业发展趋势、利于多元主体交流的创新空间组织。

（三）促进产教跨界融通

促进产业教育资源优化配置，结合健康产业发展方向和配套人才、劳动力资源需求，促进教育与产业两大系统内人才、资本、技术、经验知识等创新资源的高度聚合、双效流动与优化配置，提升本地创新资源有效配置和利用能力。积极开展创业教育培训，加快将创业教育作为促进产教跨界融通的重要突破口，从创业创新人才培养源头强化产教融合。

（四）强化精准服务供给

围绕提升创业者洞见能力、创业企业创新资源链接能力两大核心，提升园区专业化、平台化、资本化、国际化发展水平；积极引进服务于高新技术产业和健康科技产业发展的以科技成果转化、公共实验室为主的科技创新服务机构，以人才就业、招聘、培训、高端人才引进为主的人力资源服务机构，以创业投资、融资中介为主的金融服务机构，以企业宣传、推广为主的商务服务机构，以财务、法律、管理咨询为主的专业服务机构等。

（五）营造开放创新生态

加强高端链接，用更加开放的思维和更多创新的方式方法，拓展网络经济新空间，利用各种渠道，加强与发达地区及国外科技机构、高校、优质企业、产业园区等多方面的健康及其他科技产业的合作，积极承接健康科技及高技术产业转移，开展技术转移、科技交流活动，链接先进科技创新资源。

三、建设健康文化创意园

依托南湖、金牛文化公园、信阳师院、学院等建设健康文化创意园，大力发展健康创意、健康文化、健康人才教育等产业。

（一）打造健康文化创意产业发展龙头

提高金牛文化产业园发展水平，结合两湖区域大学城发展规划，建立文化产业创意平台，鼓励发展健康文化创意产业，突出休闲娱乐、文化创意与地方特色发展方向，满足当地居民及外来游客的文化消费需求，引导创意型人才、企业入驻。南湾板块突出科技发展方向，促进科技、文化产业融合发展。依托影视基地，鼓励发展摄影、视频等文化创意产业。

（二）建设特色功能板块

深入挖掘区域历史、文化特色和潜力，建设各具特色的文化创意街区，打造具有地方特色的文化创意产品。建设茶文化创意区，集合区域内重点茶园的创意及宣传，设计文化创意表演节目，展现豫风楚韵文化历史，建设信阳历史人物、建筑风貌、传承故事等老街区，建设特色饮食、养生食谱、中药材等饮食街、养生体验区，结合区域历史文化人物、典故、姓氏文化等，设计研发具有区域特色的文旅纪念产品。

（三）完善园区硬件设施条件

推进园区内部道路、景观等基础设施建设，完善园区通往旅游景区、农业生态观光园区等交通联系。建设具有地方特色的建筑风格、雕塑，凸显本地历史文化底蕴。结合茶叶节、体育节、旅游节，定期开展文化创意展示和宣传活动。设计具有独特文化特色的创意文化旅游产品。

四、建设特色乡镇、社区康养设施

结合特色小镇和农业生态园区建设，在董家河、游河、吴家店、浉河港、双井、彭家湾、平昌关等地积极发展生态养老、田园养老、观光度假等特色生态养老，加强小城镇对内对外基础设施条件建设，建设生态宜居、方便安全的生活环境，利用互联网，大力宣传特色乡镇的生态康养资源，适度建设与旅游休闲产业紧密结合的养生康养设施，积极促进与农业休闲、旅游产业的融合发展。

五、建设特色移民新区康养设施

结合乡镇移民社区建设，在三官、太阳坡、李岗寺村、徐堂村、孔村、邓楼、十三里桥、金河等沿库周及临淮河周边的村，依托农民住房开展休闲养生服务，积极发展农家式养老，结合农村扶贫，先期通过培育示范农户和示范村，扩大品牌知名度，提高养老人群认知度，同时，积极完善民宿基础设施条件及周边旅游设施条件。

第六节 保障措施

构建综合型的政策支持体系，在土地、金融、人才、服务等方面协同推进养老健康服务业大发展，积极培育健康服务市场主体，扩大对两湖区域品牌的宣传推广，完善服务标准，构建健康服务业发展的良好环境。

一、积极落实用地保障

加强土地规划保障，解决健康服务机构"落地难"的问题。在土地利用总体规划和城乡规划中统筹考虑健康服务业发展需要，农用地转用指标、新增用地指标分配要适当向健康养老项目倾斜，有序适度扩大用地供给。营利性养老服务机构利用存量建设用地建设养老设施，涉及划拨建设用地使用权出让（租赁）或转让的，在原土地用途符合规划的前提下，允许其补缴土地出让金（租金），办理协议出让或租赁手续。养老服务设施用地符合《划拨用地目录》的，可采取划拨方式供地。不符合《划拨用地目录》的，要依法实行出让、租赁等有偿使用方式，土地出让价款可在规定期限内按合同约定分期缴纳；支持实行长期租赁、先租后让、租让结合的土地供应方式。同一宗养老机构用地有两个或两个以上意向用地者的，要以招标、拍卖或挂牌方式供地。对在养老服务领域采取政府和社会资本合作方式的项目，可以国有建设用地使用权作价出资或入股建设。

二、创新金融支持政策

创新投融资方式，解决健康服务机构"融资难"的问题。鼓励金融机构按照风险可控、商业可持续原则加大对健康服务业的支持力度，创新适合健康服务业特点的金融产品和服务方式，扩大业务规模。鼓励引导保险资金以投资新建、参股、并购、租赁、托管等方式，兴办养老社区和养老服务机构。鼓励保险公司在风险可控的前提下，通过股权、债权、基金、资产支持计划、保险资产管理产品等多种形式，为养老服务企业及项目提供中长期、低成本的资金支持。积极争取河南省高成长服务业发展引导基金、现代服务业产业投资基金支持健康养老产业发展。各类健康产业投资基金的支持，鼓励各类创业投资机构和融资担保机构对健康服务领域创新型新业态、小微企业开展业务。鼓励健康服务业利用境外直接投资、国际组织和外国政府优惠贷款、国际商业贷款，大力引进境外专业人才、管理技术和经营模式。通过政府和社会资本合作、贷款贴息等模式，撬动更多资金投向养老服务业，推广政府和社会资本合作（PPP）模式。落实福利彩票公益金支持养老服务体系建设政策要求。支持民营养老机构以股权融资、项目融资等方式筹集建设发展资金，落实各类税收优惠政策。

三、积极培育多元市场主体

积极培育各类健康服务业发展主体，提升市场动能。培育休闲、健康旅游、健康体育等领军企业。鼓励和引导工商资本投入健康服务业发展，大力引进实力雄厚的大企业集团，健康领域运营商，积极参与两湖区域健康产业战略发展。制订健康服务业龙头企业培育方案，分批次遴选健康服务业发展重点企业，建立

"一对一"帮扶联系机制,及时解决发展中的实际困难和问题,提升企业现代经营管理和服务水平,打造成为引领创新能力强、管理水平高、引领作用大的健康服务业龙头企业。鼓励新型经营主体发展休闲康养产业,培育和引导种养大户、家庭农场(林场)、农民专业合作社、合作社联社、股份合作社等各类新型经营主体,立足已有或通过创新重组形成的第一、第二产业资源优势、产业基础优势和多元融合联动优势,通过建设休闲康养基地、发展休闲康养人家、创建休闲康养综合体等多种路径、机制和模式,积极参与休闲康养新产业发展。

四、加强各类人才培养和引进

加大人才培养引进力,支持高等院校和职业院校增设老年服务管理、医疗保健、护理康复、营养配餐、心理咨询等健康养老相关专业和课程,重点支持建设一批服务健康养老事业的示范专业。加强与国内外科研院校的合作,引进和培养一批掌握健康养老服务领域先进管理经验和技术的专业人才,逐步完善包括专业化服务人员、志愿者队伍等在内的养老人力资源保障体系。加强复合型人才培养,鼓励社会资本举办职业院校,规范并加快培养护士、护理员、康复治疗师、健康管理师、医学英语、营销运营等从业人员。加强针对健康医疗服务机构、国际旅行健康咨询机构、旅游服务机构等相关服务人员的业务培训和语言培训,提高健康旅游的服务品质和管理水平。完善职业培训补贴政策,依托相关职业院校、培训机构,对符合条件参加培训的人员按规定给予职业培训补贴,并对取得养老护理员职业资格证书的人员按规定给予职业技能鉴定补贴。

五、积极开展品牌推广活动

加强与国内外著名健康旅游目的地的线路衔接、产品合作、客源共享,深度开发高铁沿线健康旅游市场,提升休闲康养的美誉度和吸引力。发挥各类活动平台作用,支持主流媒体深入广泛宣传健康产业品牌企业的成功典型,提高健康产业和企业的社会影响。充分利用"茶叶节"、体育赛事等会展平台和大型国际赛会活动,举办健康产品博览会、健康产业发展论坛等活动,打造行业性活动品牌,增强健康产业的竞争力和辐射力。积极利用互联网、电视广播等多种渠道,广泛宣传两湖区域生态资源优势、历史人文特色,定点到周边区域以及国内大城市对老年人群开展两湖区域养生资源优势的宣传。

六、完善服务标准和加强监管

健全健康服务标准体系,积极开展地方标准的制(修)订工作。支持企业参与国际标准、国家标准和行业标准的制(修)订。强化服务质量监管和市场日常监管,规范健康服务机构从业行为,整顿和规范健康相关产业秩序。建立不良执业记录制度、企业诚信"黑名单"制度、失信惩戒以及强制退出机制,将企业及其从业人员诚信经营和执业情况纳入统一信用信息平台进行管理。

第六章 信阳两湖区域大旅游、体育、文化和生态农业发展的路径与重点

按照"绿色发展、品牌发展、融合发展、全域发展"的原则，采取"旅游先导、产业融合、景城互动、城乡一体"的"四位一体"方针，积极推进产业供给侧改革，通过发展"大旅游"，融合体育产业、文化产业和特色生态农业。积极促进资源整合和活化，打造"一杯茶香、两湖水韵"主题旅游形象，促生态、文化、农业等资源优势转化为产业优势。积极促进品牌发展，提高产业附加值。积极促进产业融合发展，构建三产融合的产业链。积极促进景城融合发展，从龙头带动，到两湖并起，到实现全域发展。积极夯实平台支撑，促进特色小镇、智慧平台、营销平台、服务平台等平台载体发展。努力把信阳两湖区域打造成为全国知名生态文化休闲旅游目的地和国家农旅融合发展示范区。

第一节 旅游和生态农业的发展环境与趋势

两湖区域作为未来信阳市经济社会发展的重点和亮点，大力发展旅游业和生态农业，既契合国家政策，又符合自身优势，更迎合市场需求，发展前景广阔。但是也面临很多挑战。

一、积极对接国家生态文明和乡村振兴问题的政策热点

以旅游业为内涵的生态经济模式，将引导生态产业要素聚集，成为未来生态经济规模化发展的重要方向之一。旅游产业与现代农业融合的创新发展模式，将实现价值耦合，建立区域性城乡统筹的产业促进机制和价值引擎。两湖区域发展

旅游和生态农业契合国家和区域政策。

一是符合党的十九大会议精神，以及中央加强生态环境建设，推动产业结构调整，大力发展三产业等国家大政方针和河南省旅游业转型发展工作会议精神。国务院出台《关于促进旅游改革发展的意见》《关于进一步促进旅游投资和消费的若干意见》《关于积极推进"互联网＋"行动的指导意见》等政策，为旅游业发展释放了重大利好。二是契合《大别山革命老区振兴发展规划》《淮河生态经济带发展规划》等区域发展规划。国务院批复了《大别山革命老区振兴发展规划》，将大别山革命老区发展上升到国家发展战略，并提出将大别山建设成全国重要旅游目的地。信阳处于整个大别山片区的腹地和核心，旅游资源比较优势明显。

二、旅游业新阶段要求两湖区域旅游业走创意化、精致化发展之路

旅游业是我国经济发展的热点之一，特别是乡村旅游是最具潜力与活力的旅游板块之一，契合两湖地区的旅游业发展方向。截至2015年底，我国共有农家乐200万家，乡村旅游重点村有10.6万个，全年接待乡村旅游游客近12亿人次，乡村旅游每人次平均消费266元，旅游收入达到3200亿元，3300万农民直接受惠。当前，乡村旅游发展的总趋势是向观光、休闲、度假复合型转变，乡村旅游产品进入创意化、精致化发展新阶段。

三、旅游新产品、新业态、新模式层出不穷要求两湖区域旅游业走创新之路

当前，旅游与农业、体育、文化等产业融合发展趋势明显，新产品、新业态、新模式层出不穷，迎来了蓬勃发展的势头。例如，"体育＋旅游"已经成为户外休闲旅游的一大热点，特别是户外运动和徒步旅游是继自驾游、自行车骑行游之后，我国旅游发展的又一个新趋势。两湖区域生态资源条件优势明显，体育配套设施初步完善，体育产业发展基础扎实，打造户外活动品牌是两湖体育、文化、旅游融合发展的必然趋势。再例如，国家农业公园是农业—乡村旅游的高端形态，是中国乡村休闲和农业观光的升级版。它是集农业生产、农业旅游、农产品消费为一体，以解决"三农"问题为目标的现代新型农业旅游区，非常适合两湖区域的发展基础。

四、农业发展趋势要求信阳走生态化、标准化农业之路

从国内外现代农业的发展趋势看,表现在以下几个方面:一是各种新兴农业产业形态引发生态农业新的经营模式大量涌现。我国新兴农业产业包括有机农业、循环农业、休闲农业等业态。农家乐、观光农业园区、主题公园等将农业与旅游业结合在一起的休闲农业,在新兴特色农业产业中最为兴旺和普及,全国各地随处可见。

二是农业现代化组织形式不断升级。当今世界上农业组织形态主要有三类:一类是"大农场主"体系和公司制企业,如美国的孟山都公司、荷兰的花卉公司等,这些跨国经营的公司大多起到龙头作用;二类是半官方的产业局,如加拿大的小麦生产局,负责协调产销关系和生产布局;三类是农民合作制组织,如日本的农协、我国台湾的农会、美国农场主协会等。我国传统的"单干"模式,难以抗拒市场经济条件下农产品价格波动较大和自然条件变化所带来的风险。在经济改革的推动下,"公司+基地(农业园区)+农户""龙头企业打造完整产业链""合作经济组织+农户""行业协会+农户""政府+银行+科研机构+公司+农户"的"五合一"合作模式等一些新的组织模式不断涌现。

三是农业标准化是当今世界农业发展的潮流和趋势,也是现代农业的重要标志。只有加快农业标准化进程,才能全面提升农产品质量,增强农产品的市场竞争力。因此,从信阳农业发展的市场需求定位、适度经营规模、生态品牌创建、绿色科技发展、生态文化培育等方面来看,走生态化、标准化农业之路都是必然趋势要求。这要求信阳深入实施农业供给侧结构性改革,按照绿色生态可持续的要求,加快绿色农产品基地建设,着力打造农业全产业链,实现农业供给质量和效益双提升。积极促进农村一二三产有机融合,推动农旅结合、农文结合和"农业+互联网",走出一条具有信阳特色的农业发展之路。

第二节 基础条件及发展思路

两湖区域大力发展旅游业和特色生态农业,既有良好的资源优势,又有较好的发展基础,但也面临很多问题。

一、发展基础和优势

（一）区位交通优势明显

两湖区域毗邻信阳市区，处于京广高铁、京九铁路、宁西铁路，京珠高速、107国道、312国道等三条国铁、三条国道"双十字"交叉的中枢位置，处于距离武汉、郑州、合肥等省会中心城市3小时经济圈的中心。明港机场于2018年10月通航，107、312国道改线工程及安阳至罗山、许昌至信阳等高速即将动工，宁西高铁正规划中，息邢高速建设正在加速推进，一个立体化、多层次的交通网络快速形成，将为两湖区域旅游发展提供坚强的交通支撑。

（二）生态环境优美

两湖区域地处亚热带向暖温带过渡的南北气候过渡带，气候温和，降雨量丰沛，年平均气温15.1℃，无霜期年均221天。位于大别山北麓，地跨淮河两岸，生态环境良好，森林覆盖率高，动植物资源丰富。区内现有国家水利风景区2处（南湾湖、北湖）、国家森林公园2处（南湾湖、天目山）及省级水利风景区、省级森林公园、省级自然保护区等多处，大、中、小型水库遍布。南湾山清水秀，风光旖旎。公益林面积达12万亩，森林植被覆盖率高达90%，空气负氧离子含量高，是名副其实的"天然氧吧"。每年春夏季节有近27种候鸟至此繁衍，数量多达10余万只。

（三）历史文化资源丰富

历史文化悠久。楚豫文化交融，形成了特色鲜明的淮河文化，留下了众多价值很高的历史文化遗存，拥有各级文物保护单位数十处。全国重点文物保护单位——城阳城遗址曾为楚国的都城，是"亡羊补牢"等历史典故的发生地，我国第一颗人造地球卫星——"东方红一号"翱翔太空时播放的《东方红》乐曲就是用这里出土的编钟演奏的；这里是孔子周游列国的途经地，是三国名将魏延、明代"前七子"领袖何景明、受到毛主席称赞的"状王"宋士杰等众多历史名人的诞生地。

红色资源丰富。两湖区域是大别山革命老区的重要组成部分，平桥区邢集镇吴家尖山曾为鄂豫边省委所在地和红军游击队诞生地。

（四）具备一定的产业发展基础

旅游业基础良好。信阳是豫南地区乃至鄂豫皖三省交界处重要的旅游集散地和旅游目的地，2016年全市旅游综合收入175.6亿元。两湖区域拥有南湾湖景区、桐柏山和出山店水库，邻近国家4A级景区鸡公山及国家级自然保护区、国家4A级景区灵山，有利于接受周边区域带动。目前信阳市有星级饭店9家，旅行社（含分社、门市部）65家，两湖区域毗邻主城区，有利于共享城区的旅游设施资源。

两湖区域农业基础较好，具备无公害、绿色、高附加值的有机生态农产品。盛产茶叶、板栗、银杏等地方特产，"信阳毛尖"为中国十大名茶之一，目前已经初步形成了茶产品深加工、茶文化、购茶等茶产业链。南湾湖环湖各乡镇是其原产地和主产区；南湾鱼享誉省内外；依托众多物产造就的"信阳菜"蓬勃发展，已成为信阳的一大品牌和特色。

二、存在的问题

（一）旅游资源缺乏竞争优势

两湖区域旅游资源丰富但同质化严重，缺乏竞争优势，高级别景区缺乏。旅游资源在河南省和信阳市范围内不具垄断性、排他性优势，多数景区档次相对较低，没有1家5A级旅游景区，缺乏龙头景区的带动。

（二）旅游业态开发单一

目前，两湖区域的旅游多停留在自然风光参观、简单的农家乐阶段，特色不明显，缺乏参与、体验型产品，难以适应现代旅游者的消费取向，很难产生吸引力，与市场需求差距大。外来游客重游率不高。未能体现两湖区域农业的产品优势和品牌价值，文化资源深厚，但文化尚未激活、价值尚未放大，城市文化品牌和文化产品体系亟待构建。

（三）产业融合发展不深入

大部分旅游景区与当地生态、休闲、度假等其他旅游产品融合发展不深，休闲功能开发不够，形成不了综合性、复合型旅游产品。

（四）缺乏旅游软硬件条件

旅游基础设施配套不完善，区域整合力度不足，品牌不突出。旅游服务水平不高。一是旅游交通不够顺畅。缺乏旅游公路且未形成环线，旅游公路等级偏低。二是景区服务水平不够高，不能满足不同层次游客的不同需求。

（五）农业产业链条短

特色农业以初级产品加工业为主，处于区域产业分工的末端。

三、发展思路

以创新业态为引领，打破门票经济，积极推进旅游和农业供给侧改革，按照发展大旅游、开发大市场、建设大产业的要求，推动旅游资源整合，将零碎的产业串起来，打通大旅游和特色生态农业，发展集观光、休闲、娱乐、体验于一体的综合旅游业，提升旅游和农业发展质量和效益。努力把旅游业培育成为两湖区域的主导产业，把两湖区域打造成为全国知名生态文化休闲旅游目的地和国家农旅融合发展示范区。

（一）绿色发展

山水林田湖是两湖区域的灵魂。坚持绿色发展，就是坚守"绿水青山就是金山银山"的理念，努力实现生态建设、环境保护与旅游产业发展同步推进。把旅游产业培育成转化生态价值、传播和分享生态文明的美丽产业，资源节约、环境友好、生态共享的绿色产业。在保护的前提下进行科学、有序、适度地开发，尤其要对自然保护区等脆弱生态环境区域的保护高度重视。在路边、水边、山边等区域开展洁化、绿化、美化行动，在重点村镇实行"改厨、改厕、改客房、整理院落"和垃圾污水无害化、生态化处理，全面优化生产、生活、生态环境。

（二）品牌发展

以旅游品牌打造为引领。稳步争创国家5A级旅游景区、国家级旅游度假区、国家生态旅游示范区、国家级生命健康产业创新示范区等特色旅游品牌，早日形成旅游特色品牌集群，充分发挥品牌集聚效应，迅速树立两湖区域的良好品牌形象。

（三）融合发展

加强融合延伸旅游产业链，促进旅游业与都市农业、林业、体育、医疗、保健业的融合，加快乡村旅游、体育探险、养生保健、商务会展等新兴旅游产品的开发和培育，不断推出适宜各个季节的旅游产品，促进旅游产品结构优化升级。同时，通过旅游业发展，带动农业向观光农业、庄园式农业转型；引导工业向清洁、环保型生态观光工业转型，带动餐饮、住宿、娱乐、商贸、康养、交通、物流、房地产业等现代服务业发展。

（四）全域发展

按照"全产业、全要素、大整合"发展要求，树立"全域旅游"理念。跳出"旅游就是建设景区"的误区，整合现有旅游资源，提升旅游服务档次，满足商务会议接待等更高层次的旅游需求，带动两湖区域本地产品的生产、销售。以旅游业快速发展促进两湖区域经济的跨越发展，以旅游业发展带动两湖区域功能的提升。

第三节 打造有品质的大旅游产业

通过做优做活"旅游+"大文章，真正让两湖区域"绿水青山"成为"金山银山"，让"金山银山"守住美丽乡愁中的"绿水青山"。努力将两湖区域打造成具有独特魅力和影响力的诗意栖居大公园。

一、以"旅游+"融合发展大旅游产业

依托两湖区域各类旅游文化资源，积极探索"旅游+"产业融合发展新业态，全力打造山水风光游、现代休闲农业、豫风楚韵文化游、品茶乡风民俗游、红绿结合（红色旅游）、中医养生游、科普游、美丽乡村旅游。实现"一业突破、多业融合"的目标。特别是顺应未来旅游业的发展趋势，应将旅游新业态作为旅游业升级的战略重点，两湖区域应根据资源优势与特色加快培育游艇游船、休闲露营、低空飞行、研学旅行、创意民宿、观光农业、摄影写生、非遗传承、旅探电商等新业态，完善配套服务设施，开辟和培育新的投资和消费热点，以适

应大众休闲度假时代的多样化旅游需求。

（一）推进"旅游+生态"融合发展，创建"大湖大河生态旅游目的地"

两湖区域作为信阳中心城区的生态源头，主要依托南湾湖、出山店水库、北湖以及其丰富的自然与人文景观，植入文化、旅游、休闲和农林要素，发展生态观光、运动休闲、康体养生、水上游乐、体育竞技、乡村度假等度假产品。依托河南、面向全国，将出山店风景名胜区打造为国家级旅游度假区和5A级景区。推进旅游资源整合，强化区域协作，开发旅游精品线路，加强与紧邻的大别山、桐柏山组成山水联盟，构建以两湖区域为中心的大旅游网络，让大湖、大河、大山助力信阳两湖区域占据中国山水休闲度假旅游的高地。

（二）推进"旅游+农业"融合发展，创建"信阳毛尖茶国家农业公园"

争取将毛尖茶的核心产区的董家河镇和浉河港乡，周边车云山、集云山、云雾山等毛尖茶主产区，创建为"信阳毛尖茶国家农业公园"，促进现代休闲农业发展，打造集农业生产、农业旅游、农产品消费为一体"旅游+农业"融合发展模式。

按照"融旅于农、显农于特、一产三产化"思路，以茶旅一体化发展丰富旅游新业态，突出"茶、果、渔"三大主导产业，重点打造董家河镇、浉河港乡、十三里桥乡万亩茶园，吴家店镇、游河乡果庄、南湾湖渔湾，突出茶园休闲、庄园度假、渔味美食三大核心功能，加快培育农旅综合体、田园观光休闲展示、创意农业示范、景观旅游等新兴业态，探索开发休闲农庄、乡村酒店、特色民宿、自驾露营等乡村休闲度假产品。

加强对信阳市文新茶叶公司等农业龙头企业、农业示范园的培育和建设，力争建成一批集创意农业示范、田园风光展示、旅游休闲观光、农村生活体验、特色民宿接待为一体的休闲农业精品示范工程，通过对田园文化、水乡文化的创意化提升，实现从传统农业到现代休闲观光农业的跨越。

（三）推进"旅游+康养"融合发展，打造"国家级健康旅游基地"

完善配套设施建设，推动医疗、康养与旅游的融合发展，建设一批高端健康医疗旅游项目。构建集医疗、康复、疗养、休闲、度假、会议会展为一体的健康医疗旅游产业体系,建成国家级健康旅游基地。

充分发挥两湖区域生态环境优美、气候宜人、空气清新的独特优势,大力培育原生态资源、食疗品质养生,提供原生态食养、森林浴养生、雾浴养生、生态温汤浴、生态阳光浴等健康旅游项目,为不同类型旅游消费群体提供多样化服务。

充分发挥两湖区域森林、食养等资源禀赋优势,依托自然原生态环境和有机食品养生,大力发展自然原生态品质养生,通过开发天然资源性养生产品,突出森林养生、高山避暑、食疗品质养生体验等特色,打造养生休闲度假胜地。

利用空气质量优良,负氧离子含量高的空气资源,地势、气候垂直地域差异明显的特点,开发森林浴、雾浴、避暑、日光浴等特色养生项目。打造城市森林会客厅和高端休闲康养避暑驿站,打造城市森林旅游融合发展的典范。

充分利用两湖区域丰富的山珍野味和土特食材,采用现代健康管理理念和高新技术,综合开发生产生态保健、营养丰富、特色鲜明的系列保健品和营养食品,发展原生态美食养生养老。利用动物、树木、鲜花、水果等动植物资源,开发食疗、花香疗法、精油疗法等养生项目。以淮河、游河、浉河周边及沿线为重点,打造一批养生特色度假村落,形成以禅茶养心、文化养生、健康食养、康复养生为主的新业态。

二、丰富主题旅游产品体系

根据旅游业发展现状以及未来发展趋势,对两湖区域内旅游资源进行有机整合和创意开发。大力推进"旅游+",积极培育旅游新产品,推动旅游产业链条向纵深拓展。在传统观光旅游基础上,注重产品创新和升级换代,着力加强乡村旅游、环湖旅游、休闲运动旅游、文化体验、红色旅游、城市休闲、生态度假、文化艺术、美丽乡村等传统型旅游产品的建设,加快培育休闲露营、低空飞行、游艇游船等新型旅游业态产品,使之构成一个完整的旅游产品体系。

打造四大主题产品体系,分别是:主题产品一——"悠游茶园"乡村旅游产品;主题产品二——"第一水乡"环湖旅游产品;主题产品三——"豫风楚韵"文化体验旅游产品;主题产品四——"红绿结合"旅游体验产品。

(一)主题产品一——"悠游茶园"乡村旅游产品

茶产业中蕴含的茶景观、茶文化、茶加工、茶产品既是天然的旅游要素,又是茶旅融合发展的优质领域,对两湖区域董家河镇、浉河港乡和十三里桥乡的茶园、茶山等农业景观进行功能提升,植入旅游业态要素,促进实施茶旅一体化发展。

借鉴平桥区郝堂村的成功经验,提升两湖区域的乡村旅游品牌形象,通过整合发展较好或资源基础较好的庄园项目,带动周边其他农家乐的序列化和特色化发展。

结合乡村旅游适于开展自驾车游的特征,完善两湖区域的旅游公路,打造田园景观游憩廊道。融旅游自驾、活动体验、大地景观于一体,在廊道上串联各个不同主题的庄园,形成主题化、复合化、特色化的"田园旅游体验之路"。

悠悠茶境之旅——将董家河镇和浉河港乡打造成集观光体验、休闲娱乐、特色农业、科普教育、养生度假等于一体的茶园观光休闲、茶文化养生休闲区的综合性茶旅游区。融入茶歌、茶舞、茶戏等文化元素,从游览茶山、参观茶建筑、观赏茶俗、学习茶艺、品尝茶品和购买茶产品。

绚烂花境之旅——在平昌关镇、吴家店镇、甘岸街道、彭家湾乡打造稻田、花卉、果园景观廊道。

清莹河源之旅——在淮河、游河、浉河等河流的设置溯溪、亲水游憩景观廊道。

自在绿野之旅——自驾车露营、房车露营、帐篷露营在内的休闲露营旅游将是未来旅游业发展的重要趋势。露营公园既是旅游吸引物和目的地,也是未来解决旅游住宿问题的非标准住宿设施,更是迎合市场需求、强化旅游体验的重要载体。根据全国自驾车、房车营地建设规划和建设标准,在两湖区域的游河乡、南湾乡、董家河镇、平昌关镇、吴家店镇等有建设用地较多的乡镇新建5个左右山地型和滨水型自驾车房车营地,合理规划配套设施。露营公园既是旅游吸引物和目的地,也是未来解决旅游住宿问题的非标准住宿设施,更是迎合市场需求、强化旅游体验的重要载体。

(二)主题产品二——"第一水乡"环湖旅游产品

依托两湖区域河流水库众多的自然环境,启动实施"两湖游战略",完善两湖旅游基础设施,美化两湖岸线景观,做足水文章,围绕水面、水空、水滩、水岸、滨水区等圈层水旅游资源,打造观光、亲水游憩、休闲度假三种类型的水旅游产品;同时,通过文化活化和主题包装的手法,提升各类型水旅游产品的品质和内涵。在水旅游产品的基础上,实现水旅游产品与农林渔业、矿泉水产业、运动健康产业、会展产业、文化创意产业等的联动发展。

南湾湖、出山店水库观光。观光是水旅游的基础产品,结合多圈层的南湾湖、出山店水库水旅游资源,对应开发多种形式的观光产品。

出山店水上运动及休闲。以出山店水库及周边区域为载体,建设水上运动休闲基地。设计游泳、游船、垂钓、水疗、戏水、水文展示等亲水游乐项目。在不影响生态环境的基础上,通过对水资源的局部改造,形成亲近水的游乐场所,通过各种水游乐器材增强游憩项目的亲水性。开发快艇乘坐、水上蹦极等运动项目。建设大型室内水游乐场馆,打造四季亲水游乐项目。

休闲度假。利用出山店水库优势,培育淮河流域龙舟邀请赛、横渡出山店比赛等赛事品牌,一是以水为载体开发休闲度假项目;二是以水作为景观开发休闲度假项目。

(三) 主题产品三——"豫风楚韵"文化体验旅游产品

依托台子湾龙山文化遗址、春秋古谢城遗址、汉代昌都域遗址、太子湖旧址、彭岗组楚文化遗址、淮河边"孔子来渡处",保护和复原古镇、老街、庄园,展示信阳最具典型意义的豫风楚韵文化,形成以豫风楚韵为主题的产品。

重点提升淮河风情文化节。以深厚的淮河文化底蕴为基础,挖掘淮河边"孔子来渡处"等历史传说,将淮河流域上极具特色的"水、田、村"等主题产品的精华熔于一炉,打造淮河流域节庆旅游精品。

"淮河(源)情"大型演艺节目。打造5D水幕电影和大型实景演出,用实景演出及现代化影像形态表现淮河传说、豫楚风情。

淮河文化博览展。加快发展文博会展业,推进淮河治理和南湾湖、出山店水库博物馆等建设。

豫楚文化主题旅游产品。加强茶文化、民歌、甘岸孔姓姓氏文化等物质(非物质)文化遗产保护利用和传承工作,打造集展示和体验于一体的具有豫楚特色的歌辞、地方剧种、饮食文化的豫楚文化体验园(馆),培养传统技艺人才,加大织绣、艺术陶瓷等特色工艺品开发力度。加强与信阳市博物馆等景区联系,共同打造豫楚文化旅游品牌。

豫楚历史文化遗址公园。加强豫楚历史文化遗产的保护与合理利用。加强平昌关镇台子湾龙山文化遗址、春秋古谢城遗址、汉代昌都城遗址、太子湖旧址、彭岗组楚文化遗址、城阳城楚文化遗址扩造等的保护,建设豫楚历史文化遗址公园。

（四）主题产品四——"红绿结合"旅游体验产品

联合四望山红色旅游资源，着力打造抗日战争时期豫南敌后抗日根据地中心、新四军五师的发源地和指挥中心、土地革命时期四望山起义的发生地等红色旅游形象。注重丰富红色旅游产品的参与体验性、时尚性，注重与其他类型旅游产品的融合发展，以满足游客多样化的需求，将两湖区域打造成为以"红绿结合"为特色、集茶文化游、生态农业观光游、休闲度假游于一体的旅游景区。

三、打造精品旅游线路

山水文化黄金旅游线路。筹划"主城区—出山店—南湾湖—四望山旅游景区—鸡公山旅游景区—灵山景区"精品旅游线路，以 G312、G107、S213（原S224）、明港—鸡公山高速串联起信阳沿线重要旅游景区，形成山水文化旅游黄金大廊道。

百里茶廊乡村茶园旅游线路。依托 X040 县道，以董家河镇、浉河港乡和十三里桥乡的信阳毛尖茶叶核心产区（拟创建"信阳毛尖茶国家农业公园"）为主，串联浉河区董家河镇连云山、董家河天云山等茶叶基地，结合乡村景观，置身茶海，享受回归自然，打造乡村茶园旅游廊道。适合家庭、老年人游玩，时间可选择春、夏、秋。春季享受采茶的乐趣，夏季茶园小舍品绿茶，金秋时节结合采摘茶园周围的果树。

"豫风楚韵"历史文化旅游线路。依托淮河文化博览展、淮河风情文化节、淮河边"孔子来渡处"、甘岸孔姓姓氏文化、"淮河（源）情"大型演艺节目，联合平桥区城阳城楚遗址公园、昌关镇台子湾龙山文化遗址、春秋古谢城遗址、汉代昌都域遗址、太子湖旧址、彭岗组楚文化遗址、信阳市博物馆，展示最具典型意义的豫风楚韵文化，形成以豫风楚韵为主题的历史文化旅游线路。

环湖旅游线路。一是环湖路上旅游线路。环绕出山店和南湾湖，设置单湖和双湖的自行车骑行、电瓶观光车、徒步旅游路线，串联环湖风光和景点，设置环湖木栈道、观景平台、停车场、旅游服务中心、公共卫生间、商业网点等配套措施。二是出山店环湖游水上旅游线路。在出山店设置建设水上运动休闲基码头、大坝游船码头、石桥村湿地游船码头、吴家店镇码头、游河乡码头等多个码头，构建水上旅游路线，为游客提供便捷的水上交通工具，同时减轻两湖区域的交通和停车压力。

四、搭建四大旅游产业平台

打造旅游目的地，要着眼于"食住行游购娱"等旅游产业要素相互融合与促进，以适应未来旅游发展要求与发展趋势，为两湖区域创造出一个与国内、国际接轨的发展平台。

（一）加快智慧旅游平台建设

大力推进现代信息技术在旅游领域的应用，实现旅游者、旅游企业和旅游主管部门实时互动，加强精细管理、主动监测、实时动态过程管理，提高应急管理能力，促进传统旅游向信息智能化旅游转变。

搭建行业智能管理平台、公共信息服务平台、目的地营销体验平台，继续推进信阳两湖旅游指南手机 App 应用平台建设。提供手机查询目的地旅游信息，提供旅游资源的简介、联系方式和交通信息，并通过能吸引游客的精选图片、视频，展现目的地旅游特色和旅游资源优势。实现旅游产品的手机预订和支付，通过手机上的 GPS 定位或无线定位自动定位查询周边旅游资源和消费场所。与主流网站的第三方平台开放接口实现对接，用户可以绑定微博、社区网站账号，快速参与在线互动，实现照片游记分享、实时评论、游客签到、旅游交友等互动功能。

推进智慧旅游景区和智慧乡村旅游。实现免费 Wi-Fi（无线局域网）、智能导游、电子讲解、在线预订、信息推送等功能全覆盖，通过科学的信息组织和呈现形式让游客方便的获取旅游信息，帮助游客安排旅游计划。

（二）特色小镇平台

大力培育两湖小镇、南湾风情旅游小镇、毛尖小镇、水上小镇等各类特色风情小镇，助推两湖区域旅游业发展。

推进建设"两湖小镇"项目。南湾两湖小镇作为连接两湖区域的节点，起着城景一体、城乡一体、产城结合的功能平台作用，以水文化为主题，豫南文化为主线，联动编制产业、文化、旅游业态，在开发中保护，在保护中开发。

南湾风情旅游小镇。以南湾湖创建国家级生态示范区和出山店水库建设为契机，利用南湾湖良好的区位优势和生态优势，深入挖掘信阳文化底蕴，对南湾湖区域进行整体提升打造，规划建设美食休闲、亲水生态休闲、茶文化休闲为主导功能的休闲街区，打造风情小镇，塑造生态南湾、人文南湾，实现城景一体化。

（三）公共服务平台

建立多样的酒店体系。匹配两湖区域旅游业态，积极构建星级酒店、度假酒店、主题文化酒店、精品酒店、客栈、民宿等多样化的酒店体系，提高服务管理水平，满足游客多元化需求。主要度假区重点发展各具特色的度假酒店。城市休闲街区及周边重点发展精品酒店、主题文化酒店和客栈。乡村旅游地区重点发展民宿。

建立特色的购物体系。与特色小镇休闲街区、度假区、景区和交通场站相适应，建立"综合购物+精品购物街+散点式特色购物点"的特色购物体系。深入挖掘整合地方特产资源，加强研发创新，开发信阳特色系列旅游商品。加强品牌培育。支持、培育一批旅游商品研发、生产、销售龙头企业。支持在线旅游商品销售。

建立丰富的文化娱乐体系。设置水上娱乐、旅游演艺、夜游产品等丰富的娱乐活动，打造炫彩夜景+大众化娱乐活动+特色康养休闲方式+贯穿全年的演艺活动，保证观赏性、参与性与娱乐性共存。充分发挥信阳传统歌舞之乡的优势，打造一台集信阳茶文化乡土文化和红色文化于一体，进行常态化演出的舞台节目。并开辟多个室外演出场地和室内小剧场，开展丰富多彩的特色文化演出。通过购买服务的方式，发展民间演出市场，培育民间演出队伍。根据市场发展需要和条件支撑，依托出山湖适时推出水上实景演出。

（四）品牌营销平台

创新营销方式方法，实现传统模式与新兴模式、线上营销与线下营销、全面营销与精准营销相结合，放大宣传效应，扩大营销效果，积极开拓国内和境外度假市场。

塑造主题鲜明的旅游形象。大力推广两湖区域"一杯茶香、两湖水韵"旅游目的地品牌形象，两湖区域的茶乡山水、美味佳肴、休闲胜地的天然优势，转化为品牌优势。在官方旅游网站、交通枢纽站、道路沿线设立宣传广告牌，并且通过与信阳旅游相关的软文、微电影、旅游宣传片等系列载体全方位地对外展示与推介信阳两湖区域旅游形象与旅游产品。

构建新媒体营销平台。新媒体营销平台的构建是互联网信息时代对旅游业发展的要求，也是"互联网+旅游"模式的实践运用，打破传统营销模式的局限，通过微博、微信、微电影、官方网站、手机应用 App、游客虚拟旅游体验平台等新媒体平台进行营销推广，及时推送两湖区域旅游相关信息，实现营销网络全覆盖。

开展大型营销活动。精心策划、组织有重大影响的旅游节庆活动。重点办好淮河风情文化旅游节、红色旅游文化节、文化艺术节等富有地域特点和鲜明历史文化特色的节会活动，培育节会品牌。积极申办、组织各种会展、文化、体育、经贸等活动。吸引媒体聚集两湖，提高两湖的知名度和影响力。全面提升信阳全国自行车公开赛层次，对接环中国国际公路自行车赛，联合打造环大别山革命老区国际自行车公开赛；办好河南省三山同登等品牌赛事；每年承办 2~3 场具有较高影响力的国际国内重要体育赛事或职业联赛。策划摄影大赛、艺术展览、骑行活动、马拉松比赛等在内的营销活动。

加强市场推广。坚持政府主导、企业跟进，推动企业强强联手、进行全方位、多渠道、立体式宣传，提高信阳两湖品牌知名度和影响力。配合省旅游局、信阳市旅游局在中央电视台等主流媒体投放两湖旅游形象广告。信阳本地新闻媒体每年要免费刊播一定数量的两湖文化旅游公益宣传广告。各有关部门要在市区主要街道、繁华路段、公园广场等人流密集的地方，免费提供场地用于设立旅游宣传栏、指示牌、大型旅游公益宣传广告牌等，推动营销广告实现全覆盖。进一步完善两湖智慧旅游平台服务功能，同时与携程网等旅游门户网站合作，及时发布旅游动态信息，拓展渠道，打响旅游品牌。

第四节　推动体育产业多元化发展

两湖区域拥有户外运动领域的优质"青山绿水"资源，为户外运动的发展提供了重要的条件。利用两湖区域山脉连绵、河湖交错，森林密布，田园多姿，空气清新的生态环境优势和独特的乡土文化优势，开展"水陆空"立体运动，促进体育产业多元化发展，发展以山地户外运动、水上户外运动和低空旅游为重点的体育运动产业。创建体育旅游品牌，在绿水青山蓝天中推进体育产业多元化发展，打造全国知名的户外运动基地。

一、地户外运动

依托两湖区域大尖山、四望山脉等山地和林地旅游资源，开展多种类型的休闲运动项目，打造"动感山林"山地户外体育运动主题产品，依托两湖区域山地景观资源建设山地户外运动基地。以山林运动为特色，培育壮大山地自行车、户外拓展、登山、攀岩、滑草、徒步游、野营露宿、探险、CS野战等户外运动健身旅游产品为重点，吸引国内外户外休闲运动爱好者参与，打造群众喜闻乐见的精品赛事活动。利用山间小道，河湖堤堰、森林防火路、田间小道，改造提升为与国际接轨的国家步道系统，形成连接各旅游景区的自然景观型、人文历史型步道网络。

二、水上运动

依托出山店水库大水面，建设水上运动休闲基地，开发游泳、赛艇，以及休闲运动产品，建设成为国家级和省级体育训练基地。

三、低空观光

充分发挥信阳市空域条件优越，地形地貌多样，大地景观丰富多彩，空中观光品相优美的独特优势，与通用航空产业发展相结合，积极推动低空旅游发展，成为河南省低空旅游的先行区。

两湖区域可依托大面积水域、农业大地景观发展低空观光旅游，让游客全方位地参与体验两湖区域风光，深层次理解两湖区域文化内涵。引进热气球等航空器，开发空中观光等低空旅游产品，形成各具特色、灵活组合的空中旅游线路。

四、着力创新运动产品供给

打造一批精品赛事。积极加强与国家、省、市体育部门以及中国登山协会等专业体育运动机构的交流合作，联手打造高质量、高规格、高标准的专业户外运动赛事。依托两湖区域山地资源和公路条件，举办山地公路自行车比赛、越野车比赛、攀岩比赛、群众登山健身大会、露营大会等全国性或区域性体育赛事和户外运动。重点打造公路轮滑、马拉松、武术、水上运动等特色体育赛事品牌。

积极发展户外休闲体育会展。加强与国际国内顶级运动社团组织合作，努力争取国际或国内相关永久性论坛开办权。优质的旅游资源将随着各项赛事的举办得到广泛推广，随着更多赛事活动进驻两湖区域，将吸引体育竞赛表演业、体育用品业、健身休闲业、场馆服务业等体育产业落户。

五、完善体育运动基础设施

兴建出山店—南湾湖—北湖环湖自行车赛道、马拉松赛道、生态体育公园、水上训练基地等设施。重点建设大别山·信阳国家登山健身步道、山地越野自行车赛道、环浉河百里全民健身长廊、环南湾全民健身休闲长廊、大别山全民健身公园、省水上运动健身中心、南湾、出山店水陆两栖通用机场等工程建设，夯实运动产业发展基础。

第五节 促进文化产业融合发展

发挥两湖区域悠久和多样的历史文化优势，深度挖掘文化底蕴，积极推进经济与文化融合发展，增强经济发展的文化底蕴。促进文化与其他产业深度融合发展，重点打造茶文化、美食文化和红色文化三大文化产业。

一、茶文化创意产业

依托信阳毛尖核心产区的优势，融入茶道、茶德、茶精神、茶联、茶书、茶具、茶画、茶学、茶故事、茶艺等茶元素，大力发展茶文化创意产业，具体表现为茶文化旅游、茶艺馆、茶博物馆、茶博会等方面。

茶文化旅游。打造特色鲜明的茶文化体验之旅，推动茶文化旅游的发展。对环南湾湖茶乡风情游精品线路进行创意规划和设计，使游客体验茶园景观风光，参与采茶、制茶、品茶的一系列工艺流程，得到新的旅游休闲体验，形成茶旅体验品牌。

茶文化产业园。改造提升董家河镇陈湾村广义茶文化印象园、浉河港镇黑龙潭风景区的德茗茶文化产业园，突出茶文化内涵，打造商业气氛浓郁的茶产品加工、体验、交易场所。

茶艺馆。多元化发展茶艺馆，创新的经营模式和内容，将文化特色融入其设计与功能，培育不同文化主题的茶艺，如禅茶茶艺。

茶博物馆。建设具备一定规模的茶博物馆等茶文化展示场所。在两湖区域董家河镇睡仙桥村规划建设以茶文化为主题的茶文化博物馆和民俗博物馆建设。馆内系统性展示毛尖茶的悠久历史与辉煌文化。同时，配套品茶观景为主的茶馆等，将茶文化博物馆打造成毛尖茶对外宣传、展示的重要窗口。

茶博会。谋划举办茶博会等茶会展活动，打造集展示、鉴赏、交流、交易于一体的茶博会，通过会展以茶会友，定期举办，推动茶产业和茶文化共同发展。

茶文化宣传和演艺。结合两湖区域自身的茶文化优势，邀请国内外知名导演拍摄两湖区域山水实景剧、旅游形象片，同时邀请国内知名的明星担任两湖区域旅游形象大使，扩大毛尖茶文化的影响力，提升茶文化的软实力。

二、美食文化

信阳菜独具特色，目前信阳正在以文化为魂、食材为魄、健康为本、节庆为媒，大力推广"信阳菜"。将两湖区域特色融入"信阳菜"中，结合"豫风楚韵"文化为底蕴，塑造"北方南菜"品牌，结合健康产业的发展，突出食药结合，塑造"药膳菜"品牌。

在甘岸、双井、吴家镇等耕地丰富的乡镇建立信阳菜食材基地，保证食材质量。筹划建设一批美食街区、文化主题饭店、茶餐厅、农家乐等餐饮项目，策划举办信阳两湖旅游美食文化节，努力把具有两湖特色的信阳菜推向全国，走向世界。

三、红色文化

突出"红色摇篮、绿色家园"整体形象，进一步做大红色旅游品牌。围绕信阳市建设"全国知名的红色生态旅游目的地"的目标。依托信阳大别山革命根据地红色旅游品牌，设计合理的红色旅游线路，加强两湖区域与光山、商城、潢川、罗山红色纪念地的互联互通，实现革命历史文化遗产的有效保护和合理利用。进一步释放教育功能、社会效益，提高经济效益。

第六节　打造有品牌的生态农业

立足两湖区域资源优势和产业基础，发展高效生态农业，转变农业发展方式，大力发展生态型、创新型、品牌型农业，探索出一条三产融合、绿色高效的特色生态农业发展之路。

一、以绿茶为引领发展特色高效种植业

建设一批茶叶、中草药、蔬菜、精品水果、花卉等有机农产品和食药两用特色产品种植基地，提高农业技术水平，发展绿色、无公害、有机农产品。

（一）茶叶

浉河港乡、董家河镇和十三里桥乡等乡镇是信阳毛尖原产地和核心区，按照"改良品种、提高产量、严格质量、培育市场、做优培强茶产业集群"的思路，着力推进生产基地建设，以发展生态有机茶为重点，加强实用技术的示范推广，大力改造低产、低效茶园，高标准建设好董家河、浉河港信阳毛尖和信阳红茶产业基地。

扶持文新茶叶公司、祥云茶叶公司、茶都茶叶公司、龙窝茶叶公司等茶叶龙头企业，壮大品牌，加快茶产业转型发展步伐，拉长茶产业链条。建设茶叶科技加工园区，推动茶叶精深加工，以科技为动力，延伸茶产业链条，坚持春夏秋茶并重，着力开发夏秋茶，稳步提高高档茶产量，引导支持企业扩大中低档茶比重，推动速溶茶、袋泡茶、花草茶、蒸青茶及保健茶等茶叶新产品开发，优先支持茶叶企业、科研单位、食品饮料企业等联合攻关，重点研制开发茶食品、茶日化用品、茶药品、茶饮料、茶多酚等产品。

建立健全茶叶质量安全监测体系，创建"国家级出口茶叶质量安全示范区"，支持茶叶生产加工企业建立完善茶叶质量监测网点，探索建立茶叶生产的质量安全可追溯制度，推动茶叶出口贸易，扩大产业销售市场。

（二）其他种植业

做大做强甘岸大米、世中薯业、特帮农业等农业龙头企业壮大，建设标准化示范园区，创建平昌生态莲藕基地、长台花生产业基地、沿淮蔬菜产业基地、华湘红提产业基地、平桥区中药材种植基地等一批绿色食品标准化生产基地，形成现代农业产业化集群。促进甘岸蔬菜、水稻，彭家湾红提、花卉苗木、特帮生态农业，平昌莲藕、花生等优势农产品发展。

二、以生态水产为特色发展精品渔业

利用两湖区域优质水资源，强化品牌渔业、精品渔业和生态渔业三个发展理念，坚持优质特色发展方向，培育渔业养殖带。以南湾鱼、光山青虾、潢川甲鱼等优势特色品种为重点，进一步实施标准化、生态化、集约化健康养殖，不搞网箱养殖。利用两湖区域的淡水渔业资源优势，建立集郊游、垂钓、鱼鲜品尝等于一体的都市休闲渔业景区。加快推进渔业经济转型升级，发展精品渔业。切实处理好发展渔业生产与环境保护之间的关系，统筹兼顾，突出重点，促进渔业产业转型升级，促进渔业发展方式从"数量增长型"向"质量效益型和绿色环保型"的转变，实现可持续发展。

三、有序发展生态畜禽业

围绕打造"生态精品畜禽业"总体目标，优化区域布局结构，强化产业政策扶持。重点发展农林牧渔紧密结合的生态牧场和家庭农场；加强畜禽良种工程和生态畜牧业示范基地建设，构建生态畜牧业产业体系，提高畜牧业综合生产能力；大力提高畜禽环境友好型养殖水平。

建设地方特色畜禽种业。加快构建新型良种推广体系。优选特色品种，发展两湖当地的肉牛、肉羊、潢川鸭、固始鸡、固始白鹅、蜂蜜等特色品种。

打造生态精品畜产品品牌。挖掘地方特色畜牧文化，鼓励企业和合作社创建著名商标、知名品牌，扶持开展无公害、绿色、有机畜产品（产地）认证。推进生态精品畜产品品牌建设，提升产品竞争力。培育河南省名牌产品、著名商标、地理标志证明（集体）商标、原产地保护产品，提高三品认证覆盖面。

健全动物安全保障体系。加强动物防疫和畜产品安全基础设施建设，提高重大动物疫病综合防控和畜产品质量安全监管能力，加强动物疫病防治，建成一批特色养殖基地。配套建设畜禽加工和生产安全保障设施，保障畜产品安全供给，实现可持续发展。

四、按照田园综合体理念发展农业新业态

促进三产融合发展，推进农业与旅游休闲、教育文化、健康养老等产业深度

融合，发展生态农业休闲观光、智慧农业、创意农业等新业态，实现种植、加工、观光一体化，提高农业综合效益。

有序发展新型乡村旅游休闲产品，建成一批集生态休闲观光农业、生态涵养旅游体验农业于一体的农业生态观光园和市民农园。例如，依托信阳毛尖茶产业基础，打造升级一批集茶叶种植、炒制、产品展销、农业科普、休闲观光、婚纱摄影、美食制作、文化展示等于一体的高端茶叶庄园。

五、做强特色生态农业品牌

实施健康农业品牌战略，以无公害农产品、绿色食品、有机农产品和农产品地理标志为基础，以原产地整体品牌为龙头、区域公用品牌和企业知名品牌为主体的农产品品牌体系，立足区域特色和优势产业，培育信阳毛尖、南湾鱼等特色品牌。

扶持无公害、绿色、有机农产品生产，提高"三品一标"认证比例，完善农产品生产、加工、包装、储运标准和技术规范。鼓励和支持运用生物防病杀虫、测土配方施肥、恢复绿肥种植等生态生产方式，减少化学农药和肥料的使用量。支持农产品申报地理标志和注册商标。支持建设特色农产品质量安全示范区和知名品牌创建示范区，健全食品质量安全检测检验体系。

六、优化生态农业布局

浉河港乡、董家河乡是信阳毛尖的原产地和核心产区，依托文新、德茗等茶叶龙头企业，促进茶叶生态化种植，鼓励生态茶园和旅游业融合发展，重点布局发展茶产业、观光农业、休闲旅游、养生养老、文化创意等产业。

处于出山店水库上游的吴家店镇、平昌关镇等区域要建设高标准基本农田、景观树木种植、水产养殖、生态莲藕种植等生态农业，建设集农田水利建设、乡村自然环境整治于一体的田园综合示范基地。

沿淮河流域的游河乡、十三里桥、甘岸街道、双井街道等中心城区发展的支撑区重点布局发展城郊多功能农业区，统筹推进"菜篮子"工程建设，发展蔬菜、水果、花卉等农业发展，促进"淮河翠"系列蔬菜、草莓等特色产业发展。促进专业蔬菜合作社、家庭农场发展等新型生产经营主体发展。同时，积极发展休闲农业、观光农业、体验农业、都市农业，提高农业效益，增加农民收入。

第七章 信阳两湖区域生态保护和环境治理

在分析两湖区域生态优势的基础上，揭示了生态环境保护面临的问题和风险；剖析了国内典型地区生态环境保护的经验和启示；提出了为打造"山水之都·幸福之城"营造良好生态环境的基本思路和近远期目标；明确将严格保护三湖清水、实施生态保护与修复、解决农村环境短板，打造"天蓝、地绿、水清"的优良环境作为今后一段时期生态保护和环境治理的重点任务。围绕实现提升生态环境质量的目标，谋划实施蓝天工程、城乡环保基础设施建设工程、农业面源污染防治工程、山水林田湖生态修复工程、美丽乡村建设工程和环保监管能力提升工程等一批重点工程。从完善河湖管理体制机制、创新生态环保投融资模式、建立生态补偿制度、健全产业准入负面清单动态调整制度等方面提出了相应的制度保障措施。

第一节 生态环境现状评价

两湖区域地跨信阳浉河、平桥两区的14个乡镇（办、管理处），国土面积1203平方千米，其中水域面积89.2平方千米，占7.4%，出山店水库建成后，可增加52平方千米的水面，水域占比将达到11.7%。区内生态环境得天独厚，自然环境优美，旅游资源丰富，名胜古迹众多，拥有风景秀丽的南湾水库风景名胜区、北湖水利风景区、南湾水库国家森林公园等，河流众多、湖泊密布，特殊的地理环境为动、植物的繁衍和生长提供了良好的条件。全区人口38.7万人，城镇化率仅12.1%。以农业生产为主，有茶园面积43.1万亩，是信阳毛尖的核心产区。

一、生态质量良好

生态环境质量不仅是城市经济发展的基础,也是衡量城市综合竞争力的重要指标。良好的环境不仅是创建宜居城市的必要条件,也是吸引人才、投资的重要基础。两湖区域地貌以山地丘陵为主,淮河水系发达,主要河流有浉河、游河、界河、董家河、五道河、白沙河,分别流入南湾水库、出山店水库和淮河干流,南湾水库和出山店水库最大蓄水量可达 30 亿立方米,是豫南地区最大的人工淡水湖和重要的水源地。两湖区域山水秀美、气候宜人,是我国南北地理分界线上一条多彩多姿的绿带,也是南北气候过渡带上的一个"天然氧吧",生态地位十分重要,是现阶段国内不可多得又亟须保护的生态优良区域之一。良好的生态环境,造就了宜居宜业宜养宜游的多彩两湖,是信阳未来发展的巨大潜力所在。

(一)中原地区水资源富集区

信阳市人均水资源占有量 1089 立方米,为河南全省平均水平的 2.6 倍,但低于全国人均 2100 立方米的水平,水环境质量位居河南省前列。两湖区域河流纵横交织、水库密布,拥有"中原第一湖"之美称的南湾水库,总库容 13.55 亿立方米;出山店水库总库容 12.51 亿立方米。两湖区域包括河流、坑塘和水库在内的水面面积达 163.9 平方千米,占国土面积的 13.6%,仅次于林地和水田。

(二)森林覆盖率高

信阳全市森林覆盖率为 36.1%,高于全国 23% 和河南省 24.1% 的水平,城市建成区绿化覆盖率 42.4%,绿地率 36.9%,人均公共绿地 12.73 平方米,中心城区人均公共绿地 7.16 平方米,乡镇建成区绿化覆盖率 35.4%,拥有"全国绿化模范城市"、国家卫生城市、国家园林城市、国家主体功能区建设试点示范市和河南省文明城市等美誉,2009~2017 年累计九届入选"中国十佳宜居城市",2011~2017 年连续七年荣获"中国最具幸福感城市"。

两湖区域青山滴翠,森林覆盖率达到 41.5%,比信阳全市平均水平高 5.4 个百分点;作为国家级重点生态功能区的浉河区,森林覆盖率达到 63.3%,其中南湾水库林场森林覆盖率高达 95.6%,出山店水库周边森林覆盖率 38.9%。南湾国家森林公园成功入选全国首批"中国森林氧吧"。

专栏7-1　信阳多次荣获"中国十佳宜居城市""中国最具幸福感城市"

"中国十佳宜居城市"由香港中国城市竞争力研究会、世界城市合作发展组织等单位共同举办，根据城市生态环境健康指数、城市安全指数、社会文明指数、生活便利指数、生活舒适指数、经济富裕度、城市美誉度指数等7项一级指标、48项二级指标、74项三级指标组成的指标体系，从我国数百个城市中进行综合评定。2017年12月20日，第十六届全球城市竞争力排行榜新闻发布会在香港举行，信阳市再度荣获"2017中国十佳宜居城市"，成为唯一连续七年获得此殊荣的城市，累计九次上榜，也是连续上榜次数最多的城市。

"中国最具幸福感城市"也是由香港中国城市竞争力研究会、世界城市合作发展组织等单位共同举办，根据包括满足感指数、生活质量指数、生态环境指数、社会文明指数、经济福利指数等5项一级指标、21项二级指标、47项三级指标组成的指标体系进行评价。信阳市2011~2017年连续七年荣获"中国最具幸福感城市"。

与此同时，由新华社《瞭望东方周刊》、瞭望智库共同主办"中国最具幸福感城市"调查推选活动，迄今已连续举办11年，累计9.86亿人次参与公众调查和抽样调查。形成涵盖教育、医疗、收入、环境、公共服务、安全、未来预期等16项指标调查评价体系。同时，调查通过居民收入、生活品质、城市向往、旅游向往、就业、生态环境、治安、诉讼咨询、交通、教育十大类共50个指标以大数据采集的方式进行。经过活动组委会评审，成都、杭州、宁波、南京、西安、长春、长沙、台州、铜川、徐州十座城市被推选为"2017中国最具幸福感城市"。

资料来源：搜狐网2017-12-25，新华网2017-12-07。

专栏7-2　信阳入选"中国森林氧吧"

"中国森林氧吧"评选是中国绿色时报社《森林与人类》杂志发起"寻找中国森林氧吧"公益行动，是一项生态文化普及和森林旅游宣传推介活动，旨在为社会公众遴选推介提供森林体验、休闲养生的森林旅游养生休闲精华之地。

我国已建立了791个国家森林公园、1425个省级森林公园，569个国家湿地公园和325个国家级自然保护区、701个省级自然保护区。这些森林密集区既是全国森林和生态状况优良的地区，也是空气负离子浓度高和空气清新的天然"氧吧"。

"中国森林氧吧"是从众多申报单位中，经过生态、景观、旅游等方面专家论证后遴选出来的，遴选标准主要包括空气负离子浓度、空气颗粒物含量、空气细菌含量三大指标，每年发布一次"中国森林氧吧"榜单。获评"中国森林氧吧"的地区主要是森林植被密集、空气负氧离子浓度高、空气清新的森林公园、自然保护区、湿地公园和风景名胜区等森林旅游胜地。到"中国森林氧吧"呼吸清新空气，体验自然之美，将成为新的时尚。

自2015年发布首批"中国森林氧吧"榜单以来，迄今已有三批共115家森林生态优胜地入选榜单，其中首批37个森林旅游单位榜上有名、第二批47家单位入选、第三批31家"中国森林氧吧"榜单于2017年12月20日发布。河南南湾国家森林公园于2015年10月10日入选首批"中国森林氧吧"，河南黄柏山国家森林公园、济源南山森林公园同时获此殊荣。

资料来源：国家林业局网站，2015-10-13；中国网：2017-12-21。

（三）禁止开发区占比较高

根据《全国主体功能规划》和《河南省主体功能区规划》，浉河区属国家级重点生态功能区、平桥区属于省级开发区，信阳全市为国家主体功能区建设试点示范区。信阳市共有省级以上自然保护区8处，其中国家级自然保护区4处，森林（湿地）公园12处，其中国家级森林公园5处，自然保护区和森林公园总面积189.11万亩，占全市国土总面积的6.7%。

两湖区内拥有国家级自然保护区1处、国家森林公园1处、省级风景名胜区1处，省级自然保护区1个。分别是南湾水库翘嘴红国家级种质资源保护区，面积8.5平方千米；南湾国家森林公园，面积28.1平方千米；南湾湖省级风景名胜区，面积724.2平方千米；信阳黄缘闭壳龟省级自然保护区，面积1099平方千米。区内禁止开发的重点功能区类型较多、面积占比较高，生态空间保护与经济发展和城镇化建设对用地需求之间的矛盾比较突出。

二、环境保护压力增大

尽管信阳的生态状况总体不错，但环境保护面临形势不容乐观，输入型大气污染问题突出，湖泊水环境存在富营养化潜在风险，环境治理基础薄弱、能力严重不足，农村环境问题日益凸显。

（一）输入型大气污染问题较为突出

燃煤、高耗能产业聚集、机动车尾气排放、扬尘污染和周边地区污染物输入是导致大气污染的五大主要因素。就两湖区域而言，单位面积上燃煤消耗量不多、高耗能产业很少、机动车保有量和使用量也不多，扬尘和输入型大气污染是导致空气质量难以达标的主要原因。

尽管信阳市空气质量多年位居河南省前几位，但由于河南省是我国重要的能源重化工基地，以煤为主的能源消耗强度大，大气污染物排放强度高，空气污染整体较为严重，省会城市郑州的空气质量在全国74个[①]城市空气质量排名中列倒数第九位，属于空气质量最差的十个城市之一。

2015年信阳市中心城区空气质量优良天数为218天，离"十二五"规划确定的330天以上的目标仍有很大的差距，首要污染物为PM2.5和PM10。2016年，全市PM10年均浓度为96微克/立方米，未能完成年度目标，空气质量排名位于全国倒数100名以内，冬春季雾霾天气经常出现。雾霾天气的形成是内因和外因相互作用的结果，其内因是当地大气污染物高强度排放，污染物排放总量远超过环境容量，导致大气污染负荷常年保持在高位；外因则是地形和气象条件不利于污染物扩散，特别是冬季静风、逆温层等不利的气象条件频繁出现，使污染物持续累积；还有周边区域污染物不断输送，对雾霾的形成和发展起着推波助澜的作用。两湖区域以农业生产为主，城镇化水平低，污染型工业项目少，主要大气污染物排放量不多，雾霾的形成主要源于输入型大气污染和当地扬尘污染。

（二）三湖水质存在富营养化风险

从总体上看，信阳市的水环境质量并不理想。2016年全市11个国控河流水质断面仅有4个实现每月达标，竹竿河罗山竹竿铺断面（达标率73%）、淮河王家坝断面（达标率73%）、灌河固始马罡断面（达标率54%），水质超标问题较为严重。黑臭水体占全省总数的52.6%，新申河、黑泥沟等水体水质持续位列全省倒数位次。两湖区域部分城镇河段也存在水体黑臭现象。

湖泊作为众多河流交汇之地，水源复杂，污染源也复杂。加上湖泊周围大多是人类聚居之处，很容易被污染。南湾、出山店两大水库集水区以农业生产为

[①] 74个城市涉及京津冀、长三角、珠三角区域的城市以及直辖市、省会城市、计划单列市。

主，农民居住较为分散，生活污水处理率极低，生活垃圾乱堆乱放问题突出，农业面源污染和城乡居民生活污染交织。此外，随着旅游等相关产业的快速发展也给集水区带来了新的环境压力。随着污染物排放量增加和湖水中污染负荷累积量增加，南湾水库、出山店水库和北湖水库均存在水质下降的风险，特别是出山店水库，水体流动明显减缓，水体交换更新周期加长，生态平衡易受到自然和人类活动的影响，存在发生水质污染、水体富营养化等风险。

（三）农业面源污染不容忽视

两湖区域是中原地区重要的粮食、水产品生产基地，是信阳毛尖的主产区，保持粮食、茶叶、水产品稳产增产与增施化肥、农药、饲料、农膜使用后产生面源污染之间的矛盾依然存在。信阳全市经济林面积达到435.05万亩，其中茶叶种植面积210万亩、板栗108.67万亩、花卉苗木35.08万亩、油茶66.36万亩、小杂果4.24万亩、其他10.7万亩，化肥、农药等农业投入品过量使用，导致农业面源污染日益严重。

两湖区域是信阳茶核心产区，浉河区茶叶种植面积60万亩，其中董家河镇15万亩、浉河港镇20万亩。平昌关镇是信阳粮食主产区，农业生产对化肥农药的依赖性较大，多数畜禽养殖场（户）缺乏粪污收集与处理设施，畜禽粪便、养殖污水无序排放现象还较为普遍。南湾水库、出山店水库集水区仅董家河等极少数乡镇有污水处理设施，但由于配套管网不齐全和运行费用不足等问题，污水处理设施利用率并不高，大部分乡镇及农村生活污水仍直接排入河库。集水区尚未得到有效治理的农村生活污染和农业面源污染对两湖水环境造成的影响不容忽视，若仍沿用传统发展模式势必加剧水体污染风险。

（四）环境保护设施建设滞后

两湖区域现有水污染防治能力远远不能满足水资源保护的需要，表现在污水处理设施和收集管网建设严重滞后、污水处理规模严重不足、已有治污设施因管网不配套或运营资金不足运行负荷率低，垃圾收集运营水平也亟待提高。随着经济发展和城镇化水平的提高，对污水垃圾收集处理能力需求将呈快速增长的态势。

全区14个乡镇（办、管理区）已经建成的污水处理站3座，分别是董家河镇日处理1000吨污水处理站一座、董家河睡仙桥村日处理200吨污水处理站一座；浉河港镇日处理1000吨污水处理站一座（由于南湾水库水位上涨，该污水处理站已完全被水淹没);金牛山办事处污水纳入信阳市中心城区统一处理。规划建设的污水处理站3座,平昌关镇计划在陈店移民安置点建设一座污水处理厂、甘岸办事处计划在孔庄移民安置区和甘岸中心集镇新建一座污水处理系统。吴家店镇、游河乡、十三里桥乡、彭家湾乡、双井办事处等12个乡镇(办、管理区)均没有污水处理设施(见表7-1),农村污水基本处于直排状况。建成区普遍存在污水管网不配套、雨污不分流的问题,建成区污水管网覆盖率与河南省规定达到80%以上的要求差距较大,新扩建的污水处理厂不同程度存在管网延伸、雨污分流不到位;已建成的乡镇污水处理厂由于配套管网建设滞后,运营资金不足等问题,运行负荷率低。受发展阶段等诸多因素的影响,社会各界参与环境保护的制度基础仍未建立,对于生态环境保护参与程度较低,参与领域窄。环境保护主要依靠政府财政资金投入,社会资金投入十分有限,多元化投融资体制尚未建立。环境治理主体单一,市场、社会组织和公众的参与度不高,社会共治的生态环境保护机制尚未形成。

表7-1 两湖区域污水处理设施建设情况

	国土面积 (平方千米)	常住人口 (人)	污水处理能力(吨)	
			已建	规划建设
南湾街道	119.5	22930	纳入市政污水管网	
彭家湾乡	52	14048		
平昌关镇	133.3	46835		1座
浉河港镇	306	31320		
十三里桥乡	101.7	33958		
双井街道	37.96	13410		
吴家店镇	150	45753		
游河乡	139.4	35228		
金牛山街道	21.5	52103	纳入市政污水管网	
甘岸街道	46	27450		2座
董家河镇	251	32867	1000+200	
家居小镇	4	1413		
北湖办事处	30.61	3520		
贤山街道	16.97	48020		
合计	1410	408855		

资料来源:根据信阳市提供资料整理。

（五）生态环保监管能力严重不足

生态环保监管能力不足、手段不健全，大气环境、水环境监测的点位密度不够，土壤、噪声、辐射、生态等要素监测网络尚不完善，环境监测站的监测仪器不全和监测配套设施不完备，监测技术相对比较薄弱，水质自动监测能力不足，难以完成全因子监测。尽管市控以上重点污染企业开展在线监控，但仍不能实时全方位监控环境质量状况。环境监测、监察、应急、信息、宣教、固体废物、机动车排气等管理体系不健全。环保部门人员编制紧张、经费不足、设备落后等现象较为普遍，环保机构尚未延伸到乡镇一级，基层环保力量严重不足，市、区环保部门监管执法力量和力度均不足，对环境违法行为的处罚力度不够，难以适应新形势下依法严管的要求。

第二节　国内生态环境保护案例

了解国内典型地区在湖泊生态环境保护、城市水环境保护、农村环境综合整治、城乡生活垃圾市场化处理模式的成功范例，对两湖区域建立适合当地区情的生态环境保护模式和完善相关制度体系，具有重要的借鉴意义。

一、浙江淳安县创新环境质量管理，建设美丽千岛湖

千岛湖被誉为"天下第一秀水"。秀丽的风景和优良的水质属于大自然的赐予，但更离不了淳安党政干部和广大百姓对千岛湖的精心呵护。淳安县委县政府始终把保护千岛湖作为第一责任，举全县之力保护一湖秀水，建立了包括严格的产业准入标准、严格的污染物排放标准、严格的环境监管标准和更优的环境质量标准等千岛湖环境质量管理体系，加上严格的环境执法，建立激励约束机制和创新环保模式，为持续保护千岛湖的优良生态环境提供了保障。

（一）制定并执行更为严格的环保标准

淳安县制定了严格的产业准入标准、污染物排放标准、环境监管标准和更优的环境质量标准，从项目审批和引进均执行严格的产业准入标准，对于不符合保护千岛湖环境质量的项目，坚决禁入。在污水排放标准、大气污染排放标准和污

染物总量控制标准方面，淳安执行比国家规定更为严格的标准。细化污水排放标准，分为城镇集中式污水排放、农村污水处理设施排放、畜禽养殖废水排放、湖区和景区污水排放以及工业企业等不同类型污水排放。城镇污水处理站执行一级A标，而"千岛湖标准"比国家一级A标的要求更加严格。如国家污水排放一级A标规定化学需氧量小于50毫克/升、悬浮物小于10毫克/升，而"千岛湖标准"要求化学需氧量小于30毫克/升，悬浮物小于5毫克/升。

（二）全方位监管，严厉打击环境违法行为

除了出台了要求更高的污染物排放标准外，还建立了高水准、全方位的环境监管制度。淳安县的环境监管实现了全覆盖、"无盲区"，所有污水处理厂、大型规模化养殖场（猪存栏数2000头，其他养殖折算）、年排放化学需氧量大于5吨的工业企业和沿湖沿线沿主道未纳管的宾馆饭店的污水处理设施都安装了在线监测监控设施，实时管控。

环保监管全覆盖。无论是水、气工业企业污染，扬尘污染，还是油烟污染，全部纳入了严格的监管体系。如扬尘污染监管，要求施工工地落实五个"100%"，即施工工地封闭管理，做到施工现场围挡、工地砂土覆盖、工地路面硬化、出工地运输车冲净且密闭和外脚手架密目式安全网安装落实100%。

高频执法。每月开展巡查和通报，如县控以上企业、乡镇园区污水处理站（厂）、畜禽养殖场（户）和豆制品厂等至少每季度进行一次监测，每月进行一次现场执法。如果检查发现污水处理没有达标，一律停产整治。创新联合执法方式，与公安等部门开展联合执法。精细化的环境网格管理和环境巡查机制使监管执行更加到位。

环保信息"全公开"。在千岛湖门户网站公开相关企业的检测状况，将污染和处理情况向社会公开，促进社会监督。

（三）完善考核机制，提升保护水平

与严格的"千岛湖标准"相对应的，淳安建立了生态环境保护评估考核机制，对各项环境保护项目进行评估、总结，以便完善保护措施，提升保护水平。

明确各级政府工作责任，优化监督考核。建立并完善水质检查考核体系，加强乡镇交接断面、清洁乡村和河长制等考核，并把考核结果运用到乡镇、部门领导干部任用，提高公务人员的积极性。政府部门加大资金投入，拓宽投资渠道，积极引导社会资本参与千岛湖水资源和生态保护，推广绿色信贷，开展排污权抵

押贷款，提高企业参与环境污染治理的积极性。

激发企业和社会公众参与环境保护。淳安利用行政和金融手段，鼓励企业转型升级。对全县企业开展污染物排放强度和税收贡献的考核，对环保型企业进行奖励。提升环保要素在招商引资中的占比，逐步推广污染物产生量评价制度。强化企业环保信息公开，引导公众参与污染治理，壮大环保志愿者队伍。

（四）创新水环境保护新模式

着眼于使千岛湖成为全国保护能力最强、保护技术最先进、水质优良的湖泊典范，全力推进以科学治水、科学监测、科学评价"三大平台"于一体的千岛湖水环境保护新模式。

一是创新"智慧环保"。构建智慧治水、监测、评价"三个平台"，对千岛湖水环境保护，形成相关部门和沿湖乡镇政府责任明晰、齐抓共管的局面。上下齐心、相关部门和乡镇联动的合作机制，进一步整合了资源，最大限度地增强了对千岛湖保护的合力，改变了以往环保部门孤军奋战的不利局面。

二是探索"智慧决策"。在"智慧治水、监测、评价"三大平台上，推行智慧决策。淳安历来将千岛湖的保护作为全县工作中的重中之重，在每项环境保护决策中注重"治、测、评"每个环节的智慧化水平，在全国湖泊水库水环境保护中处于领先地位，树立了"青山绿水就是金山银水"的典范。

三是成功实践"综合保护"。通过实施"林、渔、治"三大重点，探索并建立了"水、陆、空"立体保护千岛湖的长效机制，形成千岛湖林业资源、渔业资源生物防控、工程治理水质净化科学体系，既是千岛湖"综合保护"的成功实践，也成为全国湖泊水库生态环境保护的样板。

二、湖南株洲市优化水生态，做活水文章

株洲是全国唯一一座以"洲"命名的城市，因水而名，因水而兴，因水而美。坚持以水为源、以绿为美、以人为本，积极在水生态文明建设中创造经验、提供示范，先后获批全国水生态文明建设试点城市、全国河湖管护体制机制创新试点城市，全国节水型社会建设示范区。

（一）以创新体制机制为重点，管好水资源

坚持从改革入手，创新水资源管理体制机制，确保河湖功能持续发挥、水资

源永续利用。

推进水资源一体化管理。针对多龙管水、条块分割、职责不清等问题，结合湖南省实施"一号重点工程"——湘江保护与治理，推进水务管理一体化改革，市县两级均成立了湘江办，建立了防洪、供水、排水、节水等涉水事务一体化管理体制，推动"多龙管水"向"一龙管水"转变，实现了水资源的统筹规划、优化配置、高效利用和科学保护。率先在全省推行"河长制"，明确了全市314条河流和18座大中型水库的河长（湖长），全面建立市、县、乡、村四级河长责任体系，"党政主导、高位推动、部门联动、责任追究"的河长制工作格局基本形成。

推进水资源指标化管理。落实最严格水资源管理制度，以"三条红线"[①]控制指标为总体约束目标，将用水总量、万元工业增加值用水量、农田灌溉水有效利用系数、重要水功能区水质达标率等控制性指标分解到市区县，形成覆盖全市的"三条红线"指标体系，确保全市用水总量不增加、用水计划不突破和水域排污总量不超标。

推进水资源人本化管理。按照"丰枯调剂、调控自如"原则，制订了湘江、洣水、渌水等江河和964座水库的用水调度方案，科学调度水资源，保障城乡居民日常用水安全。启动洮水、酒埠江、官庄3座大型水库第二饮用水水源工程和抗旱应急水源建设，保障全市在遭遇特大干旱、重大污染等危急时刻的用水安全。

（二）以工程建设为载体，保障水安全

坚持大兴水利建设，统筹水资源配置，有效防御水旱灾害，切实保障水安全。

建设水源调蓄工程，拦蓄"天上水"。近3年全市除险加固水库473座，清淤扩容骨干山塘1.2万口，新建农村集中供水工程455处，各类水利工程蓄水量达17.9亿立方米，储蓄水资源的"水缸"由小变大，居民用水、灌溉输水得到有效保障。

建设洪水防御工程，防范"过境水"。高标准加固湘江、渌水、洣水堤防，湘江株洲市区河段堤防基本达到百年一遇防洪标准，5个县市相继完成城市防洪工程，并形成了防洪保护闭合圈，防洪标准达到50年一遇，抵御洪水"安全墙"

[①] "三条红线"：水资源开发利用控制、用水效率控制、水功能区限制纳污。

由短变长。新、改、扩建了一批市区排渍泵站，城市地下管网基本实现全覆盖，城市"排水网"由弱变强。

建设水系连通工程，串通"地表水"。大力实施大中型灌区续建配套改造项目，维修改造防渗渠道390千米；完成了株洲县、茶陵县、醴陵市等6个小农水重点县项目，改造渠道1521千米；连续3年实行"以奖代补"政策，鼓励引导农民兴修"五小"水利2946处，实现库塘、江河水系畅通无阻。

（三）以综合治理为抓手，改善水环境

围绕"江水清、两岸绿、城乡美"目标，以湘江保护与治理为引领，治理水环境，优化水生态。

实施"绿荫行动"，严控水土流失。大力开展造林绿化、封山育林，成功创建国家森林城市，全市森林覆盖率达到64%，水源涵养能力明显提升。同时，采取宜林则林、宜草则草、林草结合等方式，加强废弃矿山复绿整治，完成水土流失治理246.5平方千米。

实施"碧水行动"，严控污水入河。坚持把治水与治土治气、与产业转型升级相结合，以清水塘老工业区绿色搬迁改造为重点，实施基本关停污染企业、基本拆除城区烟囱、基本解决城区段污水直排湘江"三个基本行动"，成效显著。近3年，全市建设38类共508个水生态治理保护项目，清水塘老工业区关停搬迁企业150余家，直排湘江生活污水全部截留，湘江沿岸畜禽规模养殖场全部退出，非法砂场全部拆除，城市黑臭水体治理全面启动，湘江株洲段水质保持国家Ⅱ类水标准。全面推行河道保洁，建立了10支河道垃圾打捞队伍，购置垃圾打捞船10艘，基本实现"岸上垃圾不入河、入河垃圾不出境"。

实施"净土行动"，严控污染扩散。全面开展重金属污染耕地修复治理，通过施用石灰、淹水灌溉、深耕改土、施用叶面肥和有机肥等措施，完成了58.2万亩重金属污染耕地的修复治理。强力推进清水塘老工业区重金属污染土地治理，启动了全国首个污染土地修复及再开发世行贷款项目，完成了霞湾港重金属污染综合治理工程等一批综合治理项目，清水塘老工业区核心区内重金属历史遗留废渣治理基本完成。

三、湖北十堰市打造农村环境综合整治样板

十堰作为南水北调中线工程的重要水源地，为确保南水北调中线调水水质安

全和"一泓清水永续北送",全力控制农业面源污染,创造了农村环境综合整治的"全国样板"。

(一)整县推进农村环境综合整治

2015年以来,十堰市以整县推进方式,对涉及的1291个村开展农村环境综合整治,整治行政村覆盖率达到81.6%。已累计安排五批资金用于农村环境综合整治,其中中央投入专项资金9亿多元,整治内容包括农村生活污水处理、农村生活垃圾处理、非规模化畜禽养殖治理、饮用水源保护等。近两年来,累计添置垃圾桶29万个,垃圾中转箱9815个,垃圾收集清运车辆2200辆;建设各种污水处理设施8031个,铺设污水收集管网1724千米,建设水肥一体化公厕369个。已实现每个农户配备一个垃圾桶,数户配置一个垃圾中转箱,村庄下游建有污水处理设施。

通过集中招标采购,降低垃圾收运设施购置成本。为便于污水处理设备后期运行维护,各县(市、区)因地制宜选择1~2种工艺作为主要工艺,推行污水处理设施建设运营一体化。

(二)县财政为农村垃圾污水处理提供经费支持

尽管十堰市在农村试点征收垃圾清处费,但所征收的费用对于农村垃圾清处费而言,依然是杯水车薪,只能由政府财政承担垃圾污水清处费。以十堰市所辖的丹江口市为例,市政府下发全市农村生活垃圾及生活污水治理工作方案,每年从市财政安排资金1000万元,专项用于农村生活垃圾及污水治理。其中450万元作为农村生活垃圾清运经费,290万元作为村庄保洁经费(村均约1.5万元),200万元作为农村生活污水末端处理设施运行维护经费。

十堰所辖县(市、区)均已"发文",将农村垃圾污水收集处理费用纳入当地财政支出,其中垃圾收集清运费用纳入县级财政预算;污水处理设施运行费用从国家重点生态功能区转移支付的生态补偿资金中列支,确保污水处理设施运转有稳定经费来源。

(三)建立农村环境考核激励约束机制

建立市、县(市、区)、乡镇层层考核机制,上至十堰市农治办,下至各乡镇均制定了农村环境考核办法。如十堰所辖的郧阳区制定出台了《农村生活垃圾及污水治理考核暂行办法》。通过查阅资料、查看现场、随机抽查等方式进行考核。每月组织一次考核,并设置加减分项,开展生态乡镇、生态村创建的给予加分;被省、市、区主管部门督查或新闻媒体曝光的则减分。季度得分为3个月总分的平均值;年度得分为4个季度总得分的平均值。考核结果每月通报一次,连续两个月排名最后的乡镇,将约谈乡镇党委、政府主要负责人。季度考核得分90分以上(含90分)的,区财政全额拨付本季度专项经费;对季度考核得分90分以下的,每少1分,相应扣减年度专项经费总额的1%。连续两个季度排名最后的乡镇实施一票否决,年度考核前3名的乡镇给予一定经济奖励。

四、云南大理市采用PPP模式实行城乡生活垃圾处置一体化

(一)项目概况

大理市位于云南省大理白族自治州中部,拥有全国历史文化名城、国家级自然保护区、中国优秀旅游城市、最佳中国魅力城市的美誉。辖10镇、1乡、111个村委会和501个自然村,以及创新工业园区、旅游度假区、海东开发管理委员会,总面积1815平方千米,总人口68万人,全市日均垃圾产量约688吨。

为提高全市垃圾"减量化、资源化、无害化"处理水平,按照"科学治理、科技领先、城乡一体、市场化运作"的思路,于2012年启动实施洱海流域垃圾收集清运处置系统工程建设。一是在洱海流域的两区和下关、大理等11个乡镇建设10座垃圾中转站,购置15辆垃圾转运车、111辆小型垃圾收集车和1002个收集箱体;二是实施装机容量12兆瓦、日处理生活垃圾600吨以上的大理市第二(海东)垃圾焚烧发电工程,对生活垃圾进行无害化处理和资源化利用;三是构建数字化监管系统,实现对企业运营情况的全方位监管。

目前大理市洱海流域垃圾收集清运处置系统初步建成,运转正常。城乡环境卫生、洱海水质得到了明显改善,基本实现城乡生活垃圾"收集清运全覆盖、压缩转运全封闭、焚烧发电资源化、监督管理数字化、建筑垃圾再利用"的预期目标。

(二)运作模式

1. 建设模式

2010年10月,大理市以BOT(投资建设—运营—移交)方式,引进重庆三峰环境产业集团公司,采用德国马丁SITY2000逆推倾斜式炉排炉焚烧发电处理

工艺，投资 4.2 亿元建设一座垃圾焚烧发电厂；2012 年 6 月，大理市公开招标以 BTO（投资建设—移交—运营）方式引进重庆耐德新明和公司，采用先进、成熟的上投料式水平直接压缩加大型拉臂钩车转运的处理工艺，投资 1.1 亿元建设 10 座大型垃圾压缩中转站。各区镇采用承包、租赁等方式，通过公开招投标，对城乡生活垃圾收集清运实行市场化运作。

2. 运行模式

全市城乡生活垃圾按照统一流程，通过收集、转运、处理三个环节进行处置。收集清运环节由各区镇负责，用自行投资、承包的垃圾车及配发的垃圾收集车将生活垃圾收集至环洱海 10 座垃圾中转站，经压缩装箱后，全程密闭转运至垃圾焚烧厂进行焚烧发电、无害化处理。

3. 结算方式

经测算，大理市生活垃圾处置城乡一体化系统年运营费用 4430.5 万元，其中：垃圾焚烧发电厂垃圾处理服务费用 1445.4 万元；10 座大型压缩垃圾中转站运行服务费用 1752.2 万元；各乡镇将垃圾收集至中转站的年费用为 1233.0 万元。全市生活垃圾的收集、转运和处理费用统一列入财政预算。

垃圾转运及处理运营企业的服务费用，按照《大理市生活垃圾转运处理服务费结算工作实施方案》，由运营企业每月 3 日前填写上月结算确认通知单，上报至市城管局、环保局、审计局、财政局、服务费结算工作领导组等部门审核签字后进行拨付。

4. 监管方式

一是数字监管。2013 年 7 月，筹资 326 万元建设生活垃圾收集清运处理信息化管理系统。各站点称重数据、视频数据实时传输到信息中心，同时为垃圾转运车辆安装了 GPS 定位系统。称重数据作为垃圾收集清运奖补经费和政府支付企业运营费用的主要依据，视频数据可以实现对垃圾压缩和处理过程的实时监控，最终实现城乡生活垃圾处置全过程的"数字化、视频化、定位化"目标。

二是量化考核。市政府与垃圾收集清运责任区镇签订《大理市洱海流域生活垃圾收集清运责任书》，确定垃圾收集清运任务量，依据数字化监管系统统计的各乡镇垃圾清运量，进行一日一公示、一月一通报、一季一考核，对全市垃圾收集清运进行科学管理，通过工作目标倒逼服务效果，解决垃圾收集清运工作的监管问题。

三是政策保障。市政府出台《洱海流域生活垃圾收集清运处置实施办法》

《洱海流域污水垃圾和畜禽粪便收集处理监督及奖补办法》《大理市环洱海农村生活垃圾收集清运处置和垃圾收集员履职考核办法》《大理市生活垃圾处理费收费管理办法》《大理市生活垃圾转运处理服务费结算工作实施方案》《大理市人民政府关于加强农村生活垃圾收集清运管理的工作意见》等一系列政策文件，建立生活垃圾处理收费制度，进一步完善城乡垃圾有偿收集清运保洁工作机制和各级资金投入长效机制，为城乡生活垃圾处置系统提供保障。

（三）借鉴及启示

1. 完善法规、健全机制

大理市先后建立了生活垃圾处理收费制度、垃圾收集清运责任制度、考核奖补制度等政策文件，使全套系统的运转有章可循、有据可查，确保工作到位。随着系统的建设，大理市政府明确整个系统由大理市城市管理综合行政执法局作为主管部门进行日常监管，市洱管局、环保局、财政局等部门配合实行按季考核，兑现奖惩。各区、乡镇建立相应的管理部门，广大百姓自觉参与到环境卫生整治活动，使系统得以有效运行。

2. 城乡一体、高标准建设

大理市按照流域垃圾治理全覆盖的思路，高起点、高标准规划设计，实施城乡垃圾治理一体化系统建设，提高了农村环境卫生标准，完善了城乡环卫基础设施，初步建立起了城乡一体的流域垃圾收集处理体系。

3. 政府补贴、市场化运作

一是通过招商引资、竞争性谈判，以BOT方式引进焚烧发电厂建设项目；二是以BTO方式引进垃圾压缩中转站项目；三是收集环节由乡镇负责采用承包、租赁等方式实行市场化运作。

4. 数字同步、信息化监管

建成垃圾收集清运处理信息化管理系统，通过视频实时监控、车辆GPS定位及数据实时传输，对垃圾收集、转运、处理环节的全过程实行"数字化、视频化、定位化"实时监管和信息化管理。

5. 打破区划、扁平化管理

一是按照城乡一体化思路，打破大理市和创新工业园区、旅游度假区、海开委的行政区划界线，统一规划、建设、管理；二是中转站建设打破乡镇界线，统一建设，实行市场化运作，例如，喜洲垃圾中转站服务区域辐射到喜洲、银桥、湾桥等多个乡镇乃至洱源县右所镇、邓川镇。

五、湖南张家界市采用 BOT 方式推进污水处理市场化

(一) 项目概况

为加强城市环境基础设施建设，张家界市政府决定采用 BOT 方式投资、建设、运营杨家溪污水处理厂，并授权张家界市永定城区污水处理厂项目建设指挥部负责实施该项目。

该项目污水处理规模近期为 4 万立方米/日，远期为 8 万立方米/日，总投资 6700 万元。杨家溪污水处理厂位于西溪坪老火车站东侧，占地 40 余亩，污水处理工艺采用成熟的 A2/O 处理工艺，污水出水水质符合 GB 18918—2002 城镇污水处理厂污染物排放标准中的一级 B 标准。

通过公开招标方式选择湖南首创投资有限公司为项目投资人，由其在张家界市注册成立项目公司，从事融资、建设、运营和维护，在特许经营期限内提供污水处理服务并获得污水处理服务费，在特许经营期届满后将项目设施无偿移交政府或其指定机构。

项目于 2008 年 6 月开始公开招标，7 月完成特许经营协议谈判，8 月正式完成签约，9 月进行设计优化和前期准备工作，2008 年底正式开工，2009 年底前完工进入试运营阶段，2010 年 5 月通过环保验收正式商业运行。

(二) 运作模式

杨家溪污水处理厂采用 BOT 的方式进行建设、运营和维护。由湖南首创投资有限公司 100% 出资成立张家界首创水务有限责任公司，负责项目的具体运营。张家界市人民政府授权张家界市住房和城乡建设局与张家界首创水务有限责任公司签署了《张家界杨家溪污水处理厂 BOT 项目特许经营协议》，就特许经营、项目的建设、运营、维护，双方的权利义务、违约责任、终止补偿等内容进行约定。

特许经营的形式。通过 BOT 方式引入社会资本，由社会资本投资建设并运营本项目，经营期限届满后将污水处理设施无偿移交政府或政府指定的接收单位。

特许经营的范围。在特许经营期内投资建设、运行张家界市杨家溪污水处理厂（不含管网资产），处理政府提供的污水，收取污水处理服务费。厂区红线范

围外为项目建设与运行所需的市政配套设施（包括道路、上水、供电）以及污水收集管网系统建设由张家界市政府负责，不包含在项目范围内。

特许经营的期限。为 25 年。

计量及价格机制。由于污水处理量存在不确定性，本项目通过设计基本水量的方式为政府方和社会投资人有效分担风险。水量不足时政府按基本水量支付污水处理服务费，污水处理厂的实际处理水量超过基本水量，超额水量部分按 60% 付费。每两年根据人工、电费等成本变动进行调整。政府履行必要的审核、审批程序并在一定时间内给予答复。

终止后补偿。因政府或者项目公司自身的原因引起特许经营协议终止，双方需各自承担相应的责任，并对另一方作补偿；由于自然条件引起的不可抗力事件导致协议终止，双方的损失应各自承担；由于政策、法律法规等引起的协议终止，政府承担补偿项目公司损失的责任。

（三）启示和借鉴

杨家溪污水处理厂 BOT 项目的主要目标是引入社会资本以及先进技术和管理经验，提高污水处理服务的质量和效率，推进污水处理市场化改革。从运行情况看，目标基本达到。

BOT 项目实施需要营造公开透明的政策环境，建立协调机制，规范化操作。首先，市政府成立了市级层面的项目建设指挥部，保障政府和社会资本合作稳妥推进。在指挥部推动下，项目的招标和谈判更加透明、决策更加科学民主，协调各职能部门更加高效。其次，政府聘请专业咨询机构提供财务、法律等咨询服务，提高项目决策的科学性、操作的规范性。咨询服务内容包括：一是按国家有关法律法规和规章制度，设计风险和利益分担共享机制，编制特许经营协议；二是构建项目财务模型，为政府在项目招标、谈判中提供参考和支持，通过公开程序确定合理的污水处理服务费单价。

社会资本提前介入，实现风险控制前移。杨家溪污水处理厂 BOT 项目在招标文件中明确要求处理工艺成熟、处理效果良好，保证污水处理后能达标排放。社会资本在事前通过调查、踏勘等方式，根据实践经验确定了处理工艺，并在投标时按工艺特点报价。经运行测试，主要工艺设备符合政府要求的技术先进性和可靠性，满足投资人关注的经济性要求，达到了期初提出的整体要求。

建立合理的风险分担机制和收益分享机制。该项目在风险管理方面秉承了

"由最有能力管理风险的一方来承担相应风险"的风险分配原则，即承担风险方应该对该风险具有控制力；承担风险方能够将该风险合理转移；承担风险方对于控制该风险有更大的经济利益或动机；由该方承担该风险最有效率；如果风险最终发生，承担风险方不应将由此产生的费用和损失转移给合同相对方。按照风险分配优化、风险收益对等和风险可控等原则，综合考虑政府风险管理能力、项目回报机制和市场风险管理能力等要素，在政府、社会资本成立的项目公司之间设定风险分配机制，并写入相关协议中。

第三节　营造良好生态环境的思路和目标

良好的生态环境是幸福之城建设的基础，也是区域发展的核心竞争力。两湖区域所在乡镇多数为国家重点生态功能区，承担涵养水源、保持水土和维护生物多样性等主导生态功能，肩负提高生态产品供给能力的首要任务。坚守"生态立区"发展战略，走"生态优先、绿色发展"之路，按照高质量发展的要求，精准筹划和准确把握绿色发展的整体布局和发展方向，科学划分功能片区，引导城镇建设与产业发展集中布局、点状开发，建设天蓝、地绿、水清的美丽两湖，用生态之美、谋赶超之策、造百姓之福。

一、基本思路

自觉践行"绿水青山就是金山银山"的理念，把生态环境保护放"山水之都·幸福之城"建设的突出位置，正确处理好经济社会发展和生态环境保护的关系，以发挥生态优势、增加生态财富为核心，以保障生态空间、提升生态质量、补齐环境短板、强化环境监管，培育绿色增长点、释放绿色新动能为重点，强化"三线一单"（生态保护红线、环境质量底线、资源利用上线和环境准入负面清单）硬约束，积极探索生态资产存量转变为生态资本增量的途径，使全民守护绿水青山的责任感显著增强，优质生态产品供给持续增加，生态优势转化为发展优势能力大幅提高，老百姓的获得感幸福感不断增强，游客的满意指数节节攀升，构建以山为脉、以水为魂、水城相依、水绿相映的优美"山水之都"，将"秀山水韵、森林氧吧"打造成两湖区域吸引高端要素聚集和令游客向往的金名片，建设全国知名的健康养生旅游度假区。

二、主要目标

到 2023 年，两湖区域水源涵养能力进一步提高，湖泊生态环境自然恢复能力明显增强，生物多样性得到有效保护，生态系统稳定性持续增强，环境质量继续位居河南省前列，环境风险得到有效控制，环境监测、预警与应急响应能力全面提升，生态经济健康发展，绿色生产和绿色消费水平明显提高，生态环境治理体系和治理能力显著增强，基本建立绿色价值全民共享制度，公众对生态环境满意度明显上升，美丽宜居体验更加真切，两湖区域成为信阳践行绿色发展、建设生态文明的重要窗口，投资者创业发展的乐园、游客憧憬向往的公园、居民幸福生活的家园，生态优美、环境优良、富有活力、国内知名的"山水之都·幸福之城"基本建成。

水质指标：南湾水库、出山店水库和顾岗水库水环境质量稳定，持续保持在Ⅲ类水质（含Ⅲ类）以上，库区总氮、总磷浓度不高于现状水平，直接汇入南湾水库、出山店水库的主要河流水质达到Ⅲ类以上标准。

生态保护指标：到 2023 年，两湖区域森林覆盖率提高 2～5 个百分点，森林资源结构优化、质量得到进一步提高，年均减少土壤侵蚀量 0.1 亿吨，"茶山绿水"与"金山银山"之间的通道基本打通。

污染治理指标：工业废水全部实现达标排放；所有建制镇污水垃圾处理设施全覆盖，中心城市基本实现污水垃圾全收集处理，建制镇污水处理率达到 85% 以上，集水区乡村达到 70%；集水区生活垃圾无害化处理率达到 90% 以上。

风险控制目标：实现南湖水库、出山店水库饮用水水源保护区规范化、制度化管理，水源区生态环境监测网络和突发环境事件应急能力满足安全饮水要求。

到 2035 年，水环境质量保持优良、空气质量达到优良，优质生态产品供给能力全面提升，生态系统实现良性循环，生态经济高效发展，实现发展与生态、富裕与美丽的共赢，人与自然和谐共处的生态文明新局面全面形成，美丽中国"信阳两湖样板"成为典范，建成环境优美、功能完善、幸福宜居、特色鲜明的国际化山水田园生态城。

第四节　严格保护三湖清水

水是生命之源、生产之要、生态之基。保护好三湖清水事关信阳百万市民饮水安全、事关美丽信阳形象、事关两湖幸福之城发展。将保护三湖清水作为两湖区域发展的刚性约束，强化入湖污染物总量控制，系统推进水污染防治和水生态保护，严格控制各类环境风险，维持河湖生态健康，以三湖清水装扮美丽信阳。

一、保持南湾湖水清景美，保障城市饮水安全

南湾湖目前的主导功能是城市饮用水及工业供水，兼具调蓄滞洪、农业灌溉和生物多样性维持等多种生态功能，作为信阳中心城区目前唯一的集中式地表饮用水源地，年供水量6000万立方米。以"两控两减两基本"① 为着力点，减少集水区入库污染物总量、改善入库河流水质，争取入选"中国好水"水源地，使"豫南明珠"将更加璀璨夺目。

（一）基本概况

南湾水库位于淮河一级支流浉河的上游，控制流域面积1100平方千米，占浉河流域总面积的53%。多年平均来水量4.60亿立方米，是一座以防洪、灌溉、城市供水为主，兼顾水产养殖、发电、旅游、航运等综合利用的大（Ⅰ）型水库。水库正常蓄水位103.50米，库容6.70亿立方米，相应水面面积80平方千米。集水区和准保护区主要涉及浉河港、董家河、十三里桥和谭家河4个乡镇，以丘陵山地为主，茶叶、小杂果、花卉苗木等为主导产业。影响南湾水库水质的主要因素包括：集水区化肥、农药等农业投入品使用，畜禽粪便、农作物秸秆、农村生活垃圾等农业废弃物不合理处置，农村居民生活及环湖餐饮业产生的废水。随着城镇化水平提高和旅游业发展，加大了水体污染的风险，保护"一湖清水"的压力不断增大。

（二）推进南湾湖饮用水水源保护区安全保障达标和规范化建设

根据《河南省信阳南湾水库饮用水水源保护条例》对水质保护的规定，完善和加固水源一级、二级保护区的地理界标、界桩、警示标志和防护拦网，实现水源一级保护区全封闭管理。严格执行水源一级保护区禁餐、禁泳规定，取缔农家餐馆，逐步对水源一级保护区内的居民实施生态移民。控制库区游船数量，推广

---

① "两控"就是减少南湾水库上游农村生活及环湖餐饮业的污水、垃圾排放量，尽力减少入湖污染负荷；"两减"就是减少库区上游地区农药、化肥使用量和水土流失面积，控制农业面源污染；"两基本"，就是基本实现集水区农用薄膜、农作物秸秆资源化利用。

新能源、清洁能源船舶，游船码头配套建设船舶污水垃圾上岸接收和转运设施。加强集水区农村医疗废物管理，实现乡村、个体诊所的医疗废物全部由市医疗废弃物中心统一运输处理。推广水产健康养殖，优化鱼类品种结构，发展保水、洁水鱼类和名优水产品，人工放养滤食性鱼类，提高水体净化能力，保持水体生物链平衡。健全区、乡镇、村三级保水队伍，完善南湾湖日常巡视监管制度。建立饮用水水源保护区风险综合防控机制，定期排查环境隐患，规范水源及供水水质监测和检测，定期向社会公开饮水安全信息。

（三）全面减少集水区农业面源污染

巩固浉河港、董家河、谭家河、十三里桥等乡镇所辖禁养区关闭搬迁畜禽养殖场（户）的成果，根除水源保护区畜禽养殖污染；对十三里桥等乡镇的限养区建立畜禽养殖总量和污染物排放总量"双控"制度，积极推行清洁养殖，支持发展标准化规模养殖，推进畜禽粪污无害化处理和资源化利用。禁止将南湾湖集水区坡度≥25度的林地改作他用，发挥浉河区生态有机茶园的示范作用，扩大测土配方施肥在设施农业、茶叶、蔬菜、果树等园艺作物上的应用，推广种肥同播、化肥深施等高效施肥技术，到2023年基本实现集水区主要农作物测土配方施肥全覆盖，化肥施用量比2017年减少20%。浉河区作为信阳毛尖的核心产区，积极争取国家果菜茶有机肥替代化肥试点①。推进农作物病虫害绿色防控和统防统治，推广低毒、低残留农药，实现集水区农药施用量零增长。鼓励农用地流转，提高农业规模化集约化水平，支持发展绿色食品、有机农产品，力争到2023年南湾湖上游乡镇50%以上的农用地发展为无公害、绿色、有机食品生产基地，逐步减少总氮、总磷、氨氮、化学需氧量入湖总量，保证湖区水质稳定达标。

（四）有效控制库区上游城乡生活污染

加快浉河港、十三里桥、谭家河乡镇驻地污水处理设施及配套管网建设，并强化污水处理设施运行监管，切实保证污水达标排放。加快推进集水区农村环境综合整治，消除农村旱厕，实现湖区上游农户基本配备环保卫生厕所，支持单户或联户建设农村户用沼气池或化粪池，解决农村生活污水污染问题。贯彻实施《浉河区乡镇生活垃圾收集运输管理办法》，充实村组、乡镇、区三级保洁环卫队

---

① 参见农业部《开展果菜茶有机肥替代化肥行动方案》。

伍，落实"村组保洁、乡镇转运、区运输、市集中处理"的生活垃圾收运处理机制，将垃圾及时清运到琵琶山垃圾处理场进行无害化处理，并完善相应的考核制度，减少上游垃圾入湖污染水质。

（五）提高库区上游湿地生态功能

开展入库重要河流截污、河底清淤、河道护坡、两岸绿化和景观带建设，推进河道垃圾清理和打捞常态化，依法清理违规排污口，加强对排污口的监管，增加河流生态用水，恢复河道水生态系统，提高河流自净能力。加强库区上游河岔及库周湿地的生态保护和恢复，开展湿地周边生态护坡、自然堤岸和生态廊道建设，建立湿地自然保护区。在河流入湖口及其他适宜地点，因地制宜地建设人工湿地，种植水生植物，发挥湿地净化水质功能。开展退耕还湿、退养还滩，建设环湖缓冲带和隔离带，增强河湖自然恢复能力。

二、确保出山店水库碧水长流，做好"大湖+"文章

出山店水库（建议更名为"出山湖"）地跨浉河和平桥两区，2015年8月主体工程开工，2019年4月建成蓄水。水库为信阳市提供生活及工业用水8000万立方米，成为中心城区第二水源，大大降低了城区单一水源的供水风险。出山店水库水体流动明显趋缓、交换更新周期大大延长，生态平衡易受到自然和人类活动的影响，存在发生水质污染、水体富营养化的风险。强化水库分区管理和控源减排，实行水库水功能分区管理，实施基于水环境承载力的总磷、总氮、化学需氧量、氨氮污染负荷入库总量控制，控制入库河流输送的面源污染和库内养殖、旅游污染，着力做好"大湖+"文章。

（一）基本概况

出山店水库位于淮河上游，控制流域面积2900平方千米，占淮河淮滨以上流域面积的18.1%，总库容12.51亿立方米（其中兴利库容1.45亿立方米，防洪库容6.91亿立方米），是一座以防洪为主，结合灌溉、供水，兼顾发电等综合利用的大（Ⅰ）型水库。水库正常蓄水位88米，库容1.84亿立方米，相应水面面积51.97平方千米。水库淹没区涉及浉河、平桥两区的7个乡镇（办事处）44个行政村（居委会），集水区地形相对平坦，人口密度较大、基本农田占比高，以种植水稻、茶叶、板栗等农作物为主，工业化、城镇化水平低。

（二）划定出山店水库水功能区

为充分发挥出山店水库蓄水后在城乡供水、农业灌溉、旅游景观等方面的综合功能，协调不同用水行业的关系，根据《水功能区划分标准》（GB 50594—2010）科学划定饮用水源区、农业用水区、景观娱乐用水区、渔业用水区和过渡区，并明确水域分区使用功能和水环境保护标准。科学核定水库纳污能力，提出入库河流限制排污总量意见，确保入库河流水质达到Ⅲ类以上标准。

作为中心城区第二水源，研究制定《出山店水库饮用水水源保护条例》。根据《饮用水水源保护划分技术规范》（HJ/T 338—2007），启动饮用水源一级保护区、二级保护区和准保护区的划定，2019年底前完成饮用水水源一级、二级保护区的地理界标、界桩、警示标志和围栏网设置，建设湖滨绿化带。优化调整入库河流排污口，提高排污口设置的合理性。

（三）综合防治集水区种植业养殖业污染

以控肥控药和农业废弃物资源化利用为重点，合理使用农业投入品。开展农田径流污染防治，引导和鼓励农民使用测土配方施肥、生物防治和精准农业等技术，采取灌排分离等措施控制农田氮磷流失，推广使用生物农药或高效低毒、低残留农药，减少化肥、农药施用量，推广高效节水灌溉技术，提高农业水、肥、药的利用效率。因地制宜建设农田生态沟渠、污水净化塘、农田尾水净化湿地、库滨湿地，增加河水入库前的滞留时间，净化农田排水及地表径流，削减入库污染负荷，争取实施出山店水库集水区农业面源综合治理示范工程[①]。

严格执行《畜禽养殖污染防治管理办法》《平桥区畜禽养殖禁养区和限养区划定方案》《浉河区畜禽养殖禁养区、限养区范围划分》的有关规定，控制畜禽养殖污染物排放。根据将要划定的出山店水库水功能分区，调整出山店水库上游禁养区和限养区，强化分区分类管理，实现禁养区畜禽养殖全部搬迁退养。合理确定限养区生猪、肉禽和蛋禽生产规模，推进畜禽养殖适度规模化，推广"农牧结合型""林牧结合型"生态养殖模式，督促养殖场切实履行环境保护主体责任，支持散养密集区实行畜禽粪污分户收集、集中处理，探索建立"户有蓄粪池、村有蓄粪站、乡镇有处理中心"的畜禽粪便处理模式，到2023年集水区养殖废弃物综合利用率达到85%以上，规模化养殖场畜禽粪污基本实现资源化利

---

① 参见农业部办公厅：《重点流域农业面源污染综合治理示范工程建设规划（2016—2020年）》，2017年3月。

用。加强水产养殖污染的监管,禁止向库区及其支流水体投放动物性饲料。根据水环境承载能力确定水库养殖容量和养殖密度,开展集水区水产养殖池塘标准化改造和生态修复,重点发展健康养殖和生态渔业,推广高效安全复合饲料。依法规范网箱养殖、围网养殖,建设水产健康养殖示范场。

(四) 控制库区周边城乡生活污染

出山店水库集水区内所有乡镇都应建设污水处理设施或将污水纳入市政污水管网集中处理,实现乡镇驻地污水处理全覆盖。优先建设吴家店、昌平关、茶山等库周乡镇政府驻地、旅游小镇以及孔庄、翟寨、太阳坡、石桥、张湾、浉河新村等后靠移民社区污水集中处理设施及配套管网,实现库周污水管网全覆盖,保证污水达标排放。开展库周农村环境综合整治,消除集水区农村旱厕,实现库区周边10千米范围内农户基本配备环保卫生厕所,支持单户或联户建设农村户用沼气池或化粪池,解决库周农村生活污水处理问题。完善村庄保洁制度,充实村组、乡镇保洁环卫队伍,落实"村组保洁、乡镇转运、区运输、市集中处理"的生活垃圾收集处理运营机制,基本消除农村垃圾入库。

(五) 打造环出山店水库优质生态旅游圈

出山店水库水面开阔,湖盆浅平,有利于发展以开阔型水面为代表的亲水旅游、以祝佛寺为代表的宗教旅游、以周边农田村舍为代表的田园旅游。

加快完成出山店环湖公路两侧、太阳坡、孔庄、游河村、三管村等有条件发展旅游的移民社区、特色小镇和名村名镇的绿化美化,在水库景观娱乐区建设生态步道、自行车道、亲水栈道等休闲观光道路,在出山店水库下游建设集休闲、度假、健身、养老于一体的国家级旅游度假区。加强出山店水库下游淮河干流两岸防护林和景观林建设,开展河道采砂整治、河底清淤、两岸护坡,恢复淮河干流水生态功能,打造靓丽沿淮生态景观带。结合乡村振兴,实施出山店水库周边农村道路畅通工程,将区道、乡道、村道、农林道提升为绿道,开展重点村庄四旁植树、庭院绿化等绿化美化活动。围绕湖水利用,逐步向水岸休闲、水面游船、水上运动、水下潜水等多业态发展,利用环湖绿道、田园道路、景观道路、观光步道把景区、景点、村庄、美食、民俗等乡村旅游资源串联起来,呈现出湖水、湖岛、湖滨立体开发格局。推进"公厕革命",景区景点厕所和公厕都要符合国家旅游厕所标准,打造环出山店水库休闲度假、生态农业观光和民俗风情旅游圈。

三、务求北湖碧波荡漾，建设高品质城市公园

北湖周边汇集了丰富的南北动植物资源，古树名木众多，植被景观好，季相变化丰富，森林覆盖率高达70%，是打造城市景观亮点的最佳选择。

（一）基本概况

北湖处在淮河右岸一级支流洋河支沟的小洪河上，1970年冬季开工建设，1979年4月建成蓄水，坝址距信阳市区中心8千米，控制流域面积21.5平方千米，多年平均来水量969万立方米。水库位于羊山新区北湖管理区的顾岗村，是一座以防洪、灌溉为主，兼顾水产养殖、旅游等功能的中型水库。正常蓄水位99.7米，库容873万立方米，相应水面面积1.66平方千米。降水量较丰沛，主要靠季节性降水作为补充水源。

（二）实施入湖污染物总量控制

以控制总磷、总氮、氨氮、化学需氧量入库总量为重点，实施北湖集水区污水管网全覆盖，优先建设家居小镇、北湖管理区、顾岗村、高庙村、周湾村、金河村等水库周边村镇污水管网，接入信阳市政污水管网集中处理，严控污水直接入库。落实"村组保洁、乡镇转运、区运输、市集中处理"的生活垃圾收运处理机制，防治垃圾入库。

（三）打造高品质城市公园

结合信阳创建国家森林城市，对北湖区域道路两侧、河流两岸开展立体绿化，运用不同色彩植物合理搭配，补植补造风景林，形成"四季有景"的生态景观廊道。在库周适当扩大乡土珍稀、观赏树木和花草种植面积，建设花海主题公园，营造林相丰富、季相多变的高品质特色森林景观，达到观花、观叶、观果植物兼而有之，为发展生态旅游增添活力。开发山林健康养生、森林氧吧体验等休闲旅游产品，让市民感受山水风景之美。

依托北湖及周边的湖光山色，开发建设融休闲、娱乐、健身、亲水、文化展示、城市形象展示等功能于一体的高品质城市公园，对标杭州西湖，彰显两湖区域山水文化特色。适应城市居民休闲养生娱乐需求，在库周建设集人行步道、骑行步道、游玩设施等融健身、休闲、观光于一体的环湖绿道，营造全社会共建共

享山水文化的浓厚氛围。建设林水相融的水上乐园、人水和谐的休闲园、儿童科普乐园、生态示范展区、绿地服务驿站、开放型绿色生态教育基地，融科普性、互动性、文化性和趣味性为一体，满足市民休闲健身、旅游观光和社交需求，成为居民和游客享受自然美景、呼吸新鲜空气、放松心情的好出处，实现旅游公共服务"主客共享"。

第五节　加强生态保育修复

全面落实主体功能区规划，科学划定并严守生态保护红线，构建人与自然和谐的空间发展格局。树立山水林田湖草是一个生命共同体理念，坚持保护优先、自然恢复为主，保护与修复生态系统，提高城镇绿地品质，提升生态系统质量和服务功能。

一、提高重点生态功能区管护水平

重点生态功能区是两湖区域最宝贵的生态财富，对改善生态环境质量和提升生态品质至关重要。划定并严守饮用水源保护区、自然保护区、风景名胜区、森林公园、生态公益林区等重点生态功能区生态保护红线，确保边界清晰、落地准确、监管严密。采取以封禁为主的自然恢复措施，严禁导致生态功能退化的开发活动。逐步对居住在南湾水库饮用水源一级保护区、自然保护区核心区的居民实施生态移民。对古树名木实行调查、建档和保护，建立有效的种绿、护绿机制。加强公益林管护，调整林分层次结构，优化树种组成，补植补造退化林，促进自然更新和森林演替，提升森林质量，增强森林生态服务功能和生态产品供给能力，为信阳推进国家森林城市创建和国家储备林基地建设做出贡献。建立重点生态功能区生态环境动态评估机制，定期评估保护效果，动态调整重点生态功能区产业准入负面清单，强化生态空间用途管制，确保重点生态功能区面积不减少、质量有改善，生态服务功能提升。

二、实施山水林田湖生态保护与修复

把山水林田湖草作为一个生命共同体，进行统一保护、统一修复，保障青山

依旧、绿水长流、良田永固、百湖常清。利用国家实施生态保护修复重大工程的机遇，以南部和西部山区的吴家店、董家河、浉河港、十三里桥、游河等乡镇为重点，稳定和扩大退耕还林、退耕还湿、公益林管护成果，整治违规开垦茶山、河道非法采砂等破坏生态行为，开展丘陵岗区、坡耕地、茶山、荒山等生态系统修复，营造水土保持林和水源涵养林，增强水源涵养功能。以《淮河生态经济带规划》实施为契机，以保护淮河源为宗旨，编制《淮河两湖区域生态保护修复重大工程实施方案》，开展国土绿化、退化湿地修复、森林城市建设，提高山地涵养水源、湿地净化水质和水生态修复能力，积极争取中央财政山水林田湖生态保护修复补助、国家或省级田园综合体建设试点、重点湖泊河流生态环境修复试点。

三、增加高品质绿色生态空间

完善生态廊道和城镇绿道，千方百计增加绿色休憩空间，逐步实现城市道路林荫化、河流库周公路风景化、村庄周围园林化，让高品质的生态环境成为两湖做优湖区观光、做强城区休闲、做活乡村度假的核心竞争力。

根据自然生态、交通、城镇和景区景点布局，构建"点、线、面"结合，立体、复合的生态景观网络。实施重点道路绿化景观改造提升工程，完善国道、省道、交通环岛、淮河干流及支流等生态廊道，增强生态廊道的观赏性和视觉冲击力。开展风景名胜区、商贸服务区、康养休闲区、科教文化区等区域绿化和生态景观林建设，形成全年常绿、四季有花的景观效果。

按照服务人口半径要求，统筹布局区级公园、街心花园、街头绿地、郊野公园，完善绿地公园体系。实施城市道路和社区街道绿化美化，增加绿色休憩空间，丰富绿色层次，增进绿化景观与市民的亲切感、与周边环境的协调感，打造生态景观观赏区，提高城镇绿视率，推动城市园林绿化建设向精品化发展。

整体推进乡镇（办、管理区）政府所在地、特色小镇、功能性小镇、移民社区、民俗旅游村绿地系统建设，建设连片绿地、小微绿地，拓展绿化空间，增加观赏树种和花草。推进村内道路、坑塘河道和公共场所普遍绿化，农户房前屋后和庭院实现基本绿化，村庄周边建立绿化林带，有条件的村庄实现绿树围合。注重乡村绿化美化建设与健身、休闲、采摘、观光等多种形式的生态旅游相结合。开展农村河塘清淤整治，优先对特色小镇、民俗旅游村等重点村庄的小河道、小河沟、小塘坝、小水库进行清淤疏浚、岸坡整治、河渠连通治理，建设生态河塘，为发展乡村休闲度假游、生态休闲农业体验游创造优美的环境，有条件的村庄打造美丽乡村休闲度假旅游区。

四、推进绿水青山释放生态红利

生态红利是指生态产品生产和服务所提供的促进经济发展、增加就业和民生改善等所获得的收益。释放生态红利的路径主要包括营造绿水青山产生的生态红利、发展生态产业获得的生态红利、转变消费模式拓展的生态红利、深化体制改革激活的生态红利、推广应用生态技术放大的生态红利等。

绿水青山要变成金山银山，需要有自然景观与人文景观相得益彰。针对两湖区域树种相对单一、林相较为单调，生态功能、景观效果不佳等问题，根据国家启动大规模国土绿化行动的部署，制订实施森林生态系统保护与修复方案，加强森林生态空间管控与生态修复，开展林相改造。在保护已有森林资源的基础上，加强中幼林抚育、低质低效生态公益林改造，退化林、残次林修复，采取补植改造、树种替换等方式提升森林生态价值，发展针阔混交、乔灌混交林，建设带、林、网相结合，多树种、多层次稳固的山地丘陵复合生态系统，森林资源结构、覆盖率和质量得到进一步改善和提高。在淮河干流及其支流两岸山地、南湾水库、出山店、北湖周边和水土流失较严重区域，选择涵养水源和保持水土能力较强的乡土树种，提高森林生态系统稳定性和可观赏性。

切实增强绿水青山就是金山银山的意识，加强森林生态、水生态、湿地生态保护和科学经营，在集体土地等资源性资产确权登记颁证的基础上，建立资源性资产所有权、承包权、经营权分置运行机制，探索建立商品林收储、水权交易、水生态补偿和损害赔偿制度。合理开发利用"茶山绿水"的多种功能，实现增绿、提质和增效，依托板栗、核桃、银杏等特色经济林和信阳毛尖，打造特色精品果园和精品茶园，壮大林果茶龙头企业、专业合作组织、种植大户等新型经营主体，通过入股分红、订单合作、定点帮扶等多种形式实现兴林兴茶增收。发展森林旅游休闲康养产业，创建生态旅游示范村镇，发展旅游经济和民宿经济。充分发挥专业合作组织在规模化生产经营中的桥梁和纽带作用，依托茶叶、板栗、花卉苗木等特色产业带动土地流转，推动土地规模化、集约化经营，生态产业发展壮大，将两湖区域建设成具有豫南特色的生态保育与生态产业有机结合示范区，让绿水青山通过产业经济、旅游经济、民宿经济释放生态红利，畅通"茶山绿水"变成"金山银山"的渠道。

第六节　加强环境污染治理

以防控大气污染，防治南湾、出山店水库等重要水源地周边生活污染、改善农村环境为重点，使重污染天气明显减少，水环境质量稳定达标，农村人居环境质量全面提升。

一、尽力控制大气污染

以控制扬尘和烟尘污染、移动源污染、强化大气环境精细化监管为重点，制订空气质量达标方案，加强大气污染综合防治，努力实现空气质量稳步改善。落实工地文明施工规定，全面推行绿色施工，施工场地设置围挡墙实行全封闭，施工现场道路地面硬化，健全住建、城管、环保等部门联动执法机制。积极推广装配式建筑，提高装配式建筑在新建建筑中的比例。建设建筑垃圾分拣、破碎、分筛处理中心，推进建筑垃圾资源化利用。加强金牛物流园、物流堆场扬尘管控，全面实施物流堆场顶部覆盖。推进渣土运输车密闭防漏改造，有效遏制渣土、砂石料、混凝土运输滴漏洒落。严格机动车环保准入，提前实施机动车国Ⅴ排放标准，实行公交优先战略，提高公共交通出行分担率。城区白天禁止大中型货车、工程运输车（渣土车）通行，推动城市公交、郊区客运、环卫、旅游、邮政等行业车辆更新为新能源或国Ⅴ以上标准车辆。推行道路机械化清扫等低尘作业方式，完善城乡一体的道路保洁制度，有效控制城郊道路扬尘。有序推进餐饮油烟污染治理，严把餐饮行业准入门槛，从源头控制餐饮油烟污染，所有产生油烟的餐饮单位安装高效油烟净化装置，健全定期清洗和长效监管制度。全面禁止秸秆露天焚烧，利用卫星遥感实时监控。同周边地区开展大气污染联防联控，建立执法联动机制，联合检查秸秆焚烧、机动车排放污染、边界区域污染源等，共同打击违法排污行为。

二、梯次推进城乡生活污水治理

统筹推进两湖区域城乡生活污水处理，将十三里桥乡、双井街道办、甘岸街道办、彭家湾乡、北湖管理区、家居小镇等乡镇（办、区）政府驻地及周边村庄的生活污水纳入市政污水管网，推进农村和城镇污水管网互联互通，解决临近城镇村庄污水直排问题。对于无法纳入市政污水集中处理系统的乡镇、村庄实行分类治理，优先完成南湾水库饮用水源保护区、出山店水库饮用水源保护区内乡镇污水处理设施及配套管网建设；对居住分散、边远地区的村镇，因地制宜建设低成本、易管理、分散型的污水处理设施。加快推进农村"厕所革命"，开展农村户用卫生厕所建设和改造，同步实施粪污治理，到2023年实现农村无害化卫生厕所全覆盖，补齐影响农村居民生活品质的短板。

三、全面治理农村垃圾污染

以国家实施《农村人居环境整治三年行动方案》为契机，按照"村组保洁、乡镇转运、县（区）运输、集中处理"的生活垃圾收运处理运营机制，有效治理农村生活垃圾、建筑垃圾、景点景区垃圾，实现"一镇一站""一村一点"，确保各乡镇垃圾站（点）的垃圾日产日清。完善村组、乡镇、区三级环卫保洁队伍，村庄按照常住人口每200人左右配备一名保洁员，并保证每个村民小组有1名保洁员，明确保洁员在垃圾收集、村庄保洁、资源回收、宣传监督等方面的职责。推进农村垃圾就地分类减量和资源化回收利用，逐步建立分类投放、分类收集、分类运输、分类处理的垃圾处理系统。清理村庄路边、河边桥头、坑塘沟渠、行洪通道等堆放的陈年垃圾，保持环境干净整洁。制定农村环境卫生长效管理机制，将垃圾规范处理、保护村庄环境等内容纳入村规民约，建立农户"门前三包"责任制度。提高农作物秸秆综合利用率，采取原料化、饲料化、基料化、肥料化、能源化解决秸秆问题[1]。建立农资包装废弃物贮运机制，回收处置农药、化肥、农膜等农资包装物。

四、巩固和保障农村饮水安全

根据《河南省乡镇集中式饮用水水源保护区划的通知》的要求，对供水人口在1000人以上的集中式饮用水水源，参照《饮用水水源保护区划分技术规范》，科学编码并划定水源保护区；对供水人口小于1000人的饮用水水源，参照《分散式饮用水水源地环境保护指南》（试行），划定保护范围，设置饮用水源地警

---

[1] 秸秆固化成型作为燃料比煤环保、比天然气便宜。据专家估算，按热值测算，2吨秸秆相当于1吨煤。

示标志和水源地隔离防护措施,明确保护目标和责任主体。按照饮用水源地保护的相关法规和要求,开展乡镇(村)集中式饮用水水源地水质监测和评估,掌握水源地水质变化情况,依法清理饮用水水源保护区内的违法建筑和排污口,全面排查农村饮用水水源周边环境风险隐患,确保饮用水源地水质稳定达到国家规定的标准。对日供水 1000 吨以上或服务人口万人以上的农村饮用水工程定期向社会公开饮用水安全状况。有条件的村庄积极推进集中供水,2020 年农村集中供水率达到 85% 以上。

第七节 实施生态环境质量提升行动计划

围绕控制城乡生活污染、防治农业面源污染、提升生态服务功能、建设宜居美丽乡村和提高环境保护能力,实施生态环境质量提升行动计划,开创生态保护和建设新局面。

一、蓝天工程

围绕"抑尘、控车、禁燃、增绿",以燃煤污染治理、扬尘综合整治、移动源污染治理、健全大气环境监管体系为重点,全面改善大气环境质量,使空气质量优良率明显增加。

专栏 7-3 实施蓝天保卫战

1. 推进能源利用清洁化。控制煤炭消费总量,推进城区及重点镇天然气供应,实施电代煤、天然气代煤、清洁煤替代等工程。建设洁净煤配送中心,农村大力推广使用洁净煤和型煤。

2. 治理建筑工地和道路扬尘污染。严格执行《绿色施工管理规程》(DB11/513-2015),全面控制建筑扬尘污染。建筑工地设立全封闭围挡墙,施工现场道路地面硬化;新开工建筑安装视屏监控系统,并采取抑尘措施。推进渣土运输车辆密闭防漏改造,有效遏制渣土、砂石料、混凝土运输滴漏洒落。中心城区白天禁止大中型货车、工程运输车(渣土车)通行。大型堆场、煤堆、料堆实现封闭储存或采用防风抑尘设施。推行道路机械化清扫等低尘作业方式,严格控制道路扬尘污染，完善道路保洁作业质量考核。落实公路养护单位责任，加大郊区公路除尘清扫保洁力度，有效减少路面积尘。

3. 控制社会生活污染源。规范汽车维修行业管理，禁止露天喷涂和露天干燥。加强餐饮油烟污染控制管理，推广餐饮油烟气高效治理技术，大中型饮食服务业安装使用在线监控设施，强化治理设施运行监管。鼓励建筑、家具等行业推广使用低挥发性有机物含量的原料和产品。推进秸秆综合利用，全面禁止秸秆露天焚烧。

二、城乡环保基础设施建设工程

加快城镇污水处理设施及配套管网建设和改造，大幅提升污水集中收集处理能力，实现到2023年城镇生活污水处理设施全覆盖和稳定达标运行；完善城乡垃圾收运系统，实现到2023年城乡生活垃圾无害化处理率达到80%以上。

专栏7-4 污水垃圾治理工程

1. 城镇集镇污水处理设施建设。优先建设浉河、谭家河、吴家店、昌平关等乡镇驻地污水处理厂及配套管网，孔庄、翟寨、太阳坡、石桥、张湾、浉河新村等后靠移民社区、两湖小镇、旅游景区污水处理厂（站）及配套管网，污水处理厂（站）出水达到一级A排放标准；建设十三里桥乡、双井街道办、甘岸街道办、彭家湾乡、北湖管理区、家居小镇和顾岗水库周边村庄污水管网和污水提升泵站，并接入城市主干污水管网。对入出山店水库排污口进行综合整治，采取截污、封堵、改造、合并等措施，禁止周边污水直排入库。

2. 完善城乡垃圾收运系统。推进浉河、董家河、谭家河、十三里桥乡、吴家店、昌平关等乡镇垃圾收集（中转）站（点）达标建设，增加垃圾收运车辆。充实村组、乡镇、区三级环卫保洁队伍，以村、组为单位按照常住人口每200人左右配备一名保洁员，并保证每个村民小组有1名保洁员；乡镇按照每2000人配备一名环卫队伍，负责镇区环卫保洁和村组生活垃圾运输到乡镇生活垃圾中转站（点），区环卫公司负责将各乡镇的生活垃圾从中转站（点）运输到市生活垃圾无害化处理场进行集中处理，基本实现"岸上垃圾不入河库、入河库垃圾不出境"。

三、农业面源污染防治工程

实施农业面源污染防治攻坚战,减少化肥、农药等农业投入品使用,严格控制入农业面源污染物总量,确保两湖区域水质优于《地表水环境质量标准》(GB 3838—2002)Ⅲ类标准。

专栏 7-5　农业面源污染防治

1. 减少农业投入品使用。在董家河、浉河、吴家店、平昌关等乡镇选择茶园、水稻、果园、蔬菜基地,争取实施国家农业面源污染防治示范项目,推广测土配方、高效低毒低残留农药技术,开展病虫害生物防治。

2. 严控养殖污染。对平昌关、吴家店、十三里桥等乡镇限养区内养殖场(小区)粪污进行无害化处理、资源化利用,实现80%以上的畜禽养殖场(小区)配套建设固体废物和污水贮存处理设施。严格控制养殖业污染。

3. 治理农村生活污染。在十三里桥、董家河、浉河、游河、平昌关、吴家店等乡镇没有条件建设污水处理厂的村庄,因地制宜建设三格化粪池、湿地等简易污水处理设施。

四、山水林田湖生态修复工程

按照山水林田湖草系统保护的要求,将生态保护与修复作为生态文明建设的重要抓手,通过植被恢复、湿地修复、林业建设、岸线整治,恢复和提升生态系统增绿添彩功能,丰富优质生态产品。

专栏 7-6　生态保护和修复

1. 湿地生态修复。开展南湾水库上游的董家河、界河、浉河等河流和河口湿地,入出山店水库的游河、白沙河等河流及河口湿地生态修复,积极争取国家湿地可持续利用示范。

2. 林地生态修复。在董家河、浉河、十三里桥、吴家店、昌平关等丘陵山地乡镇开展林业建设,对库周15~25度坡耕地实施退耕还林,推进林相改造、退化林修复、公益林建设和管护,提升森林质量和生态功能。

3. 生态廊道建设。开展南湾湖与出山店水库分水岭的生态绿廊、淮河干流两湖段、南湾水库和出山店水库库周公路、G312、G107等道路生态景观林建设和改造。

4. 生态移民。实施南湾湖水库水源一级保护区、出山店水库水源一级保护区和自然保护区核心区生态移民及安置点建设。

五、美丽乡村建设工程

依托特色传统村落和品牌村镇优势,结合两湖小镇、民俗旅游、生态农业观光、生态茶园等旅游业发展需要,在环南湾水库建设中国最美茶乡观光带、沿107国道豫风楚韵观光带、沿淮高效农业观光带、环出山店水库休闲度假观光带,将豫风楚韵、农业园区、生态农业、园林花卉、农家餐饮等旅游文化产业引入美丽乡村建设之中,打造一批具有豫风楚韵、休闲茶都特色的美丽乡村和美丽宜居品牌村镇。

专栏7-7 美丽乡村建设

1. 建设具有豫风楚韵特色的美丽乡村。以行政村或自然村为基本单元,按照"村容整洁环境美"的要求,实施"清洁家园""清洁田园"示范工程,加快乡村污水垃圾处理、厕所无害化改造、村道硬化、村庄绿化、立面改造,建设董家河镇三角山村钱家大湾、三角山村张家湾、董家河镇黄龙寺村围墙湾等豫风楚韵特色明显的美丽乡村。

2. 争取国家美丽乡村建设试点。依托董家河镇、浉河港镇郝家冲村、睡仙桥省级美丽乡村建设试点,实施道路硬化、卫生净化、村庄亮化、环境美化,厚植生态元素、文化元素,建设体现山水风光、豫南风情、宜居宜游的绿色小镇,争取3~5个村庄成为国家美丽乡村建设试点。

六、环保监管能力提升工程

优化环境质量监测点位,健全涵盖大气、水、土壤、森林、湿地等环境要素,功能较为完善的环境质量监测网络,实现生态环境监测信息共享。强化环境监管，推动环保监管服务向农村延伸，完善生态环保信息系统，提高智慧环保管理水平。

专栏 7-8　环保监管能力建设

1. 健全环境监测网络。完善水质省控监测断面自动监测站点、环境空气质量自动监测站，南湾水库、出山店水库和入库河流水质、水量、水生态等自动监测站点，饮用水水源地在线监测系统，推进环境监测站点标准化和智能化改造，建设信息和数据共享平台，完善监测体系和分析评估体系。

2. 建设生态监测站点。建立森林与湿地监测站点，田间面源污染定位监测点，监控农田氮磷流失。

3. 增加基层环保执法力量。在乡镇设立环保站（所），配备 2~4 名环保专干和环保执法人员，实现乡镇环保机构建设全覆盖，落实区、乡镇生态环保主体责任。加强环境监管执法队伍建设，实现环境监管执法人员持证上岗。

第八节　创新体制机制

良好生态环境是两湖区域的最大优势和宝贵财富。要始终把保护生态环境作为两湖区域发展的重要内容，增加优质生态产品和服务供给，让优良生态环境成为可持续发展的支撑点。健全生态环境保护制度，创新生态保护机制，为补齐生态环境突出短板提供制度保障，为绿色发展"保驾护航"。

一、完善河湖林管护体制机制

完善政府主导、部门分工协作、社会力量参与的河湖管护体制机制。根据中央确定的 2018 年年底前全面建立河长制、湖长制的精神，强化水环境和水生态保护属地责任，制定《信阳市河长制湖长制工作方案》《信阳市河长制湖长制工作考核办法》，健全市、区、乡（镇、社区）、村四级河长制湖长制体系，细化实化各级河长、湖长的职责，层层建立责任制，健全河长制、湖长制督导检查制度、奖惩制度、信息报送制度和信息管理平台，实现河长制、湖长制工作规范化和制度化。采用河湖长公告、河湖长公示牌、河湖长 App、微信公众号、社会监督员、河湖长志愿者等灵活多样的方式，加强社会力量参与监督，推动全民治水护水。健全入河（湖）排污口、河段、重点监控断面全覆盖的河湖长定期巡查制度，完善河湖日常保洁制度，建立河湖管护标准体系和监督考核机制。制定《信阳市河湖保洁管理办法》，完善河湖日常管护制度，落实管护主体、责任、队伍和经费，依托河长制、湖长制做好河湖日常保洁监督管理，建立河湖长效管护机制。引入市场机制，通过向社会购买服务等方式，完成水利工程维护、河道疏浚、水域保洁、岸线绿化、巡查检查等管护任务，探索建立政府购买河湖管理服务。研究制定维修养护、河道保洁、河岸绿化、日常巡查等河湖管护技术标准，促进河湖管理标准化。制定河湖维护养护、巡查检查、绿化疏浚等专业队伍的准入门槛，培育河湖管护市场，建立市场化、专业化、社会化的河湖管护机制，真正实现河湖从"没人管"到"有人管"、从"多头管"到"统一管"、从"管不住"到"管得好"的转变。探索实施"林长制"，建立以市、区、乡镇、村四级"林长"为主要内容的"林长制"组织体系，进一步提高森林生态质量，提升森林综合效益。

二、创新生态环保投融资模式

推进城镇污水处理设施和服务向农村延伸，实现城乡环保管理、城乡垃圾处理、城乡饮水安全一体化。逐步建立农村生活污水、垃圾处理收费制度，合理分担污水处理、垃圾收集运营费用，研究建立市、区、镇财政补贴，农户付费，社会资本参与的农村污水垃圾处理长效机制。政府委托技术成熟企业对城乡生活垃圾、餐厨垃圾、建筑垃圾进行无害化处理和资源化利用。在社区、乡镇设置废旧物资回收站点，鼓励通过互联网等方式对接公众与回收企业，为居民提供便捷的废品回收服务，并通过线上奖励等互动方式吸引居民广泛参与。支持有条件的乡镇将农村环保基础设施与产业、园区、乡村旅游等进行捆绑，实行一体化开发和建设。积极争请中央财政资金开展河道整治、水生态修复、人工湿地建设、污水处理厂升级改造、雨污水管网改造和建设、污泥处理处置、农村环境综合整治。

探索建立按市场化模式组建两湖区域开发和生态环境保护投资公司，按照"产权明晰、权责明确、政企分开、管理科学"的原则实行市场化运作，以市场化方式组织实施区域开发与生态环境保护项目，统筹管理国家和省市政府用于两湖区域开发与生态环境保护的财政性资金，受托经营管理有关工程和资产，以及区域内水、土地、生态资源综合开发与利用。区域内特色小镇建设、健康养老服务、文化旅游、休闲体育产业开发优先由投资公司负责实施。投资公司可充分发挥政府资金和旅游、供水、林业资源开发等经营性收益的引导撬动作用，积极吸引社会资本参与，构建可行的商业模式和融资模式，推动区域开发与生态环境保护投资主体多元化、资源资产化、资本证券化，提高企业持续运营能力。

三、建立生态补偿制度

借鉴新安江跨省流域生态补偿试点的经验，积极争取中央财政流域生态补偿资金，与安徽、山东和江苏协商建立"成本共担、效益共享、合作共治"淮河流域水污染防治的机制，共同签署《淮河流域上下游横向生态补偿协议》，争取中央财政支持建立淮河源生态补偿。

信阳市要落实《信阳市人民政府办公室关于健全生态保护补偿机制的实施意见》，研究建立南湾水库饮用水源地保护区、出山店水库饮用水源保护区生态补偿机制，由用水受益者对集水区地方政府和居民给予一定的补偿。完善生态公益林补偿机制，落实省级公益林与国家级公益林补偿联动机制。建立农作物秸秆综合利用补助机制，制定规模化养殖粪便有机肥转化补贴暂行办法。制定支持南湾、出山店水库周边区域异地发展产业、转移就业的扶持办法。

四、健全产业准入负面清单动态调整制度

在资源环境承载能力评价、产业发展现状及规律、产业对资源环境的影响、国家和省市层面对产业发展的定位等方面综合平衡的基础上，根据《市场准入负面清单草案》（试点版）、《产业结构调整指导目录》、《重点生态功能区产业准入负面清单编制实施办法》，入湖污染物排放总量控制指标，动态调整《浉河区重点生态功能区产业准入负面清单》，并建立负面清单实施情况监督检查和问责惩戒机制。信阳市要根据即将制定的《出山店水库饮用水源保护区条例》《畜禽养殖禁养区划定技术指南》调整浉河区、平桥区相关乡镇畜禽养殖禁养区、限养区范围，从严提出可量化、可操作的管控要求。

第八章　信阳两湖区域开发模式及营商环境优化提升

两湖地区是信阳转向高质量发展的重要平台。在梳理了湖北武当山太极湖、浙江千岛湖、北京古北水镇、杭州西溪湿地等开发模式，以及河北北戴河健康产业发展、海南博鳌乐城国际医疗旅游产业、云贵川大健康产业等地幸福产业发展模式后，充分借鉴这些地区开发和发展经验的基础上，从构建新型管理体制、加快理顺投融资管理体制、创新土地开发经营模式、强化开发风险控制和营造高效营商环境等方面提出两湖地区开发的创新模式，最后从积极开展相关规划编制工作、放宽市场准入、强化人才与科技支撑、加强土地保障、优化投融资政策、完善财税价格政策、推进重大项目建设、健全制度及标准体系、加强组织实施等九方面提出政策建议。

第一节　国内湖区开发模式

古语云"上善若水"，水，绵延不绝；水，生生不息；水，孕育希望。自古以来，水就在人类社会中占据着愈来愈重要的作用。依托水，搞好湖区的开发，是各地寻求经济高质量发展的重要方式。目前国内武当山太极湖、浙江淳安千岛湖、北京密云古北水镇等都是湖区开发成功的典范。深入研究这些案例的开发模式，对推进信阳两湖区域开发具有重要借鉴意义。

一、武当山太极湖开发模式

武当山太极湖在湖北省十堰市丹江口境内，以丹江口水库建设为基础，筑坝形成一片湖面。武当太极湖度假区占地约 58.7 平方千米，总建筑面积约 350 万平方米，已成为集观光、休闲、度假、文化、养生于一体的旅游目的地。

（一）组建武当山特区管委会

1997年8月湖北省省长办公会议决定将湖北省武当山特区与湖北省武当山旅游风景管理局、湖北省武当山旅游局合并。2003年6月湖北省委、省政府在武当山召开现场会议指出，在保持行政区划不变，隶属于丹江口市的前提下，由丹江口市人大赋予武当山旅游经济特区行使一定的管理职能和权限，并成立武当山特区工委和特区管委会，为十堰市派出机构，与湖北省武当山风景区管理局合署办公。

（二）组建武当太极湖投资集团

2008年，湖北武当山旅游经济管理特区与北京中欧工商管理EMBA投资联盟（包括北京信通投资有限公司、银杉创富国际投资管理有限公司、上海中九实业有限公司、安徽欧力机电有限公司、云南丽江玉龙旅游股份有限公司等）签署一系列多达几十亿元的投资开发合作意向协议，正式投资开发武当太极湖新区，并随后成立武当太极湖投资公司（资本金1亿元）对接相关的投资事项。武当山太极集团是2008年武当山旅游经济特区最大手笔的引资项目。

湖北武当太极湖投资集团有限公司主要经营城市基础设施投资；旅游开发与投资；房地产开发与投资；不动产租赁与经营；文化娱乐设施、设备投资；休闲娱乐设施、设备投资；水上娱乐设施投资；投资咨询服务等。

（三）统筹规划新城区、旅游区和发展区三大区域

太极湖生态文化旅游区总规划面积约80平方千米，总建筑面积约450万平方米，项目空间规划分为新城区、旅游区和发展区共三大区域，计21个组团，180多个项目，总投资逾200亿元。其中旅游区约60平方千米，由太极湖集团投资建设与运营。

太极湖新区由管理服务组团、商业娱乐组团和生活居住组团组成，重点建设旅游发展中心、武当国术馆、武当艺术馆、太极剧场、太极湖学校、太极湖医院和高尚居住区等一系列项目。

太极湖旅游区由水上游乐组团、旅游配套组团、休闲养生组团、休闲度假组团、山地运动组团、户外休闲组团组成，重点建设蓝湾、太极小镇、武当功夫城、太极养生谷、山地运动公园，以及武当国际会议中心、超五星级文化主题酒

店、老子学院、武当山旅游码头、游艇俱乐部等一系列生态文化旅游项目。

(四) 联手打造太极文化工程

太极文化工程是大武当文化产业战略的主导核心工程,以"天下太极出武当"为文化主题,通过武当太极文化与东方和谐哲学精神的系统化、立体化、品牌化产业发展运作,全面推进"问道武当山,养生太极湖"产业发展格局,奠定"中国第一太极文化品牌"的主流地位。

太极文化工程由中央电视台、武当山特区管委会和太极湖集团联手打造,整合国内外顶尖文化产业智慧、学术资源和专业运作团队,以北京和武当两地为主要基地,形成中国文化产业发展的顶尖资源阵营和创新实践模式。通过对太极文化的系统研究、整理、挖掘和现代化包装、推广、实施,形成论坛、影视、演艺、会展、出版、体育等一系列具有规模优势和主流地位的产业项目集群,形成具有鲜明太极文化特色和发展优势的文化产业品牌体系,凸现中部文化产业集群效应。

在启动太极文化工程的同时,太极湖生态文化旅游区也积极争创国家级文化产业示范区,全面展开文化产业示范核心企业、基地和品牌的建设,培育若干个具有国际竞争力的文化产业企业,完成核心示范产业和主要辐射带动项目的系统建设,以深厚的文化内涵、丰富的产业思想、先进的产业机制和强大的品牌号召力形成综合文化软实力,大幅度推进硬件设施建设,跨越式提升区域综合价值。

(五) 不断丰富休闲度假产品

以武当太极湖旅游区入选首批国家级旅游度假区为契机,推进太极湖水上游、快乐谷景区和"梦幻武当"等休闲、度假旅游项目建设。以山水城景观为主轴线,建设武当山遗产展示区、太极湖度假体验区和老营城旅游服务区。武当山遗产展示区指武当山完整的自然文化生态系统,包括太子坡、琼台、南岩、金顶和五龙宫五大核心景区,并涵盖官山和盐池河两个乡镇所辖的部分区域;太极湖度假体验区指环丹江口库区的南水北调水源地区域。重点建设一系列旅游养生度假产品集群和配套完善基础设施;老营城旅游服务区指武当山新老城区所在地老营,将武当文化元素融入城区建设,营造浓郁的武当文化氛围。同时,依托山、水、城一体的自然文化资源禀赋,山上山下区域联动发展,形成体现游赏、悟道、养生、休闲、度假、娱乐、体验、宜居等功能的"一轴三区四环"总体空间发展格局。

二、千岛湖开发模式

千岛湖位于杭州淳安县境内，是世界上岛屿最多的湖，水域面积 573 平方千米，湖区拥有 1078 座翠岛。2010 年被评为国家 5A 级景区。开放式景区，具有景区、乡镇、村庄融合在一起，地域广、景点散的特点。

（一）组建景区综合管理机构

2011 年，为建立健全与旅游产业健康快速发展相匹配的旅游管理体制，形成风景旅游一体化、旅游产业一体化、旅游管理一体化的体制格局。淳安县组建千岛湖风景旅游委员会，统筹管理协调全县涉旅事宜；全力创建国家级旅游度假区，强化度假区管委会职能；充分发挥景区综合管理处职能，强化千岛湖景区综合执法，以县水警大队为基础组建景区公安分局；完善旅游执法大队职能，由公安、建设、工商、交通派驻形成常态综合执法机制，加大城乡旅游市场整治力度。

（二）组建国有控股的千岛湖景区旅游有限公司

2005 年淳安县在全省率先成立了专门的县级国资监管机构，代表县政府履行出资人职责，负责全县企业国有资产监督管理。县资办成立之初，淳安县政府委托国资办出资企业 7 家 46 户，委托监管集体企业 2 家 14 户，部门办并委托国资办监管企业 24 家 32 户，总资产 19.19 亿元，净资产 10.18 亿元。淳安县拥有国家 5A 级景区"千岛湖"，在整合优势资源、把握开发节奏上，县属国有企业作用明显。

同年组建千岛湖景区旅游有限公司，重组涉及原千岛湖旅游总公司、县财务公司旅游资产以及其他国有企业和部门旅游、休闲类资产，掌握了县内大部分的旅游核心资源。目前该公司已是一家总资产超过 2 亿元的国有控股企业，下辖千岛湖湖内 11 处景点、湖外石林景区，下设千岛湖会议会展公司、餐饮分公司、千岛湖蓝天旅行社等公司，是千岛湖旅游的载体和龙头企业。

（三）推进景区旅游标准化改革

2015 年 7 月，国家旅游局通报了旅游市场秩序专项整治行动第一阶段情况，作为国家 5A 级景区的淳安千岛湖景区因"黑导"和"野导"被列入警告名单。

"被点名"后，千岛湖景区痛定思痛，标本兼治抓景区整改、精细管理促品质提升。"被点名"当天，千岛湖景区开展了为期一个月的集中整治，主要内容为以中心湖区旅游码头区域、主干道等游客主要集散区域为重点，通过媒体宣传、检票系统升级、发放提醒卡、强化巡逻劝导、取消电商取票点、规范报团等手段，确保整治取得实效。

与此同时，一支规范管理旅游市场及从业人员的旅游联合执法大队逐渐完善。目前全县实行游船"统一接待、统一调度、统一票价、统一结算、统一考核、统一服务"的管理制度，严格游船艇、景点的考核奖惩，游客在畅游千岛秀美风光时，能感受到景区舒心的服务。

景区品质提升是"攻坚战"也是"持久战"。为确保整治成果，淳安建立了旅游工作联席会议制度，进一步完善大旅游格局，增强相互间的沟通，把产业做深做实，创建了8项地方标准，构建起千岛湖旅游标准化服务体系。

2012年浙江省唯——个旅游服务标准化试点单位—浙江杭州千岛湖旅游服务业国家级标准化试点正式通过国家标准委员会组织的专家委员会验收。千岛湖风景区国家级旅游服务业标准化试点始于2009年，先后有18家游船（艇）公司、11个景点等29家旅游服务骨干企业参与试点和服务标准的制（修）订工作，现已完成三大类共计122项标准的制（修）订，其中旅游服务通用基础标准53项，服务提供标准21项，服务保障标准48项，基本建立起了"政府引导、部门参与、企业主体、中介支撑"的景区标准化试点创建机制。自推进标准化试点工作以来，千岛湖景区服务质量不断优化，各项经济指标再创历史新高。

三、古北水镇开发模式

古北水镇位于北京市密云区古北口镇，背靠中国最美、最险的司马台长城，坐拥鸳鸯湖水库。水镇与河北交界，交通便捷，距首都国际机场和北京市均在1个半小时左右车程，距离密云区和承德市约45分钟车程。景区内建有精美的民国风格的山地四合院建筑43万平方米，总占地面积9平方千米，是集观光游览、休闲度假、商务会展、创意文化等旅游业态为一体，是长城脚下独具北方风情的度假式小镇。

（一）成立古北水镇旅游有限公司

北京古北水镇旅游有限公司成立于2010年7月，由IDG战略资本、中青旅控股股份有限公司、乌镇旅游股份有限公司和北京能源投资（集团）有限公司共同投资建设。截至 2017 年 6 月将注册资本提高到 15.32 亿元。

公司旗下北京·密云古北水镇（司马台长城）国际旅游度假区是集观光游览、休闲度假、商务会展、创意文化等旅游业态为一体，服务与设施一流、参与性和体验性极高的综合性特色休闲国际旅游度假目的地。度假区内拥有 43 万平方米精美的明清及民国风格的山地四合院建筑，包含 2 个五星标准大酒店、6 个小型精品主题酒店、400 余间民宿、餐厅及商铺，10 多个文化展示体验区及完善的配套服务设施。到目前为止，公司拥有员工 2500 余人。

（二）积极推广借鉴"乌镇模式"

从运营模式来看，古北水镇由乌镇专业化运作团队对景区统一开发、设计规划，借鉴乌镇"整体产权开发、复合多元运营、度假商务并重、资产全面增值"经验的基础上，对京郊特色做出改进。

从商业模式来看，古北水镇采取观光与度假并重、门票与景区内二次消费复合经营的模式，其中商业业态主要分为两种：第一种是散状分布的特色小吃、书店、服装等店铺，此类店铺多集中在民宿周边，通过购物加深游客对水镇风情的情感体验；第二种是老北京特色商业街商铺，这也是古北水镇最大的特色，开发公司负责所有经营权的审批，整体管控，并吸纳原住民作为公司工作人员，客栈及店铺是主要就业领域。

（三）规划建设"六区三谷"

古北水镇依托司马台遗留的历史文化，深度发掘，将 9 平方千米的度假区整体规划为"六区三谷"，分别为老营区、民国街区、水街风情区、卧龙堡民俗文化区、汤河古寨区、民宿餐饮区与后川禅谷、伊甸谷、云峰翠谷。

（四）多渠道营销活动

开展综艺植入、举办特色活动、发布宣传片、借势营销、新闻宣传等多渠道整合传播，提高外界知晓率。

综艺植入：植入热门综艺《奔跑吧兄弟》第二季第十期，跑男团奔跑在司马台长城，吸引了无数游客。

举办特色活动：古北水镇拥有丰富的特色活动，包括长城脚下的夜游"八大名玩"、还原老北京年味儿的"古北过大年"、长城星空下的"圣诞夜"、水镇中秋节、冰雪嘉年华、低空飞行观光之旅等，带给旅客不一样的体验。

发布宣传片：古北水镇被世人称之为长城脚下的"世外桃源"，集观光游览、休闲度假、商务会展、创意文化等旅游业态为一体，是长城脚下独具北方风情的度假式小镇，宣传片的传播使得小镇知名度大幅上涨。

借势营销：古北水镇携手驴妈妈于2017年4月22日，在古北水镇上演了一场"穿越之旅"，超过500名游客身着古装闲庭信步于水镇之上，过足了"古装瘾"。精心设计的"古装秀"环节让情侣、孩子和老人都兴趣十足，争先恐后换上古装，瞬间"穿越"回古代，在古色古香的古北水镇中闲庭信步，驻足拍照，成为"朋友圈"中的亮点。此次古北水镇的穿越活动，不仅吸引众多驴妈妈会员报名参加，通过线上线下的整合传播，该活动还在社交媒体上引发了刮起了一次"穿越旋风"。

多渠道整合传播：古北水镇在网络上的信息十分完善，官网、官微、官博等一应俱全，新闻搜索结果达37300条，微博微信社交口碑传播，全方位介绍小镇动态、相关活动以及营销策略分析等，使大众能够对小镇有深度全面的了解。

四、杭州西溪湿地公园开发模式

西溪国家湿地公园坐落于浙江省杭州市区西部，离杭州主城区武林门只有6千米，距西湖仅5千米。西溪国家湿地公园总面积约为11.5平方千米，分为东部湿地生态保护培育区、中部湿地生态旅游休闲区和西部湿地生态景观封育区。

西溪国家湿地公园是一个集城市湿地、农耕湿地、文化湿地于一体的国家湿地公园。2009年11月3日被列入国际重要湿地名录，2012年1月10日被评为国家5A级旅游景区。

（一）成立工程建设指挥部

2004年1月8日，杭州市政府决定成立由杭州市原副市长项勤为总指挥、西湖区原副区长黄春雷为副总指挥的"西溪湿地综合保护工程建设指挥部"，成员由杭州市原计委、建委、旅游委、财政局、规划局、西湖管委会、国土局、林水局、环保局等单位负责人担任。

同时建立了由湿地生态、动植物、水文地理、历史文化、生态设计、环境保护、园林规划、风景旅游等方面专家组成的西溪湿地专家组，负责西溪湿地生态资源保护利用的咨询、论证和监督工作。通过建立健全以上组织，使西溪湿地综合保护工程从一开始就在政府的强有力领导下和专家的科学指导下有序实施。

完善《西溪国家湿地公园总体规划》等综合性规划，制定《西溪湿地综合保护工程环境影响评价》《西溪国家湿地公园生态修复保护规划》等20多个专项规划，与杭州市"十一五"规划、城市总体规划和土地利用总体规划相衔接，突出湿地恢复和生态重建，突出西溪湿地的特色和个性，充分考虑西溪湿地的环境容量，积极探索高强度人类活动区域的湿地可持续利用模式。

（二）多渠道筹资开发建设湿地公园

为了解决西溪湿地保护与恢复工程规划实施所需的巨大资金投入问题，一是由市区财政出面担保向各大银行贷款2亿多元用于西溪湿地综合治理前期费用；二是在不影响西溪湿地恢复和生态重建的前提下，杭州市政府给政策，允许在西溪湿地外围划出1350亩土地用于房地产开发，将其土地出让金所得用于湿地保护和恢复。随着西溪湿地综合保护逐见成效，西溪湿地周边土地价值也随之大幅增值，恢复前西溪湿地地价在80~100万元/亩，恢复后其地价均在1800万元/亩以上。

（三）委托企业经营湿地公园

政府委托上海中静实业（集团）有限公司经营。中静实业（集团）1995年6月1日在上海市工商局登记成立。法定代表人高央（GAO YANG），公司经营范围包括实业投资，股权投资，资产管理，股权投资管理等。

国内这几个地区的开发模式各有千秋，但有几个共同点：一是成立统一的管理机构，对开发地区实行统一管理、统一规划、统一政策；二是设立专门的公司，或者为开发地区融资，或者经营开发地区；三是管理和经营相对分离；四是多渠道融资，为开发提供资金保障。

第二节　幸福产业发展模式

2012年广东省第十一次党代会首次提出发展"幸福导向型产业"后，幸福产业受到社会各界越来越多的关注。2016年国务院办公厅印发的《关于进一步扩大旅游文化体育健康养老教育培训等领域消费的意见》进一步明确幸福产业（happiness industries）主要包括旅游、文化、体育、健康、养老、教育培训等与人民的生活质量和幸福感相关的产业后，各地幸福产业如雨后春笋般发展起来，并形成了不同发展模式。

一、北戴河健康产业发展模式

北戴河新区管辖范围东起戴河口，西至滦河口，北起抚宁县境内的京哈铁路、昌黎县境内的沿海高速公路，南至沿海海域，面积为425.8平方千米。新区以生命健康产业创新示范区建设为重心，以产业和重点项目建设为突破，走加快转型、绿色发展、跨越提升的新路，努力建设国际康养旅游目的地。

（一）成立组织领导机构

2011年秦皇岛市组建中共秦皇岛北戴河新区工作委员会和秦皇岛北戴河新区管理委员会，理顺新区管理体制，推动新区产业发展。中共秦皇岛北戴河新区工作委员会和秦皇岛北戴河新区管理委员会分别作为中共秦皇岛市委、秦皇岛市人民政府的派出机构，根据市委、市政府的授权，对辖区行使管理、监督、协调、服务职能。

中共秦皇岛北戴河新区工作委员会主要职责是：贯彻落实党的路线、方针、政策和上级党委的决议、指示；研究辖区内重大经济社会发展问题；按照授权和干部管理权限负责辖区内干部管理；负责辖区内党的建设和其他党务工作。

秦皇岛北戴河新区管理委员会主要职责是：编制辖区的总体规划和经济、社会发展规划，经批准后组织实施；编制辖区区域性城市发展规划、国土利用规划和城乡建设规划，经批准后组织实施；审批或审核辖区固定资产投资项目，协调、组织建设项目的实施；负责辖区基础设施和共用设施的建设和管理；负责对辖区海洋、湿地、潟湖、林业等环境资源进行科学保护、开发和利用；负责辖区旅游行业、旅游市场秩序的规范、监督、管理工作。

（二）高起点谋划产业发展

制定《北戴河生命健康产业创新示范区发展总体规划（2016—2030年）》，确定产业发展目标与定位，包括以下方面：

高端医疗服务聚集区。创新医疗服务模式，搭建包含教学、诊断、手术、康复等在内的高端医疗平台，引进国内外高端医疗机构、技术、人才，探索生物技术、信息技术与医疗服务融合发展的新业态。

生物医药技术创新转化基地。大力发展生物医药产业，设立国内领先的生物医药科技创新平台，提供研发、中试、生产、服务等功能，转化一批高端生物医药项目。

中国北方生态颐养地。发扬秦皇岛健康养生文化，整合利用北戴河休疗养资源，强化基础设施建设和生态环境保护，扩大绿色空间，引进国际康养先进技术和经验，突出中医药养生特色，提升康复疗养服务功能。

滨海体育健身基地。发挥秦皇岛协办亚运会、奥运会的品牌优势，开发滨海运动资源，构建集大众健身、竞技体育、自然体验于一体的健身休闲产业体系。

国际健康旅游目的地。发挥北戴河旅游产业发展优势，促进旅游与医疗、健康等产业深度融合，提供特色健康医疗旅游产品和服务；建设国际会议中心，培育一批国际医学会议、健康论坛品牌。

(三) 强化资金保障

多渠道筹措资金。设立健康产业投资引导基金和中小企业技术创新基金，促进重点产业发展。吸纳国内外有实力的企业、机构采用PPP等模式参与示范区开发建设，争取各类贷款，加快推进示范区建设。对示范区企业提供上市、投融资辅导，支持符合条件的企业上市融资和发行债券，鼓励各类创业投资、保险、融资担保、融资租赁等机构为示范区企业提供金融支持。

积极引进战略性投资者。引进华夏幸福基业参与新城新区开发，根据协议，华夏幸福投入资金，参与北戴河新区运营。秦皇岛市政府则承诺，将委托区域内新产生税收的地方留成部分（即扣除上缴中央、河北省省级部分后的收入）按照约定比例支付给华夏幸福，作为垫付的投资成本及投资回报的资金来源。

(四) 积极争取政策支持

积极争取离区免税政策。积极争取中央和河北省支持，在北戴河新区实行离区免税政策，打造京津冀区域旅游免税购物区。河北省发布的《关于推进沿海地区率先发展的指导意见》也明确提出，在北戴河新区试行离区免税政策，开设1~2家世界名品免税店，促进高端旅游与现代商贸的有机融合，推动当地从"季节游"向"全年游"转变。

积极争取先行先试的政策。主要包括：争取国务院批准设立北戴河生命健康产业创新示范区（北戴河国际健康城）；争取在医疗健康产业领域开展改革创新、试验示范的配套支撑政策改革，成为国家深化健康医疗改革开放的先行先试区，在简化医疗器械和药品进口注册审批、开展细胞治疗等最新临床技术研究与转化、设立外资独资医疗机构、发展商业健康保险、试行境外医师与大陆医师的资格互通与认定、实行落地签证、实施健康产业税收优惠等政策方面获得先行先试权限。

二、海南博鳌乐城国际医疗旅游产业发展模式

海南博鳌乐城国际医疗旅游先行区位于海南省琼海市博鳌镇,博鳌亚洲论坛年会所在地的中心地带,规划面积约20平方千米,建成后投资规模将达到数百亿元甚至上千亿元。海南博鳌乐城国际医疗旅游先行区是集康复养生、节能环保、休闲度假和绿色国际组织基地为一体的综合性低碳生态项目,以万泉河为生态廊道,形成"一河两岸、四区五组团"的整体空间结构,由世界顶级医院、国际组织基地、高端购物中心、特色体验居住区四大功能区以及由5个医疗养生组团构成。

(一) 加强组织领导

设立领导小组。2013年2月28日国务院正式批复设立海南博鳌乐城国际医疗旅游先行区。海南省随即成立由分管副省长为组长,由发改委、卫计委、琼海市委书记为副组长,省直相关部门领导及琼海市市长为成员,组建先行区领导小组。领导小组为省政府推进先行区建设的议事协调机构,负责长期发展战略、重大政策、产业布局和重点项目的指导、督导、推进、协调工作,对先行区的总体规划和开发模式、产业发展规划等重大问题进行研究,重大事项报省政府决策。

设立具体办事机构。设立中共海南博鳌乐城国际医疗旅游先行区工作委员会、海南博鳌乐城国际医疗旅游先行区管理委员会,接受市委、市政府委托,负责先行区党的建设、经济发展、招商引资、基础设施建设、社会治理等方面的工作。

成立开发建设有限公司。成立博鳌国际医疗旅游先行区开发建设有限公司,主要负责先行区基础设施工程(通给水、通排水、通电力、通电讯、通道路、通燃气或煤气、通热力以及场地平整)建设。

成立专家委员会。成立由上海、浙江、南京、四川等地的国家干细胞临床研究专家委员会委员及知名教授,以及海南省内各相关部门领导和医院专家近40人组成的专家委员会,为乐城先行区规范探索干细胞临床转化应用提供智力支

撑。同时积极推动设立权威性的第三方检测机构，专门对海南博鳌所用的干细胞产品实行全方位的检测和监控，制定完善对开展干细胞转化应用的医院和机构事前审核、事中监管和事后评估的监督管理机制。

(二) 强化规划引领

国务院批复同意设立海南博鳌乐城国际医疗旅游先行区后，海南省编制了《海南博鳌乐城国际医疗旅游先行区医疗产业发展规划纲要（2015—2024年）》，明确了发展基础、发展目标和步骤、发展策略、发展重点和保障措施等内容。琼海市规划建设局组织编制了《海南博鳌乐城国际医疗旅游先行区总体规划》和《海南博鳌乐城国际医疗旅游先行区控制性详细规划》，强化空间管控，初步构建了"一河两心，一区四镇"的总体空间格局。"一河"指万泉河生态绿廊，是整个先行区的生态和景观核心，也是先行区延续历史文脉、生态本底，保障防洪安全的空间载体；"两心"指在万泉河左、右两岸分别设置的公共服务中心，是先行区公共性、服务性、开放性最高的区域，也是展现先行区城市形象的标志性地区；"一区"指先行区左岸北侧以特许医疗、医疗研究为主导功能的综合性组团；"四镇"指先行区的右岸和左岸，以特色治疗、康复疗养、健康管理、养生等为主导功能，以特色小镇为城市风貌的四个疗养主题组团。

(三) 推进产业融合发展

先行区积极引进世界先进医学技术和药物，开展高端医疗和医养综合服务、具有规模效益的医学园区。重点吸引和利用高端医疗技术、医疗设备、医学专业人才，引入国外知名医疗机构、健康管理机构，推动先行区建设，将其打造成国家高端医疗旅游实验区、示范区、医疗人才聚集区和健康领域国际交流平台；通过紧密结合临床建设若干国家级重点专科和实验室，将先行区打造成领先的国家医学科研基地；通过在项目建设、医疗服务中充分吸纳低碳理念，将先行区打造成低碳医疗、生态医疗的示范区。

(四) 积极争取政策支持

争取国家层面政策支持。国务院正式批复设立海南博鳌乐城国际医疗旅游先行区后，给予9项优惠政策相关产业发展：一是加快先行区医疗器械和药品进口注册审批；二是先行区可根据自身的技术能力，申报开展干细胞临床研究等前沿医疗技术研究项目；三是卫生部门在审批先行区非公立医院机构及其开设的诊疗项目时，对其执业范围内需配备且符合配备标准要求的大型药用设备可一并审批；四是境外医师在先行区内执业时间试行放宽至 3 年；五是允许境外资本在先行区内举办医疗机构；六是可适当降低先行区部分医疗器械和药品的进口关税；七是适当增加先行区建设用地计划指标；八是支持并指导先行区引入生态、医疗、新能源等相关国际组织，承办国际会议；九是鼓励先行区利用多种渠道融资，吸引社会投资等。

从省级层面推动相关领域操作规程改革。省政府与国家对口部门进行多次沟通，为发挥乐城先行区优惠政策的最大效果，就简化乐城先行区有关优惠政策提出操作规程。涉及规程为：医疗机构设置、执业登记操作规程；临床急需少量药品进口操作规程；大型医用设备审批程序；进口药品和器械减免税操作规程；进口医疗器械首次注册申报操作流程；设立药品和器械的保税仓库操作规程；港澳台和外国专业技术人员注册许可操作规程；港澳台和外国专业技术人员注册许可操作规程；干细胞临床研究机构备案操作规程；干细胞临床研究项目备案操作规程；前沿医疗技术临床应用和研究项目备案操作规程。总的目标是简化办事程序，缩短办事时间，落实了降低进口关税、医疗设备与药品减免税政策。

三、云贵川大健康产业发展模式

大健康产业是指维护健康、修复健康、促进健康的产品生产、服务提供及信息传播等相关产业的统称，具有产业领域广、链条长、成长性高等特征。2016年中共中央、国务院印发的《"健康中国2030"规划纲要》（以下简称《纲要》）指出，要大力发展健康服务新业态，催生健康新产业、新业态、新模式；积极发展健身休闲运动产业，打造健身休闲综合服务体，积极培育冰雪、山地、水上、汽摩、航空、极限、马术等具有消费引领特征的时尚休闲运动项目，打造具有区域特色的健身休闲示范区、健身休闲产业带。受顶层设计的推动、消费市场的刺激，各地积极发展健康旅游产业，建设康养旅游示范基地。从总体布局来看，云贵川、长江三角洲、山东、东北长白山等地区的健康旅游产业已初具规模并形成了自己的特色，其中云贵川康养基地主要依靠自然环境，开启度假疗养模式；山东康养基地配套设施较为先进，医疗科技也较为发达；长三角区域的产品体系最为成熟，尤其是软服务走在国内康养领域的前面。结合两湖区域发展实际，重点介绍云贵川大健康产业发展情况。

2016年11月云南省人民政府办公厅发布《云南省生物医药和大健康产业发展规划（2016—2020年)》和《云南省生物医药和大健康产业发展规划及三年行动计划（2016—2018年)》，规划充分发挥区位优势，突出在中医药（民族医药）、生物技术制药等方面的特色，引入基因检测、干细胞治疗等新技术，结合环境、气候、旅游、民族、文化等优势，把云南打造成为服务全国、辐射南亚东南亚的生物医药和大健康产业中心。其中生物医药和大健康产业主要包括生物医药、医疗器械、健康产品、医疗服务、健康管理、养生保健等与人类健康密切相关的领域。

2017年3月《贵州省大健康产业"十三五"发展规划》出炉，规划提出，到2020年基本形成覆盖全生命周期、内涵丰富、特色鲜明、布局合理、创新能力强、可推广示范的涵盖"医、养、健、管、游、食"大健康全产业链体系。同年7月贵州省卫计委、省民政厅等9部门下发《关于加快推进医疗卫生与养老服务相结合的实施意见》，对医养结合进行了总体部署。

2015年12月四川省人民政府办公厅印发的《四川省养老与健康服务业发展规划（2015—2020年）》提出，到2020年基本建立与经济社会发展水平相适应、与居民养老健康需求相匹配、覆盖城乡、功能健全、结构合理的养老与健康服务业体系。随后各部门结合自身职能出台了相关的意见。如四川省林业厅出台了《大力推进森林康养产业发展的意见》等。

从云贵川大健康产业发展的实践看，有如下几个突出特点：

（一）明确产业发展重点

云南省依托自身资源禀赋优势，重点围绕优质原料产业、生物医药工业、医疗养生服务业、生物医药商贸业4个领域，实施"147"发展战略，做大做强生物医药和大健康产业，积极发展新产业、新业态，如表8-1所示。

表8-1　　　　　　云南省生物医药和大健康产业发展重点

一个目标	打造服务全国、辐射南亚东南亚的生物医药和大健康产业中心
四大基地	➤ 国内最优质的天然药物和健康产品原料基地； ➤ 特色鲜明的生物医药和大健康产品研发和生产基地； ➤ 国内外知名的医疗养生服务基地； ➤ 国际化的生物医药和大健康产品商贸基地

续表

一个目标	打造服务全国、辐射南亚东南亚的生物医药和大健康产业中心
七项工程	➢ 道地药材培育工程； ➢ 产业园区建设工程； ➢ 龙头企业培育工程； ➢ 云药品牌打造和市场推广工程； ➢ 研发创新服务工程； ➢ 人才团队培引工程； ➢ 重大项目推引工程

贵州省坚持"市场主导、统筹发展，改革突破、创新发展，产业联动、融合发展，资源整合、集聚发展，开放带动、借力发展"的原则，以智慧健康产业发展示范基地、健康旅游产业发展示范基地、大健康产业发展示范基地和大健康产业扶贫示范区"三基地一区"为重点，打造"医、养、健、管、游、食"全产业链，如表8-2所示。

表8-2　　　　　　　　贵州省大健康全产业链发展重点

发展以"医"为支撑的健康医药医疗产业	做强以中医药民族药为重点的健康医疗产业（推动苗药创新发展、大力发展现代中药产业、加快发展生物医药和化学制药、积极发展高性能医疗器械、拓展医药衍生产业、做大现代医药流通业） 做精以大数据医疗为特点的健康医疗产业（完善医疗服务体系、积极发展智慧医疗服务、大力发展中医医疗服务、加快发展高端护理、康复疗养服务、积极发展第三方医疗服务）
发展以"养"为支撑的健康养老产业	建立覆盖城乡的养老服务产业化模式 加快发展养老服务产业 推进医养结合发展 积极发展智慧养老产业
发展以"健"为支撑的健康运动产业	发展户外运动 发展水上户外运动 发展民族文化运动 发展智慧体育产业
发展以"管"为支撑的健康管理产业	发展个性化健康管理 发展智慧健康管理 推进家庭医生签约服务 拓展健康保险产品和服务

续表

发展以"游"为支撑的健康旅游产业	发展以避暑度假为特色的休闲养生业态 发展以温泉疗养保健为特色的温泉养生业态 发展以绿色有机健康产品为特色的滋补养生业态 发展以健康养生、中医药保健为特色的健康旅游业态
发展以食为支撑的健康药食材产业	发展中药材种植业 推进绿色食材种植及研发生产

四川省通过政府购买服务、政策完善、协调指导、评估认证等方式通过政府购买服务、政策完善、协调指导、评估认证等方式，积极引进社会资本，加快构建养老与健康服务业体系，积极打造养老与健康服务业基地，培育技术服务骨干企业与知名品牌，推动以养老服务、健康服务、相关支撑产业等为主的大健康产业快速发展，如表8-3所示。

表8-3　　　　　　　　　　四川省大健康产业发展重点

养老服务业	到2020年，基本养老服务水平明显提升，养老服务业加速发展，养老服务设施覆盖所有城市社区、90%以上的乡镇和60%以上的农村社区，养老床位数达到61万张以上，每千名老年人拥有养老床位数35张以上。养老服务业市场化发展格局基本形成，一批有品牌、有实力的养老服务企业（机构）实现规模化发展
健康服务业	到2020年达到10%左右，社区体育设施覆盖率超过80%，基本形成满足人民群众多层次、多样化需求的健康服务业体系，初步建成覆盖全省、辐射西部、面向全国的现代化健康服务业发展高地
发展环境	到2020年，养老与健康服务业发展深度融合，医药医械、保健（食）品、康养金融保险、康养旅游和文化、第三方服务等支撑产业发展迅速，养老与健康服务大数据平台等支持体系基本建立，行业规范与标准体系更加完善，政府监管和行业自律机制更加有效，形成全社会积极支持养老与健康服务发展的良好氛围
发展壮大支撑产业	医药医械产业 保健（食）品产业 康养金融保险业 康养旅游与文化产业 康养地产业 第三方服务产业

（二）培育产业发展基地

依托重点产业集聚发展，培育产业集群，形成产业基地，是各地发展大健康产业的普遍做法。如云南提出重点发展天然药物和健康产品优质原料、良种、升级原料、中药材综合园区及生物医药和大健康产品研发生产等五大基地；贵州省提出建设以智慧健康产业发展示范基地、健康旅游产业发展示范基地、大健康产业开放发展示范基地；四川加快构建以安宁河谷为主体的攀西阳光康养服务业发展带、以大巴山脉为主体的秦巴生态森林康养服务业发展带、以藏羌地区为主体的川西民族特色康养服务业发展带，如表8-4所示。

表8-4　　贵州省大健康产业发展示范基地主要内容

智慧健康产业示范基地	以建设国家大数据综合实验区为契机，依托大数据产业优势，推动大健康与大数据产业深度融合，大力发展智慧医疗、智慧健康管理、智慧养老和智慧运动等各类新技术、新业态、新模式，促进智慧健康产品创新及新产品研发，打造智慧健康云平台，加快构建健康产业大数据产业链，全力打造国家智慧健康产业孵化盒健康大数据应用示范基地
健康旅游产业发展示范基地	以建设国家生态文明实验区为契机，依托独特的生态、康养与旅游资源，推进大健康与大生态、大旅游深度融合，以促进参与者身体健康、精神愉悦为目的，围绕休闲、康养、健身等主题，推动康复疗养、运动健身、健康管理、山地旅游与养生养老产业深度对接，积极探索医养融合、康养融合、康旅融合发展新路径，全力打造国家级健康旅游发展示范基地
大健康产业开放发展示范基地	以建设贵州内陆开放型经济实验区为契机，坚持高水平"引进来"，高质量"走出去"，促进贵州大健康产业融入"一带一路"、长江经济带、珠江—西江经济带等国际、国内产业循环体系，走"面向全球、高端迁入、开放合作"的大循环发展之路，建设国家级大健康产业开放发展示范基地
大健康产业扶贫开发示范区	充分发挥大健康产业带动扶贫功能，推动大健康与大扶贫相结合，促进大健康产业与扶贫开发"六个精准""五个一批"和建设"四在农家·美丽乡村"有机结合，以发展健康服务业产业化扶贫和健康药食材产业化扶贫，带动贫困农民增收致富，打造大健康产业扶贫开发示范区

（三）搭建政府公共服务平台

搭建政府公共服务平台，引导产业发展，推动政府职能转变，缓解社会科技公共服务资源短缺，从制度层面再造区域竞争新优势，是各地普遍的做法。如，云南省在推进大健康产业发展过程中，就依托本地研究机构，搭建了天然药物筛选、药物临床前研究公共服务、药物中试、药物临床评价等服务平台，充分挖掘科技资源潜力，服务产业发展。贵州省打造大健康产业活动平台，搭建全省大健康产业开放合作、互利共赢的活动平台，重点打造"1+2"活动推介展示平台，即"一会""一展览""一论坛"，每年举办一次贵州大健康产业发展大会，定期举办贵州大健康产业博览会，创建"贵山论健"大健康产业国际峰会论坛，积极宣传推介贵州大健康产业投资方向与政策。建立完善国际交流合作平台，推动国际交流会、推介会等活动。同时支持建设一批国家级、省级重点实验室、工程（技术）研究中心、企业技术中心，重点加快建设国家苗药工程技术研究中心，打造"辐射西南、面向全国"的民族药孵化基地。加强国家基因检测技术应用示范中心建设，推动以遗传病和出生缺陷基因筛查为重点的基因检测技术应用示范等。四川省加快制定、完善促进养老与健康服务业发展的相关政策规定。健全服务标准体系，鼓励龙头企业、地方和行业协会参与制定服务标准，强化标准的实施。强化行业自律，推行服务承诺、服务公约、服务规范等制度，如表8-5所示。

表8-5　　　　　　　　云南省大健康产业公共服务平台

名称	依托单位
天然药物筛选、成药性研究平台	中科院昆明植物所等
药物临床前研究公共服务平台	中科院昆明动物所、省药物研究所、中科灵长类重点实验室、中国医科院医学生物学所等
药物安全性评价平台（GLP）和药物中试平台	中科院昆明动物所、省药物研究所、沃森生物等
药物临床评价平台（GCP）	省第一人民医院、昆明医科大学附属医院、云南中医学院附属医院、解放军昆明总医院等

（四）加大政策支持保障力度

加入政策支持力度，营造产业发展环境，助力大健康产业发展，是多数地方普遍采用的手段。如云南提出要从生物医药和大健康产业专业园区建设、生物医药企业开拓市场、研发创新和成果转化、税收优惠等方面积极研究制定支持生物医药和大健康产业发展政策，将涉及产业发展的重点工程和重大项目纳入国家相关发展规划，争取国家政策支持，获得更多国家各类项目和资金扶持。贵州省提出要切实落实国家和省级相关部门出台的各项优惠措施，着力从市场准入、财政支持、土地供给、税收优惠、人才队伍建设、技术创新、投融资政策等方面加大支持力度。探索建立大健康产业发展正面引导和负面清单相结合的管理方式，促进重点领域加快发展。建立健全政府购买社会服务机制，研究制订政府购买大健康产业公共产品指导目录。推动设立大健康产业发展基金，引导社会资本、金融资本投资大健康产业。四川省也从市场准入、用地保障、投融资政策、价格政策等方面对大健康产业发展提出支持意见。

以上地区发展幸福产业的重点和模式虽有不同，但也有几点共同之处：一是成立领导机构，推动健康产业发展；二是强化规划引领，明确产业发展重点和空间布局；三是搭建政府公共服务平台，实现产业集群集聚集中发展；四是积极争取政府政策支持，助力幸福产业发展。

第三节　全面推进两湖区域开发模式改革创新

借鉴国内其他地区开发经验，按照高起点、高标准、小政府的要求，创新两湖区域新型开发模式、管理体制和运行机制，深化重点领域和关键环节改革，先行先试行政管理、投融资体制、土地开发模式、风险控制机制、高效营商环境等领域改革创新，为两湖区域开发提供体制保障。

一、构建新型行政管理体制

站在新的历史起点，两湖区域要始终以"小政府、大社会"为核心，以更加开放的姿态，更深层次改革，加快构建新型行政管理体制，强化两湖区域开发的组织保障。

探索建立新型管委会体制。加快推进两湖区域管理体制创新，理清两湖区域内部南湾湖风景区、羊山新区、金牛物流园等功能区与平昌关、吴家店、董家河、游河、甘岸街道办、双井、彭家湾、金牛山、十三里桥、浉河港等乡镇的关系，做好管理体制顶层设计。先期建立管委会—镇（乡）街—功能区的基本架构，衔接并处理好管委会、镇街和功能区的关系，着手推进管委会体制创新。明确管委会主要负责经济管理职能，功能区专职于产业发展，街（镇）履行社会管理功能。管委会承担发展改革、招商引资、规划建设、土地资源管理、拆迁安置、工商税务和治安管理等建设管理相关事宜，设立综合部、规划设计部、国土资源管理部、工程建设管理部、房屋征收补偿管理部、财经管理与投融资发展部等部门，如图8-1所示。

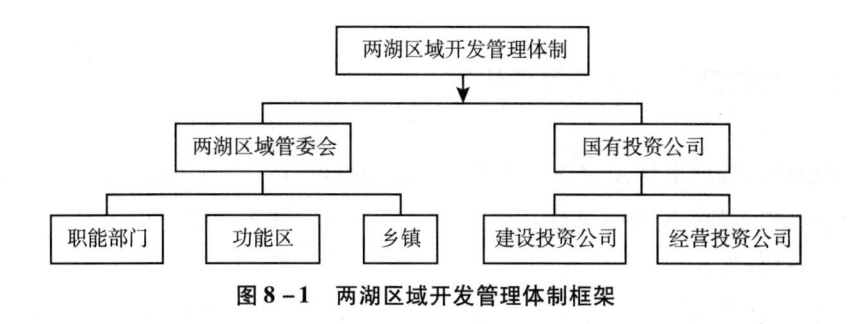

```
                    ┌─────────────────────┐
                    │  两湖区域开发管理体制  │
                    └──────────┬──────────┘
              ┌────────────────┴────────────────┐
        ┌──────────────┐                 ┌──────────────┐
        │  两湖区域管委会  │                 │   国有投资公司   │
        └──────┬───────┘                 └──────┬───────┘
      ┌───────┼───────┐                  ┌──────┴──────┐
  ┌───────┐ ┌──────┐ ┌──────┐      ┌──────────┐ ┌──────────┐
  │职能部门│ │功能区│ │乡镇  │      │建设投资公司│ │经营投资公司│
  └───────┘ └──────┘ └──────┘      └──────────┘ └──────────┘
```

图 8-1　两湖区域开发管理体制框架

适时设立两湖区域人民政府。有序推进两湖区域管委会由政府派出机构转为一级人民政府，缩短过渡期。按照现代政府架构，健全政府建制。政府结构主要从两湖区域发展定位和需要出发设置，体现两湖区域的特色。按照"精简、统一、效能"原则，进一步优化、精简机构设置。深入推进大部制改革创新，建设精简政府结构，开展模块化政府组织结构改革。突出经济发展、城市发展、社会发展三大主线，加强社会管理、城市管理、公共服务部门。设置一体化城市建设管理部门，设立综合性社会事务部门。借鉴其他地区的先进经验，设立行政审批局，推进"一个窗口流转""一颗印章审批""一份清单定界"的工作流程，解决"权力碎片化"问题。

推进政府治理体系和治理能力现代化。围绕规范化、法制化、民主化、效率化和协调性的目标，不断完善经济治理、政治治理、文化治理、社会治理、生态治理和党的建设六大体系，建立具有特色的政府治理体系，提升政府治理能力。建立并逐步提升决策、执行、监督相互协调又适度分离的行政运行机制，用机制再造流程、简事减费、加强监督、提高效能，实现高水平科学决策、顺畅执行和有力监督。设立决委会、管委会和咨委会，健全决策运行机制，建立专职化决策咨询辅助系统。

打造高效廉洁政府。学习借鉴国外、港澳地区等地先进经验，设立廉政局，进一步完善廉政机构职能配置。率先实行所有公职人员向社会进行财产公示制度。先期在政府系统内部进行财产公示，条件成熟逐步扩大到所有公职人员。建立公职人员廉洁从政诚信制度和激励约束机制。完善公职人员薪酬、家庭财产收入和个人诚信年度报告制度。建立公职人员诚信积分制和失信黑名单制度。加快个人征信体系建设，纳税、交通违法等一并进入个人诚信档案，健全廉洁激励惩罚机制。实施公务员廉政金制度试点。

二、加快理顺投融资管理体制

把握国家投融资体制改革的趋势，加快理顺投融资管理体制，深化投融资领域重点改革，发挥政府引导作用，汇聚社会资本，推动两湖区域高起点、高标准、高质量开发。

加快组建国有投资公司。加强政府运作平台履行政府职能的角色转换，更多发挥市场机制作用推进两湖区域管理与开发建设；加快组建隶属于管委会的投融资公司，强化建设资金统一核算和管理，参与建设项目的投资监督和管理，稳妥推进两湖区域开发；紧紧围绕两湖区域开发建设目标，加强与国内专业机构合作，积极开展对外融资，强化对两湖区域各种资源的市场化综合开发运营；引入现代企业集团治理模式，发挥对两湖区域开发主体作用。

深化政府和社会资本合作。建立并发布覆盖全部行政机构的政府购买公共服务目录，加大政府购买公共服务力度，在交通、能源、城建、社会事业等公共领域着力推广PPP等模式。不断完善政府与企业的合作机制、利益共享机制、风险共担机制、监管和绩效评价机制，根据行业经营特性，分类明确财政、用地、价格以及行业管理的重点政策，稳定项目预期收益。创新预算管理、契约式采购、第三方评估的政府购买服务改革。发布两湖区域政府购买公共服务标准，形成可复制、可推广的一整套规范化的政府购买服务标准体系。

不断改善企业投资管理。加快建立和完善投资项目管理负面清单制度、管理权力清单制度和管理责任清单制度"三个清单"管理制度，准确定位政府角色，主动接受社会监督，让企业投资更加透明、更加规范。支持两湖区域率先开展投资领域简政放权改革试点，积极争取对政府核准的投资项目目录外的企业投资项目试行承诺制无审批管理，企业按照设定的准入条件和标准，做出具有法律效力的书面承诺，相关部门对法律明确要求的事项预审公示后，企业即可开工建设。

积极创新融资机制。根据发展需要依法发起设立基础设施建设基金、公共服务发展基金、政府出资产业投资基金等各类基金，充分发挥政府资金的引导作用和放大效应。积极争取国家专项建设基金支持，采用资本金注入、股权投资等方式，支持重点领域项目建设。积极通过债权、股权、资产支持等多种方式，支持重大基础设施、重大民生工程、新型城镇化等领域的项目建设。建立健全政银企社合作对接机制，搭建信息共享、资金对接平台，协调金融机构加大对重大工程的支持力度。

三、创新土地开发经营管理模式

采取征用和集体经营性建设用地入市两种方式,获取建设用地释放两湖区域土地利用潜力,创新模式推动土地集约、集中发展,为两湖区域科学合理利用空间提供支撑。

完善城乡建设用地增减挂钩机制。落实国土资源部《关于进一步运用增减挂钩政策支持脱贫攻坚的通知》的要求,把国定贫困县和省定贫困县增减挂钩节余指标向两湖区域倾斜,保障两湖区域用地指标需求。综合考虑区域发展实际,搭建土地指标流转平台,加强对增减挂钩项目和节余指标流转的监管,规范节余指标流转交易,提高增减挂钩节余指标收益。充分考虑资源环境承载能力、农业转移人口落户、易地扶贫搬迁任务等因素,做好增减挂钩专项规划与易地扶贫搬迁规划、土地利用总体规划调整完善方案等的衔接。

开展征地制度及土地出让制度改革。探索实行"征转分离""征批分离"改革,建立征地"公益性审查机制",严控征地权使用范围。为提高"征转分离""征批分离"的管理效率,要从征地规模控制、占补平衡控制、安置补偿控制、土地用途控制几方面入手,规范土地征用管理。推进土地出让制度改革,探索将出让制改为租赁方式供应土地制度,探索实施基于不同租期的土地出让金制度。建立有弹性的征地补偿机制。

深化集体建设用地改革。借鉴其他地区集体经营性建设入市改革的经验,遵循明确入市规模、优化项目布局、创新构建入市主体、完善收益分配机制和健全政策配套的思路,依托新设立的农村集体资产管理公司实施土地入市,引导产业集中布局,内部挖潜满足产业发展用地需求。进一步深化宅基地改革,加快形成"面积固定、超占有偿、节约有奖、退出补偿"的使用制度和农村宅基地"规划引领、总量管控、村民自治、民主监督"的管理制度,允许农村宅基地自愿有偿退出。支持和鼓励宅基地使用权置换城镇住房、土地承包经营权置换股权、集体资产收益分配权置换股权"三置换",提高中心城镇集中度,推进土地适度规模经营,规范集体资产收益分配,鼓励两湖区域农户向城镇集中。多渠道、多途径筹措置换资金,建立"农村住宅置换商品房基金"专户,实行封闭运行,专款专用。

创新建设用地经营模式。探索采用BT、土地补偿、PPP等模式,积极引入社会资本,推动两湖区域国有建设用地滚动开发。借鉴华夏幸福基业开发模式,积极引进战略性投资者，负责成片土地平整、道路管廊等基础设施建设工作，学校、医院、文化、体育公共设施建设及运营管理工作，产业规划、项目招商、宣传推广等产业发展服务工作，空间规划、建筑设计、物业管理、公共项目维护等基础性服务工作等，强化土地一二级市场联动开发。依托集体资产管理公司，创新集体建设用地流转方式，鼓励集体建设用地集中、集约利用，推动集体建设用地保值增值。

引导农村土地承包经营权流转。按照有偿、自愿、合法、规范的原则，建立完善农村土地流转机制，加快土地流转步伐，推动土地有序流转。设立土地流转服务中心，汇集土地使用权委托流转和受让信息，组织开展公开招标竞标，协调流转过程中的有关事项，促进两湖区域土地适度规模经营，奠定田园综合体发展的基础。进一步明确土地流转形式、补偿、期限，依法签订相应的流转合同，并登记备案。完善财政、金融、项目开发方面的支持政策，围绕农业经营规模和提升农产品竞争力，加强农业基础设施和农业科技的财政投入，扶持各类农业主体投资现代农业和开展规模化的集约经营，如图8-2所示。

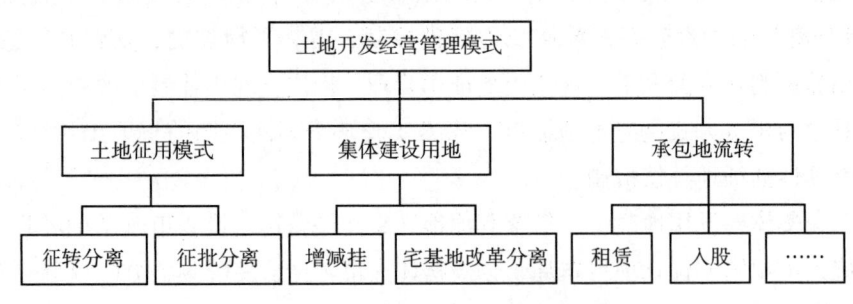

图8-2 两湖地区土地开发经营模式

四、强化开发风险控制

始终把风险管控放在突出位置，建立健全风险管控体制机制，强化开发过程中经济、社会、生态、安全生产等方面的风险控制，确保两湖区域开发行稳致远。

强化经济风险管控。坚持市场规模导向，依托总体规划和相关专项规划，合理确定两湖区域投资规模、投资进度、投资时序，引导理性开发。针对片区开发综合性、复杂性强的特点，在开发过程中，除关注常规风险外，需要进一步做好土地拆迁与补偿、土地获取、产业导入等方面风险的防控。科学定位国有投资公司功能，建立健全企业法人治理结构和运行管理机制，强化投资项目审核程序，完善项目分类管理运营机制，控制债务规模，加强内部管控，有效防范企业风险。平衡好两湖区域开发中个人、集体、企业、政府的利益关系，建立个人、集体、企业风险防范机制，切实维护各方利益。支持个人和集体自主选择土地入股、出租、转让等方式，参与两湖区域开发，保障个人和集体享受两湖区域开发增值收益的权益。

强化社会风险管控。构建多主体、多层次的社会风险管控体系，建立"政府主导，全民互助"的社会风险有效补偿机制、社会风险预警和应急管理机制、社会风险控制机制。有效整合政府、市场、社会力量，探索构建"政府—社会保障机制""市场—商业保险机制""社会—家庭、社区、民间救助机制"三位一体的、系统的、动态调整的社会风险补偿体系，把两湖区域水库移民、征地农民、困难群众等特殊社会群体的社会风险降到最低限度。建立健全源头治理、动态协调、应急处置相互衔接、相互支撑的社会风险预警和应急管理机制，促进多部门管理职能整合，强化社会风险管理。完善突发公共事件应急预案和应急保障体系，提高应对处置各类突发事件的能力和水平。健全矛盾纠纷排查调处和社区舆情汇集分析机制，完善重大公共安全事件、群体性事件的预防预警和应急处置体系。加强各级各类调解组织建设和人才培养，完善以人民调解为基础，人民调解、行政调解、仲裁调解和司法调解联动的工作体系，建立调处化解矛盾纠纷综合平台。

强化生态环境风险管控。根据自然资源环境承载力，遵循"分类指导、分级控制、分区施策"的总思路，探讨划分两湖区域生态风险控制分区，制定差异化、精细化管控措施。依据出山店水库、南湾水库、北湖的功能定位以及农业空间的发展重点，科学合理划定保护范围，强化生态空间和农业空间管控，平衡发展与保护的关系。借鉴国内外综合控源治水的成功经验，以生态流量为基本要素，以生态处理为基础手段，构建智能化管理平台，强化两湖区域水生态环境治理。加强建设项目环境监督管理，严把项目审批关，对不符合产业政策、不符合环保准入条件，不符合产业发展方向的项目坚决不予审批。设置管委会、功能区、镇街、村社、企业监管网格，明确网格机构设置和人员配备，构建"定责、履责、问责"的网格化责任管理体系，真正形成层层负责、责任到人的全方位、上下联动、齐抓共管的格局。

强化安全生产风险管控。构建安全生产风险查找、研判、预警、防范、处置和责任等"六项机制"，强化安全生产风险管控，推进平安两湖建设。坚持关口前移、重心下沉，明确风险点查找、辨识范围和要求，全面分析可能发生事故的领域、部位和关键环节，找准、找全安全生产风险点。建立健全安全风险评估分级标准体系，研究制定区域性、行业性安全风险识别、评估风险标准，加快构建安全风险管控数据库，建立风险管控责任清单，科学应对安全风险。充分运用先进信息技术，建立安全风险预测预警机制，做到早预警、早干预，增强风险管控的主动性和预见性。根据风险评估结果，坚持分区域、分类别、分级别、网格化的原则，实施风险差异化管理。按照重大风险优先、循序渐进、动态管理原则，实行分级管控。针对不同风险点可能发生的后果，采取科学有效措施，构建风险处置机制，确保风险可防可控。严格落实属地管理责任、部门行业监管责任和企业安全生产主体责任，建立分片包干安全风险管控责任制，通过范围定格、网格定人、人员定责"三定"，建立"横向到边、纵向到底"的覆盖全区的网格化责任体系，实现对安全风险点的实时、动态、全覆盖、全要素掌握和管控，如图8-3所示。

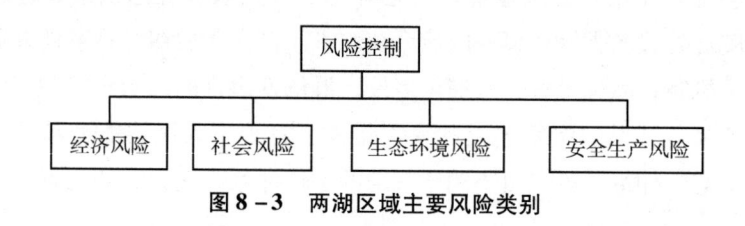

图8-3 两湖区域主要风险类别

五、营造高效营商环境

保护各类市场主体的合法权益，积极推动公平正义法制环境、透明高效政务环境、竞争有序市场环境和和谐稳定的社会环境等领域的建设，营造两湖区域高效营商环境。

推动建设公平正义法制环境。积极开展"阳光法制"实践主题活动，不断提高运用法律手段推动创新转型、化解社会矛盾、维护公平正义的能力，依靠法律和制度加强对权力运行的监督和制约。全面推进依法行政，严格依照法定权限和法定程序行使权力、履行职责，切实做到严格、规范、公正、文明执法；强化行政问责，不断提高行政诉讼和行政复议的公信力，持续增强公务员队伍依法行政的观念和能力。建立健全企业开办、施工许可、财产登记、信贷获取、投资者保护、税收征管、跨国贸易、合同执行、企业破产等方面的制度体系。及时清理不利于维护营商规则的制度性文件，认真落实规范性文件有效期制度。进一步规范案件审理环节和实体处理环节，显著提高商事合同司法审判和执行效率。建立和完善网络执行查控系统和联合惩戒系统，构建诚信体系，研究帮助涉执企业渡过难关。

推进建设透明高效政务环境。归并整合全部行政审批职能并集中设立行政审批事务局，加快推进"并联审批"，提高审批效率。分批次制定实施行政审批事项负面清单，最大限度简政放权。借鉴其他地区"最多跑一次"或"零见面"审批的做法，建立一口受理、综合审批、限期办理、高效运作的审批模式，加快推进行政审批制度改革、"四张清单一张网"改革。先期将各部门行政审批职能集中到单位内设的一个机构，再逐步将所有行政审批职能全部集中于行政审批事务局。大力推进电子政务，拓展完善网上办事大厅。加快推进两湖区域网上办事大厅全覆盖，逐步实现全部行政审批事项、全部社会服务事项具备网上办理条件。改革企业注册登记制度，促进企业投资便利化。建立行政权力清单制度，提高行政权力运行透明度。创新收费监管方式，加强事中事后监管，取消收费许可证核发。加大清费减负力度，实行收费目录清单管理、动态调整。健全行政效能监察（绩效）考核体系，建立多元问责机制，促进行政机关勤政廉政建设。完善对行政权力的多元监督机制，充分发挥社会力量的监督作用，特别注重手机、移动互联网等现代信息手段在权力监督中的运用。

加快建设竞争有序的市场环境。按照"非禁即入"的原则，公布企业投资项目准入负面清单，进一步放宽各类企业投资准入，促进各类营商主体公平竞争。完善统一的公共资源交易一体化服务平台，规范公共资源交易行为，完善公共资源市场配置、公共资产交易、公共产品生产领域的市场运行机制。整合各部门的市场监管信息，建立健全统一的市场监管信息平台，增强监管信息透明度并接受社会监督。

积极建设和谐稳定的社会环境。深化基层社会治理体制改革，加强社区党组织建设，健全基层群众自治机制，完善基层行政服务中心建设，推广专业社工服务，形成管理有序、服务完善、文明祥和的社会生活共同体。健全党委领导、政府负责、社会协同、企业和职工参与、法治保障的工作体制，完善源头治理、动态管理、应急处置相结合的工作机制，有效预防化解劳资纠纷，全面构建起规范有序、公正合理、互利共赢、和谐稳定的劳动关系。建立公共财政对社会组织的扶持机制，推动社会组织"去行政化、去垄断化"改革，加快培育发展社会组织。建立和完善社会组织监管机制和登记评估机制，简化登记程序，实施工商经济类、社会服务类等社会组织直接申请登记制，如图8-4所示。

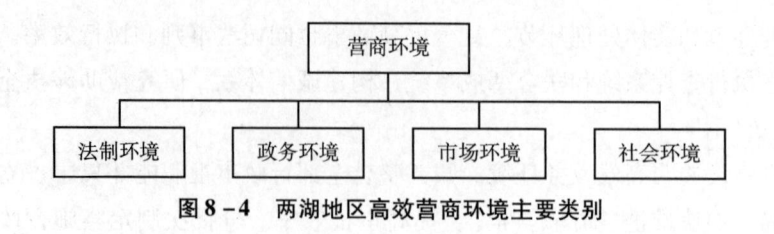

```
                    营商环境
         ┌──────┬──────┴──┬──────┐
       法制环境  政务环境  市场环境  社会环境
```

图 8-4　两湖地区高效营商环境主要类别

第四节　推进两湖区域开发建设的建议

两湖区域发展优势多、发展潜力大，是信阳实现高质量发展的重要载体。要在不断深化改革中，理顺体制机制，加大支持力度，推进高起点、高标准、高质量的开发。

一、积极开展相关规划编制工作

在明确两湖区域发展战略的基础上，加快启动两湖区域产业发展规划、空间布局规划、详细控制性规划及相关的道路、水系、管网等专项规划的编制，完善发展规划、空间规划、专项规划体系。同时在两湖区域率先划定生态保护、永久基本农田和城乡开发边界三条控制线，科学划分城镇空间、农业空间和生态空间，强化空间用途管制，用空间思维协调发展与保护的关系。以空间规划为统领，协调解决各类空间性规划冲突的问题，提高空间利用效率和行政效能。

二、放宽市场准入

实行"负面清单"管理，建立公开、透明、平等、规范的大健康产业准入制度，加大大健康产业领域开放力度。鼓励社会资本通过多种途径和方式，参与大健康产业设施建设和公立医疗机构、公办养老机构改制。落实对非公立机构和公立机构在医疗保险定点、重点专科建设、职称评定、学术地位、等级评审、技术准入、运行监管等方面同等对待的政策。

三、强化科技与人才支撑

强化科技支撑，开展新技术、新产品应用于大健康服务业集成示范研究，创新服务模式和发展业态。实施人才援助和紧缺人才培养行动，开展大健康产业创新创业扶持计划，加强相关领域人才培养。实施行业领军人物、学术技术带头人等高层次人才培养计划。促进校企合作办学，鼓励社会资本举办大健康产业类职业院校。扶持发展各类志愿服务组织，为志愿者提供专业职业技能培训，逐步提高志愿者服务能力。

四、加强用地保障

在城乡规划、土地利用总体规划和年度用地计划编制或修编中，统筹考虑大健康产业发展需要，逐步扩大大健康产业用地供给，优先保障非营利性机构用地。在符合土地利用总体规划和城乡规划条件下，鼓励盘活存量土地用于大健康产业设施建设，鼓励以出租或先租后让供应使用土地，支持利用以划拨方式取得的存量房产和原有土地兴办大健康产业，土地用途和使用权人可暂不变更。经规划批准临时改变建筑使用功能从事非营利性养老服务且连续经营一年以上的，五年内可不增收土地年租金或土地收益差价，土地使用性质也可暂不作变更。健康服务业用地在不违背相关法律、法规和政策的前提下，可参照养老服务业的政策执行。

五、优化投融资政策

支持大健康服务企业积极运用短期融资券、中期票据、定向债务融资工具以及项目收益票据等创新型债务融资工具筹措资金。鼓励金融机构创新适合大健康服务业特点的金融产品和服务方式，加大对大健康服务企业的信贷支持力度。鼓励各类创业投资机构和融资担保机构对健康服务领域新业态、小微企业开展业务。政府引导、推动设立由金融和产业资本共同筹资的健康服务业投资基金。支持符合条件的健康服务企业上市，加强债券市场对相关企业的支持力度。鼓励外资进入健康服务业领域，为其提供跨境结算便利。建立财政投入与产业发展同步增长机制，统筹发改、科技、经信、扶贫、商务等部门的相关专项资金，集中支持优势企业、高新品种、著名品牌和中药材基地建设。同时引导社会资本共同发起设立产业投资基金，构建多层次投资体系。

六、完善财税价格政策

鼓励采取 PPP 模式吸引社会资本建设医疗、养老、体育健身、培训等设施。对符合条件、提供基本养老和医疗卫生服务的非公立医疗机构，其专科建设、人才队伍建设纳入财政专项资金支持范围。对非营利性医疗、养老机构建设免予征收有关行政事业性收费，对营利性医疗、养老机构建设减半征收有关行政事业性收费。经认定为高新技术企业的大健康服务业相关企业，依法享受高新技术企业税收优惠政策。

七、推进重大项目建设

建立大健康服务业重大项目库，加快推进重大项目建设。加快大健康服务业孵化园建设，培育壮大若干个高端、特色、多业态融合的重点产业园区，提升产业协作配套能力，实现资源优化配置，促进规模化、集约化发展。扶持壮大一批龙头企业（机构），引导企业（机构）进一步拓展和创新大健康服务业态，创建优势品牌。

八、健全制度及标准体系

健全服务标准体系，鼓励龙头企业、地方和行业协会参与制定服务标准，强化标准的实施。强化行业自律，推行服务承诺、服务公约、服务规范等制度。完善监督机制，创新监管方式，推行属地化管理，依法规范健康服务机构从业行为。加强工商、食品药品监管、卫生计生等行政主管部门的联合监管和执法，强化对医疗、养老、体育健身机构服务质量、服务行为、收费标准等方面的约束和监管。

九、加强组织实施

建立健全规划实施机制，明确工作责任和进度，确保规划目标和任务如期完成。建立由政府主要领导牵头、多部门参与的联席会议制度，及时协调解决大健康产业发展中的重大问题。政府相关部门要加强分类指导，将具体任务、目标细化分解，制定完善配套政策措施，定期开展大健康产业规划实施情况督促检查和跟踪评估，确保项目落地、工作落实。进一步加大宣传力度，营造大健康服务业发展良好氛围。建立健全目标绩效考核评价体系，将大健康产业发展目标任务纳入考评体系，促进大健康产业加快发展。

第九章 信阳两湖区域开发特色风貌策划

从两湖区域及信阳市两方面进行分类分析总结两湖区域现状风貌的基本特征及形成原因,提出两湖区域特色风貌应以"山水林田湖草"生命共同体为生态基底,以"豫风·楚韵"文化内涵为灵魂,以"茶山·绿水"为背景,构建以青山秀水、茶香人美、多彩田园、炫彩风情为特征,以康体疗养、度假观光、文化体验、教育科普、文创休闲为主要功能的"豫风楚韵·茶山绿水"特色风貌,充分彰显两湖区域"山、水、林、岛"自然风貌、豫风楚韵历史底蕴和"湖、岛、渔、茶"人文风采,并在山水格局保护和政策支持方面,提出了相应的保障措施。

第一节 信阳及两湖区域风貌现状

城市风貌是城市在形成、发展过程中所具有的自然环境、形态结构、文化格调、景观形象、产业构成和功能特征等,是一座城市最具魅力、最有个性的标志。由于自然环境、历史传统、人文景观的不同,每座城市都应有自己鲜明的特点和优势。一个城市的风貌是其区别于其他城市的个性特征,即使是城市中的某个区域,也应有其独特的环境氛围,使其具有高度的识别性和标识性。风貌中的"风"是城市社会人文取向的软件系统概括,"貌"则是城市总体环境硬件特征的综合表现。国内外很多城市都有自己独特的城市风貌,它是城市外在物质形象和内在"城市精神"(Urban Spirit)的有机融合。

一、对信阳市风貌特色的认识

信阳交融南北、联结东西,山水秀丽,气候宜人,素有"江南北国、北国江南"和"豫南小江苏"的美誉。绵延起伏的山体、蜿蜒曲折的河流和阶梯状的梯田共同形成了一道独特的山水田园风景线。信阳地势南高北低,豫南地区由西部的桐柏山和南部的大别山两山首尾相接构成一体,蜿蜒于豫鄂边界,是境内长江和淮河两大流域的分水岭。信阳既是江淮河汉之间的要地,又是南北经济文化交流的重要通道,历史悠久、文化灿烂。

(一)生态特色:山水茶都·清新茶香

信阳坐落于大别山和桐柏山两大山脉的北麓,地势南高北低,是典型的山水城市,形成"七山环抱,两湖相映,一河带城,水网纵横"的山水格局。依山而居,傍水而生。鸡公山的"山"、两湖的"水"、"茶香信阳"的"茶"共构信阳城市品牌。

信阳是历史十大名茶之一的信阳毛尖的核心产区,也是我国产茶最北端的高纬度茶区,茶园面积高达 200 多万亩。信阳毛尖被誉为"绿茶之王",品牌价值 41.39 亿元,西湖龙井 44.17 亿元、安溪铁观音 44.01 亿元。从 1915 年,信阳毛尖获得巴拿马万国博览会金奖,到 2017 年信阳毛尖品牌价值达 59.9 亿元,位居全国第二位,中国林业生态发展促进会授予信阳"中国优势生态区域—中国毛尖之都"称号,如今,信阳毛尖再获"中国十大茶叶区域公用品牌"第二位,仅次于西湖龙井。

专栏 9-1 鸡公山、南湾湖、信阳毛尖基本情况

鸡公山:因其整个山势宛如一只昂首展翅、引颈啼鸣的雄鸡而得名。北魏《水经注》"鸡翅山",距今已有一千四百余年。明朝鸡公山和鸡翅山并呼。清代易名鸡公山,沿称至今。鸡公山是中国四大避暑胜地之一,历史上与庐山、北戴河、莫干山并称中国四大避暑胜地,也是新中国第一批对外开放的全国八大景区之一,第一批列入全国 44 个国家级重点风景名胜区之一。鸡公山位于河南省信阳市南 38 千米的豫鄂两省交界处,雄踞于三关(武胜关、平靖关、九里关)之间,南离武汉 174 千米,北距郑州 340 千米。山脚下的武胜关是中国历史上九大名关之一,它犹如一把石锁,将大别山和桐柏山锁扣成一体,形成江淮之间绵亘千里的天然屏障,战略地位十分重要。鸡公山主峰海拔 811 米,报晓峰海拔 767.5 米,风景区面积 27 平方千米,是我国南北天然分界线,素有"青分楚豫"之称。

南湾湖：素有"中原第一湖"之美誉，南湾湖风景区是河南省著名的省级风景区。2012年被评为中华十大生态亲水美景第五名。南湾始建于南北朝年间，与嵩山少林寺、开封相国寺、洛阳白马寺齐名的贤隐寺及梁武帝肖衍行宫旧址——梁王垒坐落在南湾湖畔、贤山南麓山谷中，距今已有1500多年的历史。南湾水库原为浉河主道，清乾隆前，为申至楚官马驿道，豫楚要冲，为历代兵家必争之地。

信阳毛尖：信阳种茶始于东周、名于唐、兴于宋、盛于清、发展于当代，拥有2300多年的历史，信阳毛尖香高味爽，气味香醇，凝聚了信阳极其出色的茶文化历史。唐代茶圣陆羽"淮南茶以光州（今信阳）上"、大文豪苏东坡"淮南茶信阳第一"，是对信阳茶的千古定论。2014年，信阳茶园面积达210万亩，茶叶总产量约6万吨，总产值达90亿元。目前，信阳是全国最大名优绿茶生产大市之一。

资料来源：根据网络资料整理。

（二）文化特征：豫风楚韵·千年古城

从历史沿革来说，在春秋战国时期，信阳长期被楚国占领，后来吴王攻陷楚国都城，楚王逃到信阳，定都信阳，因此信阳是楚文化的发源地、延展地；是楚国和中原国家交战的焦点和楚文化与中原文化的交汇地带。

信阳位于秦岭—淮河一线，是豫南的核心区域，它东临安徽，北邻湖北，为"三省通衢"之地，是连接中原文化和江南文化的重要通道，在历史的发展演进中发挥着至关重要的作用，当今还流传有"北上京城、南下鄂城"的古语。

信阳素称"楚头豫尾"，形成了融汇中原文化、楚文化、吴越文化等一体的区域文化特征，谓之"豫风楚韵"，创造了兼具南北特征而又独具过渡风格的"淮上文化"。信阳有河南省唯一楚文化博物馆"城阳城遗址博物馆"，也是我国现存6座楚王城中面积最大、保存最好、具有重要考古价值的一座。同时，信阳也是红色热土、将军之城（159位共和国将军）。千年的南北文化交融，让信阳具有很强的包容性。无论历史文化、民俗风情，还是建筑风格、生活习惯，处处洋溢着北方的粗犷豪放，蕴含着南方的温婉细腻。繁缛的编钟纹饰，浓艳的漆器色泽，热烈奔放，诡谲神秘，张扬着楚人浪漫的灵魂；厚重的陶鼎造型，纤薄的陶杯质地，方正平和，质朴细腻，展示着中原人文的底蕴。温婉与粗犷，秀丽与豪放，南方与北方，相互融汇，交相辉映。

专栏9-2　两湖区域主要文化特征

楚文化：信阳曾一度是楚文化和中原文化、吴文化冲突与融合的中央地段，其文化特点个性鲜明、新旧杂陈。春秋早期以前，信阳地区分布着不同族属、不同文化背景的息、弦、黄、蒋、蓼等小国。随着楚国逐个覆灭这些小国，楚文化与中原文化、东夷文化和土著文化在该地区的相互交流更加频繁。春秋晚期，楚国与吴国沿淮水流域的争夺战打响，信阳又成为楚吴文化交融之地。时至战国，信阳楚文化基本成熟，并影响至今。

中原文化：是以中原地区为基础，以河南省为核心逐层向外延伸的物质文化和精神文化的总和。中原地区以得天独厚的地理优势、历史地位和人文精神，成为中华文化的源头和核心组成部分。信阳地区作为南北交融的要道，在人口迁徙的过程中，中原文化影响深远。

姓氏文化：信阳的姓氏文化也十分丰厚，一百大姓中确切起源于信阳的姓氏有八个，其中天下所有黄、罗、赖、蒋四姓的人根在信阳，其余孙、潘、白、廖分别有一支或主支起源于信阳。

淮上文化：从某种意义上可以说，"淮上文化"即信阳地域文化。信阳是位于淮河上游，西部和南部为桐柏山，是长江、淮河两大流域的分水岭，同时也是亚热带和暖温带的地理分界线（秦岭—淮河）上，因此信阳历来不仅是兵家必争之地、文化传播通道，更是在地理、气候、植被和民俗民风等方面自成一个单元，形成了明显与地理区域有关的文化特征，因此被命名为"淮上文化"。从地域上看，信阳动植物及劳动生产工具都有别于黄河、长江流域，具有鲜明的南北混合特征；从文化上看，信阳存在着有别于黄河、长江文明的地域文化特征。它的文化具有多层次，且带有自身特点。它的主体是生活、繁衍、创造于"淮上"的人民。同时信阳境内还有长淮古四关之一的长台关渡口，它是古代南北水陆交通要道，古代繁华的商品集散地；同时也是千里淮河从桐柏山太白顶发源，潜流入岩，穿谷越滩，横贯信阳全境，流域长达363.5千米，沿淮风景如画，水运发达，淮域风情（沿淮船民、放河灯、沿淮船民婚俗等）绚丽多姿。

红色文化：信阳是鄂豫皖革命根据地、鄂豫边抗日根据地和大别山解放区的重要组成部分。从这块土地上相继走出了红四方面军、红二十五军、红二十八军等一支支红军主力部队；这里也是将军的故乡，走出了百余名共和国将军，涌现出许世友、李德生、尤太忠等一批名将；这里还是中国共产党领导的华中地区敌后抗战的桥头堡，为鄂豫边抗日根据地和新四军五师的发展壮大发挥了至关重要的作用。目前信阳拥有全国重点文物保护的红色文化遗产主要是：鄂豫皖革命根据地旧址、红二十五军长征出发地、城阳城址、黄国故城、邓颖超祖居、中国工农红军第二十五军司令部旧址等。

资料来源：根据网络资料整理。

（三）空间格局：中国之中·兼容南北

中国之中。信阳位于中国南北对称轴秦岭—淮河线和中国东西对称轴京广线两大对称轴的焦点上，交通便捷，具有"中国之中"、南北交界、"中立不倚"的区位特征。

兼容南北。信阳被誉为"北国之江南，江南之北国"，其自然资源和人文资源都具有明显的过渡型和兼容性特征，是区域旅游、休闲、度假中心。自然风光方面，既有中原粗犷豪放的气质，又有南国婉约细腻的风情，山势雄浑中有细水清流，旖旎湖光中有峭壁倒影；人文资源方面，信阳豫风楚韵相映生辉，使其文化和民间习俗独具特色。

（四）城乡风貌：融合南北·清新雅韵

信阳地区位于"北国之南、南国之北"，在历史文化的发展演进中，在政治地盘的争夺、经济利益的驱动、多元文化的碰撞以及明清时期"江西填湖广、湖广填四川"大运动的影响中，使本土城乡建设风貌呈现出具有南北多元素的文化符号，形成了信阳独特的"融合南北、清新雅润"的城乡建设风格。

城乡建设风貌受到中原文化的影响。中原文化是以中原地区为基础，以河南省为核心逐层向外延伸的物质文化和精神文化的总和。中原地区以得天独厚的地理优势、历史地位和人文精神，成为中华文化的源头和核心组成部分。信阳地区作为南北交融的要道，在人口迁徙的过程中，促进了信阳地区在建筑风格、城乡建设肌理、文化元素等方面呈现出了南北文化的多元化。

城乡建设风貌受到楚文化的影响。信阳是楚文化的发源地，随着楚国的管控和地盘的不断扩张，城乡建设方面在艺术文化、民俗活动、生活习俗等方面也深受楚文化的影响。

城乡建设风貌受到军事文化的影响。从南北朝时期至近代，信阳地区作为淮河流域重要的军事战场，城乡建设风貌受到了严重的破坏，并在建造时带了极强的防御功能。

城乡建设风貌受到徽派文化的影响。徽派文化是中国三大地域文化之一，由于明清时期兴盛的徽商,带动了当地经济的发展,徽州村落、祠堂、民居建筑等方面取得了令人瞩目的发展,随着徽商贸易的流动,影响了周边地区的建筑文化。信阳地处安徽之西,淮河流域上游,通过淮河水运交通的发展,为徽派建筑在信阳地区的传播与发展创造了条件。

乡土建筑风格。信阳乡土建筑形成了融汇北方民居的硬朗和南方民居的灵秀。信阳乡土建筑类型主要分为传统民居、祠堂、寺庙三类。古朴的门楼、原生态的建筑以及精致的"三雕"构成了信阳乡土民居的特色。

专栏9-3 信阳乡土建筑风格

传统民居——城镇民居。城镇民居因受到商铺的影响,一般沿街店面并排,从店面进深方向发展宅院,形成前店后宅民居。店面与住宅之间可以用庭院进行联系,也可以通过厢房进行联系。与纯住宅相比,前店后宅式民居平面布局较为多样,通常会根据街道走向和地形的变化来确定民居的平面布局。

传统民居——村落民居。传统民居依照山势和环境而建造,形成防御性较强的平面布局。在信阳地区山地村落中,同族同姓组成的自然村落为了更好地处理家庭的组织关系,采用并联和穿套相结合的平面布局方式,在信阳平原村落中,多采用独立式民居,布局散落,组合方式相对比较简单。

寺庙。寺庙是指佛教、其他宗教教徒礼拜、讲经的处所。寺庙建筑稳重庄严,神圣不可侵犯,寸土之间,可随顺而不可随意更改。寺庙讲究内敛含蓄,主张与大自然融合,建筑与自然融为一体。在建筑格局上多为平面方形、中轴线布局、对称稳重的建筑群体。寺庙因特殊的功能,使建筑形态更加严谨庄重。

祠堂。祠堂也称宗祠、家庙,是信阳地区乡土建筑中非常重要的组成部分。在中国传统文化中,祠堂文化是一项非常重要的姓氏宗族文化,因此信阳民居在空间布局上,虽没有经过具体的规划设计,却是自发形成以宗祠为中心,向四周辐射发展的模式。祠堂是汉族供奉祖先和祭祀的活动场所,也是举行家族仪式和处理家族事物的地方,它记录了这个家族辉煌的发展历史。

入口处门楼。门楼是门户贫富的象征,所谓"门第等次"即为此意,它是象征户主门第地位的标志,因此名门豪宅的门楼建筑特别考究。不管是屋宇式门楼,还是独户式门楼,都是精心设计的对象之一,尽可能地把本家族的丰厚财势和显赫历史显露出来。另外,信阳地区雨水较多,对门楼通风的要求也较高,门楼中间多靠东或窗户,主要是能够起到通风防潮的作用。信阳乡土民居的入口空间是封闭的围合空间,门楼将外部空间和内部庭院分割开来。大门的朝向在建筑风水上多有讲究,多选择在朝南向阳处,有靠山面水的格局,并要求门前的溪流不能正对着大门,并且缓缓流过,能见到起伏连绵的山峰,而且房屋不能正对着路,前面建筑的山墙不可对着后面建筑的大门。门楼的位置多设在平面布局的东南处,很少有大门正对着堂屋大门的。有些民居大门则开在南面中侧,利用院内厢房的山墙作为照壁遮挡内院和堂屋的视线。

建筑布局。信阳地区乡土民居具有明显的北方特征,院落较为宽敞,门两边设有耳房。在空间布局上,体现出了豫南地域文化特征。在不受地形条件的约束下,平面布局呈中轴对称,功能布局做到尊卑有序、各置其位。左右厢房的布局和高度,因"青龙高万丈、白虎不抬头"的风水文化而做出等级差异。在建筑组合中,堂屋是最重要的建筑单体,不仅体现在空间体量上,还体现在人的行为模式上。堂屋主要是用来供奉祖先、招待客人用的,为表示尊重,堂屋一般不可以穿越。以朝向为准,信阳民居文化中有"重左"的思想。无论朝向哪方,左厢房一般高于右厢房。一是通风采光的需要,二是传统风水文化的影响。另外,还表现在使用功能上,左侧通常以厨房较多,右侧以杂物间、牲口栏或是厕所居多。虽然现代居住理念早已超越这一原则,但是"左重于右"的传统思想依然存在。

细部装饰。信阳地区民居主要是砖雕、木雕和石雕在民居上进行细部装饰。"三雕"多用在大门、门窗、檐下、墀头、山墙、屋顶脊饰等部位,精致得当,使建筑整体显得富有生机。

木雕用于民居木构架装饰,见于显露的檐廊木构架的抱头梁和穿插枋、檐枋下的雀替、门楼檐下等部位。木雕的表现主题比较多,有些以动植物为题材,有些以山水景观为题材,还有些以人物故事为题材等。同时木雕还用于门窗装饰、室内装饰。

石雕主要用于入口处的门枕石和柱础等部位。门枕石承载木门的石质构件,在门外部分还有抱鼓石,通常做鸟兽艺术化处理。柱础主要是支撑传力,增加耐久性。柱础的艺术装饰比较多样化,有多边形、鼓形等。

砖雕和陶塑装饰的重点部位在山墙前廊檐部分的墀头和戗檐,以及屋顶的正脊、戗脊、角脊等处。正脊吻兽多做成头鱼身或龙头的样式,戗脊、角脊则选用不同形状的脊兽作装饰。

资料来源:根据网络资料整理。

(五)典型村落案例——郝堂村

郝堂村位于河南省信阳市平桥区五里店办事处南部,是典型的豫南山村。全村人口 2295 人，村域面积 20 平方千米，18 个村民组。这里曾经是贫穷落后的乡村，年轻人大量外出务工，土地撂荒严重，几近空心，全村人均年收入不足 4000 元。2011 年，平桥区委、区政府将郝堂村列为可持续发展生态示范村，在没有大拆大建、尊重群众意愿的情况下，经过向传统农耕文明寻求智慧，激发村庄内生动力，最终探索出了一条适合自身发展的美丽乡村建设之路。2013 年 11 月郝堂村被住建部列入全国第一批 12 个"美丽宜居村庄示范"名单，被农业部确定为全国"美丽乡村"首批创建试点乡村，是河南省唯一入选的示范村。

郝堂村在建设过程中，注重体现信阳乡土民居特色，积极保护生态环境，不断发掘村庄文化内涵。2011 年 6 月 21 日，第一家房屋改造开始，截至目前已经改造房屋 40 多户，新建 80 多户。现如今，走进郝堂村，让人有种仿若隔世的感觉，路边碎石小道与原有乡间土路依山沿河，随处可见狗头门楼、清水墙和瓦坡屋顶；风格统一但却不尽相同的信阳乡土民居散落于百年古树之间，宛若置身画中，又似进入世外桃源。

郝堂村经验一——留住乡村的温暖。始终坚持"尊重自然、顺应自然、天人合一"的理念，保护传统村落文化，延续历史文脉，力争将乡村建设成为茶乡风情浓郁、民居特色突出、乡村旅游兴旺、生态环境优美的具有鲜明信阳山村特色的村庄。

郝堂村经验二——让村民当家做主。倡导以自然生态、有机环保、可持续发展为主导的乡村建设理念，探索"农民是有尊严的、农村是有价值的、农业是有希望的"新型农村发展之路；组织群众参观学习、邀请专家来村进行讲座，政府出台优惠政策；村庄建设中明确村民是村庄建设的主体，充分尊重群众意愿，鼓励农户自力更生、自主创业、自谋发展，坚持不用或慎用财政资金，多用金融方式，少用财政手段，来推动村庄自主综合发展；尝试"内置金融"试验，通过发展村民共同体内部资金互助合作组织"夕阳红养老资金互助社"，使农民土地财产权益经内部融通得到体现，以资金互助社的运营为突破口，带动村容整治，进而逐渐改变村庄治理结构，促进经济发展、社区建设和社区治理的"三位一体"；依托金融合作，郝堂村逐步实现共同的产权、财权、事权和治权的"四权统一"，最终重建农村共同体。

郝堂村经验三——回归自然，保持淳朴传统姿态。村庄改造时，特别注意对美的发现与保留。千百年形成的村落布局，凝固了历史沧桑和邻里关系；石砌矮墙，草搭长亭，体现着村庄的肌理；雨水冲刷，让砖石变得温润，留下了时间的痕迹，都在这里得到了充分的尊重和保留。人们都说，郝堂很好找，春天跟着映山红和紫云英走,夏天找荷花,秋天遍地野菊带路,冬天最醒目的是那些百年的老树……。每年稻谷收获之前,村民们撒下大把的紫云英在稻田里,这本是千百年沿袭的绿肥种植。荷塘则是全村水系改造的重要一环,是生活污水最终分解消化的地方。干净的村庄,才是美的村庄。

二、两湖区域风貌现状特点

两湖区域是淮河上游重要的生态屏障,承担着信阳重要的生态、防洪、灌溉、农业、旅游、休闲等综合功能,同时也是豫南乃至鄂豫皖三省交界重要的旅游集散地和旅游目的地,是信阳市的城市后花园,因此两湖区域特色风貌的构建不仅关乎两湖区域自身的未来发展,更关乎淮河生态保护、信阳城市发展及人类物质与文化遗产的传承。

两湖区域地处亚热带向暖温带过渡地带,位于淮河上游、桐柏山山脉(属大别山山脉),其地势西南高东北低,低山环抱丘陵起伏,同时内部河网纵横,出山店水库、南湾湖、顾岗水库如三颗明珠镶嵌其中,形成特色鲜明的碧水浩瀚、群山连绵、港汊交错的自然山水格局。早在八千多年前人类开始在两湖区域繁衍生息,随着信阳城市的发展和社会的进步,逐渐形成了现有的乡镇、村落点缀其间,茶园、良田相依相融的区域发展肌理。

(一)库区/湖区

两湖区域内的南湾湖水库、出山店水库(建设中)、顾岗水库,是信阳市重要的三大水库,总库容量约50余万亿立方米,水域面积广阔,风光旖旎,是支撑"山水信阳"品牌的重要资源,也是信阳绿色创新发展的重要载体。现依托南湾湖水库、顾岗水库水资源,开发了滨水休闲度假旅游产品,但其旅游产品功能较为单一,景观营造也缺乏变化,出现了"见水不亲水"的局面。

专栏9-4　南湾湖水库、顾岗水库、出山店水库基本情况

南湾湖水库:是一座以防洪、灌溉为主、多目标综合利用的大型水库,其控制流域面积1100平方千米,校核库容13.55亿立方米。水库按千年一遇洪水设计、万年一遇标准校核,保护着信阳市中心城区及国家重要基础设施防洪安全。南湾湖水库原为浉河主道,清乾隆前,为申至楚官马驿道,豫楚要冲,为历代兵家必争之地。1952~1955年，信阳劳动人民积极响应毛主席"一定要把淮河修好"的号召，在蜈蚣岭和笔架山之间拦河筑坝，建立水库，因地处南湾，故此得名。

顾岗水库：顾岗水库属国家中Ⅱ型水库，水域面积2300亩，位于信阳市行政中心以北1.5千米处。

出山店水库（建设中）：出山店水库是大型控制性水利枢纽工，是一座以防洪、灌溉、供水为主，结合发电、水产养殖、旅游、航运等综合开发利用的国家大型水库。其坝址位于淮河干流的信阳市浉河区游河镇出山店村。坝址以上至淮河发源地河道长100千米，水库控制流域面积2900平方千米，总库容34.9亿立方米。主坝长3800米，最大坝高34.5米。设计灌溉面积250万亩，水电装机2900千瓦，工程投资约66.19亿元。

资料来源：根据信阳市政府提供资料整理。

（二）镇区

两湖区域内乡镇村隐于青山绿水之间、醉于茶山茗香之中，乡镇靠山临水，山城交融，水城相连，茶山绵延，交通便捷，风景优美。

但是随着经济的高速发展，城市也在不断地扩张，导致乡镇城区"空间肌理日趋同化、城区建设扩张无序、村城发展混杂无界、山水城市特色不显、配套设施不健全、文化内涵不彰显"，呈现出"千城一面"的乡镇风貌特征。

（三）景区

两湖区域内主要景区有南湾湖旅游风景区、顾岗水库风景区及出山店水库风景区（建设中）。目前南湾湖旅游风景区、顾岗水库风景区依托其优越的生态环境、优美的景观风貌、深厚的人文底蕴、丰富的动植物资源，初步建设成为集旅游、休闲、度假等功能于一体的风景名胜区。但是由于缺乏顶层设计为指导的开发建设，因此对自然人文资源方面挖掘不足、功能布局缺乏合理性、旅游产品开发出现同质化现象、创新发展动力不足、硬件建设及软性条件也急需优化提升。

（四）园区（茶园）

两湖区域特别是南湾湖上游车云山、集云山、云雾山、连云山、天云山的"五云"茶山及黑龙潭、白龙潭是信阳毛尖茶的正宗产地。区域内山环水绕，茶园连绵，茶香四溢，景色宜人。因信阳毛尖品牌的影响力，社会企业已经注资建设了若干个大型的生态茶文化园,如文新茶庄园、阿里智慧茶庄园、龙渚春·生态旅游庄园等,为两湖区域的茶、文、农、旅融合发展起到了很好的领头带动作用,并为两湖区域经济发展注入了新动力,有效推动了两湖区域的经济发展。

专栏9-5 文新茶庄园、"阿里智慧茶庄园"基本情况

文新茶庄园:文新茶庄园茶园占地规模210亩,是集休闲度假、文化体验、学习培训等功能于一体的大型生态茶文化园。位于拥有"茶王之乡"美誉的浉河港镇龙潭村,地处北纬32度,历史十大名茶之一的信阳毛尖的核心产区,也是我国产茶最北端的高纬度茶区,其生态环境天然优越,常年云雾缭绕,光照充足,昼夜温差大,非常适合茶树生长,茶源品质优异。信阳市文新茶叶有限公司,创建于1992年,十多年的励精图治,建设成为集"文新"牌信阳毛尖的生产、加工、科研、经营、销售为一体的文新茶叶有限公司。文新茶叶有限公司现已发展成为拥有四个茶叶分公司、二家茶艺馆、三个20吨茶叶保鲜库、二个现代化茶叶加工厂、并建有万亩生态茶园基地。公司主导产品"文新"牌信阳毛尖,有13个系列100多个品种,是品质优良的无公害、无污染绿色食品。

"阿里智慧茶庄园":"阿里智慧茶庄园"茶区之一选择在美丽信阳"南湾湖上游"所在的浉河港镇,从30万亩原始森林中按照"土、水、肥、气、热"五项指标检验合格的标准,精选出50000亩残次林开垦为有机茶园种植基地。有机茶在生产过程中,完全不施用任何人工合成的化肥、农药、植物生长调节剂、化学食品添加剂等物质,是一种无污染、纯天然、高品质的生态茶叶。阿里智慧茶庄园自主开发的智慧农业系统,是一个综合的体系,通过全程控制透明化、云平台服务个性化、全程溯源可视化、终端消费安全化四大方面有效实现农业产业链各关键环节的信息化、标准化。阿里智慧茶庄园通过会员制营销模式,将浉河港的生态优势、环境优势、原料优势和信阳毛尖的传统工艺优势、品牌优势、网络优势结合起来,促进了信阳茶产业的提升和发展。

资料来源:根据网络资料整理。

(五)乡村

乡村是中华传统文化的基因库。两湖区域内山村水乡散落在群山茶园之中、湖岸河道之畔,与自然山水融为一体,传统乡村乡貌相对完整,乡土建筑风格保护较好,是信阳、两湖区域"活的博物馆"。但是随着社会的进步和经济的发展,

传统村落正逐渐没落、文化传承后继无人、空间肌理遭到破坏、传统建筑面临废弃或拆除、乡村环境也受到一定程度的污染与破坏。

（六）生态廊道

生态廊道指不同于两侧基质的线状或带状景观要素，如道路、河流、山脉、各种绿化带、林荫带等都属于生态廊道。生态廊道可分为山脉型生态廊道、道路型生态廊道、河流型生态廊道三种类型。

两湖区域内，山脉型生态廊道有桐柏山山脉生态廊道；道路型生态廊道主要有宁西铁路、京广铁路、沪陕高速、G312、旅游公路、京广高铁、郑武城际等多条道路生态廊道；河流廊道主要有淮河、浉河及界河河流生态廊道。生态廊道建设是两湖区域提升环境品质、提高环境承载力及区域竞争力的新载体，是提升两湖区域风貌建设的重要抓手，也是推动两湖区域发展的重要工程。

（七）重要节点（历史遗迹遗址、古寺名刹、代表性自然资源、文化名人等）

以点见面、以根见冠，通过历史文化、山水文化及人文景观等资源的重塑，再现历史文化盛景，展现锦绣河山、历史底蕴及民俗风情风采。两湖区域内特有的"山、水、林、岛"自然风貌、豫风楚韵历史底蕴、"湖、岛、渔、茶"人文风采，是两湖区域风貌特征的灵魂精髓。但是目前承载两湖区域灵魂精髓的文化资源如平靖关、信阳四大名刹——祝佛寺、台子湾龙山文化遗址、春秋古谢城遗址、汉代昌都城遗址、太子城遗址、楚都阳城遗址、淮河古渡口等还未被挖掘利用，亟待开发填补，丰富两湖区域地域文化内涵。

三、两湖区域风貌存在问题

通过上述分析，对库区/湖区、镇区、景区、园区（茶园）、乡村、生态廊道、重要节点存在的问题进行总结梳理。两湖区域存在的主要问题可归纳为三点：一是功能相对单一，景观缺乏特色，见水而不亲水；二是城镇建设临湖而不见湖、靠山而不显山，乡镇空间特色不鲜明，缺乏冲击力和兴奋点，平淡无奇；三是城乡风貌特色不鲜明，人文底蕴彰显不足，代表信阳、两湖区域的文化及特色空间不足，亟待挖掘填补。

两湖区域的特色风貌营造，关系整个信阳市的城市品牌和形象，因此要跳出两湖看信阳，从系统研究信阳城市风貌特征入手，结合两湖区域的自身特质，塑造具有两湖独特 IP 的特色风貌，如表 9-1 所示。

表 9-1　　　　　　　　两湖区域风貌现状存在的问题

名称	存在问题
库区/湖区	粗放化开发，功能较为单一，景观营造缺乏变化，出现了"见水而不亲水"的局面
镇区	"空间肌理日趋同化、城区建设扩张无序、村城发展混杂无界、山水城市特色不显、配套设施不健全、文化内涵不彰显"，呈现出"千城一面"的乡镇风貌特征
景区	缺乏顶层设计为指导的开发建设，对自然、人文资源方面挖掘不足、功能布局缺乏合理性、旅游产品开发出现同质化现象、创新发展动力不足、硬件建设及软性条件急需优化提升
园区（茶园）	以信阳毛尖品牌引领，社会企业带动，两湖区域的茶、文、农、旅融合发展起到了很好的领头带动作用，但是茶、文、农、旅融合发展仍处于发展初期
乡村	传统村落正逐渐没落、文化传承后继无人、空间肌理遭到破坏、传统建筑面临废弃或拆除、乡村环境也受到一定程度的污染与破坏
生态廊道	生态廊道建设是两湖区域提升环境品质、提高环境承载力及区域竞争力的新载体，是提升两湖区域风貌建设的重要抓手，将是推动两湖区域发展的重要工程
重要节点	承载两湖区域灵魂精髓的文化资源还未充分挖掘，亟待开发填补，丰富两湖区域地域文化内涵

第二节　两湖区域风貌营造的总体思路

信阳市两湖区域以南湾水库、出山店水库为核心，主要包括与两湖联系紧密的浉河区、平桥区的 14 个乡镇、办事处、管理区。两湖区域位于桐柏山东麓，生态环境优越，负氧离子含量高，是名副其实的康疗养生、旅游度假的理想场所，是信阳市城市形象金名片、对外展示窗口、城市休闲会客厅、绿色发展新标杆、绿色生活示范地，因此两湖区域的打造要体现信阳城市独特的精气神。

一、凸显四个特色

两湖区域作为信阳城市的有机组成部分，未来将是信阳市的形象展示区，因此要在以"豫风楚韵"为核心的文化上有所传承与创新。同时,两湖区域作为信阳重要的生态涵养区,要强化生态优势、产业发展优势,凸显以"茶山绿水"为核心的生态经济区。

特色一:凸显两湖区域是信阳生态文明的展示窗口。两湖区域是信阳生态文明的展示区,凸显生态文明,营造健康环境,实现"生态—生产—生活—生命"四生融合,展现山青、水秀、茶香、人美、乡淳的地域风情。

特色二:凸显两湖区域是信阳山水茶都的核心载体。两湖区域以山为骨、以水为脉、以路为廊、以茶为 IP,通过构建"大茶园、小茶镇、名茶村"茶文化空间,让茶文化由虚变实,落地生根,突显茶山秀水风貌特征。

特色三:凸显两湖区域是信阳豫风楚韵的体验区域。两湖区域要以"豫风楚韵"为魂,通过名镇名村、历史遗址、民俗风情等为展示载体,传承和弘扬"豫风楚韵"文化内涵。

特色四:凸显两湖区域是信阳旅游休闲度假目的地。两湖区域应将生态文化、茶文化、农耕文化、民俗文化、红色文化等与旅游休闲、度假养生、观光体验等产品深度融合开发,彰显两湖区域旅游度假产品的独特性和稀缺性。

二、主要风貌载体

(一)"山水林田湖"生命共同体

两湖区域山、水、林、田、湖等生态要素俱全,生态环境优美,对人们生产、健康生活、生命质量提升都有极大作用。通过挖掘淮上文化资源,推动健康养生、休闲度假产业发展,可以构建以秀山、丽水、岛屿、茶园、良田、乡镇、村庄相生相依、天人合一的生命共同体为特征的淮河源度假养生旅游体验地。

(二)以"茶山绿水"为特色的山水田园综合体

两湖区域地处北纬 32 度,是信阳毛尖的核心产区,其生态环境优越,山环水绕,茶山相接,常年云雾缭绕,光照充足,昼夜温差大,茶源品质优异。其中南湾湖上游车云山、集云山、云雾山、连云山、天云山的"五云"茶山和黑龙潭、白龙潭更是信阳毛尖茶的正宗产地。利用两湖区域城乡结合部的区位优势,以水为脉,以路为廊,以文(茶)为魂,以绿为底,以健康产业为体,积极构建以"茶山绿水"为特征的康养型田园综合体,实现生态农业与健康产业、茶产业与休闲旅游产业交融发展，带动乡村振兴，实现美丽乡村建设，未来这里将成为信阳人"望得见山、看得见水、记得住乡愁"的康养型都市田园、田园都市。

（三）依托中原第一水城的休闲旅游大区

两湖区域有"中原第一湖"之誉的南湾湖、出山店水库、顾岗水库，水域广阔、风光旖旎，是山水信阳的代表，其生态环境优美、水域浩瀚碧波、岛屿水湾众多、珍禽异兽齐鸣斗艳、植被景观季相多变。发挥两湖区域"临城多水"的核心优势，将其打造成为中原第一水城，成为面向中原地区的康养度假基地、旅游休闲中心，推进信阳生态可持续发展，成为信阳及两湖区域经济产业转型升级的新标杆。

（四）"中国信阳毛尖"国家公园，创新茶IP

两湖区域信阳毛尖茶园种植面积广阔、茶园连绵、茶香四溢、景色宜人，南湾湖上游车云山、集云山、云雾山、连云山、天云山的"五云"茶山和黑龙潭、白龙潭更是信阳毛尖茶的正宗产地，同时茶园、茶镇、茶村散落其中，为两湖区域构建"中国信阳毛尖"国家农业公园提供优良的资源条件。通过以"大茶园、小茶镇、名茶村"的茶文化实体空间，推动茶文化的传承与发展，创新打造以"信阳毛尖"为核心的茶IP，让信阳茶文化生根发芽、造福桑梓。

三、总体定位与格局

（一）风貌定位

以"山水林田湖草"生命共同体为生态基底，以浓郁的"豫风·楚韵"文化内涵为灵魂，以充满生机的"茶山·绿水"为背景，构建以青山秀水、茶香人美、多彩田园、炫彩风情为特征，以康体疗养、度假观光、文化体验、教育科普、文创休闲为主要功能的"豫风楚韵·茶山绿水"的特色风貌区域，充分彰显两湖区域"山、水、林、岛"自然风貌、豫风楚韵历史底蕴和"湖、岛、渔、茶"等人文风采。

（二）风貌格局

根据两湖区域地形地貌、植被分布情况及山脉、河流、道路分布情况，构建

"一核·一心·三湖·四区"的总体风貌格局。其中，一核：康养休闲体验核；一心：综合服务中心（即两湖小镇）；三湖：南湾湖、出山店水库、顾岗水库；四区：淮上水乡田园风貌区、桐柏山茶山绿水风貌区、豫风楚韵康养休闲风貌区、沿淮高效农业风貌区。

四、开发原则

（一）分类开发，有效管控

根据两湖区域的场地特点，可划分库区/湖区、镇区、景区、园区（茶园/农业休闲园）、乡村/村落、生态廊道、重要节点等进行分类开发，合理设置管控因子，营造两湖区域特色空间，并通过对山水地貌、建筑风格、景观营造等方面的控制引导利用，实现对两湖区域在空间协调性、风貌整体性、文脉延续性等方面的管控和指导，如图9-1所示。

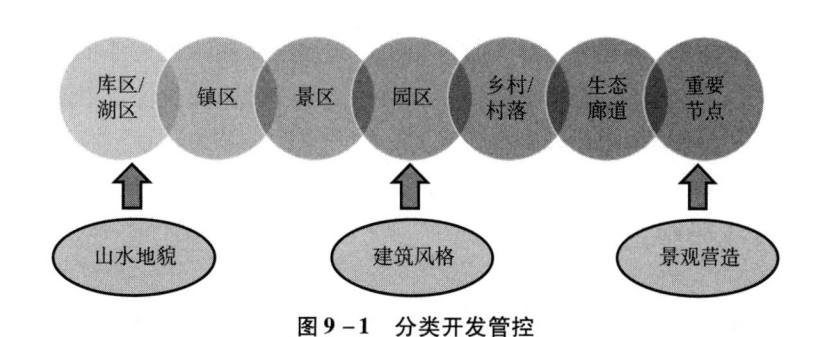

图9-1 分类开发管控

（二）优化空间，有机生长

以山水林田湖为基底，做好山水文章，打造绿水青山休闲空间，合理开发两湖区域，形成产业功能互补；保护山水格局，疏通水脉，构建大海绵体。完善、提升和塑造区域精品公共空间体系，营造都市田园、田园都市的特色风貌；坚持景城一体，以全域旅游的视角，处理好点、线、面、体、域的空间关系，以交通为骨架，将城镇、景区、园区、乡村等串联起来，营造处处是风景、处处有风情的特色游线和特色空间。

（三）彰显特色，激活乡愁

尊重山水地脉、人文史脉，结合两湖区域的自然、历史、人文、建筑、园林等特色资源，挖掘地域文化，特别是乡土文化、乡土建筑、乡土景观，提炼符合当代审美的文化元素，塑造区域特色风貌，通过民俗民风民情，重塑区域精神文化内涵，提升区域场地气质。

（四）以人为本，创意情境

通过以人为本、主客共享、四生融合（生态—生产—生活—生命）的理念，构建生态人文活态体验空间，实现人文活动的人文化、情景化、情境化、体验化。

第三节　分区营造特色风貌

根据两湖区域风貌格局总体构架，分类差异化、格局特色化地推进淮上水乡田园风貌区、桐柏山茶山绿水风貌区、豫风楚韵康养休闲风貌区、沿淮高效农业风貌区四大分区的风貌规划建设。

一、淮上水乡田园风貌区

位于两湖区域的西北角，涵盖出山店水库及出山店水库环湖生态农业区。本片区是中华文明的发祥地之一，早在八千多年前，人类依托平坦开阔的地貌、水网纵横的河网、土壤肥沃的土地、物产丰富的资源，在淮河两岸开始了原始农业的生产。

依托广袤田园、乡村、城镇，以豫风楚韵为灵魂，以淮上风情为特征，深入挖掘淮上文化、农耕文化、中原文化等，将本片区打造成为风景如画、沃野千里、水运发达、水乡景致、一区一地一情致、一河一船一人家的淮上水乡田园风貌区，依托淮河田园资源，规划建设田园综合体，促进一、二、三产业融合发展。

在建筑风格上，针对现有乡村建筑风格不协调部分，借鉴郝堂村经验，以信阳本土建筑风格为特色，进行提升改造；对新建建筑，传承弘扬本土建筑特征，构建信阳地区本土创新建筑新风貌。

在景观营造方面，重点突出地域生态环境优势，以山地水网田园等大地景观元素为主，着重体现生态、乡野、野趣风情。

二、桐柏山茶山绿水风貌区

涵盖两湖区域内的桐柏山①山脉，南湾湖水库镶嵌其中。本片区河网密布如织，茶山绵延起伏，乡镇点缀其中。

本片区应突显山水林岛地貌格局，以茶山绿水为基底，以豫风楚韵为灵魂，以信阳毛尖茶文化为特色，以山地水乡名镇古村为载体，弘扬信阳毛尖茶文化，展现豫风楚韵的包容性、多元性和独特性，推动"大茶园、小茶镇、名茶村"的落地建设及产业升级村镇改造，构建"中国信阳毛尖"国家公园，创新茶IP，推动桐柏山茶山绿水风貌区绿色可持续发展。

在建筑风格上，以信阳本土建筑风格为主，以新中式和仿生绿色建筑为辅，对乡镇村落进行环境综合整治和提升改造，老村旧宅进行修旧如旧创新再利用，实现村镇乡村与自然山水融为一体，天人合一，彰显历史文化的传承。

在景观塑造上，保护茶山绿水原生态的地貌格局，既传承了历史，又承载了历史，依山就势，步移景异。对河道、茶山、道路、乡镇村庄等进行环境治理和景观优化，在重要节点、转折处、制高点或开放区域设置休憩亭廊、观景台、文化广场、文化公园、地标构筑物等，突出历史脉络，展现人文情怀。

三、豫风楚韵康养休闲风貌区

位于信阳中心城区西侧，北至出山店水库，南临南湾水库，山水林田湖自然风貌独特，生态环境优美，负氧离子含量高，涵盖顾岗水库及顾岗水库周边的商贸服务区、科教文化区、文体休闲片区、康养休闲片区及发展预留区。本片区是南湾湖风景区和出山店风景区的综合服务功能区，是信阳主城区功能拓展的发展区，是两湖区域与信阳主城区联动发展的连接带，是拉动两湖区域经济发展、促进农民增收致富，实现产业、旅游、文化有机结合和生态、经济、社会效益的完美统一的关键区域。

---

① 桐柏山位于南北交界区，自古是重要的兵家战略要地，同时南湾湖水库原为浉河主道，清乾隆前，为申至楚官马驿道，豫楚要冲，为历代兵家必争之地。

本片区应发挥生态环境、地理区位、交通条件及用地条件优势，以山水田园大地景观为背景，以"不出城郭而获山水之境，身居闹市而享林湖之情"为目标，将本片区打造成为以康疗养生、休闲度假为主，以休闲农业、文创会展、教育科普、旅游集散、商贸服务、生态宜居等功能为辅的康养休闲风貌区。

本片区是信阳主城区的拓展区，应以科技时尚、智慧生态、绿色低碳为特征，构建健康信阳、人文信阳、科教信阳、时尚信阳、生态信阳。与信阳主城区毗邻地段建筑风格以本土建筑特征为设计元素，构建信阳现代新型低碳绿色建筑；景观上以自然山水为背景，注重对道路、河道、广场、公共绿色空间、水系等地段的景观设计，展现浓郁的豫风楚韵人文风情；两湖区域腹地建筑风格以本土建筑为主，注重生态环境保护，低密度开发。

四、沿淮高效农业风貌区

位于两湖区域东北角，是淮河南岸的高效农业区，紧邻城镇建成区，休闲农业园、特色农业园等正蓬勃发展，且地域开阔、土壤肥沃、水源充足、环境优美、交通便利，为高效农业的发展打下了坚实基础。

本片区应在整合现有生态农业的基础上，以建设景区化高效农业园为目标，以建设"美丽农业"为抓手，以培育高效精品农业产业为重点，以农文旅深度融合发展为策略，突出"精品农业、高效农业、多彩田园"，将高效农业园建设与产业改造提升及休闲观光农业发展有机结合，打造景区化田园、智慧化田园、科教化田园、体验化田园，打造信阳都市田园休闲体验区。

第四节　分类营造特色风貌

根据生态、生产和生活空间优化布局的总体要求，充分尊重生态本底条件和特点，差异化推进库区/湖区、镇区、景区、园区和乡村、生态廊道以及重要文化节点等更小单元的风貌规划设计。

一、库区/湖区

南湾湖。南湾湖是信阳市重要的水源地、是保护信阳及国际重要基础设施的防护安全防线，因此南湾湖应以促进人与自然和谐相处、实现水资源可持续利用为核心，突出防洪安全、供水安全、粮食安全以及生态与环境安全功能，将防洪、供水、灌溉、发电等安全防护功能置于首位，发挥库区湖光山色资源，轻度开发利用南湾湖水资源，发展湖泊型的康养度假、旅游休闲、绿色有机农业等产业，推动库区绿色生态可持续发展。

出山店水库。出山店水库是信阳市重要的备用水源地，是淮河重大的水利工程，因此出山店水库应以防洪安全、供水安全、粮食安全和生态与环境安全功能为核心，以水资源可持续利用为发展方向，依托库区资源，适度开发利用出山店水库资源，开展湖泊型的康养度假、旅游休闲、绿色有机农业、水上特色运动等活动，推动区域经济可持续绿色发展。

顾岗水库。顾岗水库位于信阳城市发展区，具有一定的防洪排涝和生态与环境保护功能。因此顾岗水库应在水资源、水环境保护及生态安全的前提下，充分利用水资源，大力开展城市型的湖泊型旅游休闲度假活动及水上特色运动，将顾岗水库打造成为信阳市综合性水上运动基地。

二、镇区

对两湖区域内11个乡镇/办事处资源进行综合分析，有效指导各乡镇/办事处产业发展方向，如表9-2所示。

表9-2　　　　　　　　　乡镇/办事处产业发展方向

名称	区位交通条件	自然资源	人文资源	现状产业	发展方向
金牛山办事处	107国道、312国道、新七大道、南湖路等穿境而过，处于南湾湖水库和出山店水库下游，是信阳城区通往这两个水库的"黄金通道"	金牛山生态环境优美，属于浅山丘陵区，岗岭库塘星罗棋布，田园山水交相辉映。山上茶林茂密，鸟语花香；山下水美鱼肥，碧波荡漾。山地森林覆盖率达95%以上，是天然氧吧。主要农作物有水稻、小麦、油菜、茶叶、板栗和各种蔬菜水果等	是明朝"前七子"之首何景明、著名武将冯镐出生地。信阳师院成立"何景明研究室"，何景明墓、冯镐墓分别被列为省、市重点文物保护单位。信阳最高学府信阳师院、信阳学院坐落在金牛山	产业以传统农业为主，生态旅游、休闲度假处于初步发展阶段	以山水田园资源为依托，发挥何景明名人效应，突出"文教"兴镇策略，并导入优质顶级学科教育培训机构和国际学校类资源，构建文教培训及衍生产业集群，将金牛山打造成为"文教"特色小镇

续表

名称	区位交通条件	自然资源	人文资源	现状产业	发展方向
游河乡	地处淮河、游河、白沙河三条河流汇合处，且游河乡乡政府所在地，距信阳市市中心仅20千米	大尖山矿泉水为高锶、高偏硅酸、低钠优质矿泉水。主要农作物为水稻、小麦。建设中的出山店水库部分位于游河乡，建成后将是信阳继南湾水库又一大旅游胜地	据《汉地理志》上记载，淮南王刘安建郡都（莽母城）位于游河乡，距今已有2000多年历史，该镇名列信阳第三重镇，素有"兴隆镇"之称。同时祝佛寺、大尖山和汉文化遗址也在境内	产业以传统农业为主，生态旅游、休闲度假处于初步发展阶段	以出山店水库建设为契机，以茶山水乡为背景，发展宗教康养为特色的康养小镇
南湾湖风景区	地处信阳市西郊，交通路网密集，紧邻京广、京九、宁西三条高铁，并且京港澳、大广、沪陕三条高速及106、107、312三条国道跨境而过。辖区内新七大道直通信阳高铁东站，融入郑州、武汉高铁一小时经济圈。距市中心5千米	生态资源优美，是全国首批"中国森林氧吧"之一，誉有"中原第一湖"的美称。湖区周围森林茂密，物种丰富，拥有鸟类200余种，鱼类60多种，"南湾鱼"多次荣获中国国际农交会金奖	人文底蕴深厚，有茶岛、鸟岛、猴岛等生态旅游景点，以及南湾湖大坝、望湖轩、聚贤祠、茗阳阁、贤隐寺等人文景观	产业发展上已经形成了以旅游度假和科技信息为主导的两大产业。重点发展生态旅游、休闲度假、培训疗养、高端旅游地产、生态农业、科技信息、养老服务和文化教育卫生事业	根据上位规划，未来发展以"国际康养大湖区"为总体发展目标，坚持"生态与人文"两大方向，突出"山、水、茶、渔"四大文化主题
董家河镇	地处信阳浉河区西南部，南湾湖上游，距市中心25千米	董家河镇是信阳毛尖的原产地和核心产区，也是"信阳红"红茶的发源地和高端产区，著名的车云、云雾、集云、天云、连云五大产茶名山全部坐落在董家河镇境内	董家河产茶甚古，早在唐代即为贡品。据1934年《重修信阳县志》记载，武则天赐银千两在车云山主峰建造千佛塔。董家河还是大别山革命根据地的重要组成部分。钱家大湾、张家湾、黄龙寺等被评为河南省传统古村落，"车云山雀舌制作技艺、博厚清代手工茶制茶技艺"被列为区级非物质文化遗产	紧紧围绕茶产业和茶文化发展休闲旅游，初步形成红、绿茶产业互促发展的格局，环湖游、茶山游、四望山红色文化旅游发展基础良好	以信阳毛尖为特色，打造禅茶特色小镇

续表

名称	区位交通条件	自然资源	人文资源	现状产业	发展方向
彭家湾乡	北与甘岸镇相望、南与羊山新区接壤，京广铁路、石武高铁、京珠高速、沪陕高速穿境而过	地形以浅山丘陵为主，河湖密布、植被、水资源丰富的农业乡		按照农业特色产业融合发展，"产业+环境+美丽乡村"建设思路，已引进多个生态农业、林业项目，大力开展林业精品园建设，种植观赏花卉和培育苗木	以休闲农业为基础，构建苗木花卉种植、休闲度假、养老养生为特色的特色小镇
双井办事处	位于浉河区北部，淮河南岸，距市中心12千米，G107、沪陕高速、京广铁路、宁西铁路、G312改线段穿境而过，且紧邻羊山新区和金牛产业集聚区	地形是丘陵和平原相结合，典型的农业区		近年来围绕现代农业发展方向，加快产业结构调整，特色农业发展遍地开发。如葡萄种植、无公害蔬菜种植、孔雀园养殖等	以现代农业发展基础为优势，将双井打造成为集现代农业、科普文化、采摘体验、休闲度假等为一体的田园小镇，实现乡村振兴，带动美丽乡村建设
甘岸街道办	位于信阳平桥区中心位置，淮河和107国道交汇处，距出山店水库3千米，且出山店水库大坝部分坐落于甘岸	地处淮河北岸，土地肥沃，具有开发高效农业的优越条件	有龙山文化、二里头文化、早商以及西周时期遗址，境内还挖掘出"彭岗遗址""太子湖遗址"。早在1965年，经考察研究，这里是古代先民已掌握养鱼技术的最早遗址	是沿淮蔬菜产业、腹地优质粮食生产基地，并且是重要的商贸集散地	依托现有产业优势，以"互联网+"为支撑，发展以农耕文化以及农业科技文化展示与体验为特色，并具有集散服务功能的都市田园综合体
十三里桥乡	位于信阳市西南3千米处，毗邻城区，区位优越	境内山水相连、风景优美，南湾湖环抱5个行政村，物华天宝，资源丰富	十三里桥种茶、制茶历史悠久，"霸王别姬""南湾鱼汤""闷罐肉"等美食声名远扬。并遗存有鸡鸣寺遗址。《鸡鸣寺传说》《信阳大鼓说》成功申遗	境内已经形成以草莓、甲鱼、蔬菜、茶叶、板栗、苗木花卉为六大支柱的产业，成为豫南闻名的"草莓之乡""杂果之乡""苗木花卉之乡"和"甲鱼之乡"	以特色都市休闲农业为基础，以渔文化为特色，发展成为集乡村休闲、文化体验、康养度假等功能为一体的水乡渔镇

续表

名称	区位交通条件	自然资源	人文资源	现状产业	发展方向
吴家店镇	位于信阳西30千米处,素有信阳"西大门"之称。312国道穿境而过,宁西铁路横贯东西	自然资源丰富,盛产水稻、小麦、食用菌、干豇豆等农副食品。茶叶生产久负盛名,拥有擒龙山、双碑、云阳山三大著名茶场,是全国十大名茶信阳毛尖的重要产区。山林植被丰富,小型水库、天然湖泊众多,依山环绕,景色宜人	历史人文资源丰富,拥有明弘治十一年修建的羊山寺、杨河村的五空桥墓群、新石器时代遗址熊台等。同时明家湾烈士墓已建成青少年爱国主义教育基地	产业以农业种植、农贸集散、休闲旅游等为主	以茶山绿水为基础,建设成为以茶文化体验、健康疗养、休闲度假、商贸服务、旅游集散等功能为一体的山水茶镇
平昌关镇	位于信阳市平桥区西北部,沪陕高速穿境而过,交通便利	紧邻淮河,上游无污染源,土地肥沃,多以沙地土为主,农产品以水稻、小麦、花生、玉米种植为主,素有信阳"粮仓"之称	历史源远流长,在新石器时期就有古人类在此居住。境内历史遗迹众多,如台子湾龙山文化遗址、春秋古谢城遗址、汉代昌都城遗址等,周边有杨庄村太子湖旧址、彭岗组楚文化遗址、淮河边"孔子来渡处"历史传说等,民俗活动有舞狮、舞龙、踩高跷、大鼓书、皮影戏和地方戏曲等,活动丰富且异彩纷呈	在传统农业的基础上,大力推进特色农业发展,育有蔬菜大棚种植示范基地、莲藕种植基地、沿淮流域无公害蔬菜种植产业带、特色石榴种植基地、猕猴桃种植基地、家庭农场种养殖基地等	以出山店水库建设、城阳城楚文化遗址扩造、甘岸孔姓姓氏文化传承为契机,以特色休闲农业为基础,深挖历史文化资源,延续历史文脉,弘扬非物质文化遗产,构建"豫风楚韵"特色文化产业小镇
浉河港镇	位于信阳西南部,据信阳市43千米。东与南湾湖相连	是"信阳毛尖"的原产地和主产区。境内有"黑、白龙潭瀑布、仙女潭瀑布、三仙缸"等神奇秀美的自然景观,有"茶园织锦绣、层林绿万山、轻舟荡碧水、花鸟映蓝天"的迷人生态景观	有狮子山、祖师顶、"四望山会议"旧址、李先念前湾住所旧址、新五师兵工厂旧址、龚家湾造币厂旧址等	信阳毛尖种植、生产、销售、运营实现一体化	以信阳毛尖茶文化为基础,"互联网+"为支撑,挖掘地方文化资源,以文化创意为媒介,打造茶文化为特色的创客小镇

两湖区域乡镇隐于山水之间、醉于茶山茗香之中，山城交融，水城相连，茶山绵延，水网密布，交通便捷，风景优美。充分挖掘乡镇历史文化资源、产业发展资源，以"景—乡镇/办事处—村"联动发展模式，以"茶山绿水·豫风楚韵"为文化主线，围绕康养度假、文创休闲、休闲农业等绿色产业，打造游河康养小镇、董家河禅茶小镇、吴家店山水茶镇、十三里桥水乡渔镇、浉河港创客小镇、甘岸田园小镇、金牛文教小镇等系列绿色生态型特色小镇，构建一镇一品，一村一特，差异化发展，实现三产融合、业态创新、功能互补、联动发展，推动乡镇振兴。

游河康养小镇。以康养休闲度假为核心，整合自然山水、农业资源、人文资源，构建以康体疗养、度假养生、文化体验、运动拓展、旅游观光等多元化功能融为一体的康养型度假小镇。

董家河禅茶小镇。以禅茶文化资源为核心，将禅茶文化与科创进行深度融合，发展成为集禅茶体验、禅茶教育、休闲度假、养老养生、教育培训、会议会展等功能为一体的禅茶小镇。

吴家店山水茶镇。以山水、茶山资源为核心，将茶文化体验、民俗体验、休闲观光、商贸服务、寻根问祖等功能融为一体，建设山水特色茶镇。

十三里桥水乡渔镇。以山水资源、水产养殖为基础，建设成为集渔文化体验、度假休闲、旅游观光、运动拓展、商贸服务等功能为一体的水乡渔镇。

浉河港创客小镇。以"豫风楚韵"为灵魂，以文化、教育、农业为载体，导入"互联网+""旅游+""生态+"等时尚元素，打造集科教、科研、生产、居住、创客创业、旅游休闲于一体的智慧型创客小镇。

甘岸田园小镇。以休闲农业为基础，依托民风民俗、田园景观、农耕文化等资源，打造集现代农业、休闲旅游、养老养生、田园社区、文创休闲等功能为一体的田园小镇。

三、景区

两湖区域内主要景区有南湾湖旅游风景区、顾岗水库风景区及正在建设中的出山店水库风景区。区域内山环水绕景色宜人、茶园连绵茶香四溢、植被丰富富氧离子含量高、人文底蕴深厚遗址众多。对景区内自然人文资源进行挖掘与整合，以生态文明建设为理念，以"豫风楚韵·茶山绿水"为特色，凸显山水之魅力、人文之厚重，实现三大景区联动互促错位发展，将三大景区整体打造成为集康体疗养、文化体验、休闲度假、山水运动、商务会展、文创休闲等功能为一体的山水型国际性旅游目的地，成为生态文明建设的中国样板，并有效推动城镇经济发展，带动乡村振兴。

南湾湖风景区。对南湾湖风景区内的生态环境进行综合治理、对区域内产业进行提档升级、对内部村镇进行提升改造、对路网体系进行优化提升、对景观环境进行文化包装、对服务配套设施进行优化升级，凸显山水之魅力、人文之厚重，打造成为山地湖泊岛屿型的康养度假、旅游休闲、商务会议等为特色的旅游度假目的地。

出山店水库风景区。依托淮河及周边区域范围构建总面积约200平方千米的出山店风景区，立足山水文化、淮河源文化、信阳茶文化、出山店历史文化等四大特色资源，以两湖小镇建设为契机，建设成为"中国第一水库旅游·首席山水北国度假高地"的风景名胜区，成为领跑整合南湾水库旅游资源，大区域旅游、面向世界的著名旅游度假胜地。

顾岗水库风景区。顾岗水库风景区被誉为"天然氧吧"，依托顾岗水库丰富的水资源、环湖区域的森林植被及动植物资源，将顾岗水库建设成为信阳城市内部的湖泊型旅游风景区。通过动植物资源的挖掘、水文化的弘扬、水上游乐项目的深度开发，将顾岗水库风景区打造成为是中原水上天堂、豫鄂休闲胜地、信阳城市大型湖滨公园。

四、园区（生态茶园/农业休闲园）

两湖区域的茶山茶园、林果花卉苗木、果园蔬菜、水产养殖、中草药等种养殖基地分布于山水之间，以现有种养殖基地为载体，统筹推进特色种植农业园、高效生态农业园等规划建设，以农、文、旅、健康等产业融合发展为策略，以"智慧+"为支撑，推动传统农业转型升级，将园区建设成为集现代农业、养生休闲、田园度假、农事体验、游学科普等功能为一体的都市型生态休闲农业园。

生态茶园。以茶园茶村为抓手，以茶文化为灵魂，配套建设茶庄、茶坊、茶社、茶馆、茶道等服务配套设施，将茶园建设成为集茶文化体验、生态农业、度假养生、休闲旅游等功能为一体的生态茶园。

生态休闲园。以林木花卉、果园蔬菜、水产养殖、中草药种植等种养殖基地为基础，以生态保护为指导，将生态休闲园区建设成为集有机生态农业、农耕体验、田园度假、休闲观光、科普教育等功能为一体的综合型生态农业休闲园。

五、乡村/民宿/乡村酒店/乡村客栈

乡村是中华传统文化的基因库。两湖区域内山村水乡散落在山地茶园之中、湖岸河道之畔，与自然山水融为一体，传统文化风貌相对完整，乡土建筑风格保护较好，是信阳、两湖区域"活的博物馆"。因此，在保护传统乡村肌理的基础上，以旧村老宅为载体，深入挖掘乡村自然人文资源，复原原生态"豫风楚韵"的村风村容，以农耕文化体验、文创休闲创意、休闲农业为特色，将旧村老宅和周边山水田园进行整体包装再开发，打造成为生态农庄/共享农庄，开展农耕文化体验、农庄休闲、农庄康养度假、乡村游学等活动，推动乡村振兴和农耕文明的传承与复兴，同时与时俱进，以"智慧文化创意+"为引领，对乡村老宅旧居进行修旧如旧，内部服务设施进行改造提升，建设成为乡村民宿、乡村客栈、乡村酒店等，实现乡村旧宅创新利用，推动传统乡村的涅槃重生。

乡村客栈。根据现代人的生活方式对乡村住宅内部空间进行改造，以乡情、乡愁、乡恋为主题，开展度假休闲、民俗体验、乡味享受等活动，寄情于自然山水之间，回归于田园风光之中，让游客回归自然，放松身心，寓教于乐。

乡村酒店。盘活乡村老屋旧宅资源，对乡村空置或废弃老宅进行综合改造提升，凝练乡村文化内涵，打造乡恋主题、禅茶主题、书香主题、浪漫主题、田园主题等主题的乡村酒店。

六、生态廊道

道路型生态廊道。以铁路、高速公路、国道及快速路、山体及河道等两侧绿地为依托，结合两湖区域生态环境建设和治理，打造宁西铁路生态廊道、京广铁路生态廊道、沪陕高速生态廊道、G312生态廊道、旅游公路生态廊道、京广高铁生态廊道、郑武城际生态廊道，构建集生态、生产、生活"三生融合"的生态廊道，推进廊道经济建设，撬动区域生态健康服务业发展。

以道路、山体、河道等两侧的绿地为载体，通过植被、地标、亭廊等休憩构筑物、休憩驿站、道路标识牌等的建设，构建两湖区域生态绿廊，增强两湖区域的交通便捷性、舒适性及可识别性。

河流型生态廊道。以淮河、浉河及界河的河道及周边湿地为载体，在保障防洪治洪、防止水土流失、保护生物多样性的前提下，通过修建游步道、休憩栈

道、休闲平台、景观亭廊等构筑物和植被景观营造，打造生态型滨水休闲空间，强化两湖区域的亲水性、安全性及美观性，突出水生态治理功能。

山脉型生态廊道。以桐柏山山脉为载体，以豫风楚韵为灵魂，充分利用茶山、林地、山泉、沟壑等资源，在生态环境综合治理的前提下，通过修建登山步道、茶道、茶亭、茶廊、驿站、观景台及景观小品等措施，打造步移景异的山地生态廊道。

七、重要文化节点

两湖区域内特有的"山、水、林、岛"自然风貌、豫风楚韵历史底蕴、"湖、岛、渔、茶"人文风采，是两湖区域风貌特征的灵魂精髓。通过对望湖轩、出山店景观大坝、聚贤祠、平靖关、何景明书院、游河城堡、千佛塔、淮河古渡口、祝佛寺九大资源进行深度挖掘、整合、修建、复建、包装，构建两湖九景，通过以点见面、以根见冠，展示两湖区域锦绣河山、历史底蕴及民俗风情。

望湖轩。望湖轩位于浉河上游、南湾水库大坝西侧广场上。西与茶岛、鸟岛隔湖相望，东与茗阳阁、聚贤祠依山相连，是南湾水库五十多年发展史的缩影，反映了南湾湖一代代水利人"创新、争先、奉献"的精神风貌。这里既可以饱览南湾湖的湖光山色，又可以通过展示馆加深对南湾水库的认识和了解，是信阳八景之七。

出山店观景大坝。出山店水库是国务院部署的172项重大水利工程之一，也是唯一一座在淮河干流上修建的大（Ⅰ）型水库，将对淮河安全发挥重大作用，还具有灌溉、供水、发电等综合效益。出山店观景大坝建成以后，能够全览淮河壮美风光，体验淮河源头自然人文风情。

聚贤祠。聚贤祠位于信阳市郊西南侧的贤山之巅。贤山又名贤隐山，北临浉河，西眺南湾湖，古时曾有贤士隐逸于此，故名。信阳古八景之一的"贤岭松风"、佛教圣地贤隐寺①均在此山。今逢盛世，在山巅修建此祠，据介绍有"聚历代历史文化名人于此祠"之意，是信阳八景之首。借助聚贤祠、贤隐寺文化底蕴，举办文化交流活动、佛教节事活动及禅茶交流大会等，开展佛禅养生、佛禅教育、佛禅体验等文化活动，传承、弘扬、创新禅茶文化。

---

① 贤隐寺，系南朝齐梁年间在松和尚始建，距今已近1500余年。史志记载，因该寺建在东汉孝廉周磐隐居处，故称"贤隐寺"，为古时中原五大寺之一，与"少林寺、白马寺、相国寺、南阳玄观庙"齐名。

平靖关。为古代天下九塞之一，武胜关西，鄂豫交界处，地势险要，两侧群山对峙，道路狭窄险阻，历代为中原战略要地，南北交通要道，曾在此设驿站或巡检司。平靖关侧有北伐战争烈士墓。依托平靖关古遗址，复建关隘关口、驿站、校场、军帐等设施，深挖军事文化，开展野外军事拓展、军事教育活动，丰富两湖区域文化内涵。

何景明书院。何景明是明中叶"前七子"领袖，他的人生中做人、做文、重教对后世影响深远。研究何景明文化，并借助其名人效应，推行尊师重教，开展学术交流、文化活动、科教科研等活动，建设成为集教育科研、藏书与治学、文化交流等功能于一体的何景明书院，推动区域经济发展，推行学院风尚，传承学院学风。

游河城堡。梳理游河镇历史，挖掘汉文化，建设地标构筑物、人文雕塑、活动广场等，通过科技光雕手段，展现游河镇千年历史，再现游河前世今生。

千佛塔。千佛塔是信阳茶历史的一个独特标志。据说，武则天饮过此茶后，久治不愈的肠胃疾病顿消，精神大畅，遂称赞不已，赐银在车云山头修建了一座千佛塔。依托复建的千佛塔，深挖茶禅文化，开展礼佛许愿、开茶节、禅茶农事体验、旅游度假观光等活动，传承弘扬禅茶文化。

淮河古渡口。淮河古渡口位于孔庄村孙寨组的孙寨文化遗址的龙山文化、二里头文化、早商以及西周时期遗址地域，周边还有"彭岗遗址"、战国时期"太子湖遗址"。以建设出山店水库为契机，复建淮河古渡口，以信阳博物馆内的遗迹、遗物为参考，将淮河古渡口打造成为户外文化体验基地，以点概面，展现千年历史积淀，再现龙山文化、二里头文化、早商文化、西周文化以及战国文化的文化精髓。

祝佛寺。祝佛寺为信阳四大名刹之一，始建于大唐天宝年间。该寺兴于宋，鼎盛于明朝中期。相传由宝积禅师重建，取名"盘山寺"。大雄宝殿内有铁铸的八尺高大铁佛一尊，故又名"铁佛寺""摸佛寺"。传说淮河行水之龙路过此地，河水猛涨三尺，以示朝拜佛祖，待龙领佛旨离去后，水又急落三尺，所以，又名"祝佛寺"。依托祝佛寺开展朝拜祈福、度假养生、文化体验、教育培训等活动，丰富祝佛寺文化内涵。

第五节 重大项目特色风貌营造意向

按照两湖区域总体风貌定位、四大片区风貌导向以及生产、生活及生态空间风貌设计引导，加强对重大项目的风貌规划设计，既要体现区域整体风貌的协调性，也要彰显不同项目的特色性。

一、综合服务中心

综合服务中心是两湖区域与信阳城区的纽带，是两湖区域的门户、信阳市的城市客厅，是信阳城区的综合服务基地。以服务于"建设国际健康大湖区"为总体发展目标，坚持"生态与人文"两大方向，突出"山、水、茶、渔"四大主题，鲜明展示两湖区域的文化特征，并按照全域景区理念，构建山中有城、城中有水、水中有城、城景一体的空间格局，形成集集散服务、旅游度假、农业休闲、民俗体验、健康宜居等功能于一体的风情特色功能型小镇，建成两湖区域会客厅。

建筑风格。以节能生态、绿色低碳为原则，以山水为基底的低密度开发（建筑以低层、多层建筑为主）为主，采取本土建筑为主，彰显打造豫南建筑风格，回归传统建筑遗风。

景观塑造。以山水为景观大背景，突出"山水、茶、渔"主题元素，营造特色风情小镇。

二、"茶山绿水"国际康养度假基地（即康养休闲体验核）

"茶山绿水"国际康养度假基地位于出山店水库和南湾湖之间，两湖区域的腹地，山环水绕，生态环境优美，负氧离子高，是茶山绿水田园大地背景下的康养度假、文体休闲的理想场所。依托南湾湖、出山店水库资源，将该区域打造成为国内一流、国际知名的山水型康养度假休闲基地。突出生态环境的保护，基地以低密度开发为主，注重茶山绿水田园原生态景观的营造，建筑隐于山水田园之间，实现天人合一，人与自然和谐发展。建筑采取本土建筑和新中式建筑为主。

三、吴家店镇山水茶镇

以吴家店镇为载体，以生态休闲农业为依托，以信阳毛尖茶文化为特色，以"互联网+"为支撑，以农文旅融合发展为策略，突显依山临水优势，挖掘如羊山寺、五空桥墓群、新石器时代遗址熊台、明家湾烈士墓等历史文化资源，将吴家店镇旅游小镇打造成为以信阳毛尖茶文化为特色兼具旅游集散服务功能的生态山水茶镇。

建筑风格。以山水茶园为背景，以低层、多层建筑为主，建筑风格以本土建筑风格为主，突出吴家店镇历史文化底蕴。

景观塑造。以茶文化为特色，通过人文景观、山水景观，塑造轻快、休闲式的自然人文休闲空间。

四、董家河毛尖小镇

以董家河车云山、云雾山、集云山、天云山、连云山五大产茶名山为资源，以董家河镇为载体，以信阳毛尖茶文化为灵魂，将董家河镇打造成为集毛尖茶文化体验、康养度假休闲、游学教育培训、会议展示科研、商贸集散服务等功能为一体的信阳毛尖小镇。

建筑风格。以山水为基底低密度开发（建筑以低层、多层建筑为主）建设毛尖小镇，建筑风格采取豫南建筑风格，回归传统建筑遗风。

景观塑造。以茶、禅文化为特色，以豫风楚韵为内涵，以绵延的茶山为背景，构建浓郁的茶山绿水的景观风貌。

五、平桥（豫风楚韵）文创小镇

以出山店水库建设、城阳城楚文化遗址扩造、甘岸孔姓姓氏文化传承为契机，以平昌关镇为载体，以生态休闲农业为基础，以豫风楚韵文化为内涵，以"互联网+"为支撑，深挖台子湾龙山文化遗址、春秋古谢城遗址、汉代昌都城遗址及周边杨庄村太子湖旧址、彭岗组楚文化遗址、淮河"孔子来渡处"等历史文化资源及传说，延续历史文脉，弘扬非物质文化遗产，将平昌关镇打造成为"豫风楚韵"为特色的文化产业小镇，实现地域特征、文化特质和时代特色有机融合。

建筑风格。以淮河田园为背景，进行低密度开发，建筑高度基本控制在30米左右；建筑以节能生态、绿色低碳为设计原则，以春秋战国时期建筑符号为特征，以绿色低碳现代建筑手法为支撑，构建平桥文创小镇特色建筑。

景观塑造。以"豫风楚韵"为灵魂，以文创为特色，突出"生态、文化、创意、体验"等主题元素，以山水田园为背景，打造豫风楚韵文创特色景观。

六、游河幸福康养小镇

以出山店水库建设为契机，以茶山水乡为背景，深入挖掘祝佛寺、大尖山和汉文化资源，将游河乡打造成为集宗教文化养生体验、养生教育、休闲度假、养老康复、旅游观光等为一体山水田园型康养特色小镇。

建筑风格。以茶山绿水为背景，进行低密度开发，建筑高度基本控制在20米左右；建筑以节能生态、绿色低碳为设计原则，构建以豫南建筑风格为主、绿色低碳现代建筑风格为辅的康养特色小镇。

景观塑造。突出"茶、禅、山、水、健康"主题元素，以人文资源为内涵，以山水为背景，以休闲农业为特色，展示茶园、苗木花卉、生态有机农业等大地农业景观。

七、"中国信阳毛尖"国家农业公园

突显山水林岛地貌格局，以董家河车云山、云雾山、集云山、天云山、连云山五大产茶名山及三大茶场为主要载体，以茶文化为灵魂，以茶园、茶镇、茶村、茶道、茶社等品牌建设为抓手，以豫风楚韵农耕文化为特色，以全域景观一体化为目标，推动产业升级、科技创新，建设"中国信阳毛尖"田园综合体。对区域内的茶园、茶镇、茶村、茶道等进行环境改造和景观提升，配套完善的公共服务设施，如游客服务中心、服务驿站、休憩栈道、观景亭台、登山茶道、公共厕所等，带动城镇发展，实现乡村振兴，推动生态—生活—生产—生命融合发展。

建筑风格。采取豫南建筑风格，新建建筑风格采取新中式及仿生绿色建筑为主，建筑高度基本控制在20米左右。

景观塑造。以茶山绿水为特色，通过道路、景观、文化小品、构筑物、导视牌等要素，彰显毛尖茶文化，构建山水茶园大地景观。

八、淮河都市田园综合体

以沿淮高效农业区为主体，以振兴乡村为目标，以美丽乡村建设为抓手，农文旅融合发展为特征，构建城乡协同发展共同体，打造诗意栖居的都市田园。对区域内的乡镇、村庄、田园、河流、道路等进行环境改造和景观提升，配套完善的公共服务设施，如游客服务中心、服务驿站、休憩栈道、观景亭台、休闲绿道、公共厕所等，带动城镇发展，实现乡村振兴，带动农民增收。

建筑风格。采取豫南建筑风格，采取新中式及仿生绿色建筑为主，建筑高度基本控制在20米左右。

景观塑造。以塑造淮河水乡田园景观风貌为主，通过田园、道路、沟渠、湖泊等景观的塑造，打造水乡野趣的生态景观。

第六节 对 策 建 议

一、加强山水格局原生态保护

突出山水空间格局。修复和美化山水地貌景观，控制两湖区域内乡镇乡村开发强度，引导乡村建筑改造提升，拆除重要景观视廊内的阻隔建筑及构筑物，对影响生态环境的乡村进行有序腾退安置，提升整体风貌和谐度、提高山水格局的整体感知度，优化山水生态环境。

保护传统乡镇乡村空间肌理，延续街巷空间格局。传承村镇发展肌理，修复及优化村镇生态环境，注重绿色低碳，通过建筑样式、建筑高度、建筑材料、建筑色彩、等控制引导，塑造具有人文底蕴深厚的名镇名村。

二、传承保护利用好文化资源

严格保护历史文化遗产遗迹。对重要的遗产遗迹进行修复、复建，将历史文化遗产遗迹建设成为两湖区域对外展示的重要文化窗口和重要公共空间，弘扬区域文化，展现历史史脉。

活化利用文化遗产资源。深入挖掘文化遗产资源的文化价值，用展示、传承推广的方式促进文化遗产保护，积极促进文化旅游融合发展，有序发展各类文化旅游业态。

三、强化政策支持

加强开展生态保护修复工作,推动人工及生物工程治理,明确生态保护修复的目标任务、技术路线、资金投入和各方责任任务等,财政部、国土资源部、环境保护部将按照工作职责分工加强对地方的指导,将立足全局把控、加强顶层设计,对生态保护修复进行科学规划;积极协调解决推进工作中的问题,组织建立专家团队,完善生态修复的标准体系、技术规范等。

生态保护修复工程、历史文化遗产遗址、乡村振兴综合整治工程政府应给予相应扶持,鼓励拓宽资金渠道,积极引入社会资本,按照系统综合治理的要求,提出整合资金的具体措施和办法,统筹环境污染治理、农村环境保护、矿山地质环境治理、土地复垦、水污染防治、生态修复、历史文化遗产遗址保护等各类专项资金,切实推进生态保护修复、文化遗产保护工作及乡村振兴综合整治。

参考文献

[1] 蔡晓丰:《基于系统理论的城市风貌及其评价研究》,载《新建筑》2007年第2期。

[2] 蔡家成:《康养旅游的重大意义和性质特征》,载《中国旅游报》2017年1月31日。

[3] 曹冰冰、朱正业:《近十余年来淮河流域经济开发研究述评》,载《阜阳师范学院学报(社会科学版)》2017年第4期。

[4] 陈颜光:《信阳地理位置特征和经济发展约束分析》,载《信阳师范学院学报(自然科学报)》2018年第2期。

[5] 陈吉宁:《着力解决突出环境问题(认真学习宣传贯彻党的十九大精神)》,载《人民日报》2018年1月11日。

[6] 迟福林:《以高质量发展为核心目标建设现代化经济体系》,载《行政管理改革》2017年第12期。

[7] 崔恺:《"蔓藤城市"——一种有机生长的规划》,载《城市环境设计》2017年第3期。

[8] 巅峰智业:《新时代下中国乡村旅游十大新业态》,载巅峰智业官网,2015年9月8日。

[9] 董一鸣:《淮干大型水库保百姓平安》,载《中国水利报》2015年4月17日。

[10] 邓林:《信阳楚文化及其相关问题探讨》,华中师范大学硕士论文2013年。

[11] 冷冰、姜书纳:《浅述信阳市城市风貌》,载《绿色科技》2012年第5期。

[12] 刘国栋:《信阳山水如诗 乡村如画 田园如歌》,载《信阳日报》2017年11月4日。

[13] 李斌主编:《〈"健康中国2030"规划纲要〉辅导读本》,人民卫生出版社2017版。

[14] 李珂:《城市郊野之美——杭州西溪湿地公园》,载《绿色中国》2005

年第 11 期。

[15] 李忠：《"蔓藤城市"与新经济》，载《城市环境设计》2017 年第 3 期。

[16] 林宏：《鱼腾冰湖天下醉——解密松原冬捕经济的创富密码》，载《吉林日报》2017 年 12 月 20 日。

[17] 林宏伟：《武当山景区旅游环境与对策研究》，电子科技大学硕士学位论文，2007 年 6 月。

[18] 刘健：《城市滨水区综合再开发的成功实例——加拿大格兰威尔岛更新改造》，载《国外城市规划》1999 年第 1 期。

[19] 刘华春、喻光晔、水艳、李丽华：《推动水生态保护与修复 建设生态淮河》，载《治淮》2017 年第 8 期。

[20] 卢杰、王勇：《国外典型大河大湖区域治理开发经验及对鄱阳湖开发的思考》，载《生态经济》2010 年第 10 期。

[21] 马志宇、黄耀志：《城市生态廊道建设探讨》，载《山西建筑》2007 年第 5 期。

[22] 缪丽华：《杭州西溪湿地生态旅游开发现状与前景初探》，载《湿地科学与管理》2009 年第 6 期。

[23] 邱玥、陈恒：《乡村是传统文化基因库 传统村落保护困局如何破》，载《光明日报》2017 年 1 月 7 日。

[24] 上海东滩投资管理顾问有限公司：《健康产业与健康地产：商机与实务》，中国经济出版社 2016 年版。

[25] 舒学昌：《信阳毛尖 魂归何处——对信阳茶产业发展机遇、面临困局和破解之道的几点思考》，载《农村·农业·农民（A 版）》2017 年第 4 期。

[26] 邰学东：《英国城市滨水区开发的经验与启示——以卡迪夫湾和伦敦道克兰码头开发为例》，载《江苏城市规划》2007 年第 12 期。

[27] 汤薇：《生态经济学在主体功能区中的应用研究》，经济科学出版社 2016 年版。

[28] 王昆欣、张苗荧：《国家农业公园的发展思路及对策建议》，载《浙江农业科学》2017 年第 2 期。

[29] 王建国、吕志鹏：《世界城市滨水区开发建设的历史进程及其经验》，《城市规划》2001 年第 7 期。

[30] 王中雨：《地方茶叶发展对当地旅游经济产业的推动研究——以信阳市为例》，载《生态旅游》2016 年第 9 期。

[31] 吴兴海等著：《互联网+大健康：重构医疗健康全产业链》，人民邮电出版社2017年版。

[32] 夏必琴：《千岛湖旅游地演化进程及其机制研究》，安徽师范大学硕士学位论文，2007年5月。

[33] 习近平：《决胜全面建成小康社会 夺取新时代中国特色社会主义伟大胜利》，《人民日报》2017年10月28日。

[34] 杨舒：《建设国家公园 自然保护与开发利用如何双赢》，载《光明日报》2018年3月17日。

[35] 阎丽、郭二艳、徐宪：《信阳红色文化资源的开发利用研究》，载《环球市场信息导报》2011年第10期。

[36] 杨顺顺：《建设"美丽湖南"须拓展非政府主体参与模式》，载《湖南日报》2017年12月27日。

[37] 姚令华：《探析豫南乡土建筑的类型与形态特征》，载《赤峰学院学报（自然科学版）》2015年第15期。

[38] 尤鑫：《日本琵琶湖开发与保护对鄱阳湖生态经济区建设的启示——基于国内外大湖开发和保护与鄱阳湖生态经济区开发和保护比较研究》，载《江西科学》2012年第30卷第6期。

[39] 叶相成：《湖北十堰市着力打造农村环境综合整治"全国样板"》，载《中国环境监督》2017年第5期。

[40] 赵方忠：《古北水镇长成记》，载《投资北京》2015年第5期。

[41] 周兰萍：《片区综合开发PPP项目的风险管理》，载《建筑技术开发研究》2017年第3期。

[42] 张清改：《河南信阳"淮上文化"之探究》，载《和田示范专科学校学报》2013年第32卷第4期。

[43] 《中共中央 国务院关于深入推进农业供给侧结构性改革加快培育农业农村发展新动能的若干意见》，2016年12月31日。

[44] 《河长制湖长制今年全面建立》，载《人民日报》2018年1月4日。

[45] 《出台全国首个县级环境质量管理规范 淳安环境保护有了"千岛湖标准"》，《浙江日报》2016年12月15日。

[46] 《水美湖南 水润三湘——水生态文明建设的长沙、株洲、郴州样本》，载《湖南日报》2017年10月16日。

[47] 《大理市生活垃圾处置城乡一体化系统工程》，载国家发改委网站2017

年10月9日。

［48］《张家界市杨家溪污水处理厂项目》，载国家发改委网站2017年10月9日。

［49］《用生态之美谋赶超之策造百姓之福》，载《经济日报》2018年3月14日。

［50］《出台全国首个县级环境质量管理规范　淳安环境保护有了"千岛湖标准"》，载《浙江日报》2016年12月15日。

［51］《水美湖南　水润三湘——水生态文明建设的长沙、株洲、郴州样本》，载《湖南日报》2017年10月16日。

［52］《信阳毛尖品牌价值达59.91亿元居全国第二位》，载《信阳新闻网——信阳日报》2017年4月21日。

［53］全国其他地方有关规划，如《北戴河生命健康产业创新示范区发展总体规划（2016—2030年）》、《海南博鳌乐城国际医疗旅游先行区医疗产业发展规划纲要（2015—2024年）》、《云南省生物医药和大健康产业发展规划（2016—2020年）》、《贵州省大健康产业"十三五"发展规划》、《四川省养老与健康服务业发展规划（2015—2020年）》、《黄河三角洲高效生态经济区发展规划》、《庄河市旅游发展战略规划（2014—2015年）》（巅峰智业）、《洞庭湖生态经济区规划》、《丽水市生态精品现代农业发展规划》、《东莞水乡特色发展经济区发展总体规划（2013—2030年）》、《上海淀山湖地区发展规划》等。

［54］国家有关环境保护、生态文明建设、美丽乡村建设、健康产业发展等规划和系列文件。

［55］河南省有关环境保护、生态文明建设、美丽乡村建设、健康产业发展等规划和系列文件，如《河南省主体功能区规划（2014—2020）》《河南省健康养老产业布局规划》等。

［56］信阳方面提供文献材料，包括信阳市"十三五"国民经济和社会发展等相关规划和系列文件、浉河区"十三五"国民经济和社会发展等相关规划和系列文件、平桥区"十三五"国民经济和社会发展等相关规划和系列文件、《南湾湖旅游规划》《"健康信阳2030"规划》《信阳市城市总体规划（2004—2020年）》《信阳市城市总体规划（2015—2030）》《平桥产业集聚区发展规划》《南湾湖风景区总体发展规划》等。

附　　录

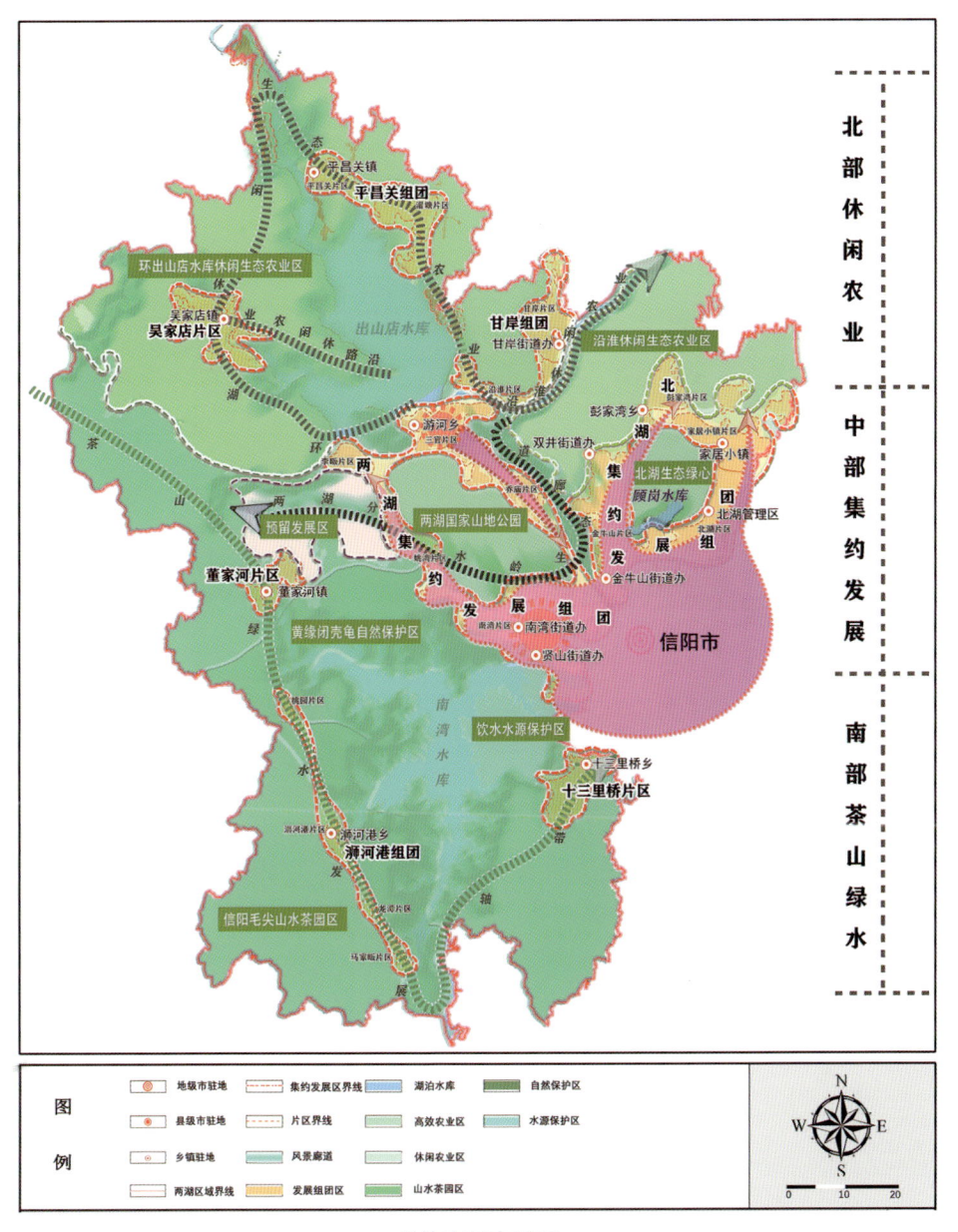

总体空间布局图

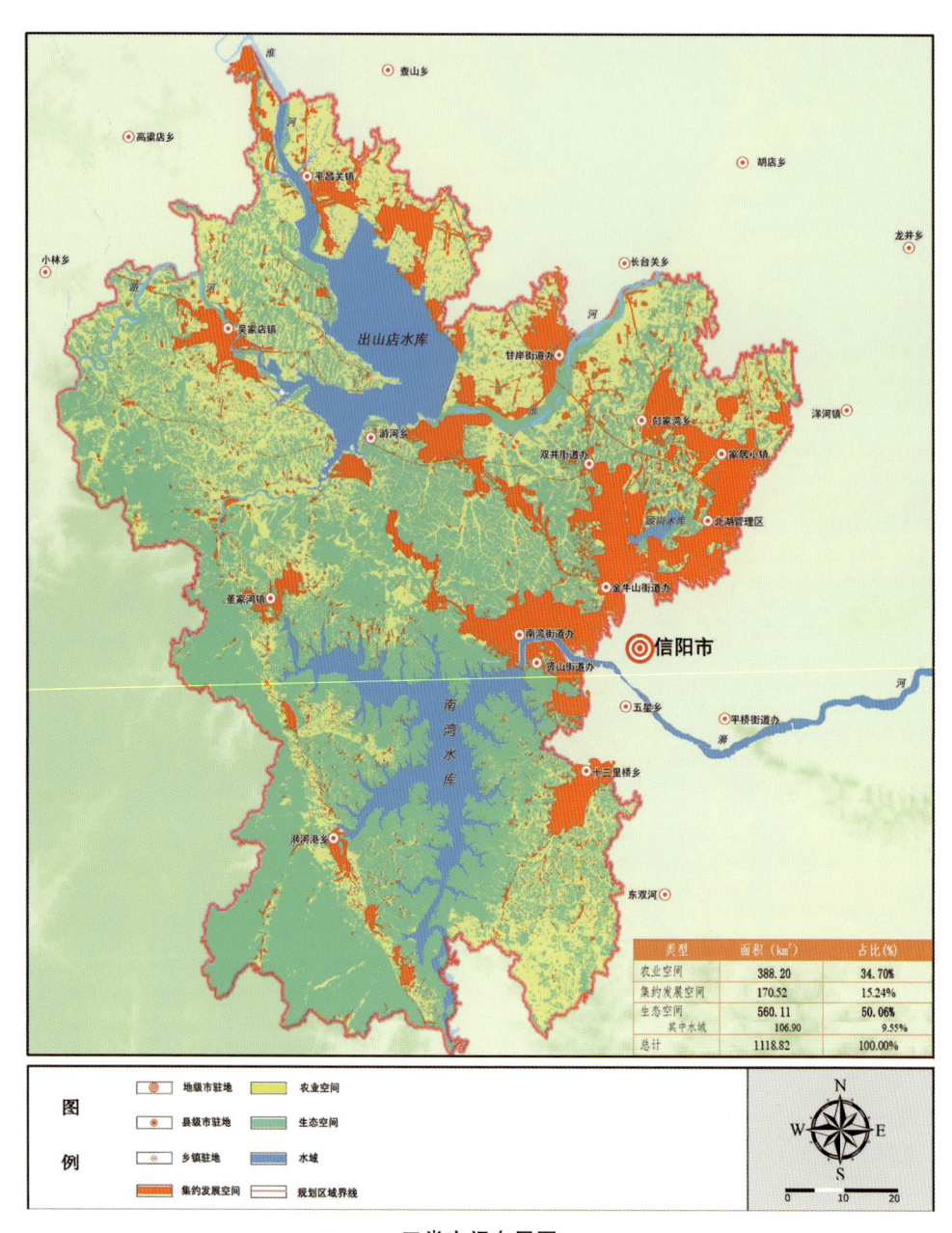

绿水青山向金山银山转换之路——信阳两湖区域发展战略规划研究

类型	面积（km²）	占比（%）
农业空间	388.20	34.70%
集约发展空间	170.52	15.24%
生态空间	560.11	50.06%
其中水域	106.90	9.55%
总计	1118.82	100.00%

三类空间布局图

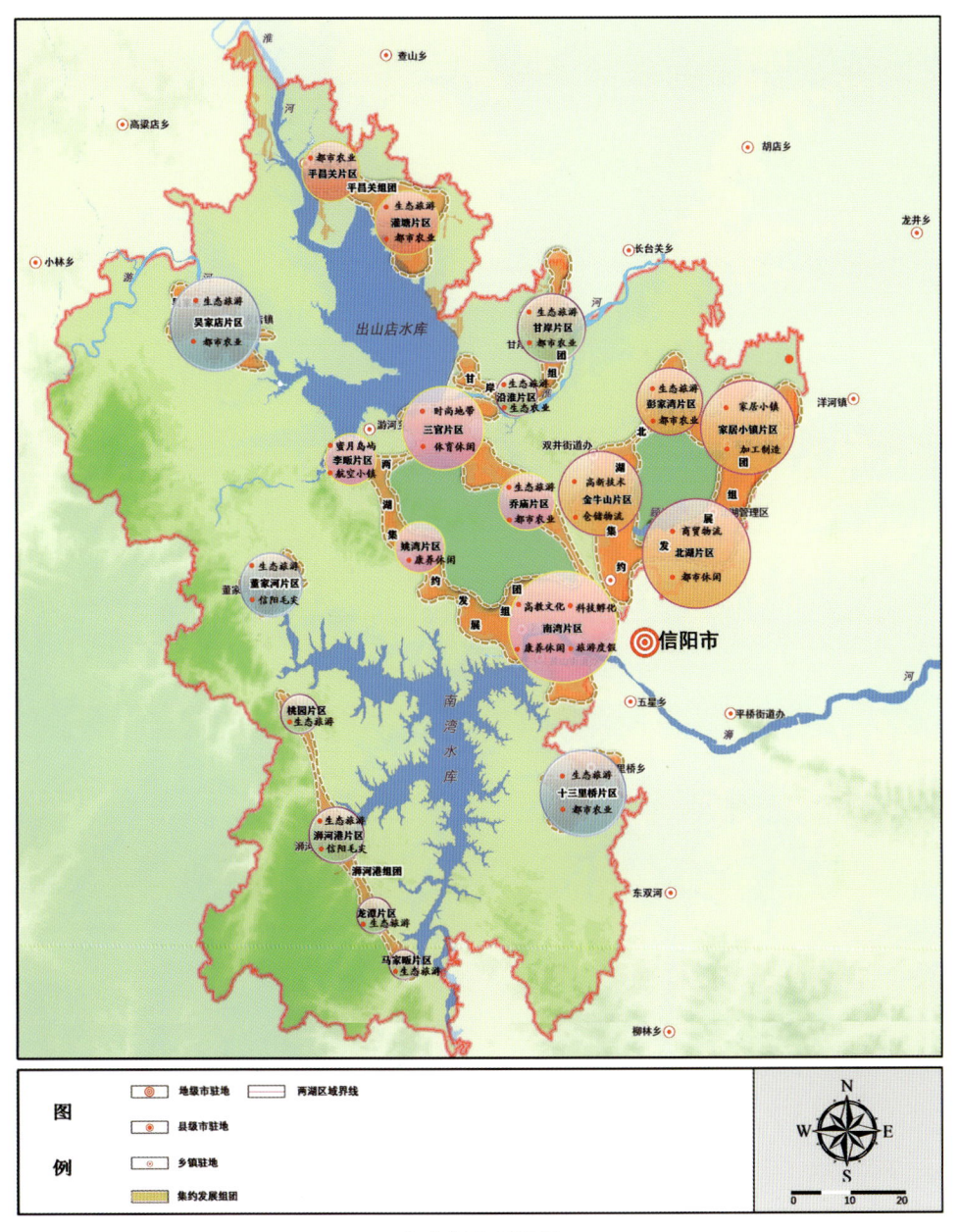

产业招商指引图

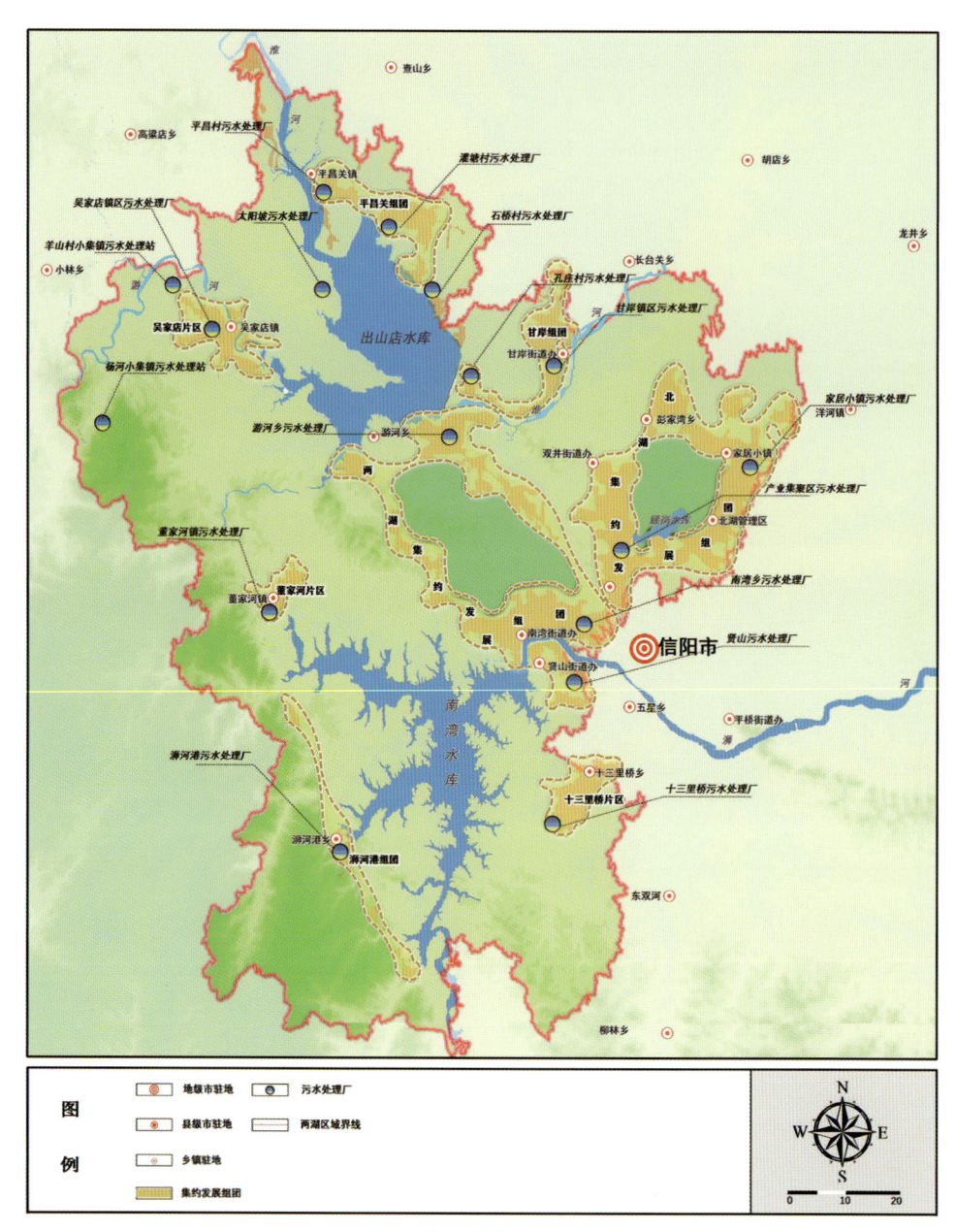

绿水青山向金山银山转换之路——信阳两湖区域发展战略规划研究

污水处理设施布局图

《信阳两湖区域发展战略规划研究》专家咨询会

姓名	单位	职务/职称	签字
李文华	中国工程院	院士	
周成虎	中国科学院	院士	
范恒山	国家发展和改革委员会	副秘书长	
刘 毅	中国科学院地理科学与资源研究所	研究员	
吴晓华	中国宏观经济研究院	副院长 研究员	
郭建斌	中国国际工程咨询公司区域发展与规划业务部	主任 研究员	
石培华	南开大学 中国旅游智库	教授 秘书长	

地址：北京国宏大厦 1601 会议室　　　　　　　　日期：2018 年 6 月 3 日

《信阳两湖区域发展战略规划研究》结题评审意见

2018年11月11日,信阳市人民政府在北京组织召开《信阳两湖区域发展战略规划研究》(以下简称《规划研究》)课题结题评审会。来自中国科学院、北京大学、中国国际工程咨询公司等单位的专家组成评审组(专家名单附后)。评审专家认真听取了课题组的汇报,详细审阅了课题研究成果,经讨论,形成如下评审意见。

一、《规划研究》深入贯彻党的十九大精神和新发展理念,体现高质量发展的要求,立足信阳两湖区域基础现状和发展特点,以打通"茶山绿水"向"金山银山"的转换通道为主线,以"茶山绿水+"的幸福产业发展为重点,积极探索生态产业化和产业生态化的绿色发展新模式,研究提出了两湖区域的战略定位、战略思路、空间布局、重点任务、保障措施和重点工程等,具有较强的系统性、创新性和可操作性,为推动两湖区域绿色发展提供了重要指导。

二、《规划研究》基础工作扎实,成果内容丰富,完成了1份总报告《信阳两湖区域发展战略规划研究》、8份专题研究报告(《信阳两湖区域发展特征与发展环境分析》《信阳两湖区域战略定位与发展思路研究》《信阳两湖区域空间布局和重大基础设施研究》《信阳两湖区域健康服务业发展规划研究》《信阳两湖区域大旅游、体育、文化和生态农业发展研究》《信阳两湖区域生态保护和环境治理研究》《信阳两湖区域开发模式及营商环境研究》《信阳两湖区域开发特色风貌研究》)和 1 份图集，研究视野开阔、思路清晰、重点突出、内容全面、结构合理、行文规范，研究结论依据充分。

三、《规划研究》要件齐全，课题研究成果完成了规定的内容，达到了项目合同要求，是一份高水平的研究成果。

评审组专家一致同意通过课题结题评审验收。

评审专家组组长：

2018 年 11 月 11 日

《信阳两湖区域发展战略规划研究》评审会

姓名	单位	职务/职称	签字
刘 毅	中国科学院地理科学与资源研究所	原所长 研究员	
范恒山	国家发展和改革委员会 中国区域科学学会	原副秘书长 名誉会长 教授	
李国平	北京大学首都发展研究院	院长 教授	
王昌林	中国宏观经济研究院	党委书记 常务副院长 研究员	
史育龙	中国城市和小城镇改革发展中心	主任 研究员	
郭建斌	中国国际工程咨询公司区域发展与规划业务部	主任 研究员	

地址：北京国宏大厦 1601 会议室

日期：2018 年 11 月 11 日